U0731242

幼儿玩教具设计与应用系列

幼儿数学玩具

设计制作与应用

郭力平 谢萌 何婷 张博楠 著

YOUER SHUXUE WANJU

SHEJI ZHIZUO YU YINGYONG

复旦大学出版社

前　言

在此前言中，我想重点围绕本书涉及的一些关键概念和思想，分享自身探索的心路历程。

幼儿园以游戏为基本活动

我由心理系进入学前教育工作岗位后，开展的第一项研究便是对“幼儿园为什么以游戏为基本活动”进行了设问。我承担的2001年全国教育科学规划课题，探索了游戏中的学习机制，并试图回答幼儿园为什么以游戏为基本活动。2003年在中国幼教百年论坛上我报告了游戏中的内隐学习机制。尽管至今我也还难以通过丰富且确凿的数据来证明内隐学习推动了幼儿在游戏中有意义地成长这一命题。但是，通过研究，幼儿园以游戏为基本活动成了我根深蒂固的信仰，也因此我关注幼儿园以游戏为基本活动的现实状况，关注游戏和玩具。

数学领域的过程性能力

国际上关于21世纪人才素养的讨论，尤其是2006年至2011年我在参与中国《3—6岁儿童学习与发展指南》编制的过程中，深感数学领域的过程性能力具有重要的研究价值。2011—2012年我在哥伦比亚大学访学期间，卡根（Sharon Kagan）教授对于学习品质的强调，美国共同核心州立标准在数学领域将过程性能力单列等，更让我觉得研究数学领域过程性能力的必要性和紧迫性。2012年我的博士生周晶确定了数学过程性能力研究的博士论文方向，通过研究明晰数学过程性能力的构成要素以及发展特点。数学过程性能力的研究也让我更加明确了数学玩具应当实现的价值。

游戏创造了最近发展区

接触和了解维果斯基的最近发展区理论有许多年了，一直以来我很想弄清楚维果斯基的一个说法：游戏创造了最近发展区。这个过程到底是如何发生的？2010年我把这个问题抛给了博士生俞芳，希望她沿着维果斯基及相关学者的研究道路去有所发现。尽管确实有所收获，但始终没有令人信服地解答这个问题。2020年，我的另一名本科俄语专业的研究生张冠楠，再次接下了这个难题。尽管这个问题很可能不会有一个完美的答案，但是最近发展区的思想却给了我在玩具设计过程中，如何慎重地处理梯度问题很多提醒和启发，也让我重视国际上有关学习路径的研究发展动态。

重视观察、游戏化学习理念和学习路径

尽管儿童行为观察算是我的一个本行，但真正对观察上心，尤其是关注教师观察能力的提升，是在我 2015 年承担教育部教师工作司委托课题“幼儿园教师培训课程指导标准(幼儿研究与支持)研制”时开始的。观察的意义不仅是看懂儿童，而且有助于为儿童创设适宜的环境、适时支持儿童的学习与发展，这即是游戏化学习理念的核心内容。对于教师来说，看懂儿童并非那么容易，教师想要提升看懂儿童的能力，需要有必要的支持，这便有了学习路径能够发挥作用、为教师提供帮助的契机。当把观察、游戏、学习、路径、最近发展区、过程性能力的发展等概念联系到一起时，我发现还缺少的一块基石是玩具。

玩具设计、教育玩具

我自 2009 年左右开始设计玩具，设计玩具的动力有四个来源：一是十多年前，我有机会与前辈林茅老师一起研究幼儿园玩教具评价，2008 年还担任了全国幼儿园优秀自制玩教具展评活动上海地区的评委，有了近距离接触幼儿园玩教具的经历；二是在 2009 年左右，与周欣老师、华爱华老师、黄瑾老师等一起开展数学表现性评价及数学教育资源的研究过程中，我发现了自己在玩具设计方面的潜质和热情；三是我对幼儿园信息技术应用的反思，越是深入研究信息技术的应用，越是觉得儿童与真实世界互动的弥足珍贵；四是在 2012 年我期盼已久的 3D 打印终于成了现实，尽管实际的应用并不那么理想，但它把我推上了玩具设计的“不归路”。尔后的漫长岁月，我的合作伙伴谢萌的支持让我以极大的热情投入玩具设计之中。

作为设计者，我和我的伙伴们擅长的是将儿童发展与玩具设计及应用有效地关联起来。我认为设计玩具，尤其是教育玩具设计的核心就是“关联”。我们以儿童发展为本，同时也浏览了世界上古往今来各式各样的或为儿童或不为儿童所进行的创造，在众多美妙的邂逅中，我们把那些最打动我们的机制、结构、外观与儿童的游戏活动关联起来，并创造性地形成一个个的实体。我们相信，这些就是儿童的玩具，这些是能够让儿童在快乐的游戏过程中有学习、有成长的借助物。我们设计的玩具类型由数学、思维，到语言，再到建构；其应用从桌面，到地面，再到墙面，渐次展开。我越来越强烈地意识到并思索了玩具这个载体在儿童教育中的重要价值。

近几年，我为本科生、研究生开设玩具设计相关课程，其中一个概念——教育玩具的由来一直困扰着我，毕竟关于玩具理论方面几乎没有合适的教材或参考书，无论是在中国还是西方。本书中我们撰写的教育玩具的由来，在所能查到的资料里，算是非常自洽的了。当然，我也希望把这个问题继续抛给研究生们，希望未来能有更深入的研究、更清晰的展现。无论如何，教育玩具走到今天需要有新的定义。教育玩具不能仅仅是个实体，它需要支持儿童在游戏中的学习，并能真实地将学习反映出来。教育玩具应当能够让教师或家长真切地了解儿童借助玩具的学习历程。这些是教育玩具的使命。

玩具应用、幼儿园课程建设

当我把玩具和观察、游戏、学习、路径、最近发展区、过程性能力这些概念联系到一起时，

发现玩具设计的意义或许不只是玩具本身，玩具的应用让我的认识上升到对幼儿园课程建设的思考。

我十分欣赏的一位学者马特·里德利（Matt Ridley）曾写过一本书《自下而上》，他用自下而上的发展来概括万物进化简史。尽管这个观点或许有些简单，尽管自上而下是我们不可或缺的，但我依旧十分赞赏他对自下而上的透彻分析。将此理念迁移到玩具应用与幼儿园课程建设的关系之中，我认为幼儿园的玩具可以成为幼儿园自下而上的课程建设的载体。这一发现让我兴奋不已，我为自己的玩具设计、应用的奋斗历程找到了一个满意的归属，我也似乎为幼儿园课程建设可持续地发展找到了一个值得探索的方向。我把这个问题继续抛给了博士生曹娟，并期待有更加满意的发现和建构。

本书考察了数学玩具的历史，介绍了数学玩具的功能及机制。更重要的是，我们通过十多个数学玩具的设计与应用案例，较详尽地展示了玩具的实现历程、玩具如何关照和启发儿童的数学学习。尽管每一个案例未必周全，但所有这些案例反映了我们对幼儿数学教育、对数学玩具的理解。本书是我和我的三位合作者共同完成的。尽管这本书并不是一本显赫的大部头，但是，我们每个人都为之付出了十分艰辛的努力，毕竟中国玩具在内容设计及应用领域还只是刚刚开始萌芽。除了署名的四位作者之外，我的许多研究生都积极参与了本书的内容建设：包括已经毕业目前在教育岗位上的石凤梅（参与第一章撰写）、钟晨焰（参与第三章撰写）、赵玉仙（参与第四章撰写）以及目前仍旧在读的研究生张冠楠（参与第一章撰写）、周楷（参与第一章、第二章撰写）、张醒（参与第二章撰写）、费高阳（参与第二章撰写）、李露（参与第二章撰写）和卢文春（参与第二章撰写）等，对于各位饱含智慧的辛勤奉献，在此我们深表谢意。还要特别感谢李锡彬和陈楚楚两位理科高材生，在计算和绘图方面给予了我们莫大的支持！

本书十多个案例均按照我们认定的教育玩具的使命，从设计到应用进行了较全面的展示，我想通过这些展示，能够让后继的玩具设计者和应用玩具的教师有更全面、清晰的了解与获益，也能够共同参与到高质量玩具的建设中来。通过每一件玩具的设计缘起，我们或许会发现，其实许多创意是在前辈或同人基础之上的优化和完善。事实上，古往今来，玩具的历史就是在不断借鉴和创新之中滚动发展起来的。在此，我们要对那些给我们“肩膀”，助我们前行的前辈们、同人们，予以我们诚挚的敬意，感恩你们的启迪。

最后，我们也要感谢本书的责任编辑赵连光，也是我的学生，因为疫情的缘故，更是因为我们几度想要增添新的儿童观察与反思案例，本书数度推迟了出版的时间。感谢赵连光的理解和宽容，也希望我的这位学生将来在教育出版事业上有更大的发展。

本书适用对象包括学前教育机构从事数学教育的教师，也包括学前教育、早期教育及婴幼儿托育专业的学生，无论教学还是科研，本书能帮助大家离数学更近一点，离玩具更近一点，也离儿童更近一点。本书也适合玩具设计、玩具生产制造行业的设计师、技术人员和管理者参阅，教育玩具在中国一定会蓬勃发展起来。

郭力平

目 录

第一章 幼儿园数学教育历史及启示

数学是人类文化的组成部分，在促进个人智力发展中起着独特且不可替代的作用。[①] 借助数学我们认知客观世界、把握万事万物的规律，并利用其解决实际生活中的问题。

早期数学学习为儿童数学能力的发展奠定基础。随着幼儿园课程改革的深入，数学教育从关注知识、技能的习得转向关注儿童的数学素养，强调数学兴趣以及自信心的培养，重视儿童主体性的发挥。在游戏化学习理念之下，高质量的数学学习是一项系统工程，其中涉及教育理念、课程的设计与实施、环境创设与材料提供以及教师专业发展等诸多方面。

本书聚焦游戏化学习载体"数学玩具"的设计与应用，而设计与应用基础的夯实应建立在对数学玩具全面且深入的了解之上。故而，追本溯源，有必要对幼儿园数学教育的历史发展及现状进行回顾。说古谈今，在此基础上，才能更加深入地分析并理解游戏化学习理念，收获其对数学教育实践及数学玩具设计与应用的重要启示。

第一节 幼儿园数学教育的历史回顾

中华人民共和国成立以来，我国幼儿园教育整体上经历了从借鉴苏联经验，到学科规范化、科学化发展，再到立足本土、多元创新的发展历程。伴随着幼儿园课程观的转变，幼儿园课程实践历经数次变革，数学教育也几度调整。20 世纪 50 年代分科教学背景下，数学（当时称为"计算"）不再分散在其他学习内容之中，而是独立地成为幼儿园六大学科之一。20 世纪 80 年代开启的综合化课程改革打破了学科壁垒，呈现出学科融合发展之势。21 世纪以来，数学并入五大领域之一的科学领域，主题背景下的数学教育强调生活化与游戏化。数学教育观的演进、对儿童数学学习理解的深化以及游戏与学习关系的反思，持续影响着幼儿园数学教育的实践。本节以数学教育观的变迁为牵引，以中华人民共和国成立以来学前教育

---

① 教育部基础教育司数学课程标准研制组. 义务教育数学课程标准(2011 年版)[EB/OL]. (2021-12-30)[2022-04-30]. https://www.pep.com.cn/xxsx/xxsxwd/201202/t20120221_1315677.html.

课程改革为线索，回顾幼儿园数学教育实践的变化历程。

中国幼儿园教育的起点可以追溯到20世纪初蒙养园制度的确立①，彼时，主要照搬日本等发达国家的课程与教材，数学教育的实施各地不尽相同，部分蒙养园未设数学一科，但可能涉及基本数量认知、运算等数学知识的学习；有些蒙养园则将数学作为单独的科目，如湖南蒙养园将“数方”作为七科之一，教授单双数、数的分解与组成以及加减运算等②。1922年“壬戌学制”颁布后③，诸多留洋归国学者开始探索幼稚园教育，比较有代表性的包括张雪门在北京香山慈幼院主持的实验活动、陈鹤琴在其创办的南京鼓楼幼稚园进行的课程探索以及陶行知创办南京燕子矶幼稚园开始摸索农村幼稚园的创办等④。1928年我国幼教史上编订的第一个课程标准——《幼稚园课程标准》⑤，确定了幼稚园课程内容包括音乐、故事和儿歌、游戏、社会和常识、工作、静息、餐点七项，实施作业(课程)中心制的教学，强调儿童在“做中学”。彼时，数学并未作为独立的学习内容，而是融合在不同的教育活动之中。例如，在游戏时段专门设计了计数游戏帮助儿童掌握数概念和计数方法。抗战爆发后，幼儿园课程主要沿“国统区”和“老解放区”两条线发展。尽管都采用单元教学法，在数学内容上强调计数和算法的学习，但“国统区”延续了陈鹤琴等人的研究成果，采取的是“问题导向”的“探究式”教学模式，活动设置较为成熟，强调在游戏中学习，数学玩教具方面也有一些值得借鉴的尝试。而“老解放区”数学课程以教师为主导，采用直观教学，强调计算是根据当时的需求，为培养革命人才做准备，由于条件限制，玩教具利用很少。两者均对中华人民共和国成立后幼儿园数学教育的形态产生了深远影响。

一、中华人民共和国成立初期的幼儿园数学教育观

中华人民共和国成立后，我国幼儿园教育批判性地反思了杜威的实用主义教育理论以及陈鹤琴等人的“活教育”思想，废除了中心制课程，开始了全面学习苏联教育经验的新阶段⑥。彼时，苏联幼儿园课程以分科教学为特色，强调以班级为单位开展集体教育活动，旨在将儿童培养为集体主义者⑦。苏联教育专家乌索娃将儿童应该掌握的知识分为两类，一类是在与成人的交往中、在生活和游戏中自然掌握的相对简单的知识和技能，另一类则是相对复杂的、系统化的知识和技能，需要通过专门的教学来实现⑧。为了帮助儿童掌握系统化的知识，故采用“作业”(即按照知识内在的逻辑体系组织起来的学科课程，是20世纪50年代集体教育的原型)的形式开展教学⑨。这一形式在我国各个学段被广泛借鉴和采用，也出现在

① 1904年，中国第一个学前教育法规《奏定蒙养院及家庭教育章程》颁布，规定蒙养院的保教内容为游戏、歌谣、谈话、手技四项。1912年“壬子癸丑学制”将蒙养院更名为“蒙养园”并确立其在学制体系中的地位，推动了蒙养园在各地的建立。
② 中国学前教育研究会. 百年中国幼教[M]. 北京：教育科学出版社，2003：34.
③ “壬戌学制”明确采用美国“六三三”制框架，在小学下设幼稚园，并正式纳入学制系统。
④ 中国学前教育研究会. 百年中国幼教[M]. 北京：教育科学出版社，2003：58.
⑤ 唐淑. 我国第一个幼稚园课程标准简介[J]. 学前教育研究，1995(2)：18—19.
⑥ 侯莉敏. 我国幼儿园课程标准的演变及其启示[J]. 广西师范大学学报(哲学社会科学版)，2000，36(2)：36—40.
⑦ 孙雨凡. 俄罗斯幼儿园的课程设置[J]. 早期教育(教育教学)，2019(1)：24—26.
⑧ 邓鲁萍. 乌索娃和苏联学前教学理论的发展[J]. 全球教育展望，1987(5)：65—70.
⑨ 彭俊英. 对两种“作业”的比较与思考[J]. 学前课程研究，2008(3)：11—13.

幼儿园中①②，一些研究将其称为“作业课”③。

1951年，在苏联专家的指导下，同时吸取老解放区的幼儿教育经验，教育部开始制定《幼儿园暂行规程（草案）》（以下简称《暂行规程》）和《幼儿园暂行教学纲要》（以下简称《教学纲要》）④，设立体育、语言、认识环境、图画手工、音乐和计算六科，确定分科教学模式并形成小、中、大班完整的课程目标体系⑤。各科按照严密工作计划通过必修和选修作业达成教学目标。必修作业是儿童在教师的领导下集体学习，全班儿童共同从事相同的活动。

在《暂行规程》和《教学纲要》的指导下，数学成为一门单独的学科，其主要内容包括数目、心算和度量等。50、60年代的幼儿数学教育称为“计算”，数学教学主要通过“作业”实现，主张采用示范和训练的方式，通过集体教学引导儿童系统地学习和掌握数学知识。当时的数学教育不仅受到苏联教育模式的影响，也体现了我国数学教育思想的传统。受儒家思想的影响，数学在我国始终被称为“小道”，对数学只求“兼明”，在这种“经世致用”的思想影响下，数学教学形成了以实际问题为导向，以计算规律为中心的传统⑥，重视一般数学知识的学习与运用，但相对忽视对数学规律的深入探究。与西方数学教育侧重数学思辨的元素及逻辑推理的发展不同，我国数学教育重视“归纳”而非“演绎”，遵循从特殊到一般的规律，强调通过举一反三的练习来巩固知识的掌握，尤其强调计算能力。在这一传统的影响之下，当数学作为幼儿园的一门学科时，其教育内容被片面地定义为“计算”，侧重数的理解和运算，以及对生活中实际问题的理解，但对集合、逻辑和空间等学习内容则相对忽视。

二、80—90年代的幼儿园数学教育观

20世纪80—90年代，幼儿园课程经历了从恢复重建到改革创新的变化历程。70年代末，随着“十年动乱”的结束，我国教育事业步入了全面恢复时期，拨乱反正、规范化发展是80年代初幼儿园课程建设的主题；80年代中期以后，对教育实践的反思以及西方教育思想的传入引发了系列教育改革的探索，涌现了综合性主题教育课程、活动教育课程、整体课程等风格不同的课程模式。总体来看，80年代后幼儿园课程理念的变化可归纳为三个趋势：一是从重视“上课”到倡导“活动”，强调儿童的动手操作（亲身经验）；二是从延续“分科”走向“综合”，三是游戏在教学中价值的发掘，这些趋势也直接影响着数学教育观的改变。

---

① 1950年，教育部下发通知，要求各地的幼儿教育工作者积极学习苏联《幼儿教养员工作指南》。该《指南》是由苏联教育部颁发的幼儿园保教工作的指导性文件，其中详细规定了幼儿园教养工作的内容，包括体育、游戏、本民族语言，认识环境、图画、泥工及其他使用材料的作业、音乐、计算等，它成为中华人民共和国成立初期幼儿园课程改革的样板。

② 1950年至1956年间，苏联学者戈林娜和马努依连柯先后来到中国，驻北京师范大学，以专家身份指导我国学前教育工作。1954年，教育部学前教育处聘马努依连科为指导，委托北京师范大学学前教研组编写了《幼儿教育工作指南》一书。

③ [苏]亚德什科，索欣. 学前教育学[M]. 北京师范大学外国教育研究所，译. 北京：人民教育出版社，1981：243.

④ 两份文件分别在1952年3月和7月颁布实施。

⑤ 中国学前教育研究会. 中华人民共和国幼儿教育重要文献汇编[M]. 北京：北京师范大学出版社，1999：35.

⑥ 同一时期苏联的幼儿园数学教育并非只有计算。苏联的分科教学形式迎合了我国传统数学教育的基本观念和教学需要，因为分科是通过有目的、有计划、有组织的教学，以知识为纲通过不同科目的教育向儿童传授知识和技能，这种方式直到20世纪末仍持续影响着我国幼儿园数学教育的教学组织形式，而实用数学的思想更是根深蒂固，甚至当前，数学教育仍难以避免过于偏重计算、强调技能的倾向。

（一）数学教育从“上课”转向“活动”，强调儿童的亲身经验

1981年，教育部颁发《幼儿园教育纲要（试行草案）》（以下简称《教育纲要》）。作为我国改革开放后的第一个幼儿园课程标准，它一方面继承了50年代《暂行规程》和《教学纲要》的基本思想，另一方面也吸纳了国内外心理学研究成果。在《教育纲要》中，以“教育”取代了“教学”，并将教育内容拓展为生活卫生习惯、体育活动、思想品德、语言、常识、计算、音乐和美术八个方面，强调通过游戏、上课、观察、劳动、娱乐和日常生活等各种活动完成教育任务。延续60—70年代的做法，将“作业”改为“上课”，并出版了统编的幼儿园教材和挂图。尽管从“教学”到“教育”表明希望弱化“唯教学是尊”的状态，拓展教学工作的外延，但“上课”的教学形式事实上遗漏了“作业”对儿童自发经验的强调，令幼儿园与中小学的教学组织更加趋同，也使得教师口授、儿童耳听的现象变得更加普遍，幼儿园小学化的倾向变得更为严重[①]。数学教育主要也是通过“上课”的方式开展，儿童被动地接受教师灌输的数学知识。

80年代初，皮亚杰的“认知发生论”和列昂节夫的“活动理论”为幼儿园教育实践带来了新的启示，他们强调儿童是有能动性的个体，他们会以自己的兴趣、需要、能力、经验为中介，有选择地选接受外界的影响，并通过与周围环境的相互作用实现心理发展。研究者们逐渐认同：儿童只有通过活动才能得到发展。1989年颁布的《幼儿园工作规程（试行）》（以下简称《规程》）中首次使用了“教育活动”的概念，并将教育活动定义为“有目的、有计划地引导幼儿生动、活泼、主动活动的，多种形式的教育过程”，教育活动、日常生活活动与游戏是幼儿园中的基本工作。教育活动的称呼反映出组织形式的变化，集体授课的形式不再是教学的唯一组织形式，同时也突出了对儿童主体性的尊重，强调了学习者在教学活动中的主动性[②]。

活动理论在强调儿童主体性的同时也增进了对儿童学习特点的理解，其中尤其强调儿童的亲身体验和感受在认知发展中的关键作用，落实到教学之中表现在重视儿童的动手操作。尤其是在相对抽象的数学知识的学习上，直观形象和对具体事物的操作显得尤为重要[③]。因此，在数学教育中操作材料的使用得到重视，儿童不仅需要观看教师的演示，更要有机会摆弄学具亲自动手体验和感知。这一时期，国内高校和科研院所也陆续开展了儿童数学认知能力发展及学习特点方面的研究，如北京师范大学儿童心理研究所的林崇德[④]及北京师范大学学前教育专业的林嘉绥[⑤]探索了儿童数学概念的发展；中科院心理研究所的刘静和[⑥]、张梅玲[⑦]等人研究了儿童数学认知能力的发展，并开展了学前班、幼儿园大班幼儿数学的教学实验等，这些研究进一步证实了儿童数学学习的阶段性特点，并且表明儿童通过与材料的互动进行的知识建构在数学学习中十分关键。因此，在数学教育中，开始倡导使用多样化的学具，借助实物操作将抽象的数学概念具象化，以满足不同的学习目的。

---

① 乌焕焕．六十年来我国“幼儿园教学工作”称谓演变研究[J]．上海教育科研，2013(1)：87—90.

② 肖湘宁，马柳新，贾宗萍．幼儿园数的系列活动实例[J]．早期教育（教育教学），1989(12)：12—13.

③ 黄兰，戚绍斌．皮亚杰理论及其对数学教育的启示[J]．广西师范学院学报（自然科学版），2001，18(2)：97—100.

④ 林崇德．学龄前儿童数概念与运算能力发展[J]．北京师范大学学报（社会科学版），1980(2)：67—77.

⑤ 林嘉绥．儿童对部分与整体关系认识发展的实验研究——Ⅱ．4—7岁儿童数的组成和分解[J]．心理学报，1981(2)：159—167.

⑥ 刘静和，王宪钿，张梅玲，等．儿童在数及数学上对部分与整体关系认识的发展[J]．心理学报，1982(3)：263—271.

⑦ 张梅玲，刘静和，王宪钿等人．以“1”为基础标准揭示数和数学中部分和整体关系的系统性教学实验[J]．心理学报，1983(4)：410—418.

（二）从延续“分科”走向“综合”

分科课程实施过程中出现了过度“学科化”的现象，如关注教材教法忽视其他类型的教育活动、“重教轻学”导致对儿童个体性的忽视等①。为解决上述问题，陈鹤琴的“整个教学法”思想重回视野，围绕一个目标将不同教育内容组合编排的“单元教学”模式给幼儿园课程改革带来了启发。南京师范大学和南京实验幼儿园在 1983 年开始了“幼儿园综合教育结构”的探讨，开创了 20 世纪 80 年代幼儿园整体改革的先河。其他各地的幼儿园也纷纷响应，掀起了改革幼儿园教育实践的浪潮。改革的重点在于打破分科教学的局面，使得教育内容和教育手段更加综合，以主题为单位来设计和组织教育内容，一方面体现在将不同学科的学习统整在主题之下，改变了以往各学科之间缺乏联系的情况，促进儿童的整体发展；另一方面综合也体现在将主题融入一日生活，各个环节配合集体教学实现对儿童的教育。但在初期，关于学科如何“合并”有不同实践。如在部分课程里，将计算纳入主题之中，与其他学科一样成为主题的一部分；但在部分园所的实践中则仅合并相邻学科，如语言、音乐、美术等学科以主题形式开展活动，相互配合教学，但是逻辑系统性较强的计算学科则独立出来，使得整个课程有分有合。但整体来看，寻求学科之间的融合以为儿童提供完整经验是这一时期课程改革的重点。

（三）游戏在数学教育中价值的发掘

游戏在幼儿园教育中一直都是重要的组成部分，但以往通常将游戏和学习的时间截然分开。在正式学习中主要以教师中心的讲授为主，并通过反复操练和练习册的形式巩固儿童的知识掌握，这种形式在数学课堂中尤为常见，导致课堂缺乏趣味性、儿童丧失学习兴趣。80 年代后对儿童学习兴趣的培养开始受到重视，游戏作为儿童喜爱的活动形式也开始在课堂中占有一席之地。《教育纲要》指出，幼儿园的上课以游戏为主要形式，认为游戏的形式更加生动活泼，更容易被儿童所接受。《规程》则首次明确指出，幼儿园以游戏为基本活动，更加凸显了游戏在教学中的重要性。由于数学本身的抽象性和复杂性，游戏化的数学教学方法格外受到关注，认为教师应该通过直观的、色彩艳丽的玩教具和设计各种有趣的教学游戏，让儿童体验数学学习的乐趣，对数学学习感兴趣。但此时游戏更多被视为一种教育手段和方法，强调游戏中教育目标的达成，而非儿童的自由活动②。教师根据数学学习的目标和内容，创设游戏情境、设计游戏规则、提供操作材料，让儿童从中感知、体验和积累有关数学的知识经验，其中凸显出教师主导的倾向。尽管注意到了学习过程的趣味性，但仍然强调学习的结果，儿童在学习过程中的自主性较少得到重视③。

三、步入新世纪的幼儿园数学教育观

世纪之交，社会环境和生活方式产生了巨大变化，面临社会生活的急剧变革，人们需要重新思考以何种教育来帮助儿童为未来生活做好准备。显然，相对于静态知识，适应变化的意识、能力及素养更为关键。终身学习和可持续发展的理念受到重视，培养有“主体性”的

---

① 余碧君. 对幼儿园课程改革的回顾和思考[J]. 幼儿教育，1991(11)：1.

② 刘建君. 在数学教学中实施“游戏法”应注意的问题[J]. 学前教育，1994(6)：19.

③ 干海和. 幼儿园数学教育中操作活动的现状分析与思考[J]. 幼儿教育，1996(4)：8—9.

拓展阅读

21世纪核心素养

人，即具有生活、学习、交往和创新的主动性以及对自身、他人和社会具有责任感的人，成为教育应当肩负的责任[①]。《上海市学前教育纲要》指出，学前教育的任务是为幼儿后继学习和终身发展打基础，幼儿园培养的应该是健康活泼、好奇探究、勇敢自信、有初步责任感的、面向21世纪的儿童，这些要求推动课程更多地放手让幼儿去主动建构、积极探索。时代的变革以及已有的课程改革经验的积累为新世纪数学教育的革新提供了背景。有关21世纪核心素养的进一步介绍，可以扫描二维码查看。

(一) 从掌握知识到“学会学习”的数学教育

从重知识到重“学习”的改变在20世纪80—90年代已初现端倪，国家教委幼教处曾在20世纪90年代对8个地区的2000多名幼儿园大班和一年级学生进行有关“幼儿园与小学衔接”的调查，发现学前儿童普遍难以适应小学生活，其背后的原因正是学习主动性、兴趣和学习责任感的缺乏[②]。面对新世纪对人才的诉求，以教育实践支持儿童发展仍需深计远虑。如何培养面向未来的可持续发展的公民成为教育中的核心议题，让儿童“学会学习”成为关键，教育改变主要体现在以下两个方面。

其一是从重知识到重视能力素养，这源于知识观的改变。传统意义上，知识被视为客观世界的真实反映，需要通过教师组织的教学才能传递给儿童。而建构主义的观点则认为知识依赖主体对经验世界的建构。教育赋予儿童的不应是静态的知识，而是获取知识的能力，尤其在面临急剧变化的社会生活和难以预知的未来，掌握学习的能力显得更为重要。

二是强调学习者在学习中的情感体验。进入新世纪，数学教育开始注重培养数学能力和数学素养、陶冶对数学的兴趣。美国教育家L.迪.芬克(L. Dee Fink)提出要为儿童提供“有意义的学习经历”，并认为学习过程中学习者的投入会对人的终身发展产生持续影响。近几十年来有意义学习内涵的变迁，具体内容可扫描二维码查看。总之，指向学习过程的数学过程性能力[③]逐渐受到关注，与数学学习有关的情感、态度和学习习惯的培养也成为数学教育的重点。对学前儿童来说，数学学习不一定意味着掌握深奥的知识，更重要的是学习过程的体验性和游戏性。数学教育从强调思维发展转向关注知、情、意的统一，重在激发儿童对数学的兴趣与热爱。

知识卡片

有意义学习内涵的变迁

(二) 数学教育走向游戏化、生活化

与重视能力和强调过程相适应的是数学教育的游戏化和生活化的发展趋势，它们顺应了培养儿童数学学习兴趣和应用数学解决实际问题的要求。2001年颁布的《幼儿园教育指导纲要》(以下简称《纲要》)明确指出，要在生活和游戏的情境中和解决问题的过程中，逐步形成幼儿的数学感和数学意识，体验数学的重要性和意义。尤其是儿童的自主游戏，强调让儿童在各类游戏中感受数学、运用数学，在真实的游戏体验中感受数学的有用和有趣[④]。在

---

① 潘涌. 人的可持续发展与教育转型[J]. 教育研究，2001，22(11)：35—40.

② 冯晓霞. 构建21世纪的中国幼儿园课程——来自多方面的启示与思考[J]. 学前教育研究，1999(4)：4—7.

③ 美国数学教师委员会颁布的《美国学校数学教育的原则与标准》中将数学过程性能力归纳为数学交流、数学符号表明、数学推理与验证、数学关联能力等。

④ 谢玉萍，陈爱萍. 幼儿数学教育游戏化、生活化、综合化的研究[J]. 早期教育，2002(12)：25.

新世纪，教师开始更多地应用游戏情境，将数学教学的目的和内容巧妙地转化为游戏本身的内容和规则，使得儿童在游戏中感受数学、运用数学、积累数学经验、巩固数学方法。同时，重视生活中的数学，这里既包含着“数学来源于生活”，也包含了“数学应用于生活”，集体教学活动、区角活动、一日生活中的随机渗透等都成为数学教育的重要途径，认为数学学习的因素应当隐含在儿童生活的生态之中，为儿童提供与年龄相适应的、能激发数学学习与探索的游戏材料，在各个生活环节和活动区中自然地渗透数学学习。

(三) 强调领域渗透的数学教育

延续 80 年代起对综合课程的探索以及对儿童学习整体性规律的认识逐步深入，数学教育呈现出和其他领域整合的趋势。《纲要》中不再采用以往“计算”“算术”等学科称谓，而是以健康、语言、社会、科学和艺术五大领域的表述方式替代，将数学并入科学领域，摒弃了分科教学。领域之间的相互渗透和融合带来了“主题探究活动课程”“渗透式领域课程”等课程实践。在主题课程之中，数学渗透在一日生活的各个环节，也在集体教学中通过主题式的方式与其他领域融合，让儿童形成对事物较为完整、全面、生活化的印象，并引导儿童关注主题之中与数学相关的经验。除了集体教学之外，生活环节和活动区中也能够体现领域的整合，如活动区的材料应当随主题变化而变化，以实现经验的相互迁移。

(四) 走向社会建构的数学教育

近年来，源于维果斯基的社会建构理论逐渐受到重视。社会建构理论强调学习发生的社会文化背景，认为学习者主动对外部信息进行选择性加工，从不同背景、角度出发，在教师和他人的协助之下，通过独特的信息加工活动，建构起自己对现实世界的理解。在社会建构理论视角之下，“情境”“协作”“会话”和“意义建构”成为学习环境的四大要素[①]。因此，在强调儿童是积极、主动、创新和充满个性的主动建构者的同时，数学教育中也关注教师作为儿童意义建构促进者的作用，认为教师的“鹰架”(scaffolding)能够支持儿童从现有水平向最近发展区过渡[②]。

同时，社会建构视角下的幼儿园数学教育，更加重视反映儿童个体差异的区角游戏或个别化活动中的数学学习，让儿童成为学习中的主角，把握自己学习的节奏，支持发展水平不同和学习特征有差异的儿童个性化的发展。社会建构视角下的幼儿园数学教育，关注儿童学习生态的营造以及学习共同体的建构[③]，重视同伴、师幼之间的相互影响、关系成长和主体间的协商，重视通过沟通和交流共同建构起新的学习经验及意义。

第二节　幼儿园数学教育实践的历史回顾

在不同时期数学教育理念的指引下，幼儿园数学教育实践呈现出不同的特点，以下将从

① Bada S O, Olusegun S. Constructivism learning theory: A paradigm for teaching and learning [J]. Journal of Research & Method in Education, 2015,5(6):66 - 70.

② Smagorinsky P. Deconflating the ZPD and instructional scaffolding: Retranslating and reconceiving the zone of proximal development as the zone of next development [J]. Learning, culture and social interaction, 2018(16):70 - 75.

③ Bozkurt G. Social Constructivism: Does It Succeed in Reconciling Individual Cognition with Social Teaching and Learning Practices in Mathematics? [J]. Journal of Education and Practice, 2017,8(3):210 - 218.

数学教育目标、内容、教学实施三个方面来呈现幼儿园数学教育实践的发展变化。

一、数学教育目标的演变

下面以不同时期主要政策文献中对目标的表述为线索，分析数学教育目标的变化（见表1－2－1）。

表 1－2－1　不同时期我国幼儿园数学教育目标的表述

文件名称	颁布时间	数学教育目标
幼儿园暂行教学纲要（草案）	1952 年	1. 通过计算学科培养幼儿掌握简单的数、量、形的概念，了解数的实际意义 2. 认识事物的大小、各种几何形体、空间、时间、度量等 3. 教会幼儿简单的计算技能，并能在成人的帮助下在生活中应用 4. 培养幼儿初步的思考、分析与判断能力
幼儿园教育纲要（暂行）	1981 年	1. 教幼儿掌握 10 以内数的概念和加减运算，学习一些有关几何形体、时间、空间等粗浅的知识 2. 培养幼儿对计算的兴趣 3. 发展幼儿初步逻辑思维的能力，培养幼儿思维的准确性、灵活性、敏捷性
幼儿园教育指导纲要	2001 年	1. 对周围的事物、现象感兴趣，有好奇心和求知欲 2. 能运用多种感官、动手动脑，探究问题 3. 能用适当的方式表达、交流探索的过程和结果 4. 能从生活和游戏中感受事物的数量关系并体验到数学的重要和有趣
3—6 岁儿童学习与发展指南	2012 年	1. 初步感知生活中数学的有用和有趣 2. 感知和理解数、量及数量关系 3. 感知形状与空间关系

（一）20 世纪 50—80 年代初：以知识学习为重的数学教育目标

20 世纪 50 年代，在苏联模式的影响下，我国重视系统化知识的学习，关注学习的结果，强调知识和技能的掌握。因此在《教学纲要》中明确规定了儿童需要掌握的知识和技能，“培养”“教会”“在成人的帮助下”等表述方式都凸显出在成人引导下儿童达成某种学习目标的学习理念。在《教学纲要》的指导下，各地编纂的教育工作指南在数学目标的表述上也反映出知识导向、结果导向及教师主导的特点。例如，山东省教育厅在 1960 年编写的《幼儿园教养员学习材料》中指出幼儿园的计算教学是要“教会儿童初步掌握数的概念，认识和辨别东西的多少，会数、会认、学会简单的加减”。① 甘肃师范大学学前教研组 1960 年编写的《幼儿园教育工作指南》中将大班儿童的计算教学目标表述为“20 以内数的概念和序数概念，熟练

① 山东省教育厅，等. 幼儿园教养员学习材料[M]. 济南：山东人民出版社，1960：3.

进行20以内的加减运算”，还要求教会儿童“认识和写阿拉伯数字”[①]。无论是在《教学纲要》中，还是在各地编写的教师工作指南里，对数学教育目标的表述均集中在概念与技能层面[②]。在这种以知识和技能为核心的目标引领下，教师在教育实践中更关注结果的达成，忽略儿童学习的过程，容易造成以灌输和重复记忆为主的教学方式。且教育目标中多强调儿童数概念、运算能力及书写能力的掌握，对数学的理解存在一定的片面性，主要关注的是数学中外显的、易观察和考核的能力要素，忽略了内在思维能力的培养[③]。

（二）20世纪80—90年代：以数学教育促进思维发展

80年代后，数学教育目标逐渐过渡到对数学思维能力的重视。1980年我国颁布的《幼儿园管理条例》以及1996年颁布的《幼儿园工作规程（试行）》中都指出要发展儿童智力，而数学学习是儿童智力发展中的重要组成部分。传统来看，数学能力包括运算能力、逻辑思维能力和空间想象能力，可见数学与儿童的思维发展关系密切，儿童数学能力又受到思维品质的影响，思维品质包括深刻性、灵活性、独创性、批判性和敏捷性五个方面。因此，在1981年的《教育纲要》中的计算学科部分明确提出了发展儿童的“逻辑思维能力”，培养儿童思维的“准确性、灵活性、敏捷性”。这一变化同样体现在幼儿园教师的培养中，开始强调教师关注和培养儿童思维的能力，如在华东七省市、四川省幼儿园教师进修教材协编委员会编著的《幼儿园各科教学法》中，计算科目强调要以培养儿童的思维能力为目标，并对逻辑思维能力进行了解读——“借助概念、判断、推理等，反映现实，用科学的抽象概念揭示事物的本质，表述认识现实的结果的能力”，以帮助教师更好地理解思维能力；同时，指出教师在教会儿童数学知识的同时，要最大限度地促进儿童逻辑思维的发展，要遵循儿童的认知特点和规律，将感性的知识和生活经验进行简单的概括，帮助儿童完成“从一般到个别的分析、推理”[④]，从而提升幼儿的逻辑思维能力。90年代后，许多研究者从儿童认知发展的角度开始反思当时的数学教育，认为数学应当顺应儿童的发展规律，应该避免超阶段的学习[⑤]，当时也涌现出了一批从幼儿思维特点探讨数学活动中的思维训练或提出具体操作方法的研究[⑥]，反映出当时对儿童认知的关注，是一种科学精神的体现。从目标的表述上看仍然着重“教”，体现出教师主导的特点，以儿童共性的发展阶段特征为指导，缺乏对儿童主体性的关注，也缺少对个体价值的人文关怀。

（三）新世纪的数学教育目标：以培养面向未来的素养为导向

进入新世纪后，在可持续发展理念的引导下，数学教育目标更加关注儿童兴趣的培养，也开始关注儿童运用数学解决问题等过程性能力的发展，不仅要学习必要的数学知识和技能，更应该培养儿童的能力和素养，以及其对学习的积极情绪，强调知、情、意合一，为儿童终

---

① 甘肃师范大学教育系学前教研组. 幼儿园教育工作指南[M]. 兰州：甘肃人民出版社，1960：6.

② 注：尤其是在“大跃进”时期，为幼儿的数学学习设置了较为激进的目标，而这些较为激进的目标也持续影响着后续的教育实践。

③ 林菁. 在数学教育活动中发展幼儿思维能力的有效策略[J]. 学前教育研究，1999（1）：34—36.

④ 华东七省市、四川省幼儿园教师进修教材协编委员会. 幼儿园各科教学法（语言、常识、计算）[M]. 上海：上海教育出版社，1987：213—214.

⑤ 王跃进，陈静. 幼儿数学教育之我见[J]. 幼儿教育，1993（5）：8.

⑥ 魏昕，丁悦，王智茂，等. 一九九二年至一九九八年幼儿数学教育研究的发展[J]. 山东教育，1999（Z3）：15—16.

身学习奠定基础。2001 年的《纲要》将数学并入科学领域，并将“对周围的事物、现象感兴趣”以及“在生活和游戏中体验到数学的有用和有趣”放在了教育目标的突出位置。在相应教师培训教材中，也将“培养幼儿对数学的兴趣和良好的学习习惯”作为幼儿园数学教育的任务之首[①]。《3—6 岁儿童学习与发展指南》（简称《指南》）进一步明确了数学教育目标，在数学认知中“感知生活中数学的有用和有趣”被放在了首要位置。《纲要》和《指南》更加凸显了儿童在学习中的主体地位，从儿童的角度出发表述教育目标，也反映出对教与学关系新的理解。新时期的数学教育目标彰显了儿童个体的价值，考虑到了儿童作为学习主体的个性化发展。同时，也更加强调数学与生活之间的紧密联系，更多地鼓励儿童在生活中发现数学、应用数学。

总体来看，数学教育的目标经历了从注重知到注重智再到关注兴趣及能力素养的变化，在目标的表述上，可以看到从教师中心向儿童中心的转变，儿童在学习中的主体地位不断突出。当前我国幼儿园数学教育目标以人的发展为导向，强调生成性和表现性，同时注重数学与生活的密切联系，以及学习品质的培养，以学习态度和自信带动能力的提升。

二、幼儿园数学教育内容的变化

在教育目标的引领下，不同时期数学教育的具体内容也有所不同，从数学在幼儿园课程中名称的变化可以窥知一二。20 世纪 50 年代的数学教育作为幼儿园的科目之一，被称为“计算”[②]；20 世纪 80 年代依旧沿用“计算”这一名称；直到 2001 年的《纲要》中将其称为“数学”，在后续颁布的《指南》中，科学领域中也有专门的“数学认知”相关的内容。从名称的变化上直观地反映出数学教育的内容在日益丰富；能力、素养方面的学习内容相应增加，强调所学经验在生活中的实际应用。以下将以不同时期幼儿园大班数学学习的内容为例进行详细说明（见表 1－2－2）。

表 1－2－2　不同时期我国幼儿园大班数学学习内容

名称	计算	计算	科学领域（数学）
时间	1951	1981	2012
内容	1. 计数： （1）会数 20 以内的基数（最后一学期可加到 30） （2）认识 20 以内的序数（最后一学期可加到 30） （3）口头上比较相邻数的多少	1. 学习 10 以内各数的组成，并迅速、准确地进行加减运算。认识加号、减号、等号。会解答应用题 2. 掌握 1～10 的倒数、相邻数，学习正确书写阿拉伯数字 1～10	**目标 1　初步感知生活中数学的有用和有趣** 1. 能发现事物简单的排列规律，并尝试创造新的排列规律 2. 能发现生活中许多问题都可以用数学的方法来解决，体验解决问题的乐趣

① 杜林兰．幼儿数学教育［M］．海口：南海出版公司，2009：7．

② 由于中国古代数学的传统加上实用为主的倾向，在早期的数学教育中偏重数与运算的内容，因此被称为计算，其中又格外重视运算的方法和技术，因此也曾被称作“算术”。

续　表

内容	2. 从具体材料中学习 15 以内的加法 3. 从具体材料中学习 10 以内的减法 4. 在有实物圆形的卡片上可认识数目字 1～10 5. 度量 (1) 懂得大小、长短、轻重的比例 (2) 认识斤、尺、升等单位 6. 利用日历认识星期(星期几、几号、几月份) 7. 认识钟上的时间	3. 区别 10 以内的单数、双数 4. 从自身出发区别左右，用目测和自然测量的方法比较物体的长短、高矮、宽窄、轻重、远近、厚薄等 5. 认识球体、圆柱体、正方体、长方体，根据形体的特征进行分类 6. 学习将一个实物或形体分成 2 份、4 份，知道原实物或形体比每一份大，每一份都比原实物或形体小 7. 认识时钟，学会看整点、半点。学习看日历，知道一星期有七天，当天是星期几，昨天是星期几，明天是星期几	**目标 2　感知和理解数、量及数量关系** 1. 初步理解量的相对性 2. 借助实际情境和操作(如合并或拿取)理解“加”和“减”的实际意义 3. 能通过实物操作或其他方法进行 10 以内的加减运算 4. 能用简单的记录表、统计图等表示简单的数量关系 **目标 3　感知形状与空间关系** 1. 能用常见的几何形体有创意地拼搭和画出物体的造型 2. 能按语言指示或根据简单示意图正确取放物品。能辨别自己的左右

(一) 数学学习内容范围的扩展

数和形是数学中两个基本概念，从 20 世纪 50 年代至今，数学教育经历了从重“数”的学习到“数”“形”日趋平衡，且内容更加丰富的发展变化。50 年代到 80 年代，计算科目的内容主要聚焦数概念和运算两个方面，例如在 1951 年的《教学纲要》，大、中、小班不同程度地涉及基数概念、序数概念及数的组成等内容，但仅在小班和中班的目标中提及基本平面图形的认知(说出名称)。而在 1981 年的《教育纲要》中，与数相关的学习内容仍然存在，但在“形”的学习中增加对几何体的认知要求。尽管与数相关的内容仍然占据主导，但是学习的内容相对而言有所丰富，从儿童掌握数学知识的心理基础出发，开始关注对应、分类、排序等发展儿童逻辑思维的内容[①]。而 2012 年颁布的《指南》之中，数与运算仍然是其中的重要组成部分，但其中增加了统计、测量等基础知识，对数的理解更加全面；同时也突出了形状与空间关系的理解和运用。

(二) 数学学习内容从重知识到重应用

教育内容与生活实际的联系受到重视，如“对环境中各种数字的含义有进一步探究的兴趣”“体验问题解决的乐趣”等内容反映出要在生活中发掘数学元素，并将所学知识迁移到生活中的要求，这种应用性的强调也赋予了儿童自主探索和建构的空间。以形状的学习为例，50 年代和 80 年代的学习内容中都强调对形状名称的了解以及对不同图形的识别，使得学习任务沦为直接识记。在《指南》之中，则要求儿童“能感知物体的形体结构特征”并且“感知和发现常见几何图形的基本特征”。在运算的学习中也同样呈现出类似的变化趋势，在 50 年代，学习内容为“用实物验算 10 以内数目的组成”，但是在《指南》中则要求儿童“能通过实际

① 梅纳新. 幼儿园数学课程改革的回顾及思考[J]. 教育评论，2016(2)：59—62.

操作理解数与数之间的关系"，这些表述中都凸显出当前数学学习内容要与儿童的实际生活和应用紧密结合，并且突出儿童的自主建构、探索与发现。

(三) 数学学习内容难度的个体适宜性

无论是在 50 年代还是 80 年代，都对学习内容和在该内容上达成的目标有明确的规定，如在数量认知上要求"认识 10 以内的序数""认读阿拉伯数字 1～10"，在图形认知上明确"认识长方形、椭圆形""认识球体、圆柱体、正方体、长方体"等，都对学习的具体内容做出了详细的描述，这也容易带来教学上的固化，难以适应不同水平儿童的发展需要。但在《指南》中，学习内容的难度则相对模糊，并没有规定具体的范围，反映出对儿童个体差异的尊重，也让教师在组织教学和支持儿童学习上能够更加灵活，适应儿童的发展特点。

三、幼儿园数学教学实施的变化

从教学实施上看，从 50 年代到 80 年代再到新世纪，集体教学逐渐被个性化的学习形式所取代，教学方法则经历了从教师示范、儿童重复练习到儿童在教师的指导下动手操作，再到在实践中、生活中、游戏中进行教学的变化历程。以下选取不同时期典型的课程作为示例进行说明。

(一) 20 世纪 50—80 年代：以集体教学中讲解示范为主的数学教育

中华人民共和国成立初期，我国仿照苏联的课程体制，采用分科教学。每周对不同科目进行课程规划，并在一日作息中设置"作业"环节，在相对固定的时间进行教学。作业指的是按照各科内容的要求和顺序"有目的、有组织、有计划地，在一定时间内向全班儿童传授简单的知识和技能"，形式与中小学类似，但一日作业的次数较少，时间相对较短。在作业时间，儿童需要保持安静并且倾听教师的指示和讲解，"不得到教师的允许不能随便讲话或离开教室"，作业被视为引导儿童学习知识、发展注意力以及融入集体生活的一种途径①。

在集体教学中，教师教、儿童听，教师做、儿童看，教师示范、儿童模仿是主要的教学方法，在教学过程中也初步认识到幼儿园阶段的学习与中小学应当有所差异，因此，要求用生活中的实物作为作业中的示范物、以游戏作为练习的途径来巩固儿童的知识。但是，这种活动往往带有明确的教学目的，通常由教师主导，儿童模仿并重复教师的行为。在计算课中也多采用教学游戏的形式以增强学习的趣味性，教学游戏指向智育任务的完成，包括内容、动作、规则和结果四个组成部分，其内容必须与教学目标相连且必须有一定的结果。此外，计算课中还会使用练习册的方式来帮助儿童巩固知识。但练习册通常是供幼儿课堂上练习用，不作为成绩考核，因此不评定分数，也不布置为家庭作业。但显然，纸笔练习、家庭作业在彼时是使幼儿达到教育目标的重要方式。下面选取 1979 年北京《幼儿园教学大纲和教材》和同年北京出版社出版的《幼儿教师短期培训教材》中数学教学的相关内容进行介绍，其中的教学实践具有典型性，集中反映了 50 年代至 80 年代初幼儿园数学教育实践上的主要特点。

---

① 李莉. 20 世纪 50 年代幼儿园课程中国化、科学化探索的结晶——《幼儿园教育工作指南(初稿)》述评[J]. 学前教育研究，2003(6)：3.

1. 以学科为划分的课程安排

幼儿园中对各科作业每周的节数有明确的规定，从小班到大班，作业的总数依次递增，小班第二学期为 8 节，中班第二学期为 14 节，到大班的第二学期则增加到 16 节。其中不同科目作业出现的频次也不尽相同（见表 1－2－3）。

表 1－2－3　幼儿园每周课程安排表

科目	学期	年龄班		
		小班（节）	中班（节）	大班（节）
语言与常识	第一学期	2	4	5
	第二学期	2	5	5
算　术	第一学期	1	2	2
	第二学期	1	2	3
体　育	第一学期	1	2	2
	第二学期	1	2	2
音　乐	第一学期	1	2	2
	第二学期	2	2	2
美　工	第一学期	1	2	3
	第二学期	2	2	4

小班通常每周安排一节计算作业，中大班则增至一周两节，到大班下学期为了更好地帮助儿童适应小学的学习，增加至每周三节。作业持续的时间也会随着年龄增长而延长[①]，如小班为 10～15 分钟，中班和大班则分别延长到 20～25 分钟和 20～30 分钟。每天的作业一般集中安排在上午早餐后进行（见表 1－2－4）。

表 1－2－4　幼儿园一日活动（作息时间）安排略表

环节		年龄班		
		小班	中班	大班
入园、早操、早点		9:00 前	8:40 前	8:40 前
上课	第一节	9:00	8:40	8:40
	第二节	—	9:20	9:30

① 小班每日一节课，中、大班每日两节课，大班第二学期每日三节课（上午两节、下午一节），两节课之间休息 10～15 分钟。两节课的内容要做新旧搭配、动静交替。参考：北京市教育局. 幼儿教师短期培训教材［M］. 北京：北京出版社，1979.

续 表

环节	年龄班		
	小班	中班	大班
户外游戏	9:30	10:00	10:10
午餐、午睡、午点	11:30	11:30	11:30
下午活动	15:30	15:00	15:00
晚餐、离园	17:00 后	17:00 后	17:00 后

注:“—”代表无数据,下同。

2. 以集中教学为主的数学教育组织形式

在数学教育中主要采用集体教学的方式,由教师通过提问、演示等方法启发思考、讲授知识,而儿童则主要以听、看为主。教师和儿童需要聚集在一起开展教学活动,尽管在空间利用上可以有不同的方式,但在《幼儿教师短期培训教材》中建议教师将儿童座位摆成半圆形(见图 1-2-1 左),教师坐在对面上课,一方面能够让儿童感到亲切,另一方面也能便于教师关注到儿童。到大班后,为了与小学进行衔接,鼓励有条件的班级可以采用双人书桌,像小学一样排列(见图 1-2-1 右),让儿童逐渐习惯类似的教学组织形式。

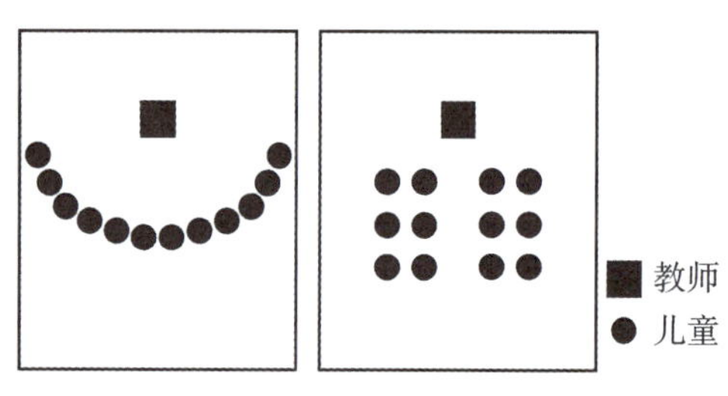

图 1-2-1 幼儿园集体教学中的座位排列

从《幼儿园教学大纲和教材》的介绍来看,算术教学的教学形式是比较多样的。上课过程中教师要使用相应的教具或实物,并要求从左至右摆放依次操作,此外,还辅助使用教学游戏,幼儿使用学具进行练习的机会也比较多。《幼儿园教学大纲和教材》中还强调,计算教学大纲除在上课时完成外,要注意在游戏和日常生活中完成。

3. 以学科体系为纲的数学经验进阶

这一时期,儿童数学经验的获得遵循学科固有的体系,由易到难,循序渐进。教师依据教学大纲开展教学,对应大纲有具体的教案可参考。表 1-2-5 是教材中小班教学内容安排的示例。学期开始前,教师会对整个学期的课程内容及进度有大致的规划,主要参考计算中数量发展及图形认知上的难度进阶,在操作中,通过参考教材中提供的教案组织教学,帮助儿童达到特定的学习目标。在教学中重视对已学知识的复习和巩固。

表 1-2-5 小班上学期“计算”教学内容和教材分月安排

月份	教学内容和要求	教学形式、教材	教学建议
十月	认识“1”和“许多”,知道许多中有“1”,好多个“1”合起来是“许多”	1. 利用“小旗”的教材进行教学 2. 利用“谁会拿”的教材进行教学	1. 注意引起儿童学习算术的兴趣 2. 在课堂上要采用教学游戏的形式进行

续　表

月份	教学内容和要求	教学形式、教材	教学建议
		3. 利用"仔细看"的教学游戏进程教学	3. 在日常生活及游戏中随时可复习"'1'和许多" 4. 对能力较差的儿童要进行帮助，使全班儿童都能达到大纲要求，为以后学习打下良好的基础
十一月	复习认识"1"和"许多"	利用"摸扣子"的教学游戏进行	1. 每节课只安排一个新内容，穿插复习旧内容 2. 在作业中注意多让儿童摆弄实物 3. 在日常生活中抓紧一切可以利用的机会进行复习
	教儿童不重复、不遗漏、手口一致地从 1 数到 5	利用"小兔拔萝卜"和"穿花"的教材进行教学	
十二月	复习数数 1～5	—	—
	比较"多""少"和"一样多"： (1) 用重叠的方法进行比较 (2) 用并排放的方法进行比较	利用"给娃娃摆茶具""摆一摆""喂小鸡"及"红绿棋子"的教材进行教学	比较物品多少时，只要求知道哪个多、哪个少，不要求回答多几个、少几个
	认识几何图形——圆形	通过实物认识圆形（如皮球、乒乓球、盘子、图片上的红太阳）	在日常生活与游戏中结合实物巩固对圆形的认识

4. 教师主导、幼儿跟随的数学教学方法

此时幼儿园中常用的教学方法包括观察（引导幼儿观察）、讲述和讲解、范例和示范、提问和谈话、练习及游戏方法，无论采用何种教学方法，都体现出教师在其中的主导作用，而儿童则是遵照教师的指令行动。以下为小班的算术教材的第一个教案"小旗"。

小旗

目的：认识"1"和"许多"

教具：一个铁罐，每个幼儿一面小旗

内容：

1. 教师拿出许多面小旗，放在桌上，告诉幼儿："桌上有许多面红旗。"教师把一面红旗插进铁罐，教幼儿说出："铁罐里有一面红旗。"教师把其他红旗都插进铁罐，教幼儿说出："铁罐里有许多面红旗。"

2. 发给每个幼儿一面小旗，教幼儿说出："我有一面小旗。""桌上的小旗一面也没有了。"让幼儿排好队，手举小旗跟随教师绕一圈做游行的游戏。然后让幼儿一个一个地将小旗插进小罐里，再回到座位上，启发幼儿说出："铁罐里有许多面红旗。""我手里一面红旗也没有了。"这样的游戏可反复两三次。

教师对儿童"计算"学习的全过程有较为详细的预设，讲授和演示是主要的教育方式，较为呆板、单调的听课和反复练习则是儿童学习数学的主要形式，表现出将数学知识灌输给儿童的倾向。

（二）20世纪80—90年代：领域整合、重视体验的数学教育

80—90年代是我国教育理念急剧碰撞、教育实践不断更新的过渡时期。南京师范大学和南京市实验幼儿园1983年合作开展的"幼儿园综合课程结构的探讨"之研究针对原有分科课程割裂了知识之间的联系、忽视儿童整体发展等弊端，提出了以儿童对自然、社会、自身认知为主线，从情感教育入手，以主题为线索串联不同的学科，建构指向儿童整体发展的幼儿园综合课程模式①。综合课程模式下的数学教育实践反映了三个主要的变化趋势：一是对领域整合的初步探索；二是对儿童操作与体验的重视；三是教学组织形式的丰富。下面以幼儿园综合课程为例介绍80—90年代的数学教育实践的整体特点。

1. 综合课程的生成逻辑

综合课程以"主题"为明线贯穿始终，所谓主题即指课程的某一个单元或某时段要讨论的中心话题，包括中心议题本身和与之相关的问题、现象及事件。主题主要来源于幼儿的兴趣与需要，课程目标和资源须以幼儿的经验为基础。②

主题活动的生成路径见图1-2-2，主题活动以某个中心话题展开，需要先确立主题目标，为避免对某个领域的遗漏（如数学），需要梳理出各个领域的关键经验以达到领域平衡，再将关键经验分解到不同年龄段、不同主题中，最后整合到主题活动中。教师根据主题目标选取适宜的活动路径③。

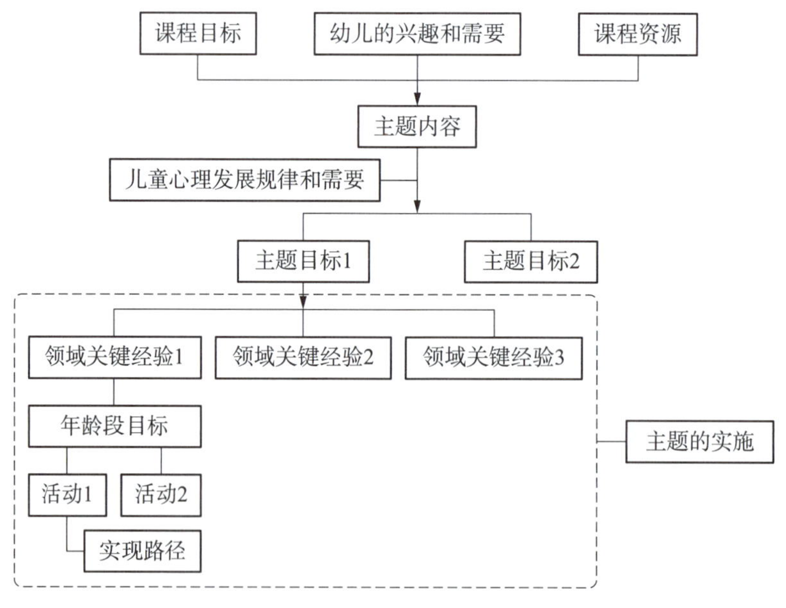

图1-2-2　主题活动的生成逻辑

---

① 南京市实验幼儿园. 幼儿园综合课程[M]. 南京：南京师范大学出版社，2016：3.

② 南京市实验幼儿园. 幼儿园综合课程[M]. 南京：南京师范大学出版社，2016：74.

③ 南京市实验幼儿园. 幼儿园综合课程[M]. 南京：南京师范大学出版社，2016：63、79—86.

2. 综合课程中儿童数学经验的建构

综合课程以主题的形式来建构每个阶段儿童的经验，先确定主题目标，再根据目标梳理出领域的关键经验，最后设计主题活动达成目标。在主题活动中，教师采用不同的教育手段和组织方式，通过多种路径帮助儿童运用、发展和巩固关键经验，以支持主题目标的实现。集体教学和区域活动及一日生活都是儿童数学经验的主要来源，在教学方法上注重儿童在动手操作中学习。

(1) 在主题活动中融入数学经验

在综合课程中，数学作为一个重要的学习内容被整合到不同的主题之下。通过梳理数学领域的关键经验，选择与主题密切相关的教学活动来落实。其中一部分以主要活动的形式出现，另一些则是备选活动，供教师灵活选用。以中班主题活动中数概念学习为例(见表 1-2-6)，在不同的主题活动下，随着儿童关于数认知的经验逐步提升，主题目标的难度也逐渐增加。

表 1-2-6　中班关于“理解数与数之间关系”的主题活动与主题目标

主题	生日列车		妈咪宝贝亲又亲			找春天			南京，我的家乡
	第一周	第三周	第一周	第二周	第三周	第一周	第三周		第一周
教学活动	生日列车	按数量分类(备选)	给一样多的发花(备选)	趣味数字(备选)	按数取物和点数(备选)	比多少(备选)	种树	找朋友(备选)	它们相等吗
主题目标	认识5以内的序数，基数与序数的关系	认识6～10的数量关系	不受干扰认识7以内的数	正确认读8以内的阿拉伯数字	能点数30以内数量的物体，并说出总数	比较5～10集合中元素数量的多少	体验自然数序1～10之间相差1的关系	体验5以内相邻数多1或少1的关系	认识等号与不等号

综合课程中将不同学科的学习内容都统一到同一个主题之下，但不同学科在学习时仍然相对独立，活动往往只设定一个学科的学习目标。在综合课程的早期实践中，数学学习的内容往往独立于主题之外，但随着课程的探索，数学的学习也逐渐融入了与主题相适应的情境。如在“找春天”主题下就借助“种树”的情境开展数学教育。

(2) 一日活动中渗透数学教育

综合课程不仅要实现教育内容的综合，也要求教育手段的综合，教师需要利用游戏、体育活动、上课、观察、劳动、娱乐和日常生活等各种手段的相互配合来完成教学，上课(包括全班和分组)要与其他活动配合实施。因此，在课程中强调一日活动的综合，除了上述的上课活动之外，在其他环节中同样也强调数学经验的渗透，如区域活动、日常活动、环境创设和家园联系等。下面以顺数、倒数的学习为例(见表 1-2-7)进行展现。

表 1-2-7　主题活动“标志的世界”中顺数、倒数经验在一日生活中的融入

主题一:标志的世界						
主题目标:感知了解10以内的顺数、倒数	程序	运用、发展关键经验	运用、巩固关键经验			
	时间	10:00—11:00	11:00—11:30	11:30—12:15	14:45—15:45	—
	教育手段	集体活动(第一周) • 倒数、顺数	游戏活动	日常活动 • 餐前活动	区域活动(持续三周) • 益智区	家园联系
	活动内容	口述10以内的排列顺序,知道是顺数还是倒数	1. 角色游戏(儿童自由游戏,教师准备材料,重点指导) 2. 小舞台	继续进行顺数和倒数的数学游戏	看看数数:单双数,为儿童提供卡片,让儿童进行联系记录	请家长与幼儿共同寻找和发现生活中运用顺数和倒数的现象
	组织方式	小组操作 集体讨论	个体活动 小组活动	—	个体活动 小组活动	—

儿童在集体教学实践通过集体讨论和小组学习的方式系统地学习顺数、倒数,而后在上午的游戏活动——角色游戏时间,进入如“娃娃家”“小银行”等角色区运用数数能力等,在餐前过渡环节继续运用顺数和倒数的经验完成游戏;在下午的区域活动时间前往益智区,通过小组活动和个体活动操作“单双数”卡片,益智区活动将维持三周;此外,数学教育内容还通过环境创设和家园联系等实现综合渗透,让儿童的学习具有整体性。

其中,区域活动是除集体教学之外的一个主要环节,活动区被视作为儿童可以选择、动手操作材料进行学习的场域,尤其是在数学这一相对抽象、枯燥的学科中,活动区中的学习能够形成一种经验的补充和学习形式的丰富①。在综合课程中,较为倾向于将活动区视为自由活动的场所,儿童能够按照自己的兴趣选择活动主题、材料和同伴②。儿童的数学学习主要源于以数学学习为主的数学角和锻炼思维能力的益智区中的直接经验积累,以及在其他区角中数学经验的应用。

(3) 在实际操作中学习数学

80年代开始强调儿童的动手操作,在亲身体验中学习。儿童的动手操作主要体现在两个方面,一是在集体教学中学具的应用;二是区域活动中学具和游戏材料的投放。

在集体教学中,除了教师使用的教具之外,也开始强调为儿童提供人手一份的学具。教具和学具通常仅在大小上存在差异,即教师用于演示的教具相对大一些,而儿童练习使用的学具较小,人手一套,在教师提出操作任务、要求儿童模仿或复习巩固已学知识时作为练习使用③。这一教学方式在当时教师工作的指导用书上也反复强调,在1997年编撰的《现代幼

① 刘小燕,刘妮.数学活动区学具制作的几点尝试[J].学前教育,1999(12):21.
② 冯晓霞.活动区活动的性质及其在幼儿园教育中的地位[J].幼儿教育,1996(Z1):6—8.
③ 贺琛,等.幼儿园工作手册[M].南昌:江西人民出版社,1982:10.

教工作实务全书》[①]中的“计算教学方法”一节中就强调了教学的方法要根据幼儿的认知特点，要求教师注意通过“操作活动”和“直观演示”来帮助儿童理解数学初步知识，幼儿园中常见的计算教学方法为演示法和操作法。相较于以往的教学方式，在这一时期的数学教学中儿童的参与感在逐渐增强，然而儿童的操作和行为依旧需要遵循教师的示范或指令，带有较强的目的性。在活动区中则配合集体教学进行学具投放，让儿童有机会通过区域游戏中的操作对所学进行复习和巩固，具体可以下面主题活动“找春天”中的数学活动“种树”为例来反映。

种树（数学）

目标：

1. 体验自然数序1～10之间相差1的关系。
2. 在操作活动中能乐于尝试，主动学习。

准备：

1. 各种小动物头饰和画有不同数量的树的卡片。
2. 表示数字1～10的大实物卡各1张，表示数字1～10的长条点卡各1张，表示数字1～10的数卡每人一套。
3. “插点卡放实物”若干套。

过程：

1. 学习排数序。

春天，小动物去种树，他们各种了几棵树？（出示卡片）

讨论：如何按种树的数量，从最少的排到最多的，请一名幼儿尝试排序。

教师排出数量1、2、3，请幼儿讨论如何按这样的规律接下去，从最少的点排到最多的点。

请幼儿指认1～10的数卡，讨论如何从最小的数排到最大的数，然后幼儿每人自己排出1～10的数序。排好后，互相检查排得对不对。

2. 幼儿操作。

按序画点：先请幼儿看一看前边3列各有几个点，怎样排列？再按顺序接画下去。

插点卡放实物。

建议：

在数学区里放置活动的操作材料，让幼儿练习。

上述案例活动中，要求教师为儿童提前准备人手一份数卡，并在集体教学中预设了儿童动手操作的环节。案例在教学建议中提出在数学区中放置相应材料，供幼儿进行练习。以上均反映出对儿童操作中积累数学直接经验的重视。

---

① 尹江源.现代幼教工作实务全书[M].北京：国际文化出版公司，1997：45.

（三）新世纪的数学教育：游戏中的数学经验运用

步入新世纪后，延续80—90年代的改革经验和成果，以五大领域取代原本的分科教学，而领域间的联系与渗透进一步增强，在综合课程的基础上出现了以领域为主线、以话题为暗线加以设计的“领域渗透课程”①。其中领域是知识经验的一种组织方式，与学科相比具有综合性和渗透性，其中包含多个学科的知识和经验，而话题在课程中起到串联作用，让不同课程领域在具有系统性的同时实现横向的关联。例如，在数学领域的课程中也会融合其他领域的课程目标和学习内容，并强调将学习进一步延伸到生活之中，通过环境创设来进一步拓展儿童的经验。

此外，新时期数学教育的突出特点是对游戏的重视，游戏顺应了新时代对能力和素养的要求，既满足儿童整体性学习的需要，也迎合了儿童的兴趣。《规程》和《纲要》的颁布进一步明确了幼儿园以游戏为基本活动，尤其是在《指南》颁布后，“课程游戏化”和“游戏课程化”的探索渐成趋势。其中“安吉游戏”是具有突出代表性的实践。“安吉游戏”课程②从“把游戏的自主权还给幼儿”开始，“让幼儿在自主、自由的真游戏中，获得经验、形成想法、表达见解、完善规划、迎接挑战，从而使自身的潜能得到最大限度的发展”。“安吉游戏”以户外游戏为主，具体包括户外建构游戏、攀爬游戏、追逐游戏等，体现出鲜明的自然性、自主性、冒险性、挑战性等特征。2020年世界经济论坛发布的题为《未来学校：为第四次工业革命定义新的教育模式》的报告中，提出了“教育4.0”全球框架，并推荐了全球遴选出的16个与该框架相符的实践案例，“安吉游戏”名列其中③。“安吉游戏”课程有两个显著的特点：一是重视户外自由游戏，把儿童引向更广阔的游戏空间，依据开放性原则，充分运用低结构户外游戏材料支持儿童的游戏；二是将教师的职责聚焦于观察和理解儿童。

1. 自主游戏中的学习

安吉游戏课程强调儿童的自主性，儿童可以根据自己的意愿选择材料开展游戏，儿童走到“台前”，而教师退至“幕后”。儿童自主性的彰显在以下三个方面得到保障。

（1）空间与时间的灵活性

安吉游戏课程连通了室内外空间，将儿童的活动空间从室内延伸到室外，为儿童提供了类型多样、面积广阔的“游乐场”。场地无界限是保障儿童自由活动的前提之一，室内外空间的材料不受限制，室内材料可以在室外使用，同样，室外材料也可以移至室内；同时，在室内外的场地上不再有人为设置灌木丛、篱笆等作为分界，整个场地被连贯成一个完整的空间。同时，空间具有开放性，其功能不受限定，无论是室内还是室外，都不再按照以往的区域活动命名方式根据其中的活动内容进行命名，转而以材料名称或场地特点进行命名，以破除对其中游戏内容和形式的限制。

---

① 渗透式领域课程是对综合课程、领域课程的继承与发展，综合课程为消除学科之间的界限做出了初步尝试，但是也存在不同主题之间衔接不紧密、经验松散和形式化的问题；而领域课程在一定程度上克服了分科课程的知识割裂，但不同领域之间的界限仍然分明。渗透式领域课程吸收了综合课程和领域课程的优势，在注重经验纵向联系的基础上，关注不同领域之间的相互渗透。

② 程学琴．放手游戏 发现儿童[M]．上海：华东师范大学出版社，2020：7.

③ World Economic Forum. Schools of the Future: Defining New Models of Education for the Fourth Industrial Revolution [R]. 2020:13.

安吉游戏为儿童提供充足的游戏时间，倡导每天让儿童至少有一次持续 1 小时时长的游戏。但游戏时长并非一成不变，而是可以随着儿童的兴趣和游戏进程调整，让儿童能够充分探索、深度学习。为保障儿童在不同场地有持续性的探究，幼儿园制定的班级游戏场地的轮换规则，既确保游戏场地的多样化，也充分考虑儿童在同一场地有 4～5 周的持续使用时间(以小班为例的场地轮换安排见表 1-2-8)。

表 1-2-8 安吉县机关幼儿园场地轮换表(小班)①

时间	场地				
	积木区 2(与中班共用)	小树林 3	沙水区 3	涂鸦区 2	大草坪
1～5 周	小一	小二	小四	小三	小五
6～10 周	小五	小一	小三	小二	小四
11～15 周	小四	小五	小二	小一	小三
16～19 周	小三	小四	小一	小五	小二

(2) 提供丰富、可及可得且开放的游戏材料

材料是游戏的载体，儿童自由选用材料是游戏自主性的体现之一。从材料的投放上看，安吉游戏课程遵循数量充足、分类陈列和可及可得三个原则。在游戏中，为儿童提供足够储量的材料来保证儿童游戏的深入，避免因材料数量不足局限儿童游戏表现。分类陈列指的是将不同类型的材料分类放置，便于儿童取用，可及可得则是将适宜的材料置于游戏场地或相应空间的邻近处，为儿童的使用提供便利。

安吉游戏中倡导使用低结构材料，因此，在材料的使用上也具有开放性。儿童对材料的使用方法、游戏形式是自由的，教师会避免自身的固有认知对儿童的影响，让其充分发挥创造性拓展材料的玩法，在与材料充分互动中得到经验的提升。

(3) 教师的“退后”

安吉游戏课程中重新思考了师幼关系，也对教师的角色和教育手段进行了反思，建立起“儿童在前，教师在后”的教育观。认为儿童在游戏中建构经验，展现自身能力，而教师则在放手游戏和观察中了解儿童，与儿童共同学习和成长。教师不再是传统意义上的知识的传授者，而是追随儿童的兴趣，通过环境创设来支持儿童自发地学习。教师的教学体现在观察、倾听和对话上，教师通过这些步骤获取儿童学习与发展的信息，并在此基础上延伸儿童的现有经验，教师的退后意味着“闭上嘴，管住手，睁大眼睛，竖起耳朵”，在“放手游戏，发现儿童”的过程中，支持儿童的学习与成长，数学教育中从教师高控逐渐转向师幼共同建构。

2. 融入游戏过程的数学经验

游戏自然而然地打破了领域界限，将游戏完成本身就是完整经验累积和应用的过程。儿童在社会生活、家庭生活中累积的数学经验在游戏中找到了出口，数学和实际问题解决紧密

---

① 程学琴. 放手游戏 发现儿童[M]. 上海：华东师范大学出版社，2020：95.

联系在了一起，是在最真实场景中的“真学习”；儿童通过游戏中的互动、游戏后的反思也能拓展已有经验，促进能力的提升。在安吉游戏中，选择相信儿童，认为儿童是有经验的学习者，游戏是不同经验交汇融通的契机，教师的职责是引发经验的应用，而不再是知识的传授。

例如，图 1－2－3 左图中儿童在积木拼搭和建构中可以感受不同形状的特点，体验不同形状间的关系、图形各边之间的关系，当然也能创造性地进行图形拼搭与组合，是儿童空间经验的应用与拓展。右图中，儿童为了在记录中表示事件的先后顺序，使用数字对图片进行标记，是儿童对数序和数符号表征的灵活运用。儿童的数学经验在游戏之中得以巩固、应用和提升，向着更高水平迈进。

图 1－2－3　儿童在游戏过程中运用数学经验

总体来看，幼儿园数学教育的组织形式从单一走向多元，从分科教学走向领域整合；从教学方法上看，经历了由教师主导到儿童中心的游戏化、生活化学习的转变，儿童在游戏中的自主探索日益受到重视。

第三节　游戏化学习背景下的幼儿园数学教育

安吉游戏等游戏化课程实践彰显了游戏精神，突出了儿童的主体性，与儿童的兴趣和发展相适应，也引发了关于“游戏中是否有学习”“教师教还是不教”“学习知识还是发展能力”等诸多思考。在课程走向游戏化的背景下，恰当理解游戏、正确处理游戏与学习之间的关系是在游戏中培养儿童数学兴趣、提升数学能力的前提。近年来备受重视的游戏化学习理念或可为重新厘定游戏与学习的关系以及落实游戏化数学教与学的实践提供参考，而学习路径则为教师理解和支持儿童游戏中的学习提供了可行方案。

一、游戏化学习理念对游戏与学习关系的重塑

游戏化学习理念是对“游戏”与“学习”关系长期争议的回应。以往学术界和实践领域习惯于将游戏和学习作为两个相互区别的概念，学习更多与教师主导的、带有明确学习目标的教学活动联系在一起，而游戏则是儿童发起的、通常没有成人参与的、内部动机驱动的、带有趣味性的活动①。这种区分实际上窄化了游戏和学习的概念，尽管游戏对于儿童发展的价值

① Sutton-Smith B. Reframing the variability of players and play [J]. Play and Culture Studies, 2001(3):27－50.

得到广泛认可：儿童在游戏中发展、在游戏中交往、在游戏中获得情感的满足，但是对于游戏在发展中的作用的认知相对片面，常常聚焦在社会性和情感的发展之上。而学习则更多与学业和认知发展关联，被认为需要通过教师的直接教学来实现，游戏偶尔会作为一种工具，成为教学中的一种补充手段，借以促进教学目标的达成。那么游戏和学习的关系究竟如何？游戏和学习是否应该被区分开来？游戏对儿童学习的价值如何体现和更好地实现？而教师又如何成为儿童游戏中学习的更有力支持者？游戏化学习理念为这些问题的解决给出了解答。

（一）游戏化学习理念与引导游戏

近年来，研究者重新思考了游戏和学习的关系，提出二者并非二元对立的关系。二者的关系应当置于一个由发起者、主导者和外在学习目标三因素共同构成的连续集或者光谱中来考虑（见图1-3-1）。在这个光谱之中，位于一端的是完全由儿童发起和主导且无外部目标的自由游戏（即以往普遍认可的游戏概念），而另一端则是由成人发起和主导且有明确外部目标的直接教学，在两端之间，根据教师与儿童的角色定位以及是否有外在目标等分为了不同的游戏形式，包括引导游戏和游戏化教学等，这些形式体现了游戏和学习之间不同程度的融合①。

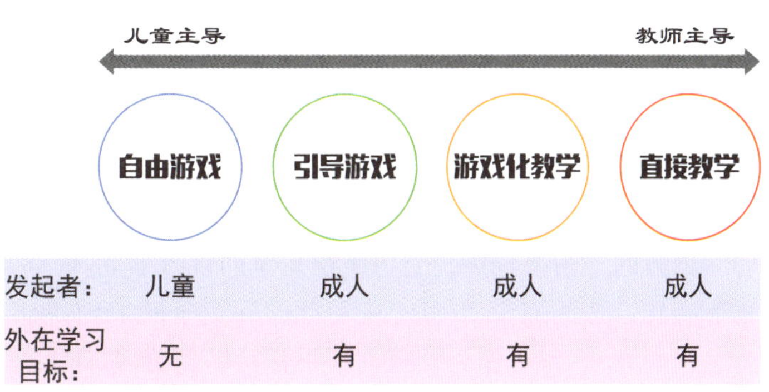

图1-3-1 光谱视野下的游戏与学习

在此基础上，引申出的游戏化学习（Playful Learning）理念，强调游戏作为学习的情境而非作为知识传递的工具，其根本目的是让儿童在游戏中学习，即儿童游戏的过程本身就是学习的过程。游戏化学习理念包括自由游戏和引导游戏等不同的实践形式，其中引导游戏这种融合儿童主导与成人指导、能够融入一定学习目标的游戏形式日渐受到重视。

引导游戏是由成人根据某一学习目标创设情境或提供相关游戏材料，儿童在成人营造的环境中自发、自由地开展游戏的学习形式②。幼儿园的引导游戏中，教师承担成人的角色，引导游戏中，教师的支持主要体现在两个方面：一是准备材料和环境促进儿童的自发探索；二是在游戏过程中的鹰架支持。具体来说，在直接教学中，儿童作为被动的学习者和信息接收者，学习的来源是教师，而游戏化学习的理念则认为，一切学习都源自儿童自身的探索，依托于有准备的环境。因此，教师应当基于儿童发展需要和学习兴趣，创设丰富的学习环境，为儿童提供适宜的游戏材料，充分利用儿童对环境的敏感性来激发儿童探索和操作的愿望。

① Zosh, J. M., Hirsh-Pasek, K., Hopkins, E. J., et al. Accessing the inaccessible: Redefining Play as a Spectrum [J]. Frontiers in Psychology, 2018(9): 1124.

② Weisberg, D. S., K. Hirsh-Pasek, R. M. Golinkoff. Guided Play: Where Curricular Goals Meet a Playful Pedagogy [J]. Mind, Brain, and Education, 2013, 7(2): 104-112.

与此同时,在提供环境的基础上,教师也要对儿童与环境互动过程中可能发生的学习"有准备",在儿童游戏过程中观察并把握时机,借助与儿童进行交流、评论儿童的发现、与儿童共同游戏、提出开放性的问题或者使用儿童尚未使用过的方法探究材料等方式支持儿童的学习①,通过富有教育艺术的指导,引导儿童逐步向着学习目标发展。

引导游戏作为一种介于自由游戏和直接教学之间的学习形式,一方面,它保有自由游戏的大部分特征,尤其是在儿童主导、趣味性和吸引力上与自由游戏呈现出类似的特点。但其中增加了与能力和知识学习相关的外部目标,并且强调了教师指导的重要性。尽管儿童仍然是游戏的发起者和主导者,但教师也会通过评价、共同游戏或提问引导等方式提升儿童的学习经验。突出了学习中儿童和教师的"双主体"地位。

(二) 从自由游戏走向引导游戏

西方何以从崇尚自由游戏走向引导游戏,而为何我国在学前课程游戏化的进程中也有必要借鉴游戏化学习理念?无论是东方还是西方,游戏与学习对立的观点古来有之,游戏和学习被认为是在不同的时间、不同的场景开展的活动②,此种认知对教育实践产生了深远的影响。尽管东西方在儿童教育中各有侧重,且经历了不同的发展历程,但两者近年来都逐渐向着游戏和教学融合的方向迈进。

1. 西方的游戏观:从自由游戏到教师支持下的游戏

西方的学前教育传统上更重视儿童的自由游戏,倡导自主探索,成人在游戏时不过多干预和指导。然而随着 20 世纪中后期国际竞争的加剧、社会经济发展的放缓,以及出于对教育公平的考量,学力作为教育的结果开始受到重视,西方国家逐步开始反思游戏在学业提升中的作用。诚然,自由游戏符合儿童的兴趣,也能够促进儿童发展,已有研究表明儿童在游戏中能得到语言与阅读、情感社会性的发展,也会自发地从与数学相关的活动中获得启示。但是自由游戏取决于儿童的想法和选择的特征也决定了其在支持学业上的局限性,儿童在自由游戏中的学习难以预期和控制;另外,儿童在自由游戏中也很难在操作中有意去形成概念,对于数学学习而言尤其如此,在游戏中习得的零散经验也很难汇聚成系统性的知识。从提升学业的视角看,自由游戏能够起到的作用有限。迫于现实的学力要求,人们开始探索如何有效融合游戏与学习,使之既保有自由游戏的精神,又能发挥游戏在提升学力中的作用,帮助儿童有所学习。正如瑞典学者从儿童视角对游戏和学习的概念进行了审视,并提出了发展性教学(Developmental Pedagogy)的概念,认为在保护儿童创造力、主动性、自由选择的同时,教师应当为儿童营造富有挑战性和丰富的环境并充分认知环境中提供的发展可能,同时帮助儿童意识到学习目标,让儿童在学习目标的引导下通过游戏中的探索得以发展③。这与游戏化学习理念下的引导游戏有异曲同工之处,在认可游戏对儿童发展的重要性的同时,强调了教师支持在确保游戏促进学业发展中的独特价值。

---

① Ash D, Wells G. Dialogic inquiry in classroom and museum: Actions, tools, and talk [J]. Counterpoints, 2006(249): 35-54.

② Pramling Samuelsson I, Johansson E. Play and learning — inseparable dimensions in preschool practice [J]. Early child development and care, 2006,176(1):47-65.

③ Samuelsson I P, Carlsson M A. The playing learning child: Towards a pedagogy of early childhood [J]. Scandinavian journal of educational research, 2008,52(6):623-641.

2. 我国的游戏观：从教师主导到游戏价值的发现

反观我国的教育实践，传统上更重视直接教学，关注知识学习。20 世纪 80 年代以后由于建构主义思潮的涌入，教育领域逐渐认同年幼儿童的身心发展特点决定了其对游戏的喜爱以及游戏在儿童生命中的独特价值。80 年代《教育纲要》颁布后，以"游戏为基本活动"成为学前教育中约定俗成的理念[①]。1989 年的《规程》和 2001 年的《纲要》再次对游戏的重要性进行了重申。2012 年颁布的《指南》亦明确表明要珍视生活和游戏对幼儿成长的教育价值，严禁"拔苗助长"式的超前教育和强化训练，要防止和克服学前教育"小学化"的倾向。回顾近 30 年来的纲领性文件，可以看到"把游戏还给儿童"已经成为我国教育界的共识，在游戏中的直接感知、实际操作和亲身体验是儿童最为有效的学习方式，但是在幼儿园教育实践中如何理解游戏和支持游戏，教师如何平衡教学和游戏之间的关系，避免滑向"高控"或是"放任"的极端尚需引领。

从游戏化学习理念的视角看待游戏和学习则为实践提供了一种新的指引。游戏化学习理念下的引导游戏作为自由游戏和直接教学的折中方案，它回应了新时代对兼具学力和创新能力人才的需求。因为引导游戏实现了游戏与学业之间的平衡，在保护儿童游戏的自由和创造精神的同时也能够在促进儿童学力发展上起到积极作用，在确保儿童主体性的同时，发展教师的主体作用，这正是当前各国学前教育积极探索的共同方向。

（三）引导游戏的实践与启示

对于复杂知识或者系统性知识的学习来说，成人指导所发挥的作用是不可忽视的，但儿童学习的内驱力也应当受到保护。引导游戏为两者之间的平衡提供了思路。引导游戏作为成人指导和儿童自主游戏的综合，能够在教师根据预期学习目标创设环境、适时引导、共同游戏等方式带动儿童学习的同时，调动儿童主动参与和探索的热情，从而支持儿童有意义的学习过程[②]。尽管整个过程都是以儿童为中心的，但是由于教师在环境创设和材料中都已经融入了学习目标，因此，引导游戏既能为儿童带来深层次的学习体验，也能保障儿童探索和试误的自由，能够较为顺利地在游戏过程中达成特定的学习目标。

引导游戏作为新理念指导下的教育方式是否有效？研究者对 164 项对比不同教学方式的研究进行元分析，发现与自由游戏和直接教学相比，引导游戏的效果最好[③]。就语言和阅读能力来看，引导游戏中儿童习得的词汇量也比直接教学更多[④]。同时，引导游戏也能对儿童的社会性和情感发展起促进作用，儿童参与到特定的游戏中时，他们的社会调节和自我控制能力能得到积极发展[⑤]。而引导游戏中儿童有效的数学学习则更为常见，这是因为数学学习本身通常就带有一定的学习目标，且数学概念的抽象性也决定了儿童需要操作具象材料

---

① 杜继纲. 对"以游戏为基本活动"理念的历史与理论分析[J]. 学前教育研究，2011(11)：7.

② Fisher K R, Hirsh-Pasek K, Newcombe N, et al. Taking shape: Supporting preschoolers' acquisition of geometric knowledge through guided play [J]. Child development, 2013, 84(6): 1872 - 1878.

③ Alfieri L, Brooks P J, Aldrich N J, et al. Does discovery-based instruction enhance learning? [J]. Journal of educational psychology, 2011, 103(1): 1.

④ Han M, Moore N, Vukelich C, et al. Does play make a difference? How play intervention affects the vocabulary learning of at-risk preschoolers [J]. American Journal of Play, 2010, 3(1): 82 - 105.

⑤ Diamond A, Barnett W S, Thomas J, et al. Preschool program improves cognitive control [J]. Science (New York, NY), 2007, 318(5855): 1387.

来感知和理解，因此，教师在游戏中的有意引导对儿童的数学学习来说就显得尤为重要。研究发现，当儿童在数学学习中使用教师设计的数学游戏材料时，儿童的数学思维能力得到了提升，且这种提升效果能维持相当长的时间①。对比引导游戏、直接教学和自由游戏中儿童几何学习的效果，研究亦发现通过引导游戏学习的儿童不仅在识别常规图形任务中有良好的表现，他们还能够将经验迁移到一些从未见过的非常规图形，如不对称的三角形等，这表明引导游戏不仅能帮助儿童从表面上区分不同的形状，还能让他们归纳和发现图形之间的本质区别，这意味着儿童在引导游戏中的探索能带来更具深度的学习②。从教师的角度看，他们也认为游戏化的学习手段能够让儿童有更大的收获，可以更好地满足儿童多样化的学习需求③。总之，现有的研究结果均表明，引导游戏可以作为支持儿童学业学习的有效手段，它既有着儿童主导的本质属性，也结合了成人“鹰架”的目标，在保护儿童主动性的同时，也能够促进儿童全面发展。引导游戏可以作为兼顾游戏和学习的一种手段，让儿童的学习在自主和玩趣中也能有效，实现游戏精神与学力提升之间的平衡。

二、基于学习路径的教师支持

如前文所述，引导游戏重塑了游戏与学习的关系，可以作为支持儿童学习与发展的一种新方式，其中尤其凸显了教师和儿童双主体的地位。对于教师而言，其角色也从有本可依的知识传授者变成了需要在情境中生成教学计划的合作学习者。如何在引导游戏中更好地支持儿童也对教师的能力提出了更高的挑战。

（一）引导游戏中教师支持面临的挑战

教师要实现引导游戏中的环境支持和有效指导并不容易。一方面，教师既需要在个别化的学习场景中把握儿童的学习特点与发展进程，不同于集体教学中的既定规划，教师需要了解每一名儿童个性化的探索方式和学习进程；另一方面，儿童是在与教师和环境的互动中学习，要真正实现对儿童的支持，教师需要在理解儿童、理解材料的基础上推动师幼及材料三方的互动。这些都要求教师了解儿童的发展特点、理解材料中蕴含的学习机会并在此基础上敏感、适宜且及时地观察和评价儿童。

然而，观察评价儿童的能力对教师来说极具挑战，这在世界范围内都是存有共识的④。从我国的教育实践来看，无论在理论还是实践上，教师的观察评价都是短板。近年来，《幼儿教师专业标准》和《指南》的颁布开始强调观察能力，2015 年教育部教师工作司开始推动实施《中小学幼儿园教师培训课程指导标准》的修订，其中明确提出教师的“幼儿研究与支持”能力，并将之视为与“幼儿保育与教育”同等重要的能力。国外同期的研究也开始关注教学中的“注意(noticing)”，即教师对学习场景中细节的敏感性，具体包括关注儿童学习策略、解

---

① Ramani G B, Siegler R S. Promoting broad and stable improvements in low-income children's numerical knowledge through playing number board games [J]. Child development, 2008,79(2):375 - 394.

② Fisher, K. R., Hirsh-Pasek, K., Newcombe, N., & Golinkoff, R. M. Taking shape: Supporting preschoolers' acquisition of geometric knowledge through guided play. Child Development, 2013(84):1872 - 1878.

③ Vogt F, Hauser B, Stebler R, et al. Learning through play-pedagogy and learning outcomes in early childhood mathematics [J]. European Early Childhood Education Research Journal, 2018,26(4):589 - 603.

④ Stahnke R, Schueler S, Roesken-Winter B. Teachers' perception, interpretation, and decisionmaking: A systematic review of empirical mathematics education research [J]. ZDM Mathematics Education, 2016,48(2):1 - 27.

读儿童的理解以及对儿童发展的回应等能力[①]。尽管理论研究和政策引导已经意识到教师对儿童进行观察、分析和评价能力的重要性，但实践中教师能力的提升仍然是一个非常艰巨的工程。就目前来说，实践领域尚未形成有效提升教师观察、评价能力的职前、职后培训模式。教师在观察评价中仍然存在难以切中要点、浮于表面、准确性低等问题[②]。从当前与观察能力相关的培训来看，目前主要着重在观察技能技巧本身，并未将观察与儿童发展以及教育策略之间有意义的连接凸显出来。在如何理解环境和材料中的学习机会，并将其与儿童发展联系上尚缺乏对教师有力的支持。如何能够让教师在儿童游戏中敏感地发现并准确解读其学习行为，能够充分发掘材料在学习中的价值，其中的一个关键在于熟知不同领域能力的发展规律，并与实践紧密结合。为了解决上述问题，有研究者提出了"学习路径(Learning Trajectory)"的概念，将学习规律和教学紧密联系在一起。

(二) 学习路径在教师理解与支持儿童中的应用

从儿童学习的角度看，尽管不同儿童学习过程和发展速度存在差异，但也有共性。因此，了解儿童能力的发展过程有助于教师更迅速地聚焦观察要点，恰当解读儿童行为并提供有效支持。如果将儿童的能力发展视为一个循序渐进的过程，这个过程通常可以归结为一个发展序列，这个发展的序列就是"学习路径"。学习路径对于教师观察和理解儿童的游戏行为、支持儿童游戏中的学习能够起到指导作用。

1. 学习路径的含义

学习路径的概念最早由西蒙(Simon)在 1995 年提出，他使用这个概念来表示儿童从当前水平向学习目标发展时所历经的学习过程[③]。这一概念的提出是为了回答教师如何帮助学生建构数学概念这一问题，而西蒙认为教师的计划是其中的重点，为了能够更好地理解和采取教育措施，教师需要理解儿童在某一概念上的发展路径。尽管不同儿童在特定概念的学习中有共性的规律，但基于建构主义的观念，每个儿童的发展又有其个性，正因为我们无法预先确定每个儿童的发展，因此他将其称为"假设学习路径"，即依据已有的经验和实证研究对儿童能力将会如何发展做出的假设。一个完整的假设学习路径包括三个部分：首先是学习目标，它为教师的教学计划设定了方向；其次，是教师关于学习活动的相关计划；最后是假设的学习过程，它是对学生的思维和理解如何在学习情境中发展的一种预测。假设学习路径以教师设立的学习目标为起点，指明了儿童的发展趋向，能够为教师选取教学任务提供参考。这一概念的提出开启了学习路径的研究序幕，2007 年，美国国家研究委员会、美国国家研究委员会(National Research Council, NRC)发布报告呼吁研究人员展现儿童的学习路径，他们将学习路径定义为随着时间推移，学习者对某个学习主题连续的、逐步深入的思考过程[④]。这份报告进一步激起了研究者对学习路径的研究兴趣，如果能够将儿童发展上共

---

① Nickerson S D, Lamb L, Larochelle R. Challenges in Measuring Secondary Mathematics Teachers' Professional Noticing of Students' Mathematical Thinking [M]. Cham: Springer International Publishing AG, 2017:13.

② 戴小红. 幼儿园教师观察能力现状及其提升策略[J]. 学前教育研究, 2018(6):3.

③ Simon M A. Reconstructing mathematics pedagogy from a constructivist perspective [J]. Journal for research in mathematics education, 1995, 26(2):114 - 145.

④ National Research Council. Taking science to school: Learning and teaching science in grades K - 8 [M]. Washington: National Academies Press, 2007.

性的路径进行梳理，将能为教师工作的开展提供便利的工具。同时，正因为学习路径是一种假设，本身具有不确定性，因此，教师在实践过程中会不断地结合儿童学习情境及实际的学习状况对其进行思考和调整。

近年来，关于学习路径的研究不断深入，实证研究的丰富也使得对更加丰富的学习路径的提炼和归纳成为可能，其中尤以数学和科学领域[①]为甚。Clements 和 Sarama(2014)系统地总结了儿童在数学的数、量、感数、运算、空间思维、图形、测量等具体领域的数十条学习路径，以帮助教师在教学中了解儿童当前的发展及下一阶段的目标[②]。以计数能力的发展为例，儿童数数的学习路径如表 1-3-1 所示。值得一提的是，学习路径所呈现的发展倾向并不是依照学科本身的逻辑，而是从对儿童实际学习过程的研究中提炼出来的[③]。

表 1-3-1　儿童数数的学习路径节选(1～4 岁)[④]

年龄	发展进程	教学任务
1	**前数数(pre-counter)**：不会口头数数，但会无序地命名一些数词	• 我看见了数字：将数词与数量关联，数词是数数序列的组成部分
	唱数(chanter)：唱念难以分辨的数字	• 口头数数：在不同的情境中重复数数序列的经验，其中包括唱歌、手指游戏、数楼梯或只是为了好玩而口头数数(你能数到多少)
2	**复述(reciter)**：口头念出数字，但 5 以上数字不一定能按照正确顺序念出 例："1、2、3、4、5、7"	• 数数和赛车：(创设赛车情境)随着游戏操作一起口头数数，每次在跑道上添加一辆赛车
3	**复述到 10(reciter 10)**：口头数到 10，有些能够与物体一一对应，或是生硬地一一对应，或是出现漏数、重复数等错误 例：要求取 5 个物体，点数 3 个，说"1、2、5"。	• 数数和动作：让所有儿童从 1 数到 10 或一个合适的数字，每数一个数就做一个动作，如"1(摸头)、2(摸肩)、3(摸头)"等
	对应(corresponder)：至少对直线排列的小集合物体，保持数词与物体之间一一对应(一个数词对应一个物体) 例：可能用重数一遍的方法回答"有多少"的问题	• 依旧可以使用"数数和动作"

① 注：在科学领域中，学习路径也被称为学习进程(learning progression)，其内涵与主要的思想与数学领域中的学习路径类似。

② Clements D H, Sarama J. Learning and teaching early math: The learning trajectories approach (2 eds) [M]. New York: Routledge, 2014.

③ Confrey J, Maloney A, Nguyen K, et al. Equipartitioning/splitting as a foundation of rational number reasoning using learning trajectories [C]//Proceedings of the 33rd Conference of the International Group for the Psychology of Mathematics Education. 2009(2):345-352.

④ [美]道格拉斯・H. 克莱门茨，朱莉・萨拉马. 儿童早期的数学学习与教育：基于学习路径的研究[M]. 张俊，陶莹，李正清，等译. 北京：教育科学出版社，2020.

续　表

年龄	发展进程	教学任务
4	**点数小数量**(counter small numbers):准确点数至多5个排列成直线的物体,并且用最后一个数词回答"有多少"的问题,当物体可见,且是小数量时,开始理解基数	• 盒子里的骰子:让儿童点数少量的骰子,把骰子放进盒子里,盖上盖子,然后问儿童有几个骰子被藏起来了。如果儿童准备好回答,让他们在便笺纸上写下数字(或你自己写)并标记在盒子上。然后把骰子倒出来,和儿童一起数一遍核对
	点数到 10(counter 10):点数至多10个物体,也许能够写数字来表征1～10;准确地点数排成直线的9块积木并说出一共有9个;也许能够判断一个数之前或之后的数,但必须从1开始数 例:4后面是什么?"1、2、3、4、5。5!"	• 数数塔(最多到10):前一天阅读形状空间,提问在塔的不同部位什么形状比较适合(如,三角形积木适合做底部吗?)。然后用不同垒高物体来创设情境,鼓励儿童竭尽所能地垒高,数一数自己一共垒了多少块积木
	取物(小数量)(producer small numbers):点数至多5个物体。认识到数数与情境中摆放的物体数量有关	• 数动作:在过渡环节,让儿童数一数跳了几次,拍了几次手,或做了几次其他动作,让他们重复相同数量的动作。开始时,和儿童一起数动作。随后,示范并解释如何安静地数数。能够理解做多少个动作的儿童将会停止数,其他人仍会继续

上述学习路径以儿童计数能力的发展为目标,展现了儿童的经验不断累积和发展的可能进阶。但是 Clements 所梳理的儿童早期数学经验的学习路径仍然是去情境化的,缺乏具体性和针对性。此类学习路径仍然只是假设学习路径,但它们为教师提供了理解儿童学习的基础。教师在参考学习路径对儿童进行观察和支持时尚需依据儿童的具体特点及游戏情境来调整对儿童的理解,进而共同建构出具有情境特征的、个性化的学习路径,因此每一条实际的学习路径都是一个社会建构的历程。总体来说,学习路径为教师提供了理解不同领域能力发展的一种视角,也为教师观察、理解和支持儿童游戏提供了参考,由于学习路径最初的诞生就是为了帮助教师进行课程规划,因此它自然地将儿童学习与发展的理论和教师的教育教学联系在一起,也使得对儿童的评价、教师自身的专业发展以及教学之间更为连贯、统一①。

2. 借助学习路径提升教师在游戏中观察与支持的能力

既然学习路径是对儿童能力发展的生动阐释,那么使用学习路径提升教师的观察与支持能力的效果如何?在游戏化学习理念之下的引导游戏中应用学习路径又有何意义与价值呢?

学习路径目前在科学和数学领域的研究较为深入,例如,有研究者尝试使用学习路径对教师进行培训并考察了其效果,当教师了解不同数学能力的学习路径,即通过一系列活动掌

① 郭力平,曹娟,何婷.基于学习路径的教师培训:幼儿园教师专业发展新思路[J].学前教育研究,2022(7):1-11.

握核心数学概念、观看视频熟悉不同发展阶段儿童的表现并理解各个阶段采取的教学任务后，教师在回应儿童的需要以及把握发展时机提供支持上表现更好。[①] 除了增进教师对儿童学习行为的了解，学习路径也能促进对领域知识的深入认识，发展教师数学领域的教学能力[②]。教师对学习路径的理解也会促使其积极探索数学概念的含义，并有效建构自己的内容性知识[③]。同时，了解学习路径的教师能够使用更加准确的术语、运用更恰当的课程设计，他们会使用学习路径中的水平来标记儿童可能的发展，不再仅仅按照是否达成最终的目标来区分儿童[④]。

为什么学习路径能够有所成效，这与学习路径本身的特点相关。学习路径将儿童的发展寓于特定的、具体的学习场景之中，使儿童的发展特点与具体情境中的行为表现联系起来，让教师能够更加直观地理解不同发展阶段儿童的表现，也能够更加切实地感受环境和教师的支持对儿童学习产生的影响，对儿童在互动中的学习有更深入的了解。在游戏化学习理念的引领之下，学习路径关注的不仅是儿童对知识、概念的掌握，更关注学习过程以及儿童对数学学习的态度。通过引导教师关注儿童的问题解决能力、创造力、好奇心、想象力、坚持性等品质的发展，希望帮助儿童从有用、有趣的角度理解数学，并且培养起儿童应用数学、解决数学问题的信心，体会数学之美。更重要的是，学习路径能让教师清晰地看到自己的支持对幼儿学习的促进作用，切实感受到幼儿的改变，以学习路径为基础也可以推动自下而上的课程建设，让教师真正成为教学中的主体，这对于教师专业能力的发展及自信心、效能感的提升都将起到促进作用，促使教师在教育中更加积极、主动地投入到对幼儿的观察和支持中来。

但是，如何让学习路径清晰可见、易于理解？又怎样让学习路径转化为教师适宜的教学行为，充分发挥学习路径的价值以促进儿童的数学学习？有一个适宜的载体十分必要。本书作者认为，游戏是儿童学习的基本方式，玩具是儿童游戏的载体，儿童学习发展的历程往往是经由玩具，在和教师、同伴的互动中逐渐展开的。儿童借助玩具游戏的历程就是富有意义的学习路径展开的历程。聚焦玩具来展现的学习路径，是教师最容易理解的学习路径，而这种理解，也必将有益于教师在实践中更为恰当地创设环境、提供材料，通过引导游戏来支持儿童的学习与发展。因此，本书将解决方案聚焦在数学玩具上，以幼儿园数学玩具为切入点，通过对有代表性的数学玩具的设计与使用的充分剖析，帮助教师更深刻地理解玩具背后潜在的学习机会，支持教师更善于观察、善于捕捉儿童与玩具的互动特点，进而在引导游戏中为儿童提供适宜的环境和有效的师幼互动。

---

① Clements, D. H., Sarama, J., Spitler, M. E., Lange, A. A., & Wolfe, C. B. Mathematics learned by young children in an intervention based on learning trajectories: A large-scale cluster randomized trial [J]. Journal for Research in Mathematics Education, 2011,42(2):127 - 166.

② Cai J, Morris A, Hohensee C, et al. Reconceptualizing the roles of researchers and teachers to bring research closer to teaching [J]. Journal for Research in Mathematics Education, 2018,49(5):514 - 520.

③ Wickstrom M H, Jurczak L M. Inch by Inch, We Measure [J]. Teaching Children Mathematics, 2016(22):468 - 475.

④ Clements D H, Sarama J, Baroody A J, et al. Comparing the efficacy of early arithmetic instruction based on a learning trajectory and teaching-to-a-target [J]. Journal of Educational Psychology, 2021,113(7):1323 - 1337.

第二章 数学玩具发展、应用及设计

正如约翰·赫伊津哈(Johan Huizinga)在《游戏的人:文化的游戏要素研究》中所指出的,游戏作为一桩重大事件在文化本身存在之前就已经出现了。① 玩具作为游戏的载体,同样有着悠久的历史。已知的各大古文明均发现了玩具的身影,部分早期的玩具甚至伴随文明发展流传至今。为了更好地理解游戏及玩具在数学教育中的价值,本章着重厘清由"玩具"走向"教育玩具"的发展脉络,思考游戏化学习理念下如何理解和设计能够支持儿童与教师共同探索和建构数学经验的数学玩具,并梳理了数学玩具的主要游戏机制。

第一节 玩具的历史变迁及教育玩具的诞生

从教育玩具的诞生来看,它源自两类不同玩具的融合:儿童玩具与成人智力玩具。两类玩具最初相互独立、各自发展,随着玩具教育功能的逐渐显性化,两条相对独立的发展脉络走向交汇,最终衍生出教育玩具。在现代工业化进程中,教育玩具的庞大体系又逐渐分化出对应不同学习与发展领域的专门化玩具,数学玩具便是其中一类。

一、儿童玩具的早期发展史

早期儿童玩具存在于各大古文明区域,在两河流域、古埃及、古印度、古代中国及拉丁美洲等地的考古遗迹中均有儿童玩具出土。从考古资料来看,早期儿童玩具在满足年幼儿童把玩的同时,也反映出人们对儿童适应未来社会生活的期许。20 世纪 50 年代,我国陕西西安市半坡村墓葬文化遗址(系公元前 4800 至公元前 4300 年新石器时代仰韶文化聚落遗址)出土的一些陶球和石球被认为是当时的儿童玩具,很可能是当时狩猎工具的缩小版②。余姚河姆渡遗址出土的陶猪、陶牛、陶鱼、木鱼等玩具,反映了新石器时期南方沿海的养殖、捕捞文化。除古代中国的儿

① [荷]约翰·赫伊津哈. 游戏的人:文化的游戏要素研究[M]. 傅存良,译. 北京:北京大学出版社,2014.

② 考古研究表明,半坡人狩猎工具主要有石球、石矛、弓箭和石飞索等。石飞索也叫飞球索,由兽筋、绳索或藤条两端系上石球组成,使用时手执一端,举过头顶用力旋转,对准野兽抛出,以此捕获野兽。

童玩具有此特点外，古印度河谷文明遗址出土的小推车、古埃及出土的泥马玩具、古希腊带滚轮的小马玩具等也都是当时劳动和文化生活的体现，反映出玩具在文化传承中的价值。而这种传统也一直延续，哈珀(Harper)对英格兰和威尔士考古物品记录系统的分析表明，中世纪玩具大多也是日常用品的微缩模型(如小家具、武器和餐具等)及玩偶①。其中，剑、盾牌、木马以及小士兵等战争玩具是为贵族家庭男孩成年后的军队生活做准备，玩偶、餐具等则帮助女孩熟悉成年女性的角色。可见，早期儿童玩具的特点之一是与现实生产、生活密切相连，玩具的形态、功能均接近生产、生活或祭祀用的工具、材料。玩具是外部世界文化成就的符号②，儿童在把玩的过程中，累积粗浅的劳动经验和模仿必要生活技能，也获得了较为愉悦的情绪体验。通过模拟社会生活的玩具，还能增进亲子之间的交流，将儿童与家庭生活紧密相连。

早期儿童玩具的另一个特点则是，在功能上体现出对儿童感官、运动、情绪等方面需要的满足。图2-1-1左是一件古希腊时期(约公元前440至公元前430年)的陶器，其外表面绘制着正在玩拨浪鼓的小儿，类似玩具至今仍为年幼儿童所喜爱(见图2-1-1中、右)，也说明感官的愉悦和情绪的安抚是早期儿童玩具的重要功能。

图2-1-1　穿越古今的"拨浪鼓"玩具

左图为古希腊阿提卡地区出土的一件陶器，上面绘制着正在玩耍拨浪鼓的婴儿，今收藏于大英博物馆；拨浪鼓至今依旧是儿童喜爱的玩具，见右图的绘画作品

陀螺、铁环等玩具则能支持儿童运动技能的发展，类似玩具在世界各地广为流传，在比利时画家彼得·勃鲁盖尔(Pieter Bruegel the Elder)油画作品"儿童游戏"(Children's Games, 1950AD)的显著位置上，就绘制了打陀螺、滚铁环的游戏活动(见图2-1-2)，表明

图2-1-2　彼得·勃鲁盖尔(1560)的油画作品《儿童游戏》(局部)

① Harper E. Toys and the Portable Antiquities Scheme: A Source for Exploring Later Medieval Childhood in England and Wales [J]. Childhood in the Past, 2018,11(2):85-99.

② Sutton-Smith B. A Toy Semiotics [J]. Children's Environments Quarterly, 1984,1(1):19-21.

对运动需求的满足也是早期儿童玩具的重要功能体现。

尽管儿童玩具的基本功能和特征历时变化不大，但随着社会的发展、物质生活的丰富以及生产水平的提高，玩具的材质逐渐丰富。远古时期玩具制作材料以木头、皮革、黏土、泥土等自然材料为主，至公元前 1500 年前后(如中国的殷商时期)，开始出现青铜玩具。公元前 500 年前后(如古希腊时期)，锡制、铅制、银制玩具都已经出现了，且在造型上更为多样，如动物和人物造型越来越丰富。根据我国东汉王符《潜夫论》的记载，东汉时期玩具已经走向商业化，在市售的玩具中就有一些泥制的马车、小狗及人偶等。南宋李嵩绘制的《货郎图》(见图 2-1-3)，其中的玩具包括各类小鸟、鸟笼、泥人、小炉灶、小壶、小罐等[①]，种类丰富，玩具的售卖针对的主要是市井民众。

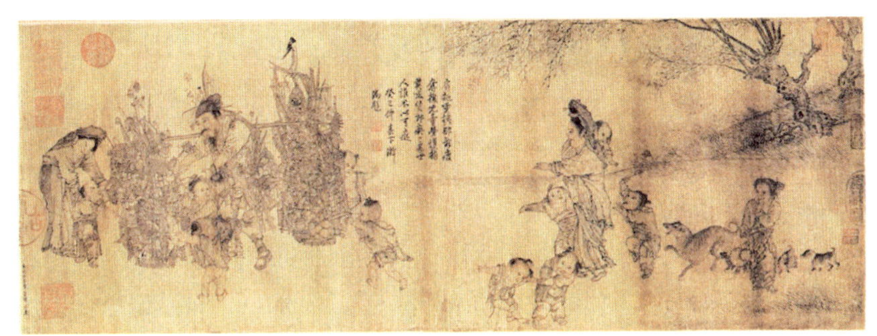

图 2-1-3 南宋画家李嵩绘制的《货郎图》(公元 1211 年)(局部)

总体而言，早期的儿童玩具整体体现出自然性与平民化特征，经济实惠的自然材料与朴素的制作工艺让它们能被大部分平民家庭负担，养育者或大龄儿童亦可通过简单的手工来制作它们。早期玩具在功能上体现出对儿童感官、运动、情绪等方面需求的支持，并发挥着促进其适应社会生活的潜移默化功能。从儿童玩具发展的时间历程来看，儿童玩具的发展变化总体是较为缓慢的，数千年前儿童使用的玩具在今天依然适用。但这也正说明玩具中所包含的积极价值是相对恒定的，尽管早期的儿童玩具主要起到娱乐和安抚的功能(至今也依然在这些方面发挥价值)，其中也不乏学习的机会。但在儿童借助此类玩具的学习与现今所谓的知识学习不同，从内隐学习机制的角度来看，它或许是一种“大知识”的学习[②]。人类在进化历程中积淀的生存和发展所必需的知识，往往无须特别教授，通常也难以为意识所把握，却能在游戏中获取并运用于未来的生活、启迪未来的生活。儿童在游戏中、在与玩具的互动中，逐渐掌握文明发展所积淀的经验。早期儿童玩具提供的学习机会为我们理解儿童游戏中的学习，以及教育玩具的演化历程奠定了基础。

深入思考

为什么玩具在游戏史中常常缺席?

萨顿·史密斯(Sutton-Smith)从社会学视野，对儿童游戏史进行分析，他提出游戏与玩具的关系具有启示性，具体内容可扫描二维码查看。

---

① 王连海. 李嵩《货郎图》中的民间玩具[J]. 南京艺术学院学报(美术与设计版)，2007(2)：37—41.

② 郭力平，何婷，曹娟. 物联网技术支持下的学前儿童学习与发展评价[M]. 上海：少年儿童出版社，2021：11.

二、成人智力玩具[①]的发展演变

如果说儿童玩具的变化是缓慢的，那么成人智力玩具在历史中的登场却是显赫和荣耀的，其发展进程更是波澜壮阔的。下面将介绍成人智力玩具的两次重要登场。

（一）成人智力玩具的第一次创造：带“机会”的桌面玩具

最早的成人智力玩具大多采用棋盘游戏的形式，且普遍具有一个特征：掷骰。史料表明，骰子在3500年前便已出现在古埃及的棋盘游戏中，即便不用骰子，早期的棋盘游戏也大多包含着形态各异的随机性工具[②]。许多自然物品都曾被用作骰子，如彩绘的石头、贝壳、龟甲、羊距骨等，其中最具代表性的是羊距骨(astragalus)，骨头小巧、适合把玩，其四面(如图2-1-4左)不同的特征正好能当作骰子面，用来表示不同的结果。在古埃及及两河流域的文化中，羊距骨很早就被用作成人智力游戏中的骰子。

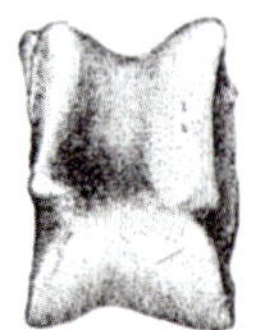

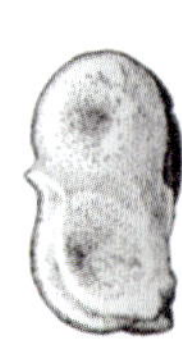

图2-1-4　左图为羊距骨的四个面的俯视示意图；右图为儿童玩“嘎拉哈”游戏

羊距骨是羊的后腿关节的一部分，四面各不相同——凸面(convex)、凹面(concave)、宽面(broad)和窄面(narrow)，在投掷羊距骨后，它只可能落在四个面的任意一面上，而不会落在两个面中间。今天，羊距骨仍旧被用于儿童游戏，如在我国东北和内蒙古地区，抛接羊距骨(也称“嘎拉哈”)是一种传统的游戏，广受儿童喜爱

图2-1-5　古埃及法老拉美西斯二世(公元前1303年至公元前1213年)的王妃奈菲尔塔莉正在下塞内特棋

骰子带来的“随机”结果，通常被早期人类解释为神的旨意[③]。尽管在更为古老的早期占卜中，原始的“骰子”是早期人类沟通“机会”与“天意”的一架自然之桥，反映出人类对神的敬畏。但棋盘游戏所表达的不只是人类的敬畏，人的力量与神的力量在早期的游戏棋盘上融合归一，这与古文明的棋盘游戏诞生于权利和智慧的贵族阶层的事实相吻合。以棋盘游戏为代表的成人智力游戏反映着人类自我的张扬，在棋盘游戏所模拟的场景中，人类握住了棋子的命运，成为了胜者。这不仅是愉悦的历程，也是人类自我力量的唤醒和演练。

在塞内特棋(Senet)(见图2-1-5)、盘蛇图棋(Mehen)和乌尔王族局戏(The Royal Game of Ur)等成人智力玩具发明

① 成人智力玩具在此特指早期社会主要供成人消遣娱乐，需要积极运用思维进行游戏的物质载体，其中桌面智力游戏居多，如古埃及的塞尼特棋、盘蛇图棋，古代中国的六博、围棋等。

② David N F. Games, Gods and Gambling [M]. New York: Hafner Publishing Company, 1962:15.

③ Gerda R. The age of chance: gambling in western culture [M]. New York: Routledge, 2005:4-5.

之后，大约在公元前1500年前后，古埃及文明达到了鼎盛，并开始了王朝和文明衰落的漫漫历程。

棋盘游戏在文明衰落的过程中逐渐为普通民众所了解，并广泛使用。古希腊历史学家希罗多德(Herodotus)在其著作《历史》(The Histories)中写道，早在公元前1500年，埃及人为了忘却饥饿的困扰，经常聚集在一起掷骰，玩一款名为“猎犬与胡狼”(Hounds and Jackals)的机会游戏①。然而，成人智力游戏使用的下沉不只是一种疗愈苦难的安慰剂，曾经荣耀的智力游戏的娱乐性被放大，骰子的使用使其滑向异途——赌博。在棋盘游戏中，正是由于骰子的存在让成人智力游戏沦为赌具成为可能——人们将骰子落定的可能性赋予世俗利益，将掷骰结果归功于自身的运气，并在纯粹的输赢乐趣外增加额外的赌注。

在古埃及和两河流域文明衰落的漫漫历程中，成人智力游戏中掷骰的随机性和附加利益带来的兴奋与刺激让人迷恋，赌徒不再愿意回头脚踏实地地劳作，原先的富饶樯倾楫摧，社会秩序动荡。运用骰子的成人智力游戏一度被安上赌具的诬名，成为众矢之的。包括阿拉伯地区在内的诸多国家都曾出台禁赌令禁止大众玩使用骰子的游戏②，带有骰子的成人智力游戏的光芒自此黯淡。

(二) 成人智力玩具的第二次创造：不带机会的智力游戏的发现之旅

第二批成人智力玩具在后起的东方古老文明中繁荣起来。社会经济的发展和生产水平的提高带来了安定的生活，农耕文明取代采集狩猎，人们的生活围绕土地开展，因争夺土地所有权而发起的战争增加，与军事战术相关的成人智力玩具应运而生。在古印度诞生了恰图兰卡(Chaturanga)③，而同期的中国则诞生了围棋。这类智力玩具的突出特点是摆脱了对骰子的依赖。正如阿维尔巴赫(Averbakh)在《国际象棋的历史：从恰图兰卡到当代》一书中所分析的，恰图兰卡玩家放弃骰子可能是为了规避相关法律——当时的法律谴责使用骰子的游戏④。然而，事情并没有这么简单。放弃骰子是一个激进的，甚至是革命性的步骤，它不仅改变了游戏本身，也改变了强调因果报应的游戏哲学。在没有骰子的情况下，游戏的结果已经不取决于骰子所带来的运气，而是取决于游戏者的智慧，游戏的人成为其命运的主宰。因此，放弃掷骰并过渡到一切都取决于人类思维的游戏，是人类自我的进一步苏醒，是其对自身能力的强烈认同，也意味着人对神性的依赖在逐渐削弱。

此类智力玩具以其智力对弈的独特魅力开始在世界范围内流行，其中最典型的是恰图兰卡的“西征”。伴随战争与贸易，7世纪后恰图兰卡传入波斯，并逐步西进(见图2-1-6)，传入欧洲后演变为国际象棋。

11—13世纪的欧洲，围绕着国际象棋是否应该被禁曾展开激烈辩论。教会是主要的反对方，一方面由于当时皇室成员采用掷骰来加速游戏进程，使国际象棋退回到靠运气而不是靠技能取胜的机会游戏。而教会对人们借游戏机会进行赌博的活动深恶痛绝⑤。另一方面，

---

① 转引自王幼军. 拉普拉斯概率理论的历史研究[M]. 上海：上海交通大学出版社，2007：7.

② Smith R. The long history of gaming in military training [J]. Simulation & Gaming, 2010, 41(1): 6-19.

③ 恰图兰卡诞生于印度笈多王朝时期，游戏在8×8方格的棋盘上进行，象征车、马、象、兵的四种棋子相互厮杀，以吃掉对方的全部棋子为目标。

④ Averbakh Y. A history of chess: from Chaturanga to the present day [M]. SCB Distributors, 2012: 32.

⑤ [美]亚洛姆(Yalom, M). 国际象棋“王后”诞生记[M]. 雷立美，译. 广州：花城出版社，2008：54.

图 2-1-6 恰图兰卡的西征历程

因国际象棋棋局而引发的冲突或暴力事件在不同社会阶层和群体中都有过记录[①]，这些因素导致教会曾严禁神职人员下棋。辩论的另一方则认为，国际象棋与赌博没有必然联系，例如997年左右出现的《艾因西登诗钞》指出：国际象棋既不要掷骰子，也不要下赌注[②]；与此同时，一些神职人员开始将国际象棋当作象征社会秩序的样板进行道德教育，例如13世纪《棋书》用国际象棋中不同棋子来比喻不同社会阶层发挥的作用，外交官和朝臣也会用国际象棋术语描述政治权力[③]；更重要的是，欧洲人发现，相比于机会游戏，国际象棋是对人类自由意志和智慧的一种明证[④]，是有启迪教化作用的娱乐活动。12世纪以后，以国际象棋为代表的无骰子智力游戏的教育价值受到人们的关注，例如，下国际象棋在12世纪成为西班牙杰出骑士必须具备的技艺之一[⑥]。到13世纪后期国际象棋已扎根欧洲，在社会生活中广泛传播，并与教育紧密联系，成为贵族男孩在家庭教育中练习军事科学的载体[⑦]。不仅国际象棋，陆续发展起来其他一些棋类游戏也逐渐开始应用于儿童的益智教育，《永恒的玩具》一书中提到，15世纪的法国巴黎等地已经有了专门的棋类制造商，制作游戏用具和技巧玩具。17世纪，有着"法国第一小学教师"美誉的曼特农夫人，在其创办的圣西尔学校，将游戏与学习结合在一起，为孩子们购置国际象棋、国际跳棋等，运用棋类游戏对贵族女孩进行教育[⑧]（见图2-1-7）。

图 2-1-7 13世纪西班牙女子下国际象棋

熟悉国际象棋已经成为当时的文化标志。上图出自13世纪写给西班牙国王阿方索的手稿[⑤]

① Wall B. Violence and Chess [EB/OL]. (2021-12-20)[2022-4-20]. http://billwall.phpwebhosting.com/articles/violence.htm.

② Wilkinson C. K. Chessmen and Chess [J]. The Metropolitan Museum of Art Bulletin, 1943,1(9):271-279.

③ Adams J, Karras R M. Power play: The literature and politics of chess in the late middle ages [D]. University of Pennsylvania Press, Inc, 2011:15.

④ Shenk D. The immortal game: A history of chess [M]. New York: PWxyz, LLC, 2006:8.

⑤ Wilson F. A Picture History of Chess [M]. Garden City: Dover Publications, Inc, 1981:2.

⑥ MacDonell A A. The origin and early history of chess [J]. Journal of the Royal Asiatic Society, 1898,117-141.

⑦ Wilkinson C K. Chessmen and Chess [J]. The Metropolitan Museum of Art Bulletin, 1943,1(9):271-279.

⑧ [法]芒松. 永恒的玩具[M]. 苏启运，王新连，译. 天津：百花文艺出版社，2004:23.

三、教育玩具的兴起与发展

启蒙运动后，社会生产方式变革对人才培养提出了更高要求，如何通过教育提升儿童的智力成为社会广泛探讨的话题。成人智力玩具的教育价值进一步得到发掘和应用，而儿童玩具所提供的学习契机也得到了人们的重视。原本需要借助策略的成人智力玩具和偏重操作与摆弄的儿童玩具在教育的旗帜下汇合，支持儿童学习的教育玩具诞生并迅速发展起来。

（一）经验主义哲学视角下，成人智力玩具和儿童玩具的教育汇合

伴随着赌博业的发展与逐步规范，那些依托骰子的成人智力玩具逐渐摆脱了沦为赌具的命运。概率论的建立与发展让人们对骰子的理性认识日臻成熟，棋盘类智力游戏的内容设计越来越多地行使教育的功能，借助掷骰的智力玩具开始出现在欧洲低龄儿童的教育之中。

17 世纪经验主义哲学的代表人物洛克，对传统儿童玩具进行了深入考察，并开启了利用儿童玩具来诱导儿童学习的教育之路。在《教育漫话》一书中，谈及如何诱导儿童学习，洛克说道：

我常发一种奇想：学习可以变成儿童的一种游戏、一项娱乐；觉得如果学习被儿童当作一件充满荣耀、名誉、快乐及娱乐意味的事情，或是把它当作了某事的奖励；假如他们从未因为忽略了求学就受到责备或惩罚，他们是会向往求学受教的。……绝不可把学习当作他们的一项任务，也不可变成他们的一种麻烦，我们可以在骰子和玩具上面粘上字母，在游戏时教儿童学习字母；此外还有许多适合他们特殊性情的方法，可以使他们把学习当作一种玩耍。

我曾见过一些小女孩，耗费几小时的时间，费尽气力，要把自己变成掷石子的专家。我在旁观看时不禁想到，可惜缺乏一种良好的设计，去使她们利用那种专注与努力，做别的对她们更有益的工作；我觉得这完全是年长的人的差错及疏忽所致。

尽管借助儿童玩具的游戏本身并没有被视为是一种学习，但游戏所激发出儿童的动机力量得到了洛克的重视。洛克的观察与思考与今天数学玩具设计的策略运用是较为符合的，即将特定学习内容通过设计融入玩具之中，让儿童在探索游戏过程中获得知识和经验。可以说，洛克开启了借助玩具来推动儿童学习，尤其是认知学习的先河。自此，曾经的成人智力玩具使用年龄逐步下移，而年幼儿童玩具融入一定的学习内容后，玩具适用的年龄范围则有所拓展，两类玩具都成为了培养儿童理智的借助。成人智力玩具和儿童玩具终于开始在儿童教育中汇聚了。

（二）浪漫主义哲学视角下，教育玩具的诞生

洛克有关玩具、游戏和学习的思想反映了一位经验主义启蒙思想家的基本观点，18 世纪末的德国浪漫主义思潮则是在反思启蒙的基础上，为玩具的教育功能带来了新的解读。

作为对启蒙运动的反思，浪漫主义反对将理性变成仅仅局限于大脑的工具理性，他们视自由为使命，强调“感情”和“想象力”在自我概念中的重要性，试图通过内在自治的教育（Bildung）达到真正的启蒙。① 玩具引发了儿童在物理世界中的积极行动，而这种行动有助于儿童自我的建构。浪漫主义对玩具的理解超越了简单的“益智”范畴，关注的是玩具带来

① 王歌.德国早期浪漫主义的反启蒙与启蒙——以“自我”概念为契机[J].现代哲学，2013(2)：1—8.

的精神体验与自我的发展，因此浪漫主义所强调的不仅是玩具，更是游戏本身的教育意义。①

德国浪漫主义思潮直接影响了福禄贝尔在幼儿园中的教育玩具提供与应用。1837 年，福禄贝尔为幼儿园设计了“恩物”，帮助儿童了解宇宙的结构与自身的角色，在他看来，玩具帮助儿童学会自我表达、展现个性。

经由经验主义的理解和浪漫主义的诠释，传统儿童玩具与成人智力玩具实现了兼收并蓄，整合并诞生了完整的教育玩具概念。教育玩具的教育性不仅反映在认知层面，更是儿童自由精神和主体性的表达。教育玩具概念的诞生使教育性成为玩具的核心价值。19 世纪末的欧美，无论是玩具的生产者还是玩具的消费者都会认为，在一定程度上，玩具就是为了实现教育功能。

拓展阅读

福禄贝尔和蒙台梭利玩教具设计思想的比较

但即便是今天，教育玩具的教育性具体如何体现、教育契机如何把握，仍旧存在复杂的纷争，也影响着玩具设计的思路。二维码中的拓展阅读，对比了福禄贝尔和蒙台梭利的玩教具设计思想的异同，两位幼儿园教育奠基人的差异或多或少反映了经验主义哲学和浪漫主义哲学主旨间的差异。

紧随两位大师的足迹，数学相关的玩具设计也有两个方向：沿着“建构设计”方向，出现了单元积木、乐高、TINKERTOY 等各种形式的开放式拼搭及接插建构玩具；沿着“概念操作”方向，有各种强调在实物操作基础上形成明确概念的玩具，如旨在形成图形概念的图形分类玩具、拼图玩具等，旨在形成数概念的古氏数棒（Cuisenaire Rods）以及旨在传递体积概念的各种套娃、套盒等（见图 2-1-8）。

图 2-1-8　沿着两个方向的玩具设计举例：TINKERTOY、俄罗斯套娃以及古氏数棒

四、工业化背景下教育玩具的细分

在工业化背景下，教育玩具的进一步普及主要受四方面因素的影响：第一，随着工业化进程的深入，儿童期在逐渐延长，而机器替代了人工繁重的体力劳动后，也对人的技能提出了更高的要求。第二，家庭规模缩小令儿童在家庭中的地位日益重要，玩具一方面能够用来满足儿童愉快游戏的需要，同时也开始作为一种教育资源受到家长的重视，在新兴的中产阶

① Hamlin D D. Work and Play: the production and consumption of toys in Germany, 1870 - 1914 [M]. Ann Arbor: University of Michigan Press, 2007:42.

级之间形成了一种给礼物的习俗，他们将父母监管下的游戏作为一种教学，而购买玩具也成为培养令人尊敬的、符合社会需要的公民的一种方式①。第三，工业化大生产能够支持玩具批量化、规模化地供给，玩具的销售商也在用不同的方式向儿童和家长销售教育玩具，迎合家长对儿童发展的期待。第四，20 世纪后一系列教育探索和科学研究从实证的角度反映了游戏与儿童之间的密切关联，玩具的教育价值更加凸显，玩具对儿童思维发展的促进作用受到重视，这也让玩具作为游戏的载体与教育的关系日益紧密。

社会对教育玩具的重视，加之工业化大生产的催化，带来了数量巨大、名目繁多的各式玩具，教育玩具的细分成为必然。目前来看，玩具供应商主要根据适用的年龄、领域/学科、游戏活动特点以及主要针对的能力等对玩具进行分类。例如在全球最大的电商亚马逊(Amazon)公司的“玩具和游戏”商品类目下，“学习和教育玩具”之第一个子类就是计数和数学玩具(Counting & Math Toys)。再以美国大型教育玩具公司学习资源(Learning Resources)为例，该公司 2021 年玩具商品主要按照如下四类线索进行分类(见表 2-1-1)。

表 2-1-1　学习资源公司教育玩具的一级分类线索

按年龄划分	按年级划分	按类目划分		按学科划分
18 个月	学步儿	ABCs 字母学习玩具	游戏与活动组合	英语言文学
2 岁	幼儿	运动套件	万圣节玩具	地理
3～4 岁 5～7 岁	学前班 1 年级	动物与恐龙	假想和角色扮演玩具	数学
8 岁以上	2 年级	脑力训练	创客空间	科学
	3 年级	编程玩具	数与计数玩具	
	4 年级	学前儿童	户外游戏	
	5 年级	学习形状、颜色和模式的玩具	食物玩具	
		批判性思维游戏和玩具	拼图与烧脑玩具	
		发现探索	感官箱玩具	
		工程与建筑玩具	社会-情感学习	
		精细运动玩具	STEM② 玩具	

在玩具日益丰富的今天，将学习目标融入玩具之中的现象十分普遍，数学玩具的概念也在教育玩具分门别类的过程中逐渐确立，并拥有了自己的内涵和外延。尽管数学玩具在分类体系中更偏重认知的发展，在此，我们更希望在游戏化学习理念之下来理解数学玩具的教

① Hamlin D D. Work and Play: the production and consumption of toys in Germany, 1870 - 1914 [M]. Ann Arbor: University of Michigan Press, 2007:61.

② STEM 是科学、技术、工程和数学的缩写。STEM 教育是近年来出现的旨在提升儿童科学、技术、工程与数学综合素养的教育。STEM 玩具是以 STEM 技能学习为目标，从教育角度设计的玩具，强调以游戏的方式愉快学习，鼓励儿童运用批判性思维和想象力来解决问题，使因果关系的探究成为一种令人兴奋的努力。STEM 玩具是近年来以素养为核心的教育改革之下，教育玩具演变的一种新趋势。

育价值。在肯定数学玩具能够为儿童数学知识和经验的获得提供支持的同时，也希望延续浪漫主义对儿童学习过程以及体验与探索的关注，支持儿童透过数学玩具呵护自我、体味生活并启示未来。

第二节 教育玩具在教育机构中的应用

过往的三次工业革命推动教育迅速发展，教育玩具的诞生顺应了教育发展的形势，与社会发展对教育的需求关系密切。但是，教育玩具在机构中如何应用，不仅取决于玩具的教育价值，更在于人们对游戏与学习关系的理解。在第一章，借助图示展示了人们对游戏与学习关系的不同主张，此处为了进一步说明教育玩具在教育机构中的应用，有必要对教育辅助材料的三种主要形态——“教具”“学具”和“玩具”进行介绍。

一、“教具”“学具”和“玩具”的区分

总体来看，“教具”“学具”和“玩具”的使用频率与教育对象认知发展所处阶段有关。基于对 1981 年至今国内相关文献的分析发现，学具概念的使用主要集中在小学阶段，以数学学科的应用为主；教具概念多用于中学阶段，涵盖科目广泛；玩具则在学前教育阶段更为常用(见图 2－2－1)。

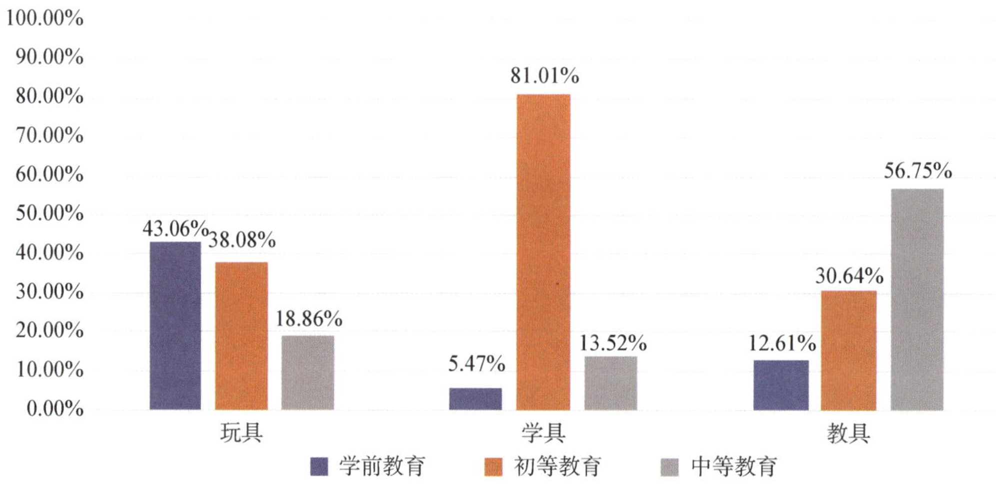

图 2－2－1 以“玩具”“教具”“学具”为关键词检索的 1981 年至 2021 年期间研究文献数量(基于中国知网数据库)在不同学段中的占比情况

教具的运用古已有之，但现代学校教育中教具的运用源自 18 世纪以后的欧洲。我国民国时期，留美归国学者任鸿隽、赵元任等人于 1914 年创办了中国科学社并开设了图书馆和科学仪器公司后，才有了为学校专门设计制造教具的萌芽①。20 世纪 20、30 年代，教育界已

① 刘济昌. 教具的历史与启示[J]. 中国教育技术装备，2010(32)：13—16.

经出版了一些涉及教具理论和实操的论著。如陈际云(1935)在《小学教具概论》中将教具阐述为"教学的工具",对于教师而言是帮助教得便利,对于学生而言是帮助了解与熟练。因此,教具可以说是帮助教学顺利进行、增加教学效率的辅助工具。他进一步强调了教具和儿童恩物(玩具)之间的区别,两者的差异主要体现在三个方面:一是使用场景,儿童使用恩物主要在课后,而教具则主要在课堂中使用;二是使用者,恩物一般由儿童操作,而教具则通常由教师操作演示;三是是否含有操作目标,教具往往是带有明确的学习目标的,且判断一件教具的使用价值需要站在教育的立场上进行衡量,但恩物则主要供儿童随意摆弄和玩耍,不一定有目标①。他在书中也特别指出,教具并非只供教师使用,许多教具也可以让儿童玩,在玩中获得知识,可见彼时教具的概念涵盖了学具的含义。但到了解放初期,由于经济条件的限制等原因,中、小学中,学生通常很难得到操作教具的机会,教具的概念开始逐渐窄化,演变成为"教师使用的,在教学时用来讲解、说明某事、某物的模型、实物、图表、幻灯等的总称"(参见《当代汉语词典》,上海辞书出版社,2001)。中华人民共和国成立后,我国幼儿园数学教育材料在很长一段时间里被称为数学教具②,这与当时幼儿教育理念以及分科教育模式有关,同时学界对学前儿童游戏与学习的关系,以及对教具、玩具的概念内涵也缺少较全面的价值分析。

直至 20 世纪 80 年代,随着皮亚杰认知发展理论等西方心理学、教育学思想影响的迅速扩大,人们对儿童学习方式的理解发生了变化,开始强调儿童动手操作对认知发展的积极作用。此时,学具作为课堂教学的重要媒介进入中小学课堂之中。学具的引入改变了以往"一支粉笔、一本课本、一张嘴巴"的教学方式,儿童在课堂中参与度更高。当时的教育实践也对教具、学具和玩具概念进行了区分,突出了学具的教育价值:教具是教师演示用的教学工具,儿童多数情况下只能观看,而不能(或很少能)亲自动手操作。学具则是儿童能够真正动手操作进行学习的用具,是带有学习目标的、用以帮助学生学习知识、练习思维的材料,因此,在多数情况下,学具是教具的缩小版或简化版本。玩具则与教具和学具有明显差异,玩具以趣味性、娱乐性为主要特征,其中含有的知识性信息少,通常不带有教学功能③。显然,上述这种认识并不能代表学前教育的立场,但确实也反映了当时学校教育对于教具、学具和玩具的基本观点。在 80 年代及之后的一段时间里,这种观点对幼儿园的数学教育产生了重要影响,也推动了幼儿园数学教育从重教向重学方向的发展。如果说教具在幼儿园教育中的应用,体现了直观性在儿童概念形成中的价值,学具在学前教育中的应用,则强调了对材料的实际操作在儿童思维发展中的重要作用。但是,学具的思想制约了幼儿园以游戏为基本活动的价值回归。十多年前,幼儿园一度强调儿童人手一份的数学材料(不一定是纸本练习,也包括操作性较强的实物材料),部分材料是由教师精心设计和亲手制作。但实物操作局限于教学情境之中,令儿童失去自主探索的机会,操作过程缺乏足够吸引儿童的趣味性。2001 年,《纲要》出台,从"以游戏为基本活动""因地制宜实施素质教育""活动环境""生活环境""提供丰富的可操作的材料,为每个幼儿都能运用多种感官、多种方式进行探索提供活动的

---

① 陈际云. 小学教具概论[M]. 上海:开明书店,1935:17.

② 解放后很长一段时间,数学教育被称为计算教学,相应的教具也称为计算教具。

③ 张敬培. 小学数学学具的理论与实践[M]. 北京:国际文化出版公司,2002:34.

条件”等方面强调了幼儿园实施素质教育的方向和做法。克服“小学化”背景之下，学具这一形式在幼儿园教育活动中逐渐淡出。学具概念在幼儿园的弱化反映了我国幼儿园教育观念的变化，与此同时，借助玩具在游戏中学习的思想在幼儿园数学教育中日渐凸显。

玩具在《现代汉语词典》(2016)中指“专供儿童玩儿的东西”，在《教育大辞典》(1988)中指“供儿童游戏使用的物品，是游戏的主要物质基础”。总的来说，玩具泛指儿童在生活环境中自行操作的把玩物，儿童不是因为特定教学目标的驱使被分配玩具进行游戏，而是自主选择玩具进行游戏的，因此玩具是儿童依其自身意愿主动进行操作和互动的材料。玩具具有广阔的外延：自然界的水、泥、沙、树枝等可以作为玩具，人工制造的玩偶、积木、棋牌等也属于玩具的范畴。在传统的教学情境中，玩具通常与教具和学具区分开来，主要发挥娱乐和安抚的功能。但是，随着新世纪人们对游戏与学习观念理解的更新，玩具的教育功能也正在重塑。正如《纲要》和《指南》所强调的，幼儿园以游戏为基本活动，应重视儿童在游戏中学习，关注儿童的主体性和自由选择，强调提供个性化的学习体验及个别化的游戏探索。玩具成为儿童在游戏中学习的重要借助，玩具承载的不仅是游戏的趣味性，同样玩具也能够承载学习的内容，能够帮助教师引导儿童在游戏中实现学习目标。如果说，传统教学观念之下，数学学习往往指向静态的知识目标，教具和学具留给儿童作为学习主体的能动性空间很小，那么玩具则呵护了儿童好奇的天性、探究的热情，支持儿童在游戏中积极主动的学习过程。在数学的游戏化学习中，儿童不仅拥有探究、了解和运用数学概念的机会，儿童解决问题的过程性能力得到了张扬，通过游戏所塑造的儿童积极面向世界的品质和素养也是传统教学形式难以实现的。

如果从质量评价的角度来总结教具、学具和玩具的差异的话，评价教具的质量，首先强调的是教具是否清晰、直观地反映了教学目标，其次则强调它是否方便教师的操作和展示；评价学具的质量，首先强调的是学具是否清晰、直观地反映了学习的目标，其次则强调它是否方便儿童的操作和学习。与教具和学具不同的是，玩具并不直接反映教学关系。在游戏化学习理念之下，玩具的质量首先强调的是它好不好玩，是不是具有可玩性，能否引发并持续激励儿童游戏的动力，其次评估它为儿童创造的学习的可能性大小，即儿童有多少可能性会应用数学经验来解决游戏中的问题。因此，玩具与教具、学具的根本不同不在于实体的物本身的差异，而在于它们应用的场景、对学习所秉持的理念的差异。根据上述分析如何看待蒙氏操作材料？它是教具、学具还是玩具？具体分析可以扫描二维码查看。

深入思考

蒙氏操作材料、教具、学具或玩具？

值得强调的是，在教具、学具和玩具概念的使用上，过去数十年中，学术界和实践领域都曾经采用了几种比较折中的说法，如玩教具、教玩具等。本书作者认为，折中的称谓或许更具包容性，毕竟幼儿园的数学教育也不可能只有单一的一种学习形式，集体教育活动、区域活动、团体的和个别化游戏形式都是存在的。但是折中的称谓可能会模糊所秉持的教育主张。从支持游戏化学习的视角来看，这种折中的称谓并不可取。我们强调儿童的自由游戏和引导性游戏的价值，游戏的载体是玩具，而非教具和学具，这也是本书书名强调数学玩具的重要原因。

二、数学玩具在我国幼儿园的应用发展历程[①]

教育玩具在机构中的应用目前主要集中在学前教育阶段，但以玩具的形式辅助机构教育目的的实现，各国在认识和进程上存在明显的差异。欧美诸国沿袭福禄贝尔的思想，属最早应用教育玩具的一批；我国幼儿园应用教育材料则历经了较多变化。以数学教育为例，由于数学知识的抽象性，对以具体形象思维为主的幼儿来说，利用玩教具为儿童提供直观可见的实物演示和动手操作是有意义的，幼儿园教育材料是连接具象思维和抽象数学概念的桥梁。自 1903 年中国第一所幼儿教育机构——湖北幼稚园开办以来，我国幼儿园教育积极探索辅助教育材料的使用方式，数学教育中自然也会用到数学玩教具。然而，不同时期对数学教育秉持的教育理念不同，数学玩教具的具体运用也存在差异，如数学学习如何寓于其中、由谁来用、如何使用等存有差异。

(一) 陈鹤琴的玩具思想及玩具应用实践

陈鹤琴先生的思想与实践对于民国时期的幼儿园教育有重要引领作用。早在 20 世纪 20—30 年代，陈鹤琴就提出了幼儿园玩具设计的新思想，破除当时普遍存在的“玩物丧志”、玩具与学习对立的观点，认为玩具可以用来辅助学习，并提出玩具应该具有科学性、教育性和趣味性。他组织设计了游戏类、用具类、认数类(见图 2-2-2)、音乐类和读法类系列玩具，鼓励儿童在游戏中学习。

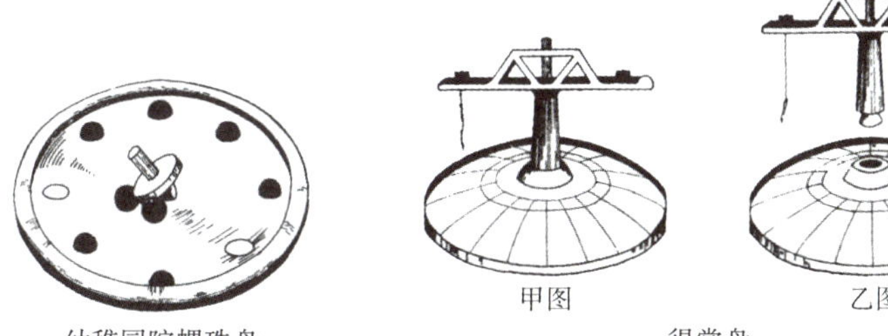

图 2-2-2　20 世纪 20 年代陈鹤琴为南京鼓楼幼稚园设计的两款儿童识数教育玩具

左图为幼稚园陀螺珠盘，游戏时将木珠放于盘中，用手旋转木陀螺，木珠遇之即滚入边缘的小孔内，陀螺停止，计算木珠数，多者赢。右图为“得赏盘”，其中甲图为得赏盘外观，乙图为分解图。得赏盘内每格上部写数字，下部写名词，如牛、羊等。游戏时将吊臂用手一拨，臂即转圈，吊臂停在某处，就得某种东西，并在黑板上计数，统计各人所得分数多少，可判输赢[②]

陈鹤琴还深入探讨了玩具的优劣，认为判断好玩具的五条标准包括：玩具有变化、能引发情感、可以刺激想象力和发展创造力、质料优美且不易损坏以及具有美感。

民国时期，中国幼儿园教育刚刚起步。尽管不能代表当时中国幼儿园的整体水平，但陈鹤琴等人创办的南京鼓楼幼稚园的玩教具的设计及应用实践起到了引领和示范作用。他们对数学玩具的理解和运用，强调在游戏中学习，与美国进步主义教育思潮是紧密联系的，同时也反映了当时留洋回国学者们深厚的家国情怀和对本土文化的重视。

---

① 从幼儿园数学教育材料运用的历史来看，教具、学具和玩具三个概念都有所使用，为减少描述的复杂性，以下将采用“玩教具”一词泛指三者。在不同时期的应用过程中，则以教具、学具和玩具发挥的主要功用进行描述。

② 陈鹤琴.陈鹤琴教育思想读本：儿童游戏与玩具[M].南京：南京师范大学出版社，2013：15.

(二) 分科教学理念下集体教学场景中数学教具的运用

中华人民共和国成立初期及至80年代数学教具主要应用于集体教学之中,作为教师讲授数学知识的辅助物。

如第一章所述,中华人民共和国成立初期的幼儿园教育借鉴苏联经验并结合中华人民共和国成立前老解放区的实践,采用分科教学模式①,在“计算”教学中,主要通过集体教学方式向儿童传授数学知识、帮助儿童练习和掌握数学技能,这种模式一直沿用至20世纪80年代初。尽管这期间经历了诸多波折,如“脱苏”“大跃进”“文革十年”等,集体教学仍是这个时期幼儿园数学教育的主要特征。

其中,数学教具主要可归为以下五类:

实物或玩具:实物水果、小球、小石子等。如把3个小球分放在两个盒内练习数的组成。此中的玩具在集体教学中主要作为教具或学具。

绒布教具:此类教具的应用十分丰富,如图2-2-3所示的绒布教具小鸭房子(绒板)、数只小鸭(绒布贴)。教师可用小鸭游泳、上岸、回鸭房休息等活动让幼儿练习加减运算。

实物图片:如借助不同颜色车厢的货车图片,帮助幼儿理解序数——第几节车厢是什么颜色的?某某颜色的车厢是第几节?

计算卡片:数字卡片、圆点卡片以及实物卡片(如画有不同数量杯子的卡片)。实物卡片上物体的数量可根据认识数目的需要来确定,但每张卡片上物体必须是同类的。

专门的计算教具:如计算器、计算插袋、计算转盘等。计算器(见图2-2-4)在算术教学过程中使用较为频繁,用于进行数数练习、倒数的练习等。

图2-2-3 绒布教具“小鸭房子”示意图

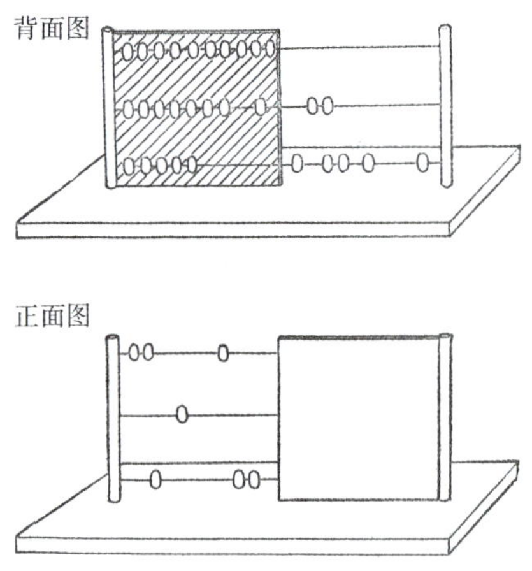

图2-2-4 计算器教具图示

计算器一侧设有挡板,教师面对幼儿,应从左至右拨动计算器串珠,这样出现的数刚好在幼儿的左边。依照此图样可制作出有十排串珠的计算器,每排串珠10个

① 1952年前,数学等相关内容的学习常常融合在语言、常识、音乐、体育等各种活动中,《幼儿园暂行规程(草案)》的颁布使计算成为独立的学科,计算之所以独立设置,最主要的原因是:一方面是因为1927—1949年在老解放区的幼儿教育实践借鉴了苏联的教育模式,主张幼儿园为小学服务,因此单设计算一科帮助幼儿实现学习上的过渡;另一方面由于中华人民共和国成立后对苏联分科教育的全面学习,进一步延续了老解放区中数学的教学方法,同样也是考虑到幼小衔接以及生产劳动的实际需要。

总的来看，50 年代至 80 年代初，全国大多数地区受经济条件、资源匮乏的制约，集体教学中以教师示范用的教具居多，为儿童单独提供的操作材料较少。这一时期的教具往往简单、质朴、功能相对单一，适应集体教学中的示范与讲解，但趣味性欠佳。更多幼儿园自制数学玩教具示例，可以扫描二维码查看。另外，即便是数学教具，也特别强调了其作为培养人的载体，与社会、意识形态的需要保持一致，其内容带有明显的教化目的[①]。

拓展阅读

幼儿园自制数学玩教具示例

（三）主题活动及区域游戏中数学学具和数学玩具的应用

随着幼儿园课程改革的逐步深入，我国幼儿园教育主要在三个方向上探索与改革了数学玩教具材料的投放和应用。

其一是强调在活动中的应用。80 年代后，随着皮亚杰建构主义和列昂节夫活动理论的引进与传播，人们越来越多地意识到是活动架起了儿童与环境相互作用的桥梁，儿童在活动中获得发展。《规程》(1989)正式将活动作为幼儿园教育的主要形式，幼儿园集体教学形式开始有所改变，教师们意识到幼儿的学习不应被动地、静坐着听或者看教师的讲解和演示，而应在主动操作中学习。因此，分组活动和集体教学的灵活组合成为教学的主要特点(见图 2-2-5)。从玩教具材料的提供来看，学具的提供得到了加强，幼儿通过分组活动获得了更多动手操作的机会。尽管采用了分组活动，加强了幼儿的操作活动，但其依旧以知识学习为主要目的，操作更多的是为知识的理解和巩固服务。

图 2-2-5　左图为模式集体教学活动场景，右图为幼儿分组利用雪花片“种花”

其二是在主题背景下数学玩教具的投放及应用。在南京师范大学和南京实验幼儿园的主题课程改革和探索过程中，数学材料主要在两个方面提供，一是在集体教学中使用的教具和学具，强调人手一份，方便幼儿在教学过程中进行操作学习，例如，在数学活动“复习单、双数”中投放贴绒板和幼儿操作的数卡和实物卡，以巩固对单数和双数的认识；二是在分散教育活动中的数学游戏、生活活动或数学区域活动中提供与当前主题内容相适配的数学玩具和学具。其中使用的数学学具在目标上是作为集体性数学学习的延伸与巩固，如配合主题活动“复习单、双数”，在数学活动角中投放操作实物及图形、数字等学具卡片，以帮助儿童巩固对单数和双数的认识；数学玩具则注重主题情景性，如大班主题“我爱祖国”中，分散教育

① Boretti V, Brandowfaller M. The “Appropriate” Plaything: Searching for the New Chinese Toy, 1910s－1960s [M]// Childhood by Design. London: Bloomsbury Visual Arts, 2018:210.

活动包括拼图游戏“中国拼图”、棋类游戏“从南京到北京”、建筑游戏“建造北京”等数学益智游戏，在帮助幼儿了解祖国的过程中融入空间概念。[①] 数学区域活动和游戏仍旧以学习为导向，玩教具以练习性的学具为主。

其三是区域活动的兴起。尝试区域活动之前，我国幼儿园的活动室基本上采用开放式的空间安排，其设计思想是根据班级人数安排桌椅（如每张桌子可围坐 6 名幼儿，全班 30 名幼儿就要放 5 张桌子）。玩教具材料装在小塑料筐里，放在靠墙的柜子里，游戏时可将桌椅进行任意组合。进行游戏时，玩教具根据游戏的需要从柜子里连筐取出，放在桌上或地上玩。

活动区的设置则提倡区隔式的空间安排，其设计思想是根据活动的不同类别用矮柜或屏风区隔成若干个区域，玩教具分别固定地存放在各个区域内，游戏时幼儿可根据需要自行选择区域及材料进行游戏[②]。这样一来，与数学学习有关的玩教具基本投放在数学区、益智区。例如，表 2-2-1 所列《上海市学前教育机构装备规范（试行）》（2006）有关 2～6 岁儿童玩教具之益智玩具的配备要求，可为按照活动区进行配备提供参考。当然，其他活动区的游戏过程中也可能涉及数学学习和应用。

表 2-2-1　上海市学前教育机构 2～6 岁儿童玩教具之益智玩具的配备要求

序号	益智玩具配备要求
1	配备用于发展儿童感知觉、发展观察、记忆、想象以及发展比较、分类、配对、排序、判断、推理等思维能力的智力玩具
2	配备用于形成儿童数、形概念的数形玩具、测量玩具等
3	配备不少于 4～6 种的智力玩具，配备不少于 3 种的数形玩具和测量玩具。智力玩具、数形玩具等数量上均应满足每一年龄段 15 名儿童同时开展活动的需要
4	中、大班每班应配备不同的棋类玩具 8～10 副

区域活动应用初期，大多数幼儿园将其定位为学习性区域，即区域活动是为集体教育活动的开展服务的。教师把即将要开展的集体教学活动内容相关的玩教具投放到区域活动，让幼儿积累相关的经验；或是将已经开展的集体教学活动采用的教学具继续投放到区域活动，帮助幼儿进一步巩固和提高。此时的区域活动更像是集体教学活动的准备或延伸[③]。区域活动中，幼儿有一定的自由度，可以按照意愿决定去哪个区、玩哪个玩教具，但是不能决定怎么玩。投放的每一种玩教具都有比较固定的操作规则或玩法，此时活动区玩教具的使用主要是作为个别化操作的学具在用，玩教具使用的目的性和指向性较强，教师更关心活动的

① 南京市实验幼儿园.幼儿园综合教育课程主题活动方案设计（中班上）[M].南京：南京大学出版社，2003：52.

② 上海市中小学（幼儿园）课程改革委员会.学前教育教师参考用书　游戏活动（3～6 岁）[M].上海：上海教育出版社，2009：39.

③ 林霞.从学习性区域到活动区游戏——《指南》背景下对幼儿园区域活动的重新审视[J].幼儿教育研究，2017(2)：20—22+62.

结果。从学习性区域的功能定位出发，区域的划分必然与领域学习相对应，通常分为语言区、科学区、数学区、益智区、美工区与音乐区等。

随着活动区应用的深入，当前活动区体现出支持儿童游戏的倾向，除了一些传统上比较容易归为游戏的区域活动——角色区、建构区、沙水区的游戏外，在其他活动区中也开始注重通过玩教具材料的提供来实施隐性的教育，增强玩教具的游戏性，提高活动区游戏质量。让儿童在教师创设的环境中无法直接察觉教师的教学意图，但在比较自主的状态下不知不觉地达成教学目标；且教育目的不再局限于结果性目标，更多指向过程性，强调“真游戏”。例如，“分解与组成”是大班数学的重要内容，教师以往精心设计的许多相关区域玩教具材料，大多仍是作业单式的，如“摇摇乐”“破译电话号码”等，幼儿操作完成一次，材料往往就失去了意义。如果调整设计思路，将投放到区域的玩教具材料设计成具有博弈性质的数学游戏，如“掷骰子・取花片”，结伴游戏的幼儿轮流掷骰子，按掷出的点数取相应数量的花片，思考取什么颜色的花片（投放 4 种颜色的花片）、各取几个，并摆放在相应颜色的格子里。当某个幼儿让相同颜色的花片达到 4 个时，就由该幼儿“吃掉”花片，最后“吃掉”花片数量最多的幼儿获胜。在这个竞赛性游戏中，幼儿能够非常积极主动地运用按数取物、颜色分类、数的组成与分解、加法与减法等多种数学经验，想办法让自己多“吃”花片。特别在数的组成与分解方面，要求灵活地将数进行分合，有时需要分解成三个部分或四个部分，以使同种颜色的花片达到 4 个。幼儿的学习经验不知不觉地在区域活动中运用了，而且由于每一次出现的状况各不相同，幼儿不断尝试挑战，乐趣无穷①。上述这个例子表明，借助适宜的游戏机制，玩具能够让儿童在游戏过程中富有意义地学习。

上述三种形式的教育变革，弱化了教，强调了学。不仅如此，通过对儿童自主性、投放材料可玩性的强调，数学玩教具的投放及应用逐步从强调“教与学”的关系转向强调“学与用”的关系。

（四）安吉游戏的推广拓展了数学玩具应用的思路

2012 年《指南》出台后，教育部进一步通过“学习故事”“安吉游戏”的推介，鼓励幼儿园逐步落实在游戏中观察了解儿童基础上提供支持的教育思想。为什么教育玩具能够辅助幼儿园教育目标的实现？又如何更好地实现？安吉游戏带来了两个启示，一是要认可儿童经验来源的多样性，鼓励儿童应用已有经验；二是解放教师，让教师成为游戏中的观察者进而支持儿童发展。

想要恰当理解儿童学习经验的来源，首先需要思考两个问题：一是儿童的学习经验来自何处？二是在“学”和“用”的关系上，是不是一定是学在先而用在后？借用华爱华的一个问题②：如果一个五六岁的孩子没有上过幼儿园的小班和中班，直接插入大班，还需不需要教师去给他补小班和中班的“课”？教师们普遍会回答“不需要，因为那些在小班和中班‘课’上教的知识，他都已经会了”。幼儿时期知识经验的来源十分广泛，数学尤其如此。因此，幼儿园更有意义的做法是先让儿童在游戏中自由地“用”自己的经验。在活动过程中，通过儿童与

---

① 林霞．在生活和游戏中学习数学——《3—6 岁儿童学习与发展指南》背景下对幼儿数学教育的再思考[J]．福建教育，2013(12)：14—17．

② 韩康倩．华爱华教授访谈录之四“安吉游戏”中的教与学[J]．幼儿教育，2021(19)：4．

儿童、与教师的互动，学习自然会发生，儿童彼此的经验也会得到积极的交互。

冯晓霞在安吉游戏分析中呈现了一个案例[①]，几个孩子在户外游戏花了不少时间搭了一道整整齐齐的“高墙”，回到活动室的分享活动中，有的孩子想知道一共用了多少块积木，于是开始数了起来。分享与反思时，教师先把一张“高墙”的照片投到屏幕上(见图 2－2－6 左)，请搭建者介绍自己的活动。当孩子讲到他们数“高墙”用了多少块积木时，教师向全组提了一个问题：怎样数可以又快又准确？

孩子们一下子活跃起来，有的一个一个地数，有的一列 5 个 5 个地数，“5、10、15……60，一共 60 块！”还有的把两列积木合成一个“单元”，10 个 10 个地数。当多数孩子能够 5 个一数时，教师又把另一张“高墙”的照片投到屏幕上(见图 2－2－6 右)，再请大家又快又准确地数出总数。一开始，孩子们沿用上次一列一列数的方式，“6、12、10……”，数到这里，大家基本都“卡壳”了。怎么办？这时有孩子喊：“我有办法了，我们先不管最上面一行，先 5 个 5 个地数下面，最后再接着数上面那行！”于是，他在 5 个一数地数完下面的 60 块积木之后，指着最上面一行开始数，“61、62……71、72，一共 72 块！”受其启发，另外一个孩子又想出一个新办法：“先数出 10 竖行(列)，每竖行 6 个，10 行(列)就是 60 个，余下的两行(列)中先不管最上面的，每行(列)5 个，两行(列)10 个，加上 60 就是 70，再数上面两个，71、72，一共 72！”孩子们互相启发，各出奇招，讨论得热火朝天。

图 2－2－6　孩子们的方法——怎么数可以又快又准确

在案例中，孩子们贡献的数学经验和方法大多并不是凭空创造的，而是来自过往生活历程——来自家长、早教机构、视频媒体等形式多样的非正式的学习。与其施以教学，不如让孩子们在游戏中应用经验、充分表达，在这个不同经验积极交互的过程中必将激发儿童新的学习。

“安吉游戏”课程的另一个启示是如何提升教师的观察能力。如程学琴所说，安吉幼儿园的游戏材料数量充足，可移动可组合，玩法不限，为幼儿持续使用提供了可能性，把教师从自制游戏材料的疲惫中解放出来，确保教师将有限的精力、宝贵的时间用在观察游戏、研究游戏、研究幼儿上，让教师在游戏中不断地发现幼儿了不起的表现[②]。不仅如此，安吉游戏课程在材料的研究上积累了丰富的经验。如为户外低结构材料确立的自由移动、任意组合原

---

① 冯晓霞.“安吉游戏”与深度学习——兼谈我们为什么要学安吉[J].幼儿教育，2021(19)：5.

② 程学琴.游戏材料设置的安吉实践[J].幼儿教育，2021(5)：15—19.

则；又如一些具体游戏材料提供的持续探索，像大型运动箱上的开孔大小历经从仅能用于脚踩到可插入木板以便组合使用的变化；用于控制身体平衡的滚筒历经了从柏油桶到可全身钻入的空心筒，再到可与大小箱子高度匹配的滚筒；梯子从竹梯到木梯，从单一规格的直梯、人字梯到有一定高低、大小比例的变化等，这些研究推动的不仅是游戏材料的变化，更是引导了教师对儿童与游戏材料互动过程的关注和理解。

安吉游戏户外游戏的经验值得借鉴，但室内的活动同样需要关注。如何在活动室中有效投放数学玩教具？教师如何理解和支持儿童的学习与发展？诸多问题尚待进一步研究。有关低结构与高结构材料投放的问题及思考，可以扫描二维码查看。我们认为，在游戏化学习理念下，从玩教具出发，强调教师对儿童游戏行为的观察与理解，并在此基础上有效支持儿童的学习过程是一个值得深入探索的方向。

知识卡片

关于低结构与高结构材料的投放

第三节　游戏化学习下的数学玩具内涵及设计

游戏化学习理念对游戏和学习之间的关系进行了重新阐释，也重新明确了儿童、教师和玩具三者之间的关系。具体来讲，在游戏化学习理念之下，教育玩具不再只是玩具的实体，同时还应当包含为儿童使用好玩具而提供的支撑：描述儿童与玩具互动过程的学习路径、教师基于儿童的发展可能提供的支持策略等。

一、游戏化学习理念下数学玩具的新意涵

理解数学玩具，首先应当认识儿童的数学学习如何发生以及数学教育中不同主体间的关系。

（一）互动中建构的数学经验

数理逻辑和空间基本概念从哪里来？如何获得？目前的研究表明，儿童的数学学习是有天赋的，正如格尔曼（Gelman）和布鲁姆（Bloom）所说："我们生来就有与数量相关的心理结构，这促进了计数原则的发展。"[①]在儿童进入幼儿园之前，包括家庭、周边环境、媒体以及各类早教机构，都已经在儿童的经验里塞满了各种数学，尽管每一个儿童所获得的数学经验是不一样的。这些丰富的数学经验积累应当在幼儿园的活动中得到运用，在逐步"消化"的过程中系统化，以便当儿童走出幼儿园时大多满足《指南》所描述的对幼儿的社会期望。所谓"消化"不是消减，而是让带着不同数学经验的儿童相互"碰撞"，特别是在自由的游戏中，这种"消化"尤其具有意义。我们应当相信，儿童很善于运用自己的经验，在游戏中，他们会毫无保留地展现自己的经验。儿童也具有对未知的好奇、对知识的渴望，儿童善于学习并积极吸纳来自同伴和教师的经验。儿童作为一个积极的主体，在与环境的互动中，积极探索、

① Gelman S A, Bloom P. Young children are sensitive to how an object was created when deciding what to name it [J]. Cognition, 2000, 76(2): 91 - 103.

主动建构并发展自己的经验，对数学的学习亦是如此①。

（二）游戏化学习理念下的幼儿、教师与玩具

教师在支持儿童的数学经验的应用中要发挥积极作用。教师为儿童创设丰富的环境，让不同能力的儿童都能自主选择、自由游戏并能有所发挥，教师在儿童需要的时候，为其提供言语指导，在与儿童对话、商量的过程中支撑并拓展其经验。不仅如此，儿童在游戏中的数学学习是自由自在的快乐，因而也是过程性的，是面向未来的，儿童所成就的包括对自己数学学习的自信，正是这些构成了21世纪的学习素养。

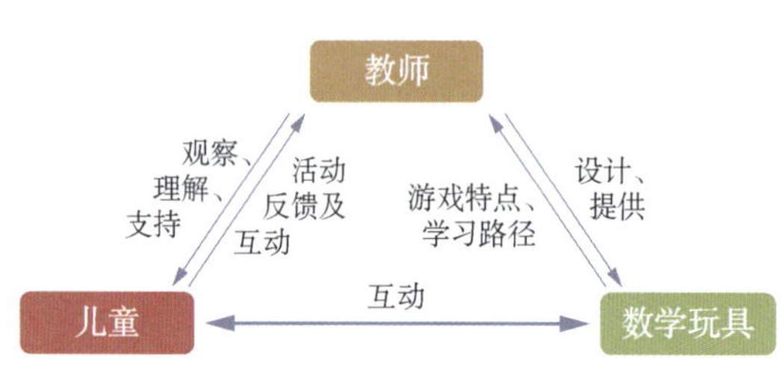

图2-3-1 引导游戏中儿童、教师与数学玩具三者关系示意图

游戏化学习理念与年幼儿童数学学习特点相适应，它不仅认同儿童游戏中的主体地位，也强调了教师在其中的积极作用，认为教师与儿童在游戏中的共同参与和建构能延伸儿童已有经验，最大限度地促进儿童的发展②。在引导游戏中，儿童、教师和数学玩具三者构成如图2-3-1所示的关系：

在引导游戏中，教师通过观察与理解，与儿童形成信任与互惠的关系，并借助评价支持儿童。教师对儿童学习的支持体现在两个方面：一是环境创设，教师需要根据儿童兴趣与需要创设情境，提供适宜儿童学习的玩具及材料；二是游戏过程中的支持，教师需要关注儿童游戏行为，在读懂儿童的基础上给予引导或通过调整环境来支持进一步的学习。教师和儿童之间不是单向关系，在教师为儿童提供支持的同时，儿童也在游戏中展现自己的经验与能力，向教师提供关于自身发展的有效信息，并给出关于教师支持适宜性的线索。儿童学习能力的展现同样也离不开玩具这一载体，玩具本身则作为辅助工具为教师了解儿童提供信息。借助三者之间的有效互动，儿童在游戏中积极探索和发现，在教师和玩具的支持下实现数学经验的自主建构，伴随着愉悦的心情向更高水平迈进，并形成独特的学习路径。

该关系图中，教师起到关键作用，其专业能力、学科视野和教育智慧决定了儿童游戏化学习情境的质量，对儿童学习与发展结果产生直接影响。但除了强调教师自身学科知识及观察能力的发展之外，玩具也需要为教师的有效教学提供支架。我们认为，从玩具的角度给教师的有效教学提供支持是必要的。在引导游戏中，支持儿童数学学习的玩具作为教育玩具，它不仅要支持儿童的学习，也要为教师提供信息帮助教师深入了解游戏过程中儿童可能的学习历程，它不仅成就儿童，也可以成就教师自身的成长。它对于儿童的发展和教师的专业成长而言都应当起到支架的作用，这是教育玩具参与儿童游戏化学习进程中应该做到的。

（三）游戏化学习理念下对数学玩具的理解

本书对数学玩具的界定有两个方面的指向：一是指向对儿童学习的促进；二是指向对教

---

① Rogoff, B. Apprenticeship in Thinking: Cognitive Development in Social Context [M]. NY: Oxford University Press, 1990:4.

② Hedges H. Teaching in early childhood: Time to merge constructivist views so learning through play equals teaching through play [J]. Australasian Journal of Early Childhood, 2000,25(4):16-21.

师的专业发展的支持。

首先，从儿童的角度看，数学玩具是儿童游戏的借助物，它具有玩具应当具备的可玩性。同时，作为数学玩具，它应当在一定程度上融入与数、量、形等数学特征相关的概念，或是归纳、推理等思维要素，这些内容通常反映在玩具的部件构造或暗含于游戏规则的设计之中，在游戏中儿童需要联系已有的数学经验，实施操作、解释现象、解决问题并完成任务。正是上述特征使得一个玩具能够被归入益智类或数学类玩具之中，不至于引起歧义。

其次，在游戏化学习理念下的引导游戏中，教师的支持作用是显著的。有效的支持需要教师对儿童发展状况十分了解，只有这样才能确保为儿童提供适度的鹰架以最大限度地支持儿童的学习[①]。不仅如此，教师还应当了解玩具的教育功能和玩法特点，才能在观察儿童的过程中，成为一名有准备的观察者和有效的互动者，增进教师在教育互动中的反应性。从数学玩具提供的角度来看，协助教师通达有质量的引导性游戏，是玩具应当具备的另一个特征。因此，一个好的数学玩具应当为教师提供儿童与玩具互动的数学学习参考路径，并为教师提供富有意义的支持性策略建议，成为教师理解儿童、支持儿童以及实现自身专业成长的辅助力量。

二、游戏化学习理念下的数学玩具设计

游戏化学习理念之下，数学玩具新的内涵对玩具设计提出了新的要求，玩具不仅面向儿童，也需要为教师了解和支持儿童以及自身专业发展提供支持。

（一）儿童数学玩具设计要点

数学玩具应该将玩与学融为一体，能够吸引儿童参与的同时对儿童提出适度的挑战，从而促进儿童数学能力的提升和数学概念的学习。同时，游戏化学习中对教师主体性的强调也要求教师能够在基于了解玩具特点和儿童发展特点的基础上为儿童创设具有发展适宜性的环境、选用恰当的玩具材料，同时通过引导游戏中的有效互动支持儿童达成目标，教师应当眼里有孩子，心中有目标，玩具应当为教师了解和支持儿童提供协助。因此，游戏化学习理念之下的数学玩具设计，应当有支持儿童和支持教师两个维度的考虑。

1. 数学玩具应支持儿童的游戏与学习

一个能够支持儿童持续探究，并且在探究中学习和发展数学能力的玩具应当具有以下四个特点。

（1）蕴含可感知的数学学习内容

数学玩具的设计应当确保借助玩具的游戏过程中体现特定且适宜的数学学习内容。数学玩具有意识地将特定数学概念融入玩具的规则设计或游戏机制之中，将抽象的概念转换为实物操作或活动过程，让数学概念能够看得见、摸得着，可以借由儿童的感官经验所把握。在借助玩具的游戏中，儿童需要完成的任务或解决的问题应与其当前的数学经验之间建立起联系[②]。通俗来说，也就是只有当儿童运用特定数学知识经验才能顺利解决游戏中的

---

① Skene K, O' Farrelly C M, Byrne E M, et al. Can guidance during play enhance children's learning and development in educational contexts? A systematic review and meta-analysis [J]. Child Development, 2022, 93(4): 1162 - 1180.

② Holton D D, Ahmed A, Williams H & Hill C. On the importance of mathematical play [J]. International Journal of Mathematical Education in Science and Technology, 2001, 32(3): 401 - 415.

问题。

好的数学玩具应该基于儿童现有的知识和经验，为其提供运用已有的数学知识解决实际问题的机会，让儿童在操作中运用并进一步提炼已有的经验，同时还让儿童在游戏之中体验到成就感与满足，增强其学习的自信。玩具的设计不仅要让儿童在游戏过程中自发地用到数学知识，而且要能够让其意识到自己使用的数学知识是什么，体会问题解决过程中数学知识的运用及价值。

(2) 发展的适宜性

此处所谓发展适宜性是指数学玩具应当具有年龄的适宜性、个体的适宜性和文化的适宜性①。

① 年龄的适宜性

数学玩具的年龄适宜性主要体现在两个方面，一是蕴含的数学概念或游戏中对数学能力的要求具有适宜性，二是儿童游戏方式的适宜性。如上文所说，数学玩具应当蕴含一定的数学概念或以一定的数学能力作为解决游戏问题的基础。在设计玩具时，应当充分考虑玩具面向对象的年龄范围及其数学学习能力的发展特点，确保玩具中蕴含的数学概念能够被儿童理解和接受。同时，在数学玩具设计中，可能会出现一些符号或图标来表征操作方式，设计者也应当确保这些符号能为儿童所理解，即使用符合儿童认知水平、贴近儿童生活经验的数学符号，这样对于提升儿童数学能力非常有效。

国家市场监督管理局和国家标准化管理委员会(2021)发布的《玩具适用年龄判定指南》中，将玩具按照用途和功能划分为7个类别：感知活动玩具；身体活动玩具；智力活动玩具；重现科技世界的玩具；促进情感和同理心发育的玩具；创造性活动玩具；社交关系玩具。《玩具适用年龄判定指南》将智力活动玩具分为20个子类别(见表2-3-1)，并给出了每个子类别适宜的起始年龄，其中涉及数学玩具的子类别可供设计和挑选数学玩具时参考。

表2-3-1 智力活动玩具20个子类别的起始年龄列表

子类别编号	起始年龄	适宜玩具的描述和示例
3.01	4岁以上	简单拼图——20～150个联锁部件
3.03	2岁以上	简单的拼图和平面装配部件——具有最多20个大部件的拼图，部件边缘光滑、可无联锁地拼装在一起，可能带一些抓握形状的挂钩，用于在托盘上将部件拼接在一起
3.05	7岁以上	拼图150～500个联锁部件
3.07	18个月以上	带固定部件和通过扭转动作或曲柄触发的转动齿轮的玩具活动板
3.09	18个月以上	带有可联锁或不可联锁的搭接部件的简单积木
3.10	2岁以上	简单的匹配活动——依据形状、颜色或图片进行的匹配活动

① Copple C, Bredekamp S. Developmentally appropriate practice in early childhood programs serving children from birth through age 8 [M]. Washington: National Association for the Education of Young Children, 2009: 8.

续 表

子类别编号	起始年龄	适宜玩具的描述和示例
3.11	3岁以上	装配、构造或建筑套装——具有不同形状的带各种各样的接头和紧固件的部件
3.12	2岁以上	卡/装在一起的积木——用于建筑/固定/装配的具有规定图案的大部件，可能包括功能或主题
3.13	18个月以上	简单的机械玩具——用于使物体下滑的斜面，由桨叶、轮子和其他使用水和(或)沙子的部件驱动的玩具
3.15	7岁以上	涉及或演示物理基本规律的玩具
3.17	8岁以上	实验套装、科学套装——化学套装、人体细节、有机材料套装、晶体、标本、显微镜、栖息地
3.19	4岁以上	问答玩具和游戏——图片匹配
3.20	2岁以上	教学玩具——字母和简单数字学习
3.21	3岁以上	观察和推理玩具和游戏——记忆游戏、随机游戏、无策略的棋盘游戏
3.22	5岁以上	时间学习游戏——时钟、日历和提供小时、日和月的概念的玩具
3.23	3岁以上	教学玩具——数量、尺寸、体积、重量、空间和形状概念，学着讲出时间
3.24	6岁以上	拼写和数字游戏(通常是单个玩家)——填字游戏、找单词、九宫格游戏
3.25	4岁以上	逻辑和数学游戏——逻辑顺序，时间顺序
3.26	6岁以上	包含数学运算的游戏——包括分数
3.27	2岁以上	电脑，平板电脑和掌上游戏——电脑游戏设备，如简单的问答类或匹配游戏，也可以为多语言

当然，判定玩具所蕴含的数学概念是否恰当，一个重要的参考依据就是《指南》。《指南》有关数学学习与发展的方面、对儿童数学学习与发展水平的描述，是数学玩具设计年龄适宜性的基本参考。

难度的适宜性固然重要，但更为关键的是考虑到儿童游戏方式的适宜性，玩具的设计应当体现儿童思维发展的阶段性特点。总的来说，儿童思维发展经历直观动作思维、具体形象思维和抽象逻辑思维三个阶段，学龄前儿童处于从直观动作思维向具体形象思维发展的阶段，因此，借助玩具将抽象的数学融入相对具象的游戏情境和实物操作中，是实现数学学习的重要途径。有意义的具体操作可以用来“弥合非正式学习和抽象思想之间的差距”[①]，而操作材料通过支持抽象推理的发展来促进儿童的学习[②]。数学玩具为儿童提供动手操作的机会，并使其成为儿童理解和应用数学概念的一种凭借。强调数学玩具的可操作性还有以下

---

① Smith S S. Early Childhood Mathematics. 2nd [M]. MA: A Pearson Education Company, 2001:14.

② Piaget J. Play, dreams, and imitation in childhood [M]. NY: Norton, 1962:34.

两点原因：首先，具有可操作性的数学玩具能让儿童独立、自由地进行游戏，正如蒙台梭利所指出的，“当我们给儿童自由时，就是在让他们发展自己的心智”；其次，具有可操作性的数学玩具能让儿童更加投入且专注，由于儿童喜爱摆弄物品，在重复地操作中感知事物，因此儿童在可以动手操作时能够更长时间地专注于游戏本身。

② 个体的适宜性

数学玩具在满足年龄适宜性的同时，通常还会融入难度梯度的设计，以满足个体的适宜性。即便是同一年龄层的儿童，其在数学学习和发展的程度和速度上都会存在差别。为了满足个体差异，让大多数适龄儿童都能找到适合自己的挑战并与玩具进行有效互动，在设计数学玩具时，应当适当降低游戏的准入门槛，即初始的规则应当能够让水平较低的儿童也能够理解和把握，但是在难度上应该有进阶、有层层递进的提升，且这种层级的设计应当在游戏中自然展开，以满足不同水平儿童的需要。同时，这种层级设计也能为同一儿童在游戏中能力的提升提供足够的难度空间。具有个体适宜性的玩具能够更好地适应幼儿园教育情境，迎合儿童在对玩具的探索中不断学习、积累和发展的需求。

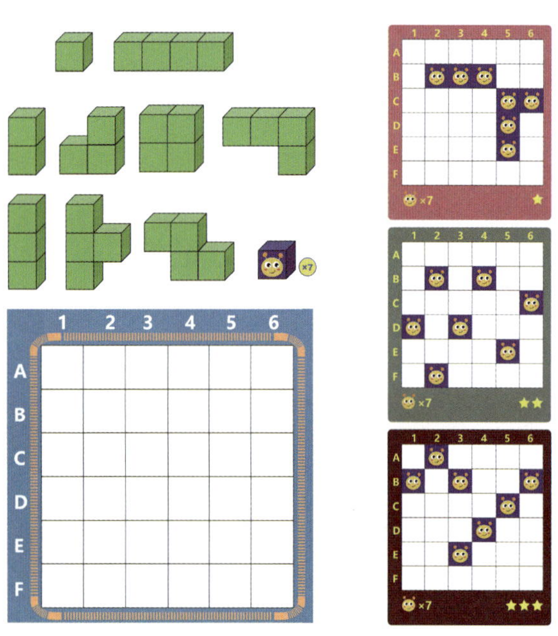

图 2－3－2　填格子游戏与任务卡示例

左侧为“填格子”游戏任务材料，将左上图中 9 块积木(绿色)平放在先行摆好 7 个小蜜蜂积木的 6×6 的方形底板(左图下)中，填满方格。右侧为 3 张不同难度的任务卡(从上到下，任务难度递增)，显示了不同任务难度下 7 个小蜜蜂积木摆放的具体位置

以“填格子”游戏为例(图 2－3－2)，儿童需要将 10 块不同形状的积木摆放到一个 6×6 的方形中，在不移动已经摆好的 7 个小蜜蜂的前提下，把 6×6 的方格正好填满。如图 2－3－2 右方的 3 张任务卡代表了三个不同的难度水平。完成 1 颗星的卡片任务，往往只需要掌握基本的图形对应规则，无须多次尝试，一般中班幼儿都能完成；完成 3 颗星的卡片任务，则往往需要进行一定的图形推理(如复杂图形的摆放位置、放置图形的先后顺序等)，否则即便是多次尝试，也未必能完成任务，这种任务对大班幼儿而言也是有一定挑战难度的。

游戏规则较明确的数学玩具，往往可以通过提供不同难度的任务卡等，创设儿童游戏的难度梯度，为儿童在游戏中拓展数学学习的空间。多功能则是另外一种满足个体适宜性的玩具设计思路。多功能并不是指玩具有意地设计了多个功能，而是强调玩具可用于不同的游戏模式、活动或者为不同年龄的儿童所用(如纸板箱)。如果玩具本身足够简单，功能限制性不高，儿童则较容易发现并创造其替代功能(比如羊距骨，既可以用作棋子、假装的道具，还可以作为骰子用等)。

③ 文化的适宜性

回溯历史，玩具从诞生之初就与文化传递息息相关。成人在设计和制造玩具时也会有意识地将文化元素融入其中，不同的地域特点、文化环境影响着玩具的材质、造型及内容，儿童则在与玩具的互动中潜移默化地习得社会生活的技能，实现文化的代际传递①。而如今，随着全球化趋势的增强，在文化适宜性方面，比如性别、种族、能力体现、暴力性等，成为玩具设计、选择和使用中的重要考量因素。

一方面，文化适宜性体现在兼收并蓄，能够包容文化的多元性，适应来自不同文化背景儿童的游戏需求，避免对某种文化的刻板印象。数学玩具设计也应当考虑到性别、民族、世界多元文化等因素，检视文化的公平性。另一方面，不可否认的是不同文化各具特色，玩具本身无法脱离其诞生所依托的文化情境，也只有在特定的文化背景中，玩具的意蕴才能得到更好的解读，其功能也能得到更好的发挥。玩具不能主要靠进口，还需要有基于自身文化的创造，在玩具中彰显民族文化，帮助儿童更好地理解本民族文化，形成文化自豪感。数学玩具的设计，应与其他类型的玩具一样，尽可能融入反映我国社会风貌和历史底蕴的文化元素，以树立文化意识。

(3) 为儿童提供试误的机会

年幼儿童常常在尝试错误中学习，游戏为儿童提供了一个轻松的、不需要顾虑后果的探索空间。数学玩具在设计时也应为儿童留下尝试错误的空间，让儿童在不断的尝试、探究之中归纳经验、提炼出新的认识。但儿童尝试错误的过程需要反馈的支持。反馈对于数学玩具来说有着重要意义，它能让儿童知晓操作的结果，进而促使儿童发现操作中的规律或及时发现和修正自己的错误。

反馈十分重要，却又常常被忽视。如图 2-3-3 所示的这款幼儿园教师自制数学玩具中，没有设计及时的反馈机制，因而儿童操作结束后无法获得操作正误的反馈信息，需要通过教师来对其进行操作验证，导致数学学习和探索的中断。这种反馈的缺失也会影响玩具的可玩性，缺乏互动性的玩具很难维系儿童的探索热情。

图 2-3-3 教师自制的“按数取物”小火车游戏

在幼儿园小班的这个小火车游戏中，儿童需要根据车厢上的数字来给各节车厢装上不同数量和品种的水果。但是，儿童所装水果的数量、品种是否正确在游戏中得不到反馈

① Sluss D. Cultural history of developmentally appropriate toys [J]. The Handbook of Developmentally Appropriate Toys, 2021:25.

从另一个角度看，反馈性的融入能够增进儿童在游戏中的自我表达。如蒙台梭利所认为的，支撑儿童自我探索的力量一部分源于儿童对世界的好奇，另一部分则是外部反馈的推动作用。在其设计的数学玩教具中，大多带有反馈机制。如纺锤棒箱，如果点数错误，则会出现纺锤棒不够或有剩余的情况；加减乘除板在操作过程中也设计了专门的订正辅助板让儿童自我纠错，这些反馈能够提醒儿童检查、发现错误并积极探索纠正的方法。当然，数学玩具不能因为反馈的设计而丢失了可玩性，在兼顾玩具可玩性的同时在数学玩具的材料或机制中自然地融入反馈，是设计数学玩具时应要深入思考的问题。

(4) 注重规则的开放性

玩具要具有持久的生命力就需要有一定的开放性，在游戏规则上，一方面要为儿童预留一定的自我创造和解释的空间，另一方面也要能够灵活地应对不同的游戏情境。数学玩具既需要一定的规则的引领，但在儿童熟悉规则、了解了数学玩具背后的数学概念之后，也应该允许儿童改变规则、创编游戏规则，让玩具材料能够支持儿童更加多样化的探索，而非只能停留于预先设定的游戏机制之中。此外，儿童的游戏形式比较多样，小班儿童可能倾向于独自探索，但随着年龄的增长，儿童有了社会交往的需求，希望与同伴共同游戏。因此，好的数学玩具能够在满足儿童独自探索需求的同时兼具互动的可能性，以支持两名或多名儿童，或者儿童与教师、家长之间的互动游戏。让规则更加灵活、可改造，这样的玩具有着更加广泛的应用情境，也能够给儿童更加丰富和完整的学习体验，让儿童在积累数学经验的同时满足社会交往的需求。

2. 数学玩具应支持教师自身的专业成长

在游戏化学习之中，引导游戏中和了自由游戏和直接教学的优点与不足，为兼顾儿童的自主探索和有效学习提供了一种新的方案。目前，许多研究结果均表明，在有学习目标的情况下，引导游戏是一种有效的替代直接教学的方法①。需要注意的是，教师在引导游戏中应当尊重儿童的主导性，确保儿童的自主探索，为儿童朝向教学目标提供鹰架的同时，不妨碍儿童的自主性，呵护儿童学习的内在动力②。教师的角色在于支持儿童的选择，温和地塑造儿童的行为，而非控制儿童的行为。可见，教师在引导游戏中的角色至关重要，但是真正在儿童自主发现和教师指导之间寻找一个平衡点是一个巨大的挑战，因为它很大程度上取决于目标定位。而且随着儿童年龄的增长，其所面临的学习情境更加复杂，如果不辅以显性的教学方法，儿童可能难以发现事物之间的因果关系。因此，教师支持和自我探索之间的平衡点也不是完全固定的，而是需要根据学习者的能力和学习目标本身的特点实时变化。这给教师带来了不同于以往的挑战：教师需要具备更强的观察儿童的能力，需要更加敏感地感知环境提供的学习机会以及在儿童游戏过程中要更有智慧地通过师幼互动推动儿童的成长。

教师在引导游戏中的主体性的一个重要方面是有准备的环境创设，即教师可以根据数学教育目标和内容为儿童创设有意义的环境，而玩具正是环境中的核心要素之一。以往我

---

① Sobel D, Sommerville J. The importance of discovery in children's causal learning from interventions [J]. Frontiers in Psychology, 2010(1):176.

② Ramani G B. Influence of a playful, child-directed context on preschool children's peer cooperation [J]. Merrill-Palmer Quarterly, 2012:159 - 190.

们强调教师自己设计和制作数学玩具，而现在随着专业玩具公司的成熟以及玩具市场的健全，能够为教师提供更丰富且更适应教育情境的玩具。但是教师仍然要学会从种类繁多的玩具中选择有意义的数学玩具来支持儿童的游戏和学习。在引导游戏中教师的主体性也体现在教师在儿童数学活动中的观察和指导，2012 年教育部颁发了《幼儿园教师专业标准（试行）》，对"幼儿教师能力"结构进行了重新界定，提出了"对幼儿激励与评价"的能力要求，要求幼儿教师能够"有效运用观察、谈话、家园联系、作品分析等多种方法，客观地、全面地了解和评价幼儿"[①]。教师也需要在真实的游戏情境中对儿童完成观察和评价。仅仅依靠教师来发挥支持作用显然是独木难支，教师也需要借助外界的力量为了解儿童以及自身的专业成长提供支持和帮助。那么在引导游戏中，玩具对教师的支持作用就应该受到重视，但这也是我们以往在玩具设计中所忽视的。

玩具设计不仅仅是设计出一个物，而且要能帮助教师理解、观察到学习经验以及儿童如何学习这些学习经验，玩具应当为教师了解其自身设计理念和应用方向提供帮助，并为教师如何引导幼儿进行数学材料操作和探索提供指导。一个好的数学玩具不仅要能够让教师观察、支持和评价儿童数学知识性内容的学习，还需要展现儿童的学习品质。要让教师了解玩具设计背后的意图和理念，可以通过玩具说明书，但进一步的、更有效的是借助玩具使用的观察来展示儿童与玩具互动过程中的学习历程，也就是儿童在与玩具互动中习得数学经验的可能学习路径，通过玩具使用和支持的案例让教师看到儿童在游戏中如何发展，以及教师在何种时机、提供何种支持可能是有意义的。因为教师的支持也是儿童与玩具互动和游戏化学习的一部分。玩具的设计应当是一个从构思、生产到应用的统一体，连通设计者与使用者，让玩具材料能够最大限度地发挥其价值。借助玩具的使用案例以及其中学习路径的呈现，能够为教师理解玩具、看懂儿童提供直观的支持，也能够为教师创造性地使用玩具材料带来启发。

（二）儿童数学玩具设计中的机制

了解玩具的游戏机制可以帮助我们更好地设计和理解玩具。从设计的角度来说，玩具包含三个要素：形式要素，即玩具的造型、外观等；技术要素，即玩具材质、实现的技术运用等；功能要素，即玩具通过儿童的游戏拟实现的功能。作为教育类玩具，儿童数学玩具在确保可玩性的同时，更加侧重教育功能的实现。从功能实现的角度来说，数学玩具的设计可分为内容设计和游戏机制设计两个部分。其中，内容设计主要指确定玩具中蕴含的特定数学学习内容、数学元素的表征方式等；游戏机制设计则是指规则的制定（包括游戏过程的规则以及游戏目标的达成等），游戏机制激发游戏者的策略应用，并在与游戏元素的互动之中向预定的游戏目标推进[②]。数学玩具的游戏机制主要涉及在采用数学玩具的游戏过程中，诸如数、量、形、空间等数学内容将如何被提取，并运用于游戏过程中的问题解决，以及判断游戏目标的达成或游戏者胜负的规则设计。

数学玩具的游戏机制对教育价值的实现起关键作用。研究表明，当学习目标根植于有

---

① 李季湄，夏如波.《幼儿园教师专业标准》的基本理念[J].学前教育研究，2012(8)：3—6.

② Järvinen A. Games without frontiers: Theories and methods for game studies and design [M]. Tampere: Tampere University Press, 2008:255.

意义的游戏过程之中时，学习将更为有成效①。因此，游戏机制设计是体现学习成效的基础，是数学玩具的灵魂所在。理解和运用好游戏机制，将学习内容与游戏过程巧妙地结合，是数学玩具设计实现玩具教育功能的核心，同时，对游戏机制的理解，也是教育工作者认识数学玩具的潜在价值、适宜地投放和应用玩具于教育实践的重要基础。

游戏机制的种类很多，此处择取在数学玩具设计中较常用的游戏机制（见表 2-3-2），并通过示例说明其如何与数学学习相结合以促进幼儿数学能力的发展。需要强调的是，一个实际的数学玩具涉及的游戏机制往往不止一个，其使用规则通常是由多个机制共同构成的。下面将对这些游戏机制分别详细说明。

表 2-3-2　数学玩具设计中常用的 11 种游戏机制

游戏机制	针对的数学学习	玩具示例
掷骰子 （Dice Rolling）	• 数概念 • 数运算	爱心天梯 史蒂芬·奇偶
计数与获取 （Counting and Capture）	• 数量感知与推理 • 计数	曼卡拉
堆叠与平衡 （Stacking and Balancing）	• 空间建构 • 量的比较	动物叠叠乐 月亮平衡
模块移除 （Physical Removal）	• 空间想象 • 数量感知	叠叠乐 挑竹签 龙息
网格覆盖 （Grid Coverage）	• 图形认知 • 空间想象 • 空间旋转	角斗士 棘手拼图
网格移动 （Grid Movement）	• 空间想象 • 逻辑推理	数字棋 企鹅捕鱼
板块放置 （Tile Placement）	• 图形拼合 • 空间想象 • 部分与整体	卡卡颂（儿童版）
模式识别与模式建构 （Pattern Recognition & Pattern Building）	• 模式识别 • 模式创建	红绿灯
纸笔记录 （Paper-and-Pencil）	• 符号表征 • 统计	快艇骰子 数字棒

① Habgood M P J, Ainsworth S E. Motivating children to learn effectively: Exploring the value of intrinsic integration in educational games [J]. The Journal of the Learning Sciences, 2011, 20(2): 169-206.

续 表

游戏机制	针对的数学学习	玩具示例
匹配与快速匹配 (Matching & Speed Matching)	• 配对 • 逻辑判断 • 反应力	优诺 羊驼牌 闪灵 发现它
集合收集 (Set collection)	• 集合概念 • 数运算	石器时代儿童版

1. 掷骰子(Dice Rolling)

掷骰子是数学玩具中最为常见的一种游戏机制，是指游戏者需要通过掷骰子的方式确定行动的规则，以进一步开展游戏。骰子通常是一个正多面体①，最常见的是正六面体骰子，其各个面往往是数字、特殊的图案等元素，在游戏中代表着一定的操作要求。掷骰子机制突出的特点在于随机性，即骰子扔到哪个面的概率均等，即具体会扔到哪个面是不确定的，这使得游戏结果带有运气成分，也增加了游戏的可玩性。

掷骰子机制往往会在行走棋类玩具中使用，“爱心天梯”是一款典型的运用掷骰子机制的玩具，它由1个被划分为若干个方格的棋盘、4种颜色的棋子、1个带有点数的正六面体骰子组成(见图2-3-4)，其中棋盘明确了起点和终点，方格中的数字顺序指示了棋子的前进方向。在游戏中，儿童需要通过掷骰子的方式操纵自己的棋子前进，掷到的数字就是棋子前进的步数，最先到达终点的儿童获胜。值得一提的是，棋盘上还绘制了爬梯、滑梯和一些有因果关系的生活事件图案，例如，棋子停留在做好事棋格“喂小鸟食物”，则可以“加速前进”到爬梯顶端所在的棋格“和小鸟成为朋友”，通过图片儿童在行棋过程中伴随性地了解了前进的理由，学习生活中的礼仪，这在原本随机性的结果之下又进一步增加了游戏的趣味性和教育性。

图2-3-4 “爱心天梯”玩具材料

研究认为，传统行走类棋盘游戏提供了心理数轴的物理实现，而心理数轴是支持早期数与运算发展的核心概念②。游戏过程能够加深儿童对数量之线性表征的理解③。在爱心天

① 并非所有的骰子都是正多面体的，比如目前市场上流行的一种六面体骰子，其中两个面为凸起的曲面，掷出的数字只有四个数；也并非所有的骰子各个面的出现概率都是均等的，历史上最早采用羊距骨作为骰子用时，各个面出现的概率并不均等，详情可查阅骰子的历史。

② Case, R., & Griffin, S. Child cognitive development: The role of central conceptual structures in the development of scientific and social thought [M]. In C. A. Hauert (Ed.), Developmental psychology: Cognitive, perceptuo-motor, and neuropsychological perspectives, 1990:193-230.

③ Siegler, R. S., & Booth, J. L. Development of numerical estimation in young children [J]. Child Development, 2004 (75):428-444.

梯游戏中，棋盘的格局以及骰子的运用，帮助儿童建立并运用心理数轴，借助视觉空间、动觉、时间线索等，为其数序、量的比较、运算等的学习创造了条件。

在爱心天梯游戏中，掷骰子机制的随机性得到较为直接和充分的体现，而另外一些使用掷骰子机制的玩具，主要利用了多个骰子的组合关系开展游戏，这样游戏的运气成分会有所降低，游戏难度得到了提升，更为适合年龄稍大的儿童游戏。例如，一款名为"史蒂芬·奇偶(Even Steven's Odd!)"(见图 2-3-5)的玩具，游戏时每名儿童一次性掷 6 个骰子(3 个白色、3 个同彩色)，儿童需要根据任务卡的要求判断所掷骰子的点数特点是否满足要求，率先满足任务卡要求的儿童可获得卡片，最终以先获取目标数量的任务卡或获取卡片数量最多者为游戏赢家。在该游戏中，儿童不仅需要掷骰子的运气，也需要运用一定的策略，从掷骰子的结果中有选择地进行目标组合判断，以快速完成任务卡的要求。

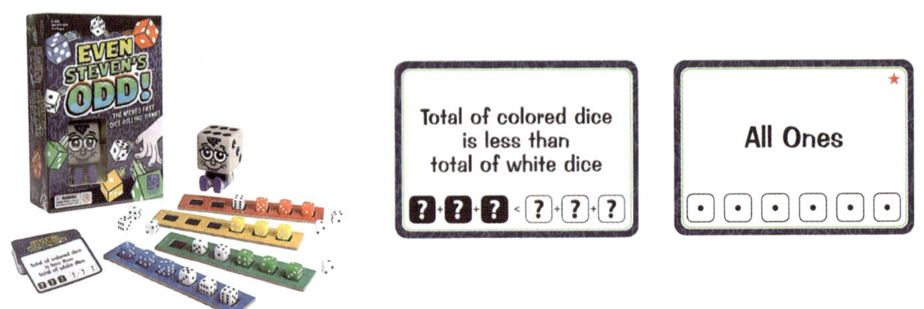

图 2-3-5 史蒂芬·奇偶(Even Steven's Odd!)玩具材料和任务卡

任务卡对骰子扔出的点数组合有不同的要求，如右图中第一张任务卡要求彩色骰子扔出的点数总和小于白色骰子的点数总和，第二张任务卡则要求 6 个骰子每一个的点数都为 1①

掷骰子机制在数学玩具中的运用，一方面通过掷骰结果的随机性增强了儿童对游戏的兴趣；另一方面将骰面携带的数学元素融入游戏过程，使儿童在游戏中自然地迁移和运用数概念和数运算，从而支持儿童数学能力的发展，尤其是与符号识别、数量匹配、比较及运算相关的能力②。

与骰子运用功能相似的玩具辅助材料，还包括转盘等。通过掷骰子或转转盘创造游戏条件，在数学玩具设计中最常使用，其对学前儿童数学学习的积极作用也十分明确③。

2. 计数与获取(Counting and Capture)

计数与获取机制指的是游戏者通过计数、推理等以获取更多棋子的一种游戏机制，该游戏机制最典型的代表是一款源自非洲历史悠久的游戏棋——"曼卡拉"(Mancala，亦称"播棋")，因此，计数与获取机制常常也被称为曼卡拉机制。在应用计数与获取机制的游戏中，

---

① 该游戏有不少任务卡的要求超出了学龄前儿童的数学能力范围，当然也可以对任务卡的难度进行调整以适应学龄前儿童。具体可参见：林倩. 大班幼儿骰子游戏中数运算的发展特点[D]. 华东师范大学，2017.

② Niklas, F., Cohrssen, C., Tayler, C. Improving Preschoolers' Numerical Abilities by Enhancing the Home Numeracy Environment [J]. Early Education and Development, 2016, 27(3): 372-383.

③ Elofsson J, Gustafson S, Samuelsson J, et al. Playing number board games supports 5-year-old children's early mathematical development [J]. The Journal of Mathematical Behavior, 2016(43): 134-147.

游戏者完全依赖运气因素获胜概率较小，因为游戏者不仅需要运用计数知识开展游戏，还需要依靠一定的选择策略才能获取最终的胜利。

经典的曼卡拉游戏采用中间挖有两列小洞、两端各有一个大洞的长方形木板作为底板，游戏开始前在每个小洞中放置数量均等的几颗石子作为棋子。对弈时，游戏者每次任意抓取己方小洞中的所有棋子，按照逆时针方向，像农民在田间播种一样将手中的棋子一个一个地“播”到经过的洞中①。当棋子落入两端的大棋洞时，则视作被“捕获”，棋子将固定不再移动。游戏结束后，游戏者统计己方大棋洞里的棋子总数，多者获胜。

曼卡拉游戏有许多变式，何时能捕获棋子有不同的规则，但基本都遵循计数与获取的机制。以颇具代表性的“西非播棋”（Oware）为例，西非播棋所需的游戏材料包含 48 颗棋子、一个挖有两列小棋洞和两个大棋洞的长方形棋盘（见图 2－3－6），其中两列各有 6 个小棋洞，两列棋洞两端分别为 1 个大棋洞。游戏开始前，两名游戏者各居棋盘一侧相对而坐，在 12 个小棋洞中各放入 4 颗棋子。双方各自拥有自己面前一列小洞和右手边的一个大洞。游戏开始后，游戏者需任选一个己方小洞，取出其中所有棋子然后沿逆时针方向播种，将手中的棋子一一对应地播到所经过的每个棋洞中（包括大棋洞），每个洞 1 颗，直到播完，两人轮流形成一个回合。当一方在播棋过程中将对方小洞中的棋子数恰好凑成了 2 颗或 3 颗，则可捕获对方该小洞中的全部棋子，并将它们放到自己的大洞里。而如果儿童在一个回合中恰好将对方连续几个小洞中的棋子都凑成了 2 颗或 3 颗，则可以一次捕获所有符合该要求的相邻小洞中的棋子。当所有小洞中的棋子被全部播到了双方的大洞（只播入棋子，不取出）中，游戏结束，双方清算各自大洞中的棋子数，数量多者获胜。西非播棋在基础捕获规则之上另外增加了更具挑战性的捕获规则，让游戏充满变数，也对游戏者策略提出更高的要求。

行棋举例：

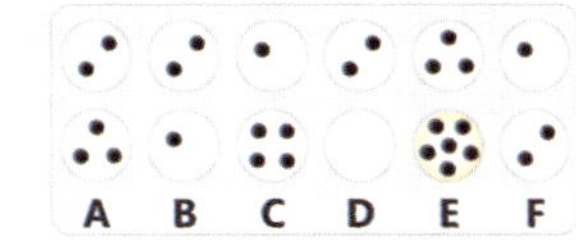

下方玩家从E洞开始分投。

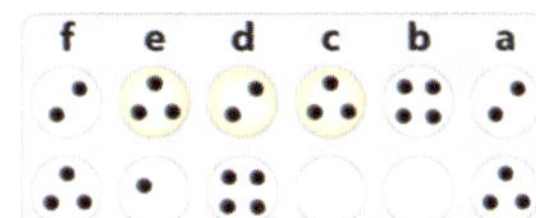

分投后，上方c、d和e洞中的棋子数为2~3枚，即被捕获。但a洞中的棋子则没有。

图 2－3－6　西非播棋及其行棋规则

上方 A 洞棋子没有被捕获是因为它与其他三个洞不相邻

计数与获取机制要求儿童在游戏过程中理解棋子的移动模式，并在此基础上推算棋子可能落入的区域，从而在每个回合中挑选数量最有利于己方获胜的小洞进行播种，最后通过

① de la Cruz, R. E., Cage, C. E., & Lian, M.-G. J. Let's Play Mancala and Sungka!: Learning Math and Social Skills through Ancient Multicultural Games [J]. Teaching Exceptional Children, 2000, 32(3), 38－42.

计算属于自己“棋洞”中的棋子数量的多少来确定胜负。因此，该游戏与儿童数概念、空间思维与逻辑策略的发展有着密切的联系。有研究者通过观察儿童在西非播棋游戏过程中的行为，发现儿童在初次接触该游戏时便使用了对潜在结果进行预测的策略，而随着游戏经验的丰富，儿童对不同回合棋子的预判策略会变得更丰富，并尝试制定游戏的中间目标，考虑棋子移动带来的多种可能性并识别潜在优势与威胁等。游戏中儿童策略的实施需要基于对一一对应关系的理解以及对计数方法的熟练掌握，这些都与数量感知和运算能力密切关联①。曼卡拉棋盘游戏因其游戏的趣味性和数学思维的启发性常常被中小学用于数学游戏课程②，经过改良的简单版的曼卡拉棋盘游戏也能很好地满足幼儿在游戏中学习的需要。

3. 堆叠与平衡(Stacking and Balancing)

堆叠与平衡机制是指游戏者需要通过垒高的方式拼搭物件，并保持整体的平衡性。在积木建构游戏中，儿童常常会用到堆叠与平衡机制，即儿童会把积木不断地垒高，而垒高的高度实际上取决于搭建过程中的平衡条件，因而需要儿童考虑积木之间的受力关系，为进一步垒高创造平衡条件。

一款应用堆叠与平衡机制的玩具是“动物叠叠乐”(Animal Upon Animal)，该玩具的经典造型由 1 个鳄鱼积木、7 种动物积木(每种动物有 4 只)和 1 个带有符号的骰子组成(见图 2－3－7)。游戏适合 2～4 人进行，游戏开始前，每名儿童拿取 7 种动物积木各一个，并把鳄鱼积木放在桌面中央作为底座。游戏过程中，每名儿童轮流掷骰子，并根据骰子的结果进行动物堆叠的操作，例如：掷到点数 2，表示儿童需要从己方的动物积木中选取 2 个动物积木

图 2－3－7 “动物叠叠乐”玩具及骰子不同符号的任务要求

骰子上不同的符号表示的任务要求：点数面——儿童可以从己方选取对应数量(一个或两个)的动物积木进行堆叠；鳄鱼面——儿童可以从己方选取一个动物积木放在桌面上，并连接在鳄鱼积木旁边，以延伸堆叠的底座；手掌面——儿童可以从己方选取 1 个动物积木，让其他儿童进行堆叠；问号面——其他儿童可以从该轮掷骰子儿童方选取 1 个动物积木让该儿童进行堆叠

---

① Powell, A. B., & Temple, O. L. Seeding ethnomathematics with oware: Sankofa [J]. Teaching Children Mathematics, 2001,7(6):369.

② Morton, C. H., Yow, J. A., & Cook, D. A. Challenging minds: Enhancing the mathematical learning of african american students through games [J]. Curriculum and Teaching Dialogue, 2012,14(1－2):105.

叠在鳄鱼积木上。如果堆叠过程中，有动物掉落或出现整体倒塌，则需要按规则收回动物[①]。最终，谁最先把手上的动物积木用完则获胜。在游戏中，儿童往往需要运用一些堆叠技巧，充分考虑各个动物之间的受力平衡以保证堆叠的整体不倒塌。

动物叠叠乐使用的底座重心比较稳定，因而最底层的搭建是比较稳固且容易的。而一些其他应用堆叠与平衡机制的玩具，其所提供的底座重心相对不稳，这弱化了最基础的平衡条件，让儿童的堆叠过程变得更具挑战性，如"月亮平衡"（Moon Equilibrium）玩具（见图2-3-8）。在该游戏中，使用到的是一块底部呈圆弧状，上部有凹陷的月亮型底座，儿童需要将高矮、粗细不同的圆柱体积木堆叠在底座上，确保积木不会滚落，并尝试将积木堆尽可能地叠高。与"动物叠叠乐"相比，该游戏的初始平衡条件更加严苛，这加大了儿童堆叠的难度，需要儿童一开始就考虑积木摆放与整体之间的平衡关系。

图2-3-8　"月亮平衡"玩具游戏中及全部叠好后的示意图

该游戏可借助骰子进行，骰子各个面为颜色符号。儿童掷骰子后，只需要选择对应颜色的积木进行堆叠。当然，儿童也可以根据兴趣自主选择积木堆叠，尝试堆得多且稳

在上述包含堆叠与平衡机制的玩具中，大多需要儿童在堆叠过程中考虑摆放位置、角度、受力等方面的问题，从而确保整体的平衡性，能够持续进行叠高。如果玩具提供了不同形状的积木，儿童还须考虑积木之间的镶嵌、连接关系，保证堆叠过程中的稳定。研究表明，在堆叠与平衡游戏中，儿童可以自然地感知、理解重量与平衡，积累空间方面的经验[②]。

4. 模块移除（Physical Removal）

模块移除机制指的是游戏者需要通过不断移除玩具中的模块以推动游戏的进程，移除的过程中会出现部分模块掉落或整体结构破坏等事件，这些往往影响着游戏的胜负。其中，模块指的是整套玩具中的组件，往往具有相似的特征，如大小一致的积木块，且具备一定数量。游戏开始前，所有组件需要按照一定规则摆放，再进行模块移除，而游戏者往往需要运用一定的移除策略和技巧，才能获得最佳游戏效果。

图2-3-9　"叠叠乐"玩具的游戏场景

"叠叠乐"（Jenga）是一款较经典的使用模块移除机制的玩具，一套标准的"叠叠乐"玩具由54块长方体积木组成（见图2-3-9）。游戏开始前，儿童需要将所有积木按照三块一层，错落叠放成一个18层的"高塔"，之后每名儿童轮流从"高塔"中抽走一块积木，导致"高塔"倒塌的儿童即失败，坚持到

① 如果掉落动物≤2，则按照掉落数量收回动物；如果>2或整体倒塌，则收回2只动物。

② Solis S L, Curtis K N, Hayes-Messinger A. Children's exploration of physical phenomena during object play [J]. Journal of Research in Childhood Education, 2017, 31(1): 122-140.

最后的儿童则获胜。在游戏中,为了确保抽走积木之后不会导致整体结构的倒塌,儿童需要考虑各个积木之间的承重关系,需要预判移除某块积木的过程特点以及积木移除之后的整体及局部变化,这些与儿童的空间想象力发展密切相关。

图 2-3-10 "挑竹签"游戏示例

在"挑竹签"游戏中,不仅能丰富儿童的数理逻辑知识,同时也锻炼了儿童的专注力、坚持性等学习品质

同样,包含模块移除机制且适合儿童的玩具还有"挑竹签"(pick-up-sticks)(见图 2-3-10)。这是在世界范围内广受欢迎的传统游戏,其材料和玩法都十分简单。在游戏开始前,儿童将若干竹签垂直放置使其随机散落在桌面上,儿童依次轮流用手或者借助一根单独的竹签来收集桌面上的竹签,如果其动作导致目标竹签之外的其他竹签的移动,则此轮收集中止。游戏胜负可以通过多种方式来确定,如谁最先收集完目标竹签数量或者所有竹签收集结束后谁的竹签数量最多则获胜。在"挑竹签"游戏中,儿童不仅能够学会计数和比较,同时也能够获得皮亚杰所说的数理逻辑知识,如将"竹签是否容易获取"进行分类,并按照获取的难易程度进行排列和选择,这些经验将有助于儿童的认知及相关学习品质的发展①。

叠叠乐和挑竹签的规则类似,其逻辑是在移除组件过程中需要避免整体倒塌或移动来确保自己获得更多的分数。而"龙息"(Drangon's Breath)玩具(见图 2-3-11)则是通过另一种方式使用了模块移除的机制,在游戏中随着每一轮游戏的进程,恐龙的呼吸会融化位于底板中央的一层冰环,冰环被移除后,其围住的彩色宝石会掉落。在每一层冰环融化前,每名儿童轮流选择该轮欲收集的宝石颜色;冰环融化后,每名儿童收集预选颜色的宝石。最终,收集到宝石数量最多的儿童获胜。与前述玩具中应用模块移除机制不同的是,这一游戏并不要求儿童在移除模块的同时保持整体结构的完整,而恰恰是利用了模块移除中的"掉落"特点,儿童需要对每一层冰环中宝石堆放的特点进行观察,需要对每一层冰环融化后宝石掉落情况进行预测,从而做出宝石颜色选取的判断,而这些也与儿童的数量感知、估算及空间想象发展密切相关。

图 2-3-11 "龙息"游戏示例

"龙息"游戏中,儿童需要对移除冰环后掉落的宝石进行预判,以收集最佳数量的宝石,进而获取最终的胜利

在这些运用模块移除机制的游戏中,往往需要儿童了解游戏材料之间的相互关系,并对移除组件可能出现的结果进行预测,这些要求与儿童空间能力的运用关系密切,有助于儿童

① Kamii C, Rummelsburg J, Kari A. Teaching arithmetic to low-performing, low-SES first graders [J]. The Journal of Mathematical Behavior, 2005,24(1):39-50.

逐渐积累平衡、空间等方面的知识经验①。

5. 网格覆盖(Grid Coverage)

网格覆盖机制指的是游戏者需要采用不同形状(特点)的图形来覆盖网格底板的某些方格区域或特定方格区域以开展游戏。由于风靡一时的电脑游戏俄罗斯方块(Tetris)是使用这类机制的典型代表,因而这一游戏机制常常也被称为“俄罗斯方块机制”。基于该机制设计的游戏中,游戏者需要有策略地分析图形特点,在网格版图进行合理规划和放置图形以达成特定游戏任务,并由此确定胜负或通过关卡。

“角斗士”(Blokus)(见图 2-3-12)也是应用网格覆盖机制的另一个典范。“角斗士”游戏规则简单,但变化性强且具有趣味性。该玩具配备了一块 20×20 的 400 个方格的游戏底板以及可供四人同时游戏的 4 种颜色的图形片。

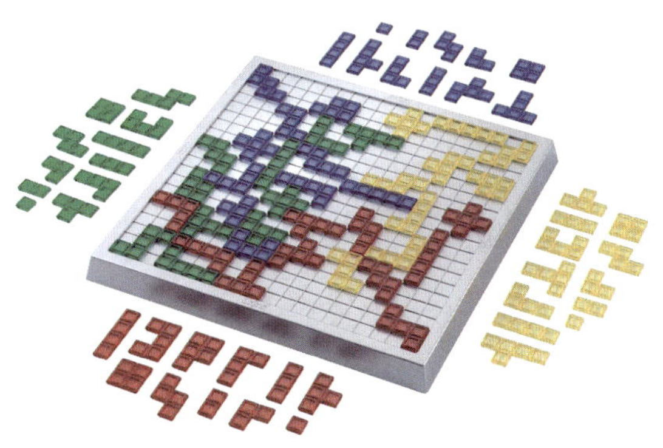

图 2-3-12　“角斗士”游戏示例

由 Educational Insights 公司在 2000 年发布的“角斗士”经典游戏中,游戏目标是尽可能多地占据空格。放置图形片时,同一颜色只能顶点相接,不同颜色则不作限制

图形片由不同数量的方格连接组成,具体的图形片构成、图形片种类及格子数量见表 2-3-3。

表 2-3-3　“角斗士”游戏中使用的图形片及数量

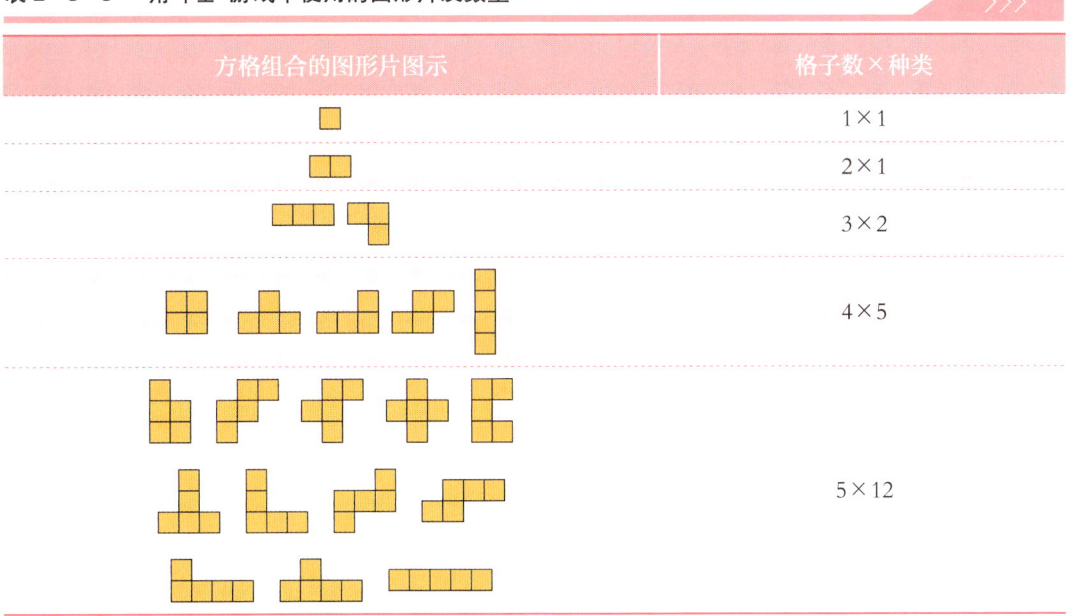

方格组合的图形片图示	格子数×种类
	1×1
	2×1
	3×2
	4×5
	5×12

① Kamii C. Physical-knowledge activities: Play before the differentiation of knowledge into subjects [M]//Learning Across the Early Childhood Curriculum. Bingley: Emerald Group Publishing Limited, 2014.

“角斗士”游戏可供2～4人同时进行。游戏开始前，每名儿童需选定一种颜色。游戏开始后，儿童轮流选取图形片并放置在底板上，第一个方块必须放置在指定的起点（底板的四个角）上，其余方块需放置在空格上，并且必须与同色的方块有至少一个顶点（角）相连，但不可以有同色的边相连，与其他颜色的图形之间没有限制。直到所有玩家都无法继续放置图形片时，游戏结束。此时根据每个儿童手中剩余的格子数量来计分，每个格子记作一分，得分最少的儿童获胜。

“角斗士”常常被应用于儿童数学教育之中，是因为该游戏过程涉及儿童空间意识、空间想象以及利用几何图形解决问题等方面能力的运用①。并且，除能够提升儿童的空间能力外，该游戏也有益于儿童数学过程性能力的发展，如帮助儿童形成问题解决的策略，乐于且善于探究等②。

类似用到网格覆盖机制的玩具还有“棘手拼图”（Ubongo）（见图2-3-13），与“角斗士”不同，“棘手拼图”的网格覆盖没有边角的限制，其游戏目标不是比拼儿童占领网格数量的多少，而是将不同形状的图形进行组合，填充到预设的方格区域。

该游戏有不同的“解密板”，解密板左侧为不同任务需要用到的图形卡片类型，右侧为特定排列形式的空白方格区域，即图形覆盖区域（见图2-3-14）。每次游戏开始前，儿童需拿取一块“解密板”并通过掷骰子的方式确定任务，游戏中在规定时间内率先用规定的图形卡片填满方格的儿童得分，游戏可进行多轮，最终得分最多的儿童获胜。

图2-3-13 “棘手拼图”玩具材料示意图

图2-3-14 “棘手拼图”游戏示范

图的左侧为根据骰子所确定的图形卡片，当前是进行第三排的任务，图右侧正在将四张图形卡片摆放到覆盖区域

包含网格覆盖机制的游戏与儿童空间能力发展密切相关，如空间想象、空间心理旋转等。同时，此类游戏还有助于儿童策略的应用和问题解决能力的发展，并且有助于儿童注意力更加集中，这些对于儿童有效学习起着重要作用③。

① Lehocka Z N, Csaky A, Žitny R. Best Practices for Improving Spatial Imagination in Mathematics [J]. Ad Alta: Journal of Interdisciplinary Research, 2021,11(1):162-166.

② Maida M, Maida P. Problem solving around the corner [J]. Mathematics Teaching in the Middle School, 2011,16(8):466-473.

③ Park J, Lee K. Using board games to improve mathematical creativity [J]. International Journal of Knowledge and Learning, 2017,12(1):49-58.

6. 网格移动(Grid Movement)

网格移动机制指的是游戏者需要按照一定方向将棋子在网格区域内移动,以完成特定任务。棋子移动方向往往与网格形状特征有关,相关玩具材料中,比较常见的网格为正方形和六边形。一般来说,六边形网格区域下棋子的移动更加灵活。需要说明的是,网格移动机制和前述网格覆盖机制虽然都在网格区域内开展游戏,但两者的游戏方式不同,网格覆盖主要以空间占据为特点,而网格移动则是通过棋子的空间位置变化触发不同的游戏效果。

图 2-3-15　国际象棋棋盘、棋子的摆放以及"兵"棋子第一步的移动规则示意图

人们熟知的国际象棋(见图 2-3-15)和中国象棋是运用(正方形)网格移动机制的典型代表,其中,正方形网格构筑了一个双方对弈的空间,游戏双方操纵己方棋子按照既定的规则轮流移动,最终以吃掉对方的"国王"作为获胜条件。

以往的诸多研究均表明,象棋类运用网格移动机制的游戏对儿童的思维和空间能力发展有促进作用。有研究结果显示,儿童在国际象棋中学会的问题解决能力可以迁移到数学学习之中①;并且棋盘上的棋格与坐标类似,有助于帮助儿童在游戏中掌握几何概念,如行、列、对角线、坐标等,也有助于儿童理解方位概念(前、后、左、右、对角)并获得基本的计数能力②。

图 2-3-16　"数字棋"玩具材料示意图

数字棋可以按照前、后、左、右的方向在网格中移动棋子。双方棋子相遇时,遵循"大吃小"的吃子规则。为增加游戏的多样性,规定了三个特殊棋子:0、6、9。三个数字棋上分别印有老鼠、猫和大象的图案,三者是互吃关系,规定老鼠可吃掉大象,猫能吃掉老鼠,大象能吃掉猫,即 0 能吃掉 9,6 可以吃掉 0,9 能吃掉 6

尽管也有学龄前儿童学习象棋的玩法,但是象棋涉及的规则众多,对于学龄前儿童来说较为抽象且复杂,下面则是一款规则更为简单且运用网格移动机制的玩具——"数字棋"(见图 2-3-16)。游戏开始前,将印有 1～9 数字的两色棋子反面朝上,随机混合,摆放在棋盘上(其中 2/2 和 5/5 的两个棋格印有巢穴图,这两个位置游戏开始时不摆放棋子,在行棋过程中此两处可以用来保护己方的一枚"棋子"),儿童各自选取一种颜色代表己方。游戏开始后,双方依次轮流行棋,每一轮

① Berkma R M. The Chess and Mathematics Connection: More than Just a Game [J]. Mathematics Teaching in the Middle School, 2004(9):246-250.

② Sigirtmac A D. Does chess training affect conceptual development of six-year-old children in Turkey? [J]. Early Childhood Development and Care, 2012(182):797-806.

儿童可以选择“翻子”(翻开任意一枚背面朝上的棋子)或“走子”(移动图案面朝上的己方棋子),走子时遵循大数“吃”小数的原则(见图 2-3-16 注解说明),最终率先达到吃子目标(例如率先吃掉对方 12 枚棋子)的一方获胜。为了顺利进行游戏,儿童需要识别游戏棋中的数符号、进行数字大小的比较,甚至还需要运用一定的思维策略行棋,以获取游戏的胜利。

除了方形网格外,六边形网格在游戏中也比较常见。“企鹅捕鱼”(见图 2-3-17)是一个比较典型的运用六边形网格移动的例子。其棋盘由数个六边形蜂窝盘构成,蜂窝盘可灵活组合成不同形状的棋盘。游戏开始前,每名儿童选取一种颜色的 1~2 只小企鹅棋子代表己方;游戏开始后,儿童需要让自己的小企鹅在六边形冰块上沿直线(一块六边形能延伸出三条不同的直线)行走,进行捕鱼活动。小企鹅每次移动时,其原本脚下的六边形“冰块”收归己有,即为捕鱼。最后当所有小企鹅无法移动后,游戏结束。儿童统计各自捕获到的鱼数,鱼数最多者获胜。

图 2-3-17 “企鹅捕鱼”玩具材料示意图

小企鹅移动前脚下的六边形冰块是本轮的收获,被拿走的地方成为空格;小企鹅只能绕着空格走,不能直接越过空格

在企鹅捕鱼游戏中,儿童同样需要运用一定的空间策略进行移动,以捕获更多数量的小鱼。此外,该游戏还涉及计数策略、统计等知识的运用,因而也与儿童的数概念与数运算发展相关。

7. 板块放置(Tile Placement)

板块放置机制常见于类似拼图的游戏中,是指游戏者将板块逐个放置于版图(底板)之中或通过放置板块来创建版图,以完成游戏目标、触发功能或者获得分数。其中,“板块(tile)”往往通过自身携带的图形特征(比如表面印制的图案、符号,以及板块本身的形状等)与底板以及其他板块相联系。游戏者需根据板块特征找到线索,将板块放置在底板合适的位置。由于板块的外形往往是多边形的,因此游戏者需要在摆放时考虑各板块之间的拼合关系。基于该机制的游戏,可以较为简单,比如儿童拼图,也可以十分复杂,许多采用该机制的成人游戏需要运用一定的逻辑推理和空间想象能力来完成任务。

“卡卡颂”(Carcassonne)是应用这一游戏机制的典型代表,并且有专门为低龄儿童设计的版本,即“卡卡颂(少儿版)”(Carcassonne Junior,见图 2-3-18)。卡卡颂少儿版以法国卡卡颂地区的传统习俗为背景:节庆期间,当地居民都会在街上放羊、鸡或牛来庆祝节日,而

孩子们则需要追赶这些动物，在天黑前将它们送回农舍。"卡卡颂(少儿版)"玩具材料由36张正方形板块和4种颜色的小人棋子(每种颜色8个)组成。板块图案内容包括各种形态的道路，在道路上奔跑的4种颜色的小人和他们正在追赶的动物，道路尽头的房屋、池塘或水井，以及其他用于装饰的树丛或草坪。游戏适合2～4名儿童参与比赛。游戏前，每名儿童选取一种颜色的小人棋子代表自己。游戏开始，儿童依次轮流抽取1张板块，并与已有正方形板块边与边相连、拼在一起，逐步形成共同的、新的版图。此时，板块间的灰白色道路或被连通，或被道路一端的房屋、池塘或水井堵住。当某条道路两端都被堵住时，儿童便可以将小人棋子对应颜色地放到该条道路上(见图2-3-18)。最终，谁率先将手中的8个小人棋子全部放置在版图上，或板块全部放完后谁手中小人剩余得少，谁就获胜。

图2-3-18　"卡卡颂(少儿版)"玩具材料示意图

在"卡卡颂(少儿版)"游戏中，随着板块放置经验的积累，儿童开始理解板块放置后的道路是如何连通的，即每条道路借由正方形板块边与边的贴合产生连通。进一步，儿童会逐步发现板块的放置方向并非固定，板块间任意两条边相连都能将道路相连，从而产生不同的结果，如增加道路的长度、改变道路的方向或者堵住道路的一端。同时，儿童还会在规则的引导下发展出策略运用的意识和行为。刚接触游戏时，儿童可能会随意地摆放板块，并不太关注板块中包含的道路、小人图案、房子、池塘等元素在游戏中的意义。但随着对规则的熟悉，儿童逐步意识到每个板块中的元素对版图的影响，开始考虑每个板块的摆放策略，拼出对自己有利的道路，从而尽快将手中的小人棋子摆完，同时避免对方摆好更多的小人棋子，尝试干扰对方连通。

实际上，通过板块放置拼接版图是一种模型建构的过程，它利用方位概念、位置关系、部分与整体关系来构造完整版图，同时结合游戏目标，也将逻辑推理运用其中。国外学者认为，此类游戏有助于儿童理解部分与整体的关系，获得模型构建、算法运用等经验[①]。研究亦表明，以板块放置机制为主的游戏能够有效提高儿童的几何能力，包括图形识别、图形心理旋转、对称判断等[②]。

8. 模式识别与模式建构(Pattern Recognition & Pattern Building)

模式识别与模式建构两种机制与数学中的"模式(pattern)"密切相关。模式指的是反复出现的、有规则的图案、动作、事件等，重复性和可预测性是模式的核心特征[③]。在游戏中，模

① Dillingerova M. Commensalism between board games and teaching maths. In: Martin Billich (ed.) Teaching Mathematics III: Innovation, New Trends, Research [M]. Ružomberok Press, 2012:61-66.

② Wallner G, Kriglstein S. DOGeometry: Teaching geometry through play [C]//Proceedings of the 4th international conference on fun and games, 2012:11-18.

③ 史亚娟.论模式能力及其对儿童数学认知能力发展的影响[J].学前教育研究,2003(7-8):13—15.

式识别指的是游戏者需要识别游戏组件所形成的特定规律(模式单元)才能推进游戏进程,模式建构则指的是游戏者需要借助游戏组件排列或建构出特定的模式。模式单元的识别是模式建构的基础,一般来说模式建构与模式识别两种机制往往在同一个游戏中相伴存在。

图 2-3-19 "红绿灯"玩具材料示意图

"红绿灯"游戏棋由 Ludu-Science 公司于 2012 年推出

"红绿灯"(Traffic Lights)是一款比较典型的运用模式识别与模式建构机制的玩具,它采用 3×3 或 3×4 的棋盘(见图 2-3-19),双人对弈。游戏中,两名儿童使用以红色、黄色、绿色为标记的三种棋子轮流行棋,游戏目标为将相同颜色的棋子连成一条直线。每一回合玩家可以执行以下三种操作之一:(1)在棋盘任意空格中放一个红色棋子;(2)以一个黄色棋子代替一个红色棋子;(3)以一个绿色棋子代替一个黄色棋子。最先完成相同颜色棋子连线的儿童获胜。模式识别与模式建构要求儿童能识别出颜色、形状、数量或方位布局上的特定模式规律,在该游戏中,形成由同色棋子组成的直线就是模式识别与建构机制的体现。

有研究考察了儿童在"红绿灯"游戏中的表现与模式认知能力之间的关系,发现儿童的多项模式识别得分与游戏中的能力显著相关,表明类似的游戏能够反映儿童模式认知发展能力,也利于其模式识别与建构能力的发展①。

许多经典棋类玩具也会运用该项游戏机制,如围棋、五子棋、井字棋等都不同程度地应用了模式识别与模式建构机制。以围棋为例,其中的模式运用大致可分为两种类型:一种为形状模式,即有关棋子布局的规律,如围棋中的"眼"。另一种为动作模式,即有关棋子动作的规律,如从对角插入对方的棋子布局可视为一种"破局"动作。通过对基本形状模式的理解,游戏者可在对局过程中利用这种模式进行优势布局。例如下围棋时常说的"一只眼死两只眼活",指的就是当玩家在棋盘上只形成了"单眼",那么这方棋子依然存在被"破"的风险,但是如果形成了两个靠在一起的"双眼",就能维持住内部的"气",无法被对方"破",即形成了活棋布局(见图 2-3-20)。成为一名熟练围棋选手的秘诀之一在于识别并构建优势模式,利用这些模式扩大己方版图或破坏对手版图。其中,模式观察与分类则是围棋玩家进行空间推理的关键点,也是围棋新手培养围棋思路时需要运用的重要能力②。

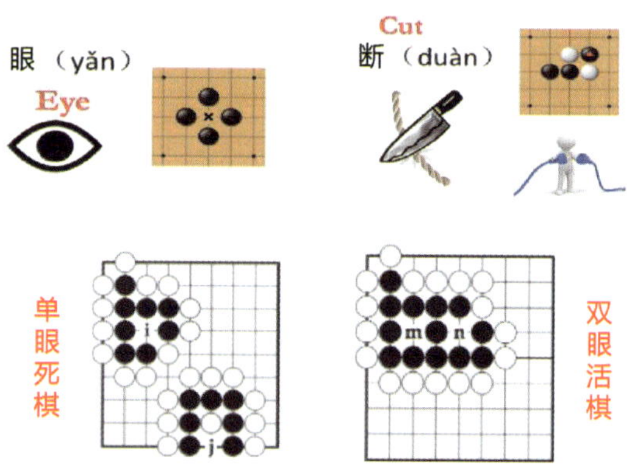

图 2-3-20 围棋中蕴含的基本模式类型分析

① Ferreira D, Palhares P, Silva J N. A perspective on games and patterns. In: K-12 Education: Concepts, Methodologies, Tools, and Applications [M]. Hershey: IGI Global, 2014:247-267.

② Yu Y. Spatial thinking and the learning of mathematics in the game of go [D]. Northwestern University, 2021.

围棋中的模式对一般幼儿来说，是过于复杂了。模式建构与模式识别机制在游戏中的运用也可以非常简单，适于小年龄幼儿。比如本书第六章介绍的“数字棒”游戏，儿童的任务是为数字或颜色找朋友，两根数字棒上相同的数字或底色放到一起，找到一对朋友，便完成了一次模式的建构。

一般而言，以模式识别与模式建构为机制设计的玩具往往由带有不同特征的组件构成，而这些组件可以通过不同的排列方式形成多种模式，为儿童在游戏过程中提供丰富的观察、判断和建构模式的机会，有助于儿童积累模式学习的相关经验。

9. 纸笔记录(Paper-and-Pencil)

纸笔记录机制指在游戏过程中，游戏者需要借助纸笔的形式来记录游戏过程中的反应、获得的物品、分数等属性，以帮助游戏者优化游戏策略与游戏进程，并在游戏结束后计算胜负。需要注意的是，如果只是单纯地记录每一轮的得分或胜负结果，则不属于纸笔记录机制。

一款含有纸笔记录机制的经典游戏为“快艇骰子”(Yahtzee)(见图 2－3－21)，该游戏已经风靡世界 40 余年，其主要游戏方式就是通过掷骰子和计分的方式开展。游戏适宜 2～5 人进行，共用 5 个骰子和一张计分表格。在游戏中，每名儿童轮流投掷 5 个骰子，每人每次最多有 3 次机会可以投掷，根据投掷结果，可在计分表上所列的 13 项中选择一项符合条件的进行记录，每项只能被选择一次。在 13 个格子都填满后，游戏结束，计算总分，分数最高者获胜。

图 2－3－21 “快艇骰子”游戏中的纸笔记录

“快艇骰子”的游戏目标为在最少的轮次中完成表单上所有 13 种骰子组合的要求。通过记录可以追踪游戏进程，帮助玩家确定游戏策略

“快艇骰子”游戏不仅需要运气，还需要运用策略来取胜，需要儿童依据计分情况，将掷骰子的结果选择性地记录在其中，以获得优势，这使得随机地掷骰子变成了有目的的游戏。“快艇骰子”与事件发生的概率相关，根据不同的概率需要进行不同的判断。因此，通过该游戏，有助于儿童感知和理解概率的相关概念[①]。

但“快艇骰子”的记录及相应的计分方式对学龄前儿童来说较为复杂，一些更为简单且适合学龄前儿童的玩具也使用了纸笔记录的机制，如第六章介绍的“数字棒”玩具(见图 2－3－22)。数字棒玩具由若干长方体木棒组成，木棒的每个立面被划分为大小均等的 4 个方块，其中填充了不同的底色和数字。游戏目标是尽可能多地找到两个相同底色或相同数字组成的“朋友”。游戏开始前，在桌面上放置一根数字棒作为起点，之后每名儿童轮流抽取一根数字棒，并与桌面上已有的数字棒相接，如果找到相同的颜色或数字组合，则对应在记录单上记录。在游戏前可约定获胜规则，如“率先找到 3 组数字好朋友和 3 组颜色好朋友即获胜”等。

① Riek J, Strader B. Keeping play alive in the curriculum [J]. Educating Young Children: Learning and Teaching in the Early Childhood Years, 2020, 26(3): 22－24.

图 2-3-22 “数字棒”玩具材料及游戏中的记录示范

图中绿色框中的“2”为一组“数字”朋友，而红色框中的两个方格均为绿色，则为一组“颜色”朋友，根据匹配结果，可在记录单上完成记录

“数字棒”游戏中的记录也可以帮助儿童把握游戏的进程，同时根据游戏的目标对所用策略进行调整。此外，纸笔记录本身也包含数学学习的机会，数字棒游戏中记录表的使用，涉及统计相关的数学学习。

无论是前面的“快艇骰子”游戏，还是“数字棒”游戏，纸笔记录机制不仅帮助儿童追踪每一轮的游戏结果，为儿童接下来的决策提供参考。纸笔记录机制还让儿童在游戏中体会到记录的价值，在记录的过程中感受到哪些要素是重要的。

10. 匹配与快速匹配(Matching & Speed Matching)

应用匹配机制的游戏通常会使用卡牌，游戏者需要根据先前卡牌上的特征找到手中与之相符的卡牌，并规定先出完手中卡牌或首先形成某种排列规律的一方获胜。“优诺”(UNO)是使用匹配机制的典型代表，优诺中有三种类型的牌，包括 76 张 0～9 的数字牌，24 张功能牌和 8 张万能牌。游戏开始时，玩家手中各有 7 张牌，并抽出一张数字牌作为参照牌，其他作为牌堆。游戏中，玩家出牌须与弃牌堆最上面的一张牌颜色或数字一致，否则需从牌堆里再抽牌，其中也可使用功能牌或万能牌来帮助自己或阻碍对手，在手中还剩一张牌时(打出倒数第二张的时刻)需要喊“UNO”，这也是游戏名称的来源。最终，首先出完手中卡牌的玩家获胜。由于优诺游戏中有较多的功能牌，对年幼儿童而言有一定挑战。也有一些规则相对简单的匹配游戏，如“羊驼牌”(L. L. A. M. A，见图 2-3-23)，适合 2～6 人游戏，其中有 8 组 1～6 的数字牌，另有 8 张羊驼牌。在游戏过程中，游戏者打出的牌需要大于或等于弃牌堆最顶部的卡牌，或可用羊驼牌替代。最先

图 2-3-23 “羊驼牌”中的道具包括数字卡牌、羊驼卡牌和用于计分的代币

出完手中卡牌的玩家获胜，可以通过代币进行计分，多轮游戏中得分高者获胜。这个游戏规则相对简单，儿童较易上手。

在上文提及的“数字棒”游戏中也用到了匹配的规则，儿童在找朋友时需要寻找相同颜色或数字进行配对，本身也是匹配的过程。

快速匹配机制(Speed Matching)则在匹配的基础上增加了对速度的要求，即当卡片上呈现某种模式或目标时，最先在卡片或其他材料中找到目标对象的游戏者即此轮胜出(一般以两人竞争游戏居多)。快速匹配机制强调游戏者完成任务的速度，在保证匹配结果准确性的基础上，速度是判断胜负关键，同时，也是提升数学游戏可玩性的有效手段。

一款比较典型的快速匹配机制玩具是“闪灵快手”(Ghost Blitz)(见图 2-3-24)。该玩具创设的情境为一个幽灵在城堡中发现了一个古老的相机，他拿相机对着不同物品拍了一系列照片，包括一个白色的幽灵、一个绿色的瓶子、一只灰色老鼠、一本蓝色的书以及一个红沙发。

图 2-3-24 “闪灵快手”玩具材料，包括五个实物材料及一系列卡片

游戏时玩家共同翻开一张卡片，以最快的速度判断出满足卡片任务的物品，并迅速抓住实物：如果卡片上有和实物一模一样的图案，即形状与颜色都相同，则需要拿取该实物；如果卡片上没有和实物一模一样的图案，则要排除与卡片图案颜色及形状一样的实物，从而拿取排除后剩余的一样实物。

该游戏适合多人共同进行，每轮翻开一张卡片，最先拿到对应物品的儿童可获得该卡片。游戏结束后，谁获取卡片数量最多则获胜。这一游戏需要儿童快速对目标进行配对(逻辑判断)，在两个特征全部检核完成之前能够抑制住冲动，在特征发现之后又能快速发动抓住实物。

图 2-3-25 “发现它”玩具设计特点

每张卡片上有 8 个图案，任意两张卡片上有且仅有 1 个图案是相同的(大小、朝向可能不同，参考 4 张卡片箭头所指的图案)

在“闪灵快手”的游戏中，涉及的是实物和卡片的快速匹配，蕴含了“是否”的逻辑判断。而另一款应用快速匹配机制的玩具——“发现它”(Spot It)，则涉及两张卡片之间图案的快速匹配，从表征方式和匹配干扰项上难度有所提升。“发现它”(见图 2-3-25)是由 55 张卡片组成，其中，每张卡片上有 8 种不同的图案，任意 2 张卡片上有且仅有 1 个图案相同(图案的大小和朝向可能不同)[①]。游戏

① Marcus H. The Mathematics of Spot It [J]. The Journal of Undergraduate Research, 2014(12): 74-86. 此文详细介绍了 Spot It 卡片图案设计与安排的数学基础。

开始前，儿童各持 1 张卡片作为寻找比对的基础，再随机抽取 1 张新卡片作为本轮的参照，首先找到与自己卡片上相同物品的儿童获得这张新卡片，并以此作为下一轮寻找比对的基础。当所有卡片用完后，依据所得卡片的数量确定游戏胜负。

这一类游戏与不同主题的结合有助于儿童不同领域知识的学习。以数字主题为例，它有助于儿童感知和识别不同形状及数字的特征，对于数学符号表征的发展有所帮助，儿童在游戏中会逐渐理解即使符号的字体、颜色、大小不同，但符号所表示的含义恒定不变。

总的来看，在应用快速匹配机制的游戏中，儿童需要在仔细观察与对比的基础上，快速进行是否的逻辑判断，有助于培养儿童的观察力以及思维的灵活性与敏捷性。

11. 集合收集(Set collection)

集合收集机制是指在游戏过程中，游戏者需要收集符合规则规定的一套物品，从而获得对应的奖励。其中，这套物品往往是按照一定数量或种类进行的一种组合。运用该机制，游戏者收集组合的目的是获取更多分数或是换取更多的资源，而如何将自己的奖励最大化成为游戏胜利的关键，因此游戏者需要有目的地进行集合收集。

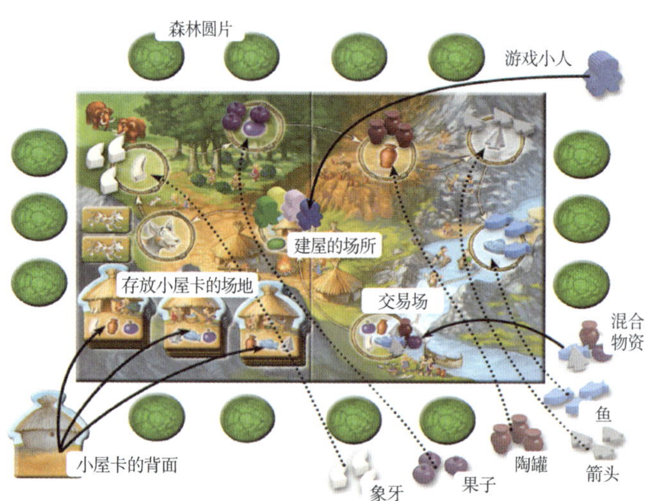

图 2-3-26 “石器时代(儿童版)”游戏开始时的摆放及说明

5 种物资(果子、鱼、陶罐、箭头、象牙)需要分类放在版图所标识的位置上，并从 5 种资源中各拿取 1 个放在版图上的交易场里；所有森林卡(绿色圆片)有森林图案面，需朝上并洗匀放在版图四周；所有小屋卡有物资面，需朝下并洗匀，平均分成三堆，放在版图上小屋轮廓处，并翻开每堆最上面的小屋卡；2 张小狗卡需放在版图上对应的空格上

这种鼓励收集换取奖励的机制在桌面游戏中较为常见，“石器时代(儿童版)”(My First Stone Age)是一个比较有代表性的游戏。在“石器时代(儿童版)”游戏中，每名游戏者都是生活在石器时代的人，自由探索山谷河流，收集不同的物资建造小屋，扩建自己的部落。游戏开始前，将游戏版图放置在桌面中央，并将物资、森林卡、小屋卡、小狗卡摆放在对应的位置(见图 2-3-26)上。每名儿童选择一种颜色构建自己的部落，便于收藏自己获取的资源，并拿取该色的游戏小人和标记卡，同时把小人放在版图中央的建屋格上。

游戏中，儿童按顺序执行三个动作：翻开森林卡—移动人偶—执行行动。儿童根据森林卡图案移动人偶，并根据人偶所在的位置进行资源收集与组合行动，如果人偶恰好在资源格则可获取该资源，如果人偶恰好在建筑格且有目前翻开的小屋卡所需要的资源，则可将对应的资源组合，以建造自己的小屋。每轮三个动作执行完后，再按照顺时针方向轮到下一名儿童游戏。当有儿童建成了第三栋小屋时，游戏结束，且该儿童获胜。在该游戏中，由于每张小屋卡所需的资源种类不同，儿童必须有目的地进行资源交换(在交易站时)和资源组合(见图 2-3-27)，从而快速建造小屋，因而在该游戏中，儿童的

策略意识与集合概念得到强化，同时儿童在物物交换过程中也积累了等量代换的经验。

图 2-3-27 "石器时代儿童版"游戏场景

人偶停留的位置不同，收集与组合任务不同：如果人偶停留在物资格（如"黄色人偶"），可拿取 1 个物资放到自己的部落；如果人偶停留在交易站，可用现有物资和交易站已有物资进行等数量交换；如果人偶停留在小狗站（如"蓝色人偶"），可拿取 1 张小狗卡放在部落前面，小狗卡用于建造小屋时作为缺失资源的替代；如果人偶停留在建筑格，可选择建造小屋，其前提是部落中有足够资源，且符合翻开的小屋卡内容要求；同时，要将所有已经翻开的森林卡背面朝下，将任意 2 张交换位置

在集合收集机制的游戏中，往往不是资源越多越好，而是需要游戏者进行取舍，根据游戏收集的目标有策略地进行收集，在这个过程中儿童需要将目标资源组合，构成最佳的集合，从而获取游戏优势。儿童在游戏中不断积累着分类的经验，而且对集合概念的理解也得到了加深。正如 Pawa，Laosinchai，Nokkaew 和 Wongkia（2020）的研究所表明的，在蕴含着集合收集机制的游戏中，儿童的集合概念能够得到一定提升。①

以上是对数学玩具中 11 种常见游戏机制及应用案例的介绍。需要强调的是，一款玩具设计常常会涉及多个机制的组合应用。通过对玩具设计中的游戏机制的解析，能够帮助我们更好地识别玩具的游戏特征以及游戏过程与儿童数学学习、思维运用之间的关系。从游戏机制的视角审视现有的玩具时，我们也可以进一步思考数学玩具设计的优化和创新，比如：如何进一步拓展玩法、优化或者调整机制及机制的组合，让游戏变得更加有趣，也可以进一步反思现有的玩具创意设计可以简化哪些机制和内容，让游戏更加贴合学龄前儿童的发展特征，让儿童更自然地展现、收获数学学习经验，这些为我们设计更符合儿童学习与发展特点的玩具提供了参考。不仅如此，教师对游戏机制的深入理解能够帮助教师理解儿童的游戏行为，把握儿童在游戏过程中数学能力、态度和情感的展现历程，也有助于教师发现儿童在游戏中学习的最近发展区，把握其运用数学解决问题的特点及需求。

---

① Pawa, S., Laosinchai, P., Nokkaew, A., & Wongkia, W. Students' conception of set theory through a board game and an active-learning unit [J]. International Journal of Innovation in Science and Mathematics Education, 2020, 28 (1): 1-15.

第三章 数概念玩具的设计与应用

幼儿期数概念的发展涉及数和运算两个方面。与数相关的能力包括感数、计数、数序、基数概念、序数、集合比较及初步的数符号系统的理解与应用;运算则是在理解数的分解与组成基础上,主要涉及10以内的加减运算。

传统而言,数概念主要通过讲授、示范和练习的方式传递给儿童。表面来看,机械识记能够帮助儿童学习数概念,但由于学习过程缺乏趣味性,学习也并非源自儿童的主观意愿,难以调动学习的积极性,因而往往导致儿童对数学的畏惧心理;同时,掌握数概念并不等同于死记硬背,其关键在于理解与应用,而未建立在理解基础上的练习难以帮助儿童解决生活中的实际问题。总的来说,儿童在以识记为主的学习方式下无法真正体悟数学的“有用和有趣”。

而在游戏化学习理念之下,与数概念学习有关的玩具营造探究学习与问题解决的游戏情境,自然地将数概念学习经验融入游戏,鼓励儿童运用数学经验解决情境问题,玩数学、用数学,也学数学。

本章介绍五个数概念玩具的设计与应用案例,这些玩具案例强调了设计思路的不同侧面,而玩具的应用均体现了学习路径的观察和理解的重要意义。其中“转圈圈”的设计融合了对文化工具的反思;“播种子”则强调了模块化组件设计的价值。“牛奶的故事”和“小球叮咚”虽然都涉及数的分解,但游戏机制却有明显差异。在“牛奶的故事”棋盘游戏中,儿童合作解决问题是关键,而在“小球叮咚”游戏中,观察、记录和预判的运用,使儿童数概念的学习与科学探究的历程相融合。最后介绍的“企鹅捕鱼”,则充分体现了玩具结构设计和内容设计如何为儿童数概念的阶梯式发展提供适宜支持。

第一节 计数玩具的设计与应用——以“转圈圈”为例

一、设计缘起

有一项很有意思的研究,对比考察了来自美国伊利诺伊州香槟城和中国北京的3~5岁

儿童的数数能力，研究结果显示：3 岁的两组儿童没有表现出差异，但到了 4 岁，中国儿童开始显示出数数优势，这种优势到 5 岁时更为明显。尽管几乎两国所有的儿童都可以数到 10（有 94%的美国儿童和 92%的中国儿童可以做到），但只有 48%的美国儿童能数到 20，却有 74%的中国儿童能做到①。研究者经进一步分析认为，儿童数数的能力差异与数字表征的文化差异关系密切。

值得思考的一个问题是：为什么中美儿童在数学能力方面存在差异？或者将问题具体一些，为什么中国儿童的计数能力普遍高于美国儿童呢？对这个问题的一种解释可以援用维果斯基提出的“智力适应工具”概念，即人生来具有一些初级心理机能，如注意、感觉、知觉和记忆，它最终会在文化作用下转变为新的、更为复杂精细的高级心理机能。简而言之，文化传递特定的信念和价值观，教会儿童怎样思维。

不同文化的智力适应工具能够使儿童的认知表现产生差异，其中一个典型的智力适应工具是，在特定的文化中，如何通过文字和语音来命名数字（数字命名系统）。在所有现代语言中，无论是汉语还是英语，前 10 个数字是必须要强行记住的。接着，在英语中，11～19 的命名仍无简单的规律可循。首先，11（eleven）和 12（twelve）需要特别记忆。其次，13～19 的命名也不完全符合“数字 + teen”这个规则，比如说 13（thirteen）和 15（fifteen）的命名。而在汉语中，从 10 开始往后，数字命名系统则清晰地遵照以 10 为基础的逻辑，11 被命名为“十一”，12 被命名为“十二”，13 被命名为“十三”，等等。目前的研究结论是，数字命名系统作为智力适应工具的运用，使得中国儿童早期数概念的发展优于西方儿童。这源于中国博大精深的数字语言清晰地体现了“十进制”，且巧妙地运用了“循环”的思想。

“循环”思想一直深植于中国亘古的文化之中，与“阴阳五行”概念的演进相呼应。《周易》从形而上学层面揭示了阴阳消长、刚柔相推的宇宙至理，为后世易学对“生态循环律”的描述提供了理论依据，还从逻辑结构上对宇宙整体在阴阳交互作用下的“循环发展规律”进行了摹本②；《吕氏春秋》论述了从自然到社会的普遍“循环”，将宇宙间各种始终相接，运之无穷的现象成为“圜道”。《圜道》篇说：“精气一上一下，周圜复杂，无所稽留，故曰天道圜。”“圜道”表明：世界上万事万物无法分清其首和尾，起点和终点，人们“莫知其厚，莫知其端，莫知其始，莫知其终”，这些无不体现了中国传统文化中循环的思想、圆融的境界③。

图 3-1-1　市面上流行的数字呈线性排列的一款计数玩具

通过对市面上现有计数玩具的考察，能够发现的一个特点是，无论中国玩具市场还是欧美玩具市场，计数玩具式样的设计较为单一，1～10 基本上都是如图 3-1-1 所示的线性排列。这种设计很有可能源自西方设计

① Miller K F, Smith C M, Zhu J, Zhang H. Preschool origins of cross-national differences in mathematical competence: The role of number-naming systems [J]. Psychological Science, 1995, 6(1): 56-60.

② 罗移山. 论《周易》生态循环律[J]. 学术交流，2001(4)：24—27.

③ 庞天佑. 略论秦汉时期的历史循环思想[J]. 郑州大学学报(社会科学版)，2000(3)：100—104.

师之手，体现了西方人的线性思维。固然，这类计数玩具为儿童提供了一一对应、点数计数的机会，游戏也融合了板块放置（匹配）机制，具有一定的教育价值，但是，这种线性思维之下的计数玩具设计未能体现中国文化原有的优势，不一定能有效发挥中国传统文化的潜力，有力支撑儿童早期数概念的发展。具体地说，该类计数玩具与中国数字命名系统之间并不契合（10之后是什么数，和1有什么关系，线性发展和循环发展没有结合起来），未曾考虑通过玩具来支持儿童对数循环的早期领悟。文化作为个体思维的重要基础，文化契合应当成为玩具设计的原则，与维果斯基提出的"智力适应工具"相呼应。面向中国儿童的计数玩具应当将"循环"这一深厚的中国文化概念、这一充分体现中国人思维方式的概念融入儿童早期的数学教育启蒙之中。因此，我们对目前流行的源于西方设计的计数玩具进行了批判性反思，以圆盘为主要形态的"转圈圈"计数玩具便诞生了。

二、设计描述

"转圈圈"计数玩具一改1～10数字的线性排列，将数字1～10排列在圆形底板上，儿童不仅可以通过摆图形、套圈圈的方式充分探究数概念1～10，还可以叠加蕴含十进制含义的圆柱，扩展计数范围的同时，通过实际的操作与探究，感知等量变化与循环。"转圈圈"计数玩具的设计历程有两个突出之处：一是对市场上计数玩具的特征归类，提取出线性排列的特点；二是对东西方文化差异的敏感性，推动了由线性排列设计至线性思维，再至循环思维，进而形成圆圈设计的构思。

"转圈圈"是针对年幼儿童的计数玩具，我们相信该玩具能够更好地融入中国的语言和文化的氛围，为儿童进一步的数学学习（如10以上的数数、计数，乃至进制概念的理解）奠定基础，也让儿童的数学学习有与其语言发展相适应的智力工具可依，领悟循环之美，并获得通达未来数学学习的有力支架。

（一）结构设计

"转圈圈"整体结构由圆盘底座、10个立柱和中心圆盒组成，辅以扇形片、十进制棒和彩色套圈为配件（见图3-1-2）。

圆盘底座设置有10个定位点，排列成环形，定位点上分别立有高度逐渐增加的10个立柱，其高度沿顺时针方向逐渐增加，其直径与彩色套圈相匹配，可将数量为1～10的套圈分别套入其中。另外，定位点外扩为10个大小相同的扇形凹槽，与配件扇形片相匹配（见图3-1-3）。以上结构设计可帮助儿童通过匹配数目摆放扇形片（简单的板块放置游戏机制）、按数取物进行套圈等操作，以及开展计数、比较等活动，感知10以内数的递增规律，同时，也能让儿童体会到数按照一定规律循环上升的过程。

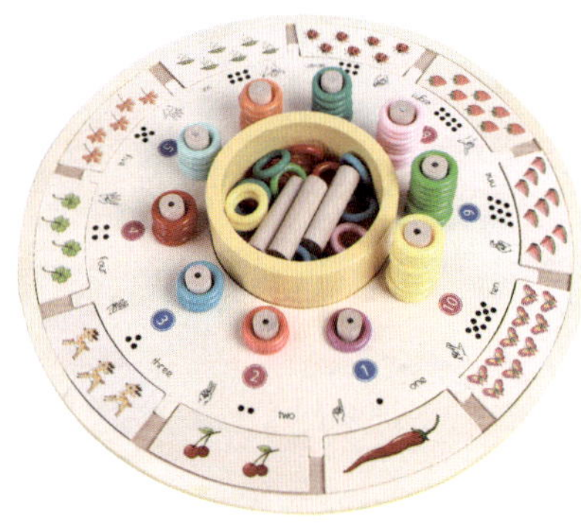

图3-1-2 "转圈圈"计数玩具示例

"转圈圈"计数玩具的底座设计为圆盘状，从1～10的立柱依序环状排列，圆盘上为印有不同数量图案的扇形片，并提供彩色圆圈进行套圈计数游戏

圆盘上的10个立柱均镶嵌了磁铁，可与十进制棒（同样镶嵌磁铁）相吸附（见图3-1-3）。当儿童熟悉了棋盘上代表数字1～10的不同高度的圆柱后，可以选择在其垂直上方继续添加小木棒，扩大计数范围，同时感受数是以“十”为单位展开循环的规律，作为未来十进制学习的铺垫与启蒙。

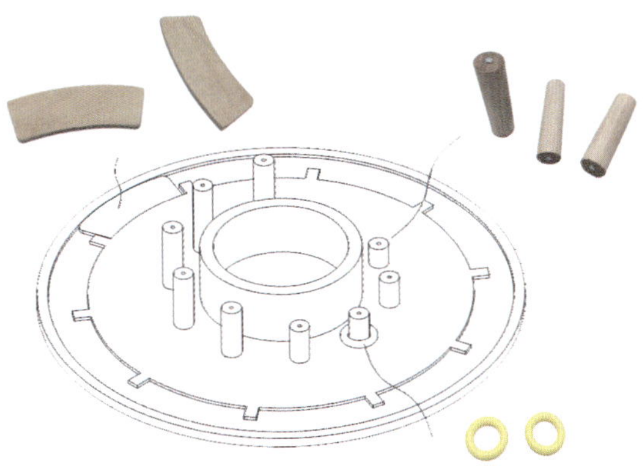

图3-1-3　“转圈圈”计数玩具的圆盘底座以及辅助材料示意图

中心圆盒与圆盘底座可分离，主要用于收纳辅助材料；辅助材料包括扇形片、十进制棒以及彩色套圈，其中十进制棒为镶嵌磁铁且正好能套上10个圈的木棒

（二）内容设计

“转圈圈”的内容设计主要体现在圆盘底座及扇形片上的图案设计。儿童对数量表征的理解，一般经历从具象到抽象的变化过程。“转圈圈”上的图案设计呼应了儿童的发展变化，呈现出多样化的数量表征方式。首先，圆盘上印有与1～10相对应的较为具象的圆点图案、阿拉伯数字、手势以及英文单词，代表同一数量的圆点图案、阿拉伯数字、立柱以及扇形片的中心处于同一轴线上，便于儿童形成联系。对于幼儿园小班儿童来说，圆点是其十分敏感的数量表征形式，这一形式在幼儿园数学教育中也相当常见。其他几种表征形式主要作为儿童在游戏中的一种接触，助其伴随学习，同时这些表征形式也能适应不同儿童的需要。其次，圆盘周围的扇形片印有与1～10数量相对应的具象图案（如1条鳄鱼对应1，2只兔子对应2，等等）。儿童在游戏过程中，通过自由探索可以感受并熟悉不同数量符号的意义。不仅如此，扇形片两面均印有图案，1～10个物品可分为动物与植物两个主题，即每张扇形片一面印的是相应数量的动物，另一面印的是相应数量的植物。这些图案本身还隐含了“数”。例如：4所对应的植物主题扇形片上印有4根四叶草，儿童可以通过点数四叶草的数量将其放置在4所对应的位置上。通过进一步观察，儿童还会发现每一根四叶草上的叶子也恰好是4片，每一根四叶草里面还隐含着“4”（见图3-1-4）。图案里隐藏的“小惊喜”是为喜欢关注细节的年幼儿童专门设计的，通过细心的观察，他们就能欣喜地发现隐藏着的数字。

图3-1-4　扇形片上隐藏了“数”的图案

（三）玩法设计

转圈圈玩具主要针对小年龄儿童的数概念学习。由于小年龄儿童更偏好单独游戏，且探究数概念这种较为抽象的内容需要独立思考的空间，因此玩法设计多为单独游戏。鉴于小年龄儿童对规则理解尚存有困难且不易遵循，更喜欢反复操作和自由探索，转圈圈玩法本身没有过多的规则束缚，希望儿童能够在自由探索材料的过程中，对数量关系以及数量表征等有新的体验、发现与认识。

市面上流行的计数玩具，为儿童提供一一对应、点数计数以及板块放置（匹配）游戏机制的设计，符合儿童在游戏中学习数概念的特点，具有借鉴价值。“转圈圈”的结构设计、内容设计及玩法设计在上述方面相互配合，支持儿童在游戏中学习。游戏过程中，将扇形片摆放至底盘上相应的凹槽中，是板块放置机制的简单运用。儿童选择印有不同数量事物的扇形片，根据图案中事物（植物或动物）的数量，将其放置在标有对应数量标识的位置上。在此过程中，儿童可参考圆点的数量来匹配，同样也可以通过阿拉伯数字或手势来验证是否准确。摆放好木片后，儿童还可以从提供的 10 种颜色的圆圈中，选择任意颜色的圆圈套在小圆柱上，套圈的数量与圆柱旁的数字相对应。套圆圈是小班儿童学习数物对应时常用的游戏形式，随着儿童经验的丰富，还可选择某一种颜色对应一种数量，将相同颜色的圆圈套入同一个柱子上；再进一步，儿童可在原有圆柱的基础上，增加一根长度为 10 个圆圈的木棒，继续套圈，在认识 1～10 后，进一步探究 11～20 的数量关系。

三、设计要点

（一）教育性

“转圈圈”作为一款针对 2～4 岁儿童的数学玩具，以小班儿童数概念的发展为主要目标。该玩具为儿童提供具体的情境和探索操作机会，通过计数、量的对应和比较，掌握计数的方法，感悟数与数之间的关系；在操作、对比、多感官运用的基础上，形成数感和符号意识；并支持儿童经历数、形的探索过程，领悟数学之美，包括数量的变化特点、循环的奇妙等。

1. 多样化的数量表征

知识卡片

儿童基数概念发展

进入小班阶段的儿童，数概念发展的个体差异比较大，尽管部分儿童已经具备基数概念（儿童基数概念发展的具体内容可扫描二维码查看），能够口头唱数或者点数实物，也有的儿童能够依照顺序读出阿拉伯数字，但大多数儿童的数量认知尚处于起步阶段。理解书面符号与数量之间的对应关系是这个阶段儿童数概念发展的重要内容。

“转圈圈”的圆盘上设置了不同抽象程度的符号，支持儿童符号表征的阶梯式发展。首先，扇形木片上绘制的是不同数量的动植物卡通图案，这些图案和真实事物的相似程度较高，是该游戏中最具象的符号形式。其次，圆盘上印有代表数量的圆点，圆点脱离了事物的具体形态，是数的较为抽象的表现形式。同样，圆盘上的手势图案是儿童在习得数字符号之前较常用的表征数量工具，儿童会自发地使用手指来表征数量，并且标准手指组合（“转圈圈”上印有的图案）作为一种符号数量表征方式，也有助于儿童将对数量的感知与数字符号联系起来，促进非符号数量表征到符号数量表征的转化。最后，“转圈圈”圆盘上的阿拉伯数字是最为抽象的符号形式，也是最为常用的数字形式，支持

儿童在游戏中认识、理解和运用符号。而在“转圈圈”游戏过程中，在儿童的自然把玩与探究中，其数符号表征能力可获得阶梯式的发展，为其之后数与运算等能力的进一步发展奠定基础。

2. 感数、计数能力

儿童数概念发展的另一个重要方面是对数量的直接认识，即判断事物的数量。儿童对事物数量判断的方式有两种，一种是感数，即对小数目快速且准确地识别，通过目测感知视野中少量刺激的数目。而当物体的数目超过了感数范围，就需要采取计数的加工策略。计数本身是一种有目的、有结果的操作活动，计数的过程是明确一个集合内的元素总量的过程，计数能力往往需要通过实际的动手操作才能够逐渐习得。一般而言，3～5 岁是儿童感数、计数能力发展的重要时期。

“转圈圈”玩具的圆盘上，1～10 的数字按顺序依次排开，儿童逆时针旋转圆盘，可以自然地了解数序；儿童在摆放印有图案的扇形片时，需要进行感数或计数，以了解木片上动植物的数量，然后再进行图案数量与数符的对应；在圆柱上套圈时，儿童采取不同的策略，也获得了多样的发展契机：如一边套圈一边计数，可以练习数序与数物对应；如果儿童是先放上几个圆圈，通过点数验证再增加或减少数量直至对应，一方面会涉及数量之间的大小关系，另一方面也能够锻炼儿童的接数能力。另外，套圈前儿童会进行按数取物，套圈后的验证环节儿童又会进行按物点数与说出总数。同时，圆盘上木棒的高度有差异，对应套圈完成后，套圈的高度沿数序方向依次增加，儿童也很容易发现并理解不同数量之间的大小差异，甚至可进一步利用十进制棒感知“10”的大小，发现数的渐进性和变化特点。总之，“转圈圈”通过精心设计，为儿童提供了自由探索的氛围，让儿童能够从多个维度感知数量，发展感数与计数能力。

3. 专注力

“转圈圈”游戏不仅能够因其外观和丰富的色彩吸引儿童的无意注意，还有助于提升儿童的有意注意。“转圈圈”游戏适宜儿童独立操作和探索，在无同伴干扰、不涉及争抢游戏材料的情境下，儿童能够更加专注于眼前的游戏，独立思考并尝试解决遇到的问题。具体而言，儿童在扇形片的计数过程中，不管是用到点数的策略，还是目测的策略，只有专注才能准确地计数。不仅如此，套圈过程更是挑战了儿童的注意保持。首先，套圈本身需要儿童的手眼协调配合，需要儿童持续地观察和注意。其次，对所套圆圈数量的计数同样需要儿童能够保持注意力。儿童需要跟进计数，如果外界因素干扰，或自己不够专注，就很容易重复计数，或者忘记已经数了几个圈。

4. 审美体验

诚如设计缘起部分所提到的，“转圈圈”玩具设计的创新性在于把握了中国传统文化在支持计数、进制理解以及数运算方面的先进性，发挥了计数玩具作为智力适应工具在儿童计数、数量表征、数量关系理解过程中的支持作用。尤其是圆圈状渐进排列的小圆柱设计，以及独立十进制棒的提供，为儿童领会数的形式美感，直觉地把握进制单元的意义提供了重要支撑。当然，诸如进制等高级概念的获得不必急于求成，儿童在游戏中的学习与“熟读唐诗三百首，不会作诗也会吟”有异曲同工之处，虽要有精心的铺垫，但无须成人刻意地揭示。此玩具在尊重儿童游戏主体意识的基础上，让儿童的数概念发展收获于润物细无声之中。

（二）可玩性

"转圈圈"游戏的可玩性体现在三个方面：其一，内容设计能够激发儿童，尤其是年幼儿童的游戏兴趣，图案中巧妙的细节设计符合儿童关注局部和细节的心理特点，能够给儿童带来有趣的游戏体验，在游戏中收获发现的乐趣。其二，玩具的外观融入了多样且生动的色彩，如提供的圆圈颜色有十种之多，可供儿童自由选择。其三，在玩法设计上，支持儿童自由探索的同时，拓展了儿童可探究的层次和范围。

1. 丰富的图案，巧妙的细节安排

扇形片上不同数量图案采用儿童较为熟悉的动物以及植物来表现，例如，动物包括鳄鱼、兔子、梅花鹿、青蛙等。这些图案以可爱的卡通形象的方式呈现，色彩生动但也表现出真实事物的特点，这在拓展儿童常识的同时，也更容易抓住儿童的兴趣点。同时，每张卡片正反面设计两种图案，能让儿童保持新鲜感。

在设计扇形片和选取图案时考虑到年幼儿童对细节的偏好，图案设计确保每一张图案有一处细节特征的数量与该图案所代表的数量一致，如七星瓢虫的斑点数正好是 7 个，而扇形片上七星瓢虫的总数就是 7 个；又如四叶草的叶子都是 4 片，而四叶草的数量就是 4 个；等等。细节设计鼓励儿童在游戏中探索和发现，获得惊喜。

2. 多样且生动的色彩体验

套圈颜色的多样性为儿童提供更多的游戏选择，儿童可以在套圈时选择自己偏好的色彩，并且儿童还可以在不断地套圈中创造颜色排列的模式规律，尤其是在套较大数量时，可能会出现"A－B－A－B"或"A－B－C－A－B－C"这样的颜色排列规律，这些色彩的创造与发现，可以提升儿童游戏的兴致。

3. 圆柱的自由添加

年幼儿童对 1～10 这 10 个数的掌握情况有所差异，有些儿童可能需要较多探索时间才能逐步理解 1～10 的数量，而有些儿童仅需要几次探索就能够完全掌握 10 个数间的数量关系，额外增加的 10 根十进制棒（儿童称其为小棒棒、小柱子）有助于提升游戏的难度。尽管十进制棒的设计有暗示儿童进制、循环之意，但儿童完全可以依自己的想法来探索。"转圈圈"玩具材料支持儿童经验的拓展，但不限制儿童的探索，也因此滋长了儿童内心的自由和愉悦。

四、观察要点

在"转圈圈"的游戏中，通常可以观察到三种具有递进关系的玩法①：一是将印有卡通图案的扇形片对应摆放在相应位置上；二是根据数符号进行数量 10 以内的套圈；三是叠加十进制棒进行数量 20 以内的套圈。从数概念发展的角度观察幼儿在"转圈圈"游戏中的行为表现，可参考表 3－1－1 所示的观察要点。

① 教师在将"转圈圈"游戏介绍给小朋友时，可以分阶段介绍上述三种玩法，同时应该鼓励幼儿可以有自己的玩法。

表 3-1-1　“转圈圈”游戏的观察要点

阶段	与数概念相关的活动	观察要点
摆扇形卡片	匹配	1. 儿童是否理解圆点的含义？ 2. 儿童是否认识圆盘上的数字？ 3. 儿童能否依据圆盘上的数量信息（如黑色圆点的数量或者数字）进行匹配？
	计数	1. 儿童如何对卡片上的图案进行计数？依靠点数还是直接目测？ 2. 儿童的计数策略在小数量和大数量上是否有所差异？具体有怎样的表现？ 3. 儿童计数时是否出现错误？在哪一个数字上出现计数错误？出现错误的原因是什么？是漏数、重复数或顺序出错等？
	分类	1. 儿童是否意识到卡片两面的物体不同，是否表现出了分类的能力，如知道、发现或说出几张卡片上的图案是动物，另外的是植物（或者其他名称）？ 2. 儿童在摆放卡片时是否有意识地选取同类物体的一面，如都摆上动物的一面，或植物的一面？ 3. 在摆放卡片的同时，或者摆好之后，是否会根据类属特点进行调整？
	数序的理解	在匹配放置某一数量的卡片时，儿童是随机寻找，还是会有意识地沿数序变化转动圆盘，寻找对应位置？
套圈圈	计数与按数取物	1. 儿童采取怎样的策略进行套圈？是否沿数序依次进行套圈？ 2. 儿童是先数出固定数量的圆圈再套，还是套圈过程中边套边数，或是套圈后进行点数验证，再增减圆圈？ 3. 采用哪种方式计数套上的圆圈？是通过点数的方式，还是隔空点数、伴随头部动作，或是直接目测的方式？
	颜色分类	儿童套圈时是随意选择颜色，还是每个数字对应一种颜色，或者在某一圆柱上采用的套圈颜色有规律地排列？
	量的比较	儿童能否意识到相邻圆柱套圈的数量相差一个，进而意识到套圈的个数是依次增加或减少的？
加入十进制木棒	计数	1. 儿童在进行 10 以上数的套圈时，如何验证计数的准确性？ 2. 在发现套圈数目较多或不够时，儿童如何行动？当发现套圈数目不足时，能否接着已有的圆圈数继续套圈补足，还是需要一个一个地添加、验证，或是取出所有圆圈，重新套圈？
	理解数量关系	1. 儿童能否发现新增木棒的长度刚好都能套 10 个圈？ 2. 儿童是否发现，在原来木棒基础上增加 1 根木棒，套圈的个数增加 10 个？ 3. 儿童能否体会到，随着木棒或者套圈数量的增加，这种逐渐递增的梯度的美感？

五、儿童发展案例

小班儿童刚开始接触数字和数数，对于点数活动兴致正浓，“转圈圈”游戏恰好迎合了其兴趣，于是教师在区角活动中介绍并投放了“转圈圈”玩具。几个孩子围着圆盘，有的已经开始点数扇形片上面的小动物数量:"1,2,3……,这里有6只小蜜蜂";有的将圆圈套在自己的手指上;有的则发现了圆圈和圆盘上柱子的匹配关系,开始尝试套圈。孩子们跃跃欲试,争先恐后地体验着这个有趣的游戏。其中,西西的表现引起了教师的注意。西西在班里是一个比较害羞的女孩,平时话不多,在数概念的发展上较其他孩子相对弱一些,因此在平时的数学活动中,她的表现并不算活跃。但是,教师发现西西很喜欢这个印着数字的圆盘,她注意到了圆盘上的手势符号,并仔细观察着圆盘上的图案,也伸出手,学着比画了一个6的手势,开心地说着:"这是6!"接下来,西西对"转圈圈"玩具的兴趣持续了一段时间,在这段时间里她自由地探索着配套的扇形卡片、多色圆圈,在教师适宜的支持下,可以观察到她在数概念方面的明显发展。

1. 第一次观察:错误点数卡片上的数量,难以将图案数量与数字相匹配

11月12日,西西第一次尝试了"转圈圈"游戏。西西对扇形卡片很感兴趣,刚坐下来便拿起了卡片,准备进行摆放。只见西西左手随机拿起一张印有4只青蛙的卡片,左手的拇指恰好遮住了第一只青蛙,但她没有注意,直接从第二只青蛙开始数。在数数时,她用右手的食指,一一放在每只青蛙上,从左至右(三只青蛙在卡片上排成一排)进行了点数:"1,2,3,是3只青蛙。"她将圆盘转了好几圈,并在圆盘上仔细地找着,最后将青蛙卡片放在了标着3的位置上。

放好后,她随机拿起了另一张卡片,这张卡片上是2只小兔,这次她用同样的方式点数,很快确定了数量,并且放好了卡片,同样,她也很快放好了1条鳄鱼的卡片。紧接着,她又随机拿起了一张卡片,上面印有3头梅花鹿,她同样用手指点数好:"是3只鹿。"她又尝试找到3的位置,却发现那里已经有一张卡片了。她疑惑地说:"已经放过3了。"这时,教师注意到了西西的问题,引导西西再数一数青蛙卡片,看看它到底应该放在哪里。于是,西西又拿起4只青蛙的卡片数了数,这次,她的手没有遮住青蛙,可是,她点数时手口不一,嘴上数数比手上的动作慢了半拍,导致中间第三只青蛙跳过没数,最终还是数到"3",她一边说着3一边将4只青蛙的卡片放在了写着数字3的位置上,又将3只梅花鹿的卡片随手放在了数字4的位置上(见图3-1-5)。

图3-1-5 因为错误点数,西西摆错了3只梅花鹿和4只青蛙卡片的位置

接下来,数到较大的数量如"7""8"的时候,西西也出现了漏数、重复数的情况。遇到要摆放的位置已经有卡片的情况时,西西开始尝试自己解决,她拿起卡片再数一次,有时候能够正确地调换位置,可是多数时候她会将卡片放在错误的位置上。

2. 第二次观察:在教师的支持下进行计数与匹配,正确放置卡片位置

11月28日,教师再次观察了西西的游戏。在此期间,西西也有过一两次游戏经历,但是游戏时间都不长。这一次,西西仍然是首先选择了卡片摆放的游戏。她点数的准确性提高了,数数时能够逐渐跟上手指的进度,点数多行排列的图案时采用的方式也和之前有了不同。转圈圈扇形卡片代表数字5及以上的图案是一行一行排列的,之前西西点数7的时候,

从第一行第一个开始，选择了一列一列数（但图案并不是按竖列规范排列的），她往往先数完左边一列再往右数，但是这样计数时她会因为图案排列不规则而出现重复计数，如误将7数成8。而这一次，西西在点数时开始从第一行从左至右数，数完第一行，再数第二行，因此几乎不会因为重复数数出错。但新的问题又出现了，由于西西对数序不熟悉，所以当她准确地数出了卡片上图案数量为“5”后，她并没有意识到5就在自己面前，而是抬头向圆盘的另一端张望，找了很久才找到。于是，教师在西西接下来的游戏中，为西西提供的卡片进行了一些小小的调整，帮助西西熟悉数与数之间的位置关系。

教师在摆放卡片时有意识地按照1～10的顺序依次放好，再请西西游戏（见图3-1-6）。西西游戏时还没有发现这次的游戏材料和之前有所不同，她从自己的身前开始取卡片，数着“1”“2”，并转动着圆盘一次将卡片放至相应位置。慢慢地，她开始意识到卡片的排列有一定规律，她每次拿起一张卡片，就沿着逆时针方向转动一格，对照上面的数字后，将卡片放置进去，这一次，她的点数没有出现问题，依次将卡片正确地放置在了圆盘上。之后的游戏中，教师再次把卡片顺序打乱，但是西西开始有意识地按照数序去寻找对应卡片。

图3-1-6 教师有意识地按数序放置扇形卡片并提供给西西

3. 第三次观察：尝试套圈的新玩法，按数拿取彩色圈圈

12月15日，西西再次选择了“转圈圈”游戏。这一次，西西先玩了卡片对应的玩法。她自己将卡片放置在桌上，先放了一个辣椒到数字1的位置，接着拿到了数字7图案的卡片，然后看向圆盘的远端开始寻找，很快便锁定了数字7的位置，并将它转到面前，准确地放置卡片。之后，她拿到了数字2图案的卡片，于是她又将圆盘上的数字1移至身前，很快就找到了相邻的数字2符号。紧接着她又拿到了数字10图案的卡片，没有犹豫，很快看向了数字1的左边，找到了数字10的位置。此时，西西在为扇形卡片找位置时都能够先判断寻找的方位，所以用了比以往更少的时间就找好了所有的位置。

顺利完成了扇形片摆放任务后，西西又尝试探索了套圈游戏。在套圈游戏时，她按照数序在圆盘上的数字1～10上依次套圈。套数字1～3的时候，她一边数，一边套圈；套数字4～6时，她会先尝试套圈，然后用点数的方式进行检查；套到7时，她先套上了5个圈并点数。发现数量不对时，她思考了一下，又增加了1个圈，并再次点数检查。发现还是不对时，她又增添1个圈，就这样完成了数字7及之后数字8～10的套圈。游戏过程中，西西的动作愈加灵活，逐渐理解了数符号与数量之间的对应关系，逐步掌握了按数取物，并在游戏过程中巩固了对数的大小的感知。

4. 第四次观察：加入小木棒玩法，向10以上的数量发起挑战

12月29日，教师又一次观察西西的游戏过程。因为熟悉了游戏，西西看起来比之前更自信了。坐下后，西西拿出所有的扇形卡片，将它们排在桌上，这次她没有随便地拿起卡片

图 3-1-7　西西能有意识地按数序寻找卡片摆放

摆放，而是开始观察卡片，用手在上面划来划去地寻找。她从里面找到了 1 的卡片，拿出来，直接放在了 1 的位置上。接下来，她直接从卡片里找到了 2，这次她并没有进行点数，而是直接将卡片放在了 2 的位置上。之后，她又从卡片里挑出了 3 和 4，同样未经点数就直接将其依次放入正确的地方（见图 3-1-7）。接下来，她开始随机拿卡片，她拿起了 8 的卡片，仍然用手指一一点数，她沿着 4 往顺时针方向看，很快找到了 8 的位置。之后，她通过点数的方式确定了剩余卡片的位置并将其放置好。

接着，西西又开始了套圈游戏。这时，她发现了一些小木棒，好奇地观察着木棒，发现木棒的顶部有一个小圆点（磁铁），和圆盘小圆柱上的小圆点一样。她尝试将小圆点相对，“啪嗒”一声，木棒和小圆柱吸在了一起，柱子“长高了”！于是，她很兴奋地让所有的小圆柱都“长高”了一些。接下来，她开始尝试套圈，她套满了三个小圆柱后，教师引导西西数数看，每根小圆柱上有几个圈。西西点数后说：“这是 11——这是 12——这是 13。”教师问：“那接下来的小圆柱上会有几个圈呢？”西西仔细想了想，开始数“11、12、13、14……”，一边数一边指了指 13 旁边的小圆柱。接下来，西西耐心地用一边点数一边调整数量的方式准确地完成了 14 和 15 的套圈。但因为数量较大，点数花费了较多的时间，所以西西当天没有完整地尝试 11～20 的套圈游戏。

5. *第五次观察：这样套圈更好看*

图 3-1-8　西西按照不同颜色分类套圈

转眼到了新的一年，西西和转圈圈游戏的互动跨过一个年头，还在继续……1 月 11 日，西西一坐下便自顾自地直接开始了套圈游戏。这一次，她首先尝试了数量 1～10 的套圈，不过，在套圈的时候，她不仅关注到数量，还开始探索怎样套圈更好看（见图 3-1-8）。她在 2 对应的小圆柱上放上了 2 个橙色的圈，接着又找到了 3 个淡蓝色的圈。她很开心地在盛满彩色圆圈的小筐里翻找，嘴里说着：“我要红色的圈，哪里有红色的圈呢？”并较为快速、手眼协调地翻找到同色套圈。教师顺势问西西：“今天你套圈的方式好像和之前不一样哟？”西西很开心地回答：“我想在每个柱子上套一样的圈，这样更好看！”

之后，西西在小圆柱上又放上了小木棒，在已有数量的基础上，再次用点数的方式完成了 11～20 的套圈游戏。这一次，她不仅有意识地用不同颜色代表不同的数量，还加速了套圈的方式：不再是一个一个地增加，而是有时会一连增加 2～3 个圆圈，再通过点数检验。成功套圈之后，西西开心地站起来，围着桌子转了一圈，一边走一边数着圆圈的数量。

六、儿童在游戏中的学习路径

在“转圈圈”游戏中，主要涉及儿童符号理解、数物匹配、计数、量的比较等方面的经验学习。通过上述案例，我们大致能观察到如表3－1－2所示的四个阶段游戏行为，并构成儿童数概念的学习路径。

表3－1－2　“转圈圈”游戏中儿童数概念的学习路径

阶段	游戏行为	能力分析	发展支持
1	点数卡片上图案的数量，并将其与圆盘上的点数或数字进行对应	认识符号，10以内计数，数物匹配	儿童容易出现漏数、重复数等现象，可提示儿童注意检验；引导儿童用恰当的方式来点数；提醒儿童试着应用在其他场合已经拥有的经验，帮助儿童实现经验迁移
2	根据圆盘上要求的数量，取相应数量的彩色圆圈，完成套圈，并对数量进行调整和检验	理解符号的意义，能完成10以内的准确计数，能按数取物，并主动检验	提醒儿童检验，可以鼓励儿童尝试边数边放的方法；提示儿童观察盘面的数序变化、圆柱的高低变化等
3	尝试用小木棒增加高度，能数出11及以上套圈的数量，通过反复检验等方式准确完成11～20数量区间的套圈	通过20以内计数并进行量的比较，理解数和量的对应关系；有意识地进行量的比较，并对规律有所发现	鼓励儿童用不同的方法进行计数，提醒儿童观察、比较并发现套圈数量的变化，以及新增小木棒的长度和套圈数量的关系
4	在套圈时有意识地对圆圈的颜色进行分类，在游戏过程中可能用不同的颜色来代表不同的数量	借助颜色分类等辅助工具灵活计数，感悟数量递增的特点，领会递增秩序之美	鼓励儿童的创造性游戏，提示儿童观察盘面整体数量变化的特点，对盘面变化规律提出自己的发现，感受数学之美

七、观察反思

（一）借助材料隐性支持

在提示和引导儿童数概念发展的过程中，要充分借助材料的隐性支持。比如在前面的案例中，教师在西西游戏前，将游戏材料有意识地按顺序放置，期待西西能够发现其中的规律，并且了解数与数之间的关系。事实上，西西也确实从材料的这一改变中有所顿悟，提升了其对数概念的理解。在游戏过程中，教师提供的支持并非只有提问和回应，教师将支持隐藏在材料的适宜提供和恰当组织之中，让儿童在与材料的自然互动中发现并体会到教师的支持，并在悄然之间改变自己的认识，这往往不失为一种更有力的支持。当然，这也要求教师对材料的潜力有充分的认识，并能把握教育契机。

（二）静待改变发生

“转圈圈”蕴含多个层次的数学概念，彼此关联，层层递进。“转圈圈”鼓励儿童自由自主地探索和发现，相信儿童通过游戏能够逐步发现数学的奥秘、领悟数学之美。儿童应当拥有充分的机会与材料互动，以及进行探索和发现。儿童数概念的发展需要一个悄然酝酿的过程，教师在观察儿童的游戏时切忌急于求成的心态。教师急于求成地干预，或者直接告知儿童应该如何去做，会降低儿童的主体参与度，降低儿童参与的积极性，长期来看只会产生适得其反的效果。我们认为，有时候教师的“不作为”可能才是真正有意义的“作为”，能够在一旁静静地等待儿童在探索中顿悟，常常是一种更有意义的支持和引导。

（三）欣赏儿童在游戏中自主创造的教育机会

尽管“转圈圈”游戏主要针对的是儿童数概念的发展，但儿童在游戏中的创造和发现十分多样。正如前面案例所提及的，西西在游戏中发现同色圆圈放在一起能产生秩序感和美观的心理体验，还可能运用不同颜色的圆圈（模式）来代表不同数量，运用模式也可初步感知到“单双数”的区别，等等。教师应当欣赏并鼓励儿童开放性地使用游戏材料，通过儿童自身的探索和发现，将更有利于其主体感、成就感的建立，这也是更有价值的教育历程。

八、小结

儿童在“转圈圈”游戏中的表现和变化能够给作为玩具设计者的我们带来新的启发和灵感，当然更多的也是一种成就感。案例未能穷尽儿童在游戏中方方面面的变化，但是他们的改变和成长却是真切地、毫无保留地展现在我们面前。每一次，我们都能看到，儿童对“转圈圈”玩具表现出的极大兴趣。只要把材料呈现在儿童眼前，甚至不需要过多地讲解和说明，他们就会自然而然地拿起卡片开始认知上面的事物，进一步开始点数物体的数量。尽管许多孩子尚且幼小，但是他们那种探索的认真劲儿，那种专注的眼神每次都能够让我们惊讶，也让我们看到他们身上所蕴藏的巨大的学习潜力。这种对数字仿佛与生俱来的兴趣和倾向性也让我们觉得，这款玩具是真正呼应儿童需要的，是能够引发他们探究兴趣的材料。尽管他们对数的认知不尽相同，尽管他们计数的能力参差不齐，但是他们都愿意，也乐于反复地把玩，他们在游戏，在练习，在学习，他们更是在探索。而当儿童一次次完成主观发起的游戏目标后，他们也变得更加自信，并且充满成就感。

作为教师，深知儿童成长的每一步能够有适宜的探究材料、趣味性强且暗含教育目标的玩具相陪伴，是一种幸运。教师是能够从儿童每一天、每一次游戏的变化看到儿童成长的。数是一个抽象的概念，而如何将其具象化，又不至于枯燥，是一个需要解决的问题。玩具在引导着儿童成长，何尝又不是在引导着教师观察能力的成长。借由“转圈圈”对儿童游戏过程的观察，我们发现儿童从不会数数到会数数之间绝不只是跨越一道坎那么简单，而是需要经历一个复杂的过程。哪怕仅仅是用手指数数也有很多学问，如手指接触点数的方式、手口的协调配合等，儿童都有着自己独特的发展特点，也遵循着一定的发展路径。而我们也通过数次的观察，渐渐厘清了这一脉络，厘清了儿童在“转圈圈”游戏中的发展路径，这便使得游戏观察更“有理可依”，更加科学且可预测。我们愈来愈清晰地捕捉到不同儿童借由“转圈圈”游戏体现的数概念发展水平，也更加知道在什么时候为儿童提供适宜的支架，支持他们朝着下一个发展阶段迈进。

如果仔细观察儿童玩“转圈圈”游戏的表现，不难发现，他们常常出现的动作是套好圈圈，两只小手轻轻一“转”，马不停蹄进入下一个数的套圈圈。这连贯性的动作再次印证了游

戏的名字，是名副其实的“转圈圈”。而看到儿童“转”的过程中轻松喜悦的神情，联想到设计之初由“循环”思考引发的“智力适应工具”反思，再到圆盘的批评性设计，不由地感慨：每一次儿童乐此不疲的轻松游戏背后都少不了玩具设计者的深入思考。数学玩具不仅仅只是玩具，中国儿童的数学玩具应当成为支撑儿童学习与发展的智力适应工具，成为与特定文化相适应的文化工具。中国绚烂文化中的“智慧”与“童真”还需要我们更加诚恳地挖掘。

第二节 感数玩具的设计与应用——以“播种子”为例

一、设计缘起

初识播棋(Mancala，又称“曼卡拉”)时，惊叹于该玩具简单的结构却有着丰富的数学应用，并且它的游戏门槛很低，年幼儿童都能轻松了解规则，并按照规则愉快地玩起来。在游戏过程中，儿童会不由自主地用上数学经验：数棋子的个数、计步数，以及比较投子(播种)方式的差异，等等。更重要的是，不管如何决策，总会有所收获，因此播棋的可玩性甚佳。

播棋源自非洲(播棋起源的介绍，可扫描二维码查看)。尽管不确定它具体源自哪个国家或地区，但其朴实无华的外观，表明它很可能与耕种农民的再创造有着密切关系，也许是非洲农民在田间歇息时，忙里偷闲顺手在地上刨几个坑，再用上一些小石子娱乐一刻的创造。正因如此，播棋才会显得如此质朴、简洁而又厚重。它是非洲大地创造的一种清新且轻松的手谈，没有豪华与壮丽，没有战争与霸权，平易而开放，输赢之间往往只是莞尔一笑。令人更为敬佩的是，播棋与数学关系密切，却并未用到骰子，因此，它不似大多数早期的成人智力玩具那般，容易成为那个时代的赌具，而且规则易懂，还能为儿童所用。

拓展阅读

播棋的起源

本书第二章介绍了播棋的游戏机制——计数与获取机制，由于播棋是运用该机制的典型，因此计数与获取机制也称曼卡拉机制。当考虑对播棋进行再创造时，我们思索的是传承什么、扬弃什么。首先，我们希望播棋能够更加灵活、方便儿童使用。目前成型的播棋玩具大多固定地使用两行小洞，一行六个的模式(见图 3-2-1)，其实这些固定的洞数未必是最初的发明精髓。事实上，在播棋的传播演化过程中，也有许多播棋的变式采用的并非两行六洞模式。播棋流传到中国，民间也有分六煲棋、五碗棋

图 3-2-1 一款传统播棋(Mancala)

西非语以“凹洞”(Warri)来命名播棋，阿拉伯语将其命名为“搬运”(Mancala)，英文则称之为播种游戏(Sowing Game)。三个名称生动地概括了播棋的游戏特点：游戏时，两名玩家将凹洞中种子取出并依序一粒粒放到各个洞中，如同春种时田间的播种

或四碗棋的改造[①]。那么,为何不能自由组合呢?通过设计方便儿童自行决定一行安排几个洞,两个洞可以,五六个洞也行,这并不影响儿童游戏中数学经验的运用,还可能更适合儿童游戏的步调。成型的播棋玩具,两个大洞固定在两行小洞的左右(见图 3-2-1),其实也未必一定要如此,如果儿童愿意将大洞放于小洞之间又会如何呢?我们的观察表明,这种变化会带来更加丰富的数学应用!

进一步思考,播棋只能两个人玩吗?能不能三个人一起玩,甚至四个人一起玩呢?当我们思考把播棋的大洞、小洞变成独立可组合的模块时,三个人、四个人的玩法就可以非常轻松地构造出来了(见图 3-2-2)。由此,从播棋传承的并非是形制,而是在轻松、自然的氛围中运用数的智慧。

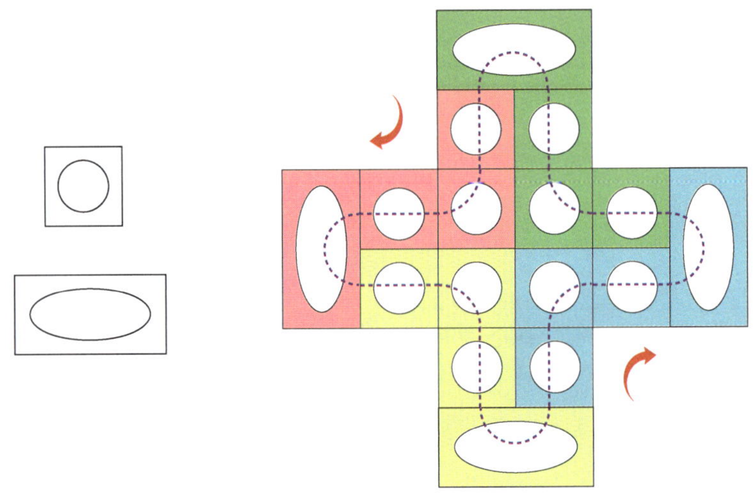

图 3-2-2　通过模块化设计的播棋适于四人游戏

左侧是播棋的大小两个单元模块。右侧为一种适合四人游戏的模块化组合方式,每种颜色的 3 个小洞和 1 个大洞为一名游戏者所有(己方阵营),虚线为播子线路,箭头代表方向,游戏规则与经典播棋游戏一致

细观播棋,在原木上凿洞和天然的石子所代表的是怎样的一种文化符号呢?其中所承载的文明是岸然却又亲切的。那么,我们能否将这种厚重的文化传承并发扬下去呢?不可否认的是,当一个整体被分割成若干个单元模块之后,整体本身的文化蕴涵也许是难以原样保全的。但正如格式塔心理学所认为的,整体不等于部分之和。我们希望经过本土化设计后的模块的组合能带来新的意义,同时,文化符号的角度也将是我们未来进一步思考的方向。

二、设计描述

(一) 结构设计

"播种子"在传统播棋的基础上,采用了独立可自由组合的模块化设计。它共有两个单元件,外观如碗状,俯视面分别为正方形和长方形(见图 3-2-3),可称为小碗、大碗。大碗

---

① 周伟中. 棋类游戏 100 种[M]. 北京:人民体育出版社,2009:68—71.

的宽度、高度与小碗一致，长度是小碗的两倍。一套玩具包括可以自由组合的 2 个大碗和 12 个小碗，共计 14 个单元件，辅以彩色仿石“种子”、木棒、套圈等配件。

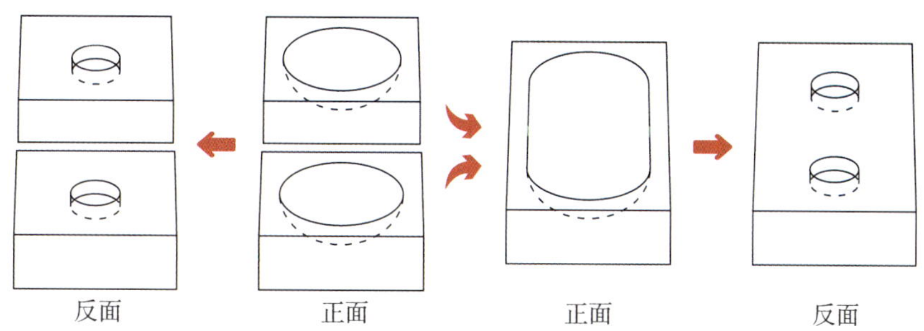

图 3-2-3　“播种子”两个模块化设计的碗形单元

如图，合并后的两个单元小碗与一个单元大碗长度相当且等高。单元模块的正面为碗形，可组合成“播种子”游戏的版图；背面则分别挖了一个或两个圆柱状孔，便于插入木棒，可作为投掷游戏的底座

“播种子”的基础玩法中，将小碗排成并列的两排，大碗分别摆在左右两侧，形成播种子的版图（比赛双方的阵营）。区别于由一整块木板构成版图的传统播棋，“播种子”采用单元模块设计，即每个播种的碗都是独立且可拼合的。这样的设计，能够通过改变小碗的组数来调节游戏的难度，以适合不同能力的儿童游戏。初玩游戏的儿童可以先使用两到三组小碗（见图 3-2-4）来熟悉游戏规则，体验成功感；随着儿童能力水平的提高，可以通过增加小碗的组数逐步提高游戏难度，激发儿童思考更复杂的策略。此外，碗在阵形排布上也是灵活的，除了排成两行的基本阵形，还可以将碗进行各种花样组合。花样阵形对儿童游戏策略的运用能力提出了更高要求，也可允许多人参与游戏。

图 3-2-4　每排两个小碗，比较适合刚接触该游戏的幼儿

版图摆好后，在每个小碗中加入等量的种子，通常为 2～4 粒。聚焦到碗形设计，碗的凹洞尺寸能方便儿童小手拿取或抓握多枚种子颗粒。在白色青花瓷碗背景的衬托下，彩色种子有助于儿童清晰目测或点数碗中种子的数量。游戏后，儿童还可以借助单元块、使用按群计数的方法计算自己拥有的种子总数，并与同伴比较种子总数的差异。

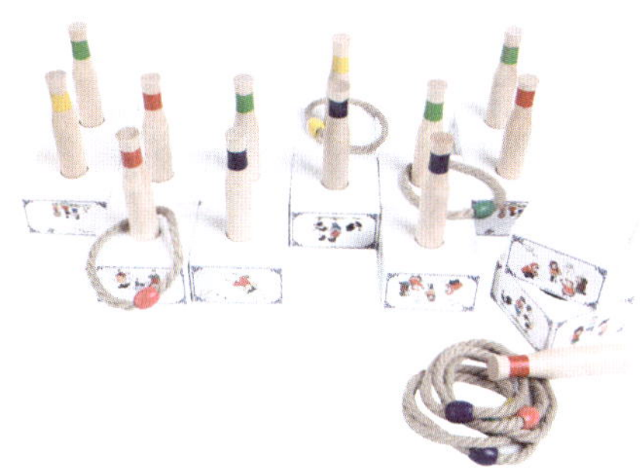

图 3-2-5　“播种子”一物多玩的玩法举例

把碗反扣，插上彩色棒，可以玩套圈游戏。不同颜色的木棒代表不同得分，支持幼儿数学能力的发展

“播种子”采用的模块化设计能够较为方便地支持一物多玩，如利用播种子碗的反面便可以进行经典好玩的套圈游戏。在套圈玩法中，先将碗底朝上摆放，再将彩色木棒插入碗底的圆形凹槽内。准备就绪，儿童便可以使用彩色麻绳圈进行套圈游戏了（见图 3-2-5）。游戏中，儿童可以将碗自由摆放成不同的造型，配套设计不同的计分标准。

（二）内容设计

“播种子”玩具主要从两个方面对内容设计进行了思考：其一是单元模块的外观周正大方，如果借助中国传统文化进行装饰，能使玩具更具亲和度，同时也能潜移默化地让儿童亲近传统文化。因此，碗的四周边缘采用我国传统青花瓷的纹样作为装饰，白底蓝花，清新明快又质朴大方；碗的四周主体部分则绘制了我国传统的儿童民间游戏，比如踢毽子、放风筝、荡秋千、堆雪人、斗鸡等，生动活泼，妙趣横生。游戏时，儿童轻松自然地浸润在文化之中，感受文化的美与趣。

其二是种子的质料和颜色的考虑。传统播棋常用单色普通石子为种子，而时下市面上在售的播棋玩具中，许多改用了彩色仿石。普通石子颜色单一、朴实，却让儿童能够更专注于游戏，但玩具的外观对儿童的吸引力欠佳；而彩色透明的仿石色泽艳丽，夺目之余却可能让儿童分心。因此，“播种子”希望中和两者的特点，采用质地、手感较好（有一定重量）、色彩比较淡雅的仿石，受儿童喜爱的同时，又不致使儿童过度分心。更为重要的是，所采用的仿石带小孔，还可用于串珠游戏、手工活动等，这与多用途设计思想相契合。

（三）玩法设计

“播种子”玩具采用模块化设计，玩法上既可以利用碗的正面组合进行“播种子”游戏，其游戏机制为第二章介绍的曼卡拉机制；也可以利用碗的反面组合进行套圈游戏，会涉及纸笔记录等机制。模块的自由组合也可以进一步支持儿童按照自己创设的游戏及设定的规则来玩。

玩法 1：播种子

“播种子”玩具在延续传统播棋经典玩法（见第二章游戏机制中对播棋规则的介绍）的基础上，通过灵活改变碗的组数和每个碗中的种子数，大大增加了游戏的可玩性。对于游戏初学者而言，可先使用较少组数的小碗（如 4 个）和较少的起始种子数（如 2 粒），这有助于儿童理解如何播种及评判输赢。在儿童熟练掌握播种规则后，逐渐增加小碗的组数（6～10 个）及种子数量（3～4 粒）。由于增加了播种碗数，儿童边播种边感知着碗的个数与种子数量变化的关系；进一步地，在游戏中还可加入“再来一次”[①]的机制，提高游戏可玩性的同时，也为儿童创设了更多推理、计算、计划的机会，从而提高儿童运用策略的能力（播种子的具体玩法，可扫描二维码查看）。

拓展阅读

播种子的玩法

玩法 2：套圈圈

套圈游戏是幼儿比较熟悉的游戏，“播种子”玩具的模块化设计方便儿童开展套圈游戏。儿童将碗背面朝上摆放至远近不同的位置，设计各种套圈阵形，进行套圈比赛（见图 3－2－6）。随着儿童套圈水平的提高，可逐步增加木棒的颜色种类（玩具中配套 4 种颜色的木棒），扩大分值范围（如不同颜色木棒分别计 1～4 分等），确保套圈游戏趣味性的同时，给儿童提供分值记录、统计等更多方面的挑战。

图 3－2－6　儿童在开心地套圈

① 即当最后一粒种子正好落入己方大碗中时，可以再播种一次。

三、设计要点

(一) 教育性

“播种子”玩具以发展儿童数概念和策略运用能力为主要目标，适合 4 岁以上儿童游戏。在播种子的过程中，儿童需要关注并测算种子数量的多少及变化，感知碗数(距离)和数量变化之间的关系，为了赢得更多种子，儿童需要尝试运用策略。此外，套圈玩法在促进儿童手眼协调、精细动作等运动能力发展的同时，也鼓励儿童采用多种方法进行记录和统计。

1. 感数与计数

“播种子”游戏的过程就是儿童不断感数和计数的过程。当种子数量较少，通常是小集合数目时，儿童通过目测便能直接判断出种子的数量，这种能力常被称为感数能力。随着种子数量的增加，儿童开始运用点数、按群计数、加减运算等更加复杂的计数策略。具体到游戏的过程，当儿童一粒粒播撒种子时，通常伴随着口头数数行为，并做到手眼协调、手口一致地数数；能力较强的儿童，开始关注碗中种子数量和播种位置的关系。例如，当第三个小碗中有 3 粒种子时，播种时最后一粒种子会正好落入自己的大碗内。在此过程中，儿童开始理解基数和序数①的关系。不仅如此，比赛中的儿童还会关注自己已经获得了几粒种子，是否比同伴多等问题，主动计算种子的数量，比较差异量。总之，随着游戏的进程，儿童的感数和计数能力在不断地巩固和增强。

此外，套圈的玩法也蕴含着记录、统计的学习机会。游戏时，儿童可以与同伴商量，规定套中不同木棒时的分值。游戏过程既需要儿童有效记录分数，统计各组的得分情况，也需要能够正确计算总分或比较分差等。

2. 策略运用

如何帮助自己获得更多种子，是游戏中儿童思考最多的问题。这一游戏目标激发儿童思考如何运用策略。游戏中，儿童会通过观察和比较，在若干个小碗中选择有利于己方的一个碗播种。儿童通过比较来选择播种，通常会优先考虑“播种后自己的大碗是否会获得种子”，也有些儿童开始思考“种子如何不播到对方的阵营”等问题。

随着碗组数的增加，儿童开始逐渐关注游戏的整体性。即儿童的关注点不再局限于当前轮次的播种，而会考虑本次播种对接下来游戏的影响。以播种子经典棋局为例(见图 3-2-7，三个碗中相继还分别剩余 3、2、1 颗种子)，当加入“再来一次”的规则时，应该按照怎样的顺序播种才能获得最多的种子呢？参考答案是：先播 1 粒，再播 2 粒，最后播 3 粒的碗。按照这

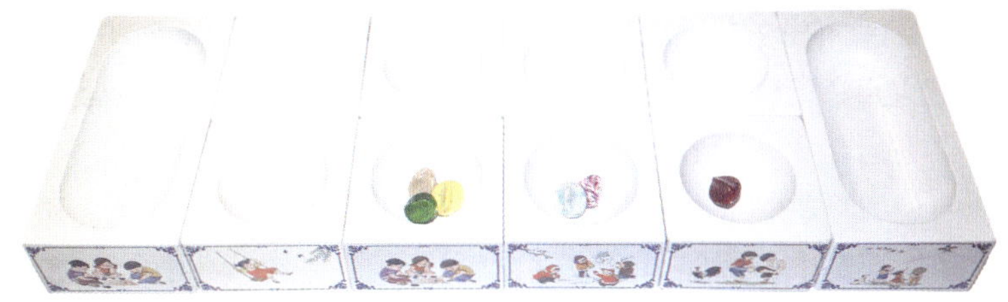

图 3-2-7　播种子经典棋局：如图三个碗中相继还分别剩余 3、2、1 颗种子

① 基数表示集合中的总数，序数是表示次序的数。比如，第 3 个碗中有 3 粒种子，“3 粒”是基数，“第 3”是序数。

种方法，所有的种子都会一次性地被收入囊中。这种策略体现了儿童运用推理和计划的能力，即能够计划播种子的先后顺序，比较不同播种顺序结果的优劣，并选择最佳的播种方法。

对于年幼儿童来说，虽然刚开始游戏时他们还难以进行如此复杂的假设、推理和计划，但有趣的播种游戏鼓励着儿童不断挑战。正是通过不断的游戏操作，儿童在游戏中不断验证自己的猜想和假设，他们的推理和计划能力才能得到提升。

3. 运动与协调

“播种子”游戏同样还能够促进儿童运动和协调能力的发展。在儿童完成播种（抓握及播撒）动作时，需要手眼协调地运用精细动作进行操作。在套圈玩法中，儿童的大肌肉运动和身体协调能力也得到了发展。具体地说，儿童需要先瞄准彩色棒、估量目标距离，完成向前抛圈的动作。随着游戏经验的积累，儿童还逐步掌握了在投掷过程中如何综合考虑力度和套圈距离间的关系等。“播种子”游戏过程中，儿童身体的协调性和动作的准确性都在发展。

（二）可玩性

1. 玩法简单、有趣

对儿童来说，“播种子”游戏操作简单，容易上手且有趣。首先，儿童喜欢将种子一粒粒有序地分配到碗中的操作。其次，由于每次播种都会改变双方阵营碗中的种子分布，碗中的种子数量总是动态变化的，这种不确定性让儿童觉得好玩。

2. 挑战层层递进

通过调整游戏材料、灵活设置游戏规则，“播种子”游戏为不同能力的儿童提供了层层递增的游戏挑战。由于采用了单元模块化设计，通过改变碗的组数，便可以灵活调整播种时的版图规模，从而调整游戏难度。此外，每个碗中的种子数量也可以自定义为 1～4 粒；对于能力水平较高的儿童，还可以补充“再来一次”的规则。因此，“播种子”游戏为年幼儿童的持续发展提供了材料和玩法上的支持，这就让儿童玩了还想再玩。

3. 一物多玩，动静结合

“播种子”一物多玩的特点为儿童提供了自主选择游戏的机会，既可以用碗的正面玩播种，也可以用反面来套圈。两种玩法一动一静，儿童既可以安静地播种，进行思维的博弈，又可以进行一场热闹的套圈比赛，比比看谁套中的多、套得远、总分高，综合智力与体力的比拼。“播种子”游戏充分发挥了年幼儿童的自主性，儿童可以根据兴趣爱好选择不同的玩法。

四、观察要点

在“播种子”游戏中，大致可以观察到三种能力水平的儿童游戏行为：一是尚处于理解和熟悉规则阶段的儿童，常出现随意播种、随机选择的游戏行为；二是处于探索如何帮助自己获取更多种子阶段的儿童，开始关注小碗内种子数及其与大碗间距离的关系①；三是策略运用能力逐渐走向成熟的儿童，开始关注播种后几个碗间种子数量的变化，兼顾自己与对手的播种。值得重视的是，儿童在“播种子”游戏中的学习既体现在自身的探索和发现之中，也体现在与同伴的互动过程之中。因此，除了要重点观察儿童在游戏中具体是如何播种的，也要关注同伴互动对儿童播种行为产生的影响。

---

① 比如，靠近大碗的第三个小碗内有 3 粒种子，此时播该碗内的种子，最后一粒恰好能落入己方大碗内。

对应儿童播种能力的三个发展阶段，聚焦儿童策略运用的发展，引申出如下观察内容，见表 3-2-1。

表 3-2-1 “播种子”玩法中儿童策略运用的观察要点

阶段	策略运用的类型	观察要点
理解和熟悉游戏规则	随机策略	1. 播种时，儿童的播种速度怎样？具体出现了哪些播种行为？比如，随意抓取某一碗内的种子快速播种，或是凭借直觉，经短暂观察后选取某个碗进行播种？ 2. 当儿童随意抓取某一碗内的种子进行播种时，产生了何种结果？比如经由此次播种后，儿童自己的大碗是否获得了种子，儿童是否将己方种子送到对方碗内等。出现这些结果后，儿童的反应如何？有何相应的语言和情绪表现？ 3. 当儿童凭直觉选取某个碗进行播种时，选择的是第几个小碗，此时碗内有几粒种子？儿童凭直觉选取碗时是否表现出某些特征，比如经常选择最靠近大碗的小碗进行播种，或选择有最多种子数的小碗等？
关注如何帮助自己收获更多种子	选择策略	1. 播种前，儿童是否数了碗内的种子数目？一共数了几个碗中的种子数？计数是否正确？当儿童对碗内种子进行计数时，采用了哪种计数方法，比如，目测、出声点数或默数？ 2. 计数结果对儿童播种时碗的选择是否产生影响？具体地，儿童计数后选择了第几个小碗，此时碗内有几粒种子？播种后产生了什么结果，比如儿童帮助自己获得了种子，或避免了将种子送到对方阵营等？ 3. 儿童有选择的播种行为是自发出现的，还是在与同伴的互动或观察同伴的播种后产生的？若是在向同伴学习中产生的，同伴的哪些游戏行为影响了儿童？ 4. 儿童是否就如何播种进行了讨论，包括说明播种的原因，或对播种的方法进行总结，等等？具体发现了哪些播种策略，比如关注碗数和种子数间的关系，关注碗内积累的种子数量等？
兼顾自身和对手的播种	竞争策略	1. 儿童能否经观察后快速判断、有选择地进行播种，帮助自己获得更多种子？ 2. 儿童是仅关注当前一个碗内的播种，还是同时关注播种后其他碗内种子数量的变化及分布？这一关注是否也影响了儿童播种时对碗的选择？ 3. 儿童是否借助每次的播种布局己方阵营？儿童是如何布局的？当加入“再来一次”的规则后，这种布局是否帮助儿童收获了更多种子？ 4. 儿童是否关注自己的播种对对手碗内种子数量的影响？是否在保证自身优势的同时，破坏了对方的阵形？ 5. 儿童是否与同伴讨论播种策略？讨论了哪些内容？

五、儿童发展案例

幼儿园班级活动室投放了新的数学玩具——“播种子”。大班的小贝掌握了基本玩法后，便和自己的好朋友小鱼、明明一起挑战播种子的游戏。经过了一段时间的游戏，小贝从最开始的随意播种，逐渐开始运用多种策略帮助自己获胜，策略运用的能力得到了明显发展。

1. 第一次观察：随意播种

12 月 13 日，小贝（图 3-2-8 中左边穿红色衣服小男孩）和两位好朋友第一次挑战播种子游戏。由于是初次游戏，教师建议每排先摆放两个小碗，每个碗里放 2 粒种子，并按照逆时针顺序进行播种。

三人经商量后决定：小鱼做裁判，小贝和明明（图 3-2-8 右穿墨绿衣服男孩）播种比赛。比赛正式开始，明明先按规则将右手边碗中的 2 粒种子播光。接下来轮到小贝，只见他缓慢拿起左手边碗中的其中 1 粒种子，犹豫着将其放进了自己的大碗中。见此情形，裁判小鱼立刻提醒小贝：“不对，你要把这 2 粒都拿出来，然后这样播。”小鱼边说边指出了正确的播种顺序（见图 3-2-9），小贝按照小鱼指出的路线将碗中 2 粒种子播光了，这次才正确播种。

图 3-2-8　第一次游戏，小贝随意拿出一粒种子，放到自己的大碗

图 3-2-9　裁判小鱼帮助指出正确的播种顺序

几轮过后，孩子们已经熟悉了游戏的玩法。因此，教师建议大家再增加一组碗，增加难度。这样，每排的碗数由原来的 2 个升级为 3 个。三个好朋友欣然接受了建议。现在，小贝已经能够熟练地播种了，只见他每次都不假思索，快速而随机地拿起某个碗中的种子播种，而小伙伴明明则在播种前会停留片刻，先数一数碗中的种子数，再进行播种。

图 3-2-10　小贝随手拿起第三个碗中的 3 粒种子，最后 1 粒种子正好播到自己的大碗中，小贝很惊喜

2. 第二次观察：先观察再播种——最后一粒种子正好落到我的大碗里

12 月 18 日，这次小贝和小鱼比赛播种子。与之前相同的是，小贝依旧快速抓起某个碗中的种子就开始播种。某一轮中，小贝拿起了第三个碗中的 3 粒种子（见图 3-2-10），口中边数着“1、2、3”，边将种子一粒粒播了下去。只见，最后一粒种子正好落到了自己的大碗中！这一发现使小贝十分开心，他激动地说

道："咦？正好得到一个！"小鱼也回应道："对啊，你不是有 3 个(3 粒种子)吗？"

有了这次的经验，小贝不再随意播种，而是偶尔会先观察、再播种，这也帮助他获得了更多种子。比如第三轮游戏中，小贝原本先是随手拿起了第一个碗中的 2 粒种子，观察片刻后又很快将其放回原位。接着，他重新观察，还用小手点数着碗中种子的数量，最终选择了第三个碗，将其中的 3 粒种子一一播了下去。这样，最后 1 粒种子正好落在了自己的大碗中，他开心地说道："这样才对。"就这样，小贝在这轮游戏中获得了胜利，一旁观察的教师请他分享获胜经验，小贝指着第三个碗说道："刚刚这里有 3 个，我播这个碗，就正好得到了 1 粒种子！"

3. 第三次观察：开始关注对手——碗内不能积累太多种子

12 月 22 日，小贝在游戏中发现了新的策略。在某轮游戏接近尾声的时候，小贝面前有一个碗中堆满了种子。他用小手点数，发现一共有 8 粒。小贝略带不开心地对明明说："哎呀，这些都要播到你那边去了。"有了这次的发现，在之后的游戏中，小贝尽量不让碗中积累太多的种子，以防止播到对方的碗中去。

4. 第四次游戏：计划两个碗的播种顺序——运用策略获得更多种子

12 月 28 日，小贝和小鱼一起玩播种子。某轮游戏中，小鱼这样播种子：她将从左数第三个碗中的 1 粒种子播到了第四个碗内，第四个碗中便有了 2 粒种子。看到这一情形，小贝连忙指出："不对不对，你还可以这样播。"他先将小鱼的种子还原，然后将第四个碗中的 1 粒种子先播到小鱼的大碗中(见图 3－2－11)，并告诉小鱼，下一轮她可以播第三个碗中的 1 粒种子。在小贝的帮助下，小鱼将这 2 粒种子都播到了自己的大碗中。

图 3－2－11　小贝采用新方法播种子

小贝的好办法：先播第四个小碗中的 1 粒种子，再播第三个小碗中的 1 粒

5. 第五次观察：关注整体，有计划地播种——新规则"再来一次"

这期间，孩子们挑战了 5 组小碗、每碗 3 粒种子的难度。一段时间后，1 月 9 日，教师增加了"再来一次"的新规则：每次播种时，如果最后一粒种子恰好播到自己的大碗中，那么便可以增加一次播种子的机会！

开始时，小贝常常忘记这个新规则，需要裁判明明的提醒才再播一次。经过几轮游戏，小贝已经很少需要提醒了。播种时，他多数情况下会先观察再播种，有时也会用小手先点数碗中的种子再选择性地播种，这些都帮助他获得了不少"再来一次"的机会。比如，在图 3－2－12 所示的这轮游戏中，靠近大碗的第一、二、三个碗中的种子数分别为 1 粒、2 粒和 3 粒，小贝连续三次获得了"再来一次"的机会。只见，他先播右手边的第一个碗，将里面的 1 粒种子播到大碗；再来一次时，他播了

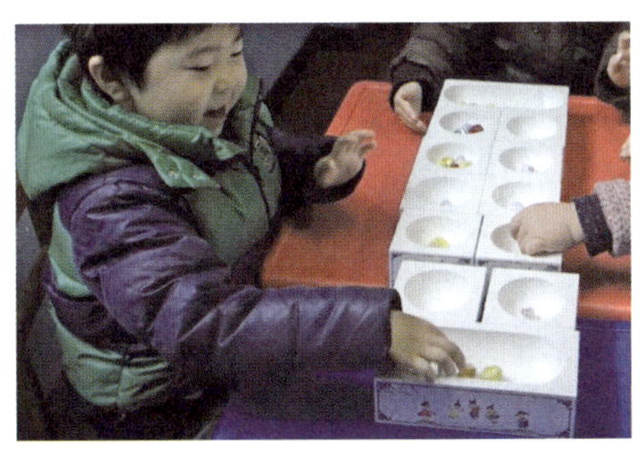

图 3－2－12　小贝连续多次获得"再来一次"的机会

第二个碗中的 2 粒种子，接着播第一个碗中的 1 粒种子；又要再来一次，他播了第三个碗中的种子。就是这样，小贝在一轮游戏中一次性获得了 3 粒种子(见图 3-2-13)。

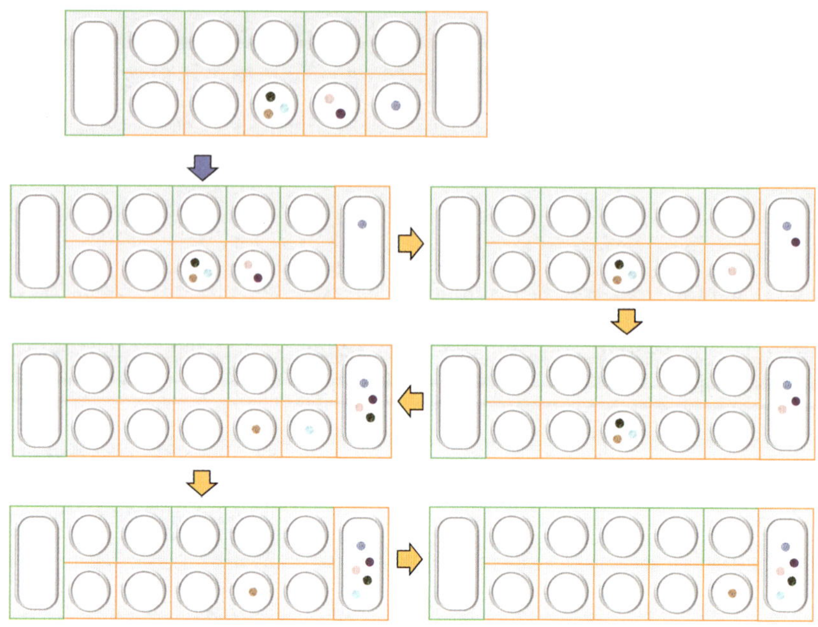

图 3-2-13　小贝在游戏中连续获得 5 次"再来一次"机会的过程图示，红圈表示接下来选择的播种碗

六、儿童在游戏中的学习路径

"播种子"游戏中，主要涉及儿童数概念和策略运用两个方面的经验。通过上述案例，我们大致能观察到儿童在进行播种游戏时表现出表 3-2-2 所示的四个阶段的游戏行为，这些游戏行为构成了儿童策略运用方面的学习路径。

表 3-2-2　"播种子"游戏中儿童策略运用的学习路径

阶段	游戏行为	能力分析	发展支持
1	能够掌握游戏规则，播种速度较快，选种子表现出随意性	理解游戏规则，凭直觉尽快播种子	给予儿童自由操作和探索的空间，鼓励同伴间的互动学习；通过逐渐增加碗的组数，进一步帮助儿童巩固游戏规则
2	先计算每个碗中的种子数，尽量挑选能够正好播到大碗中的碗播种	利用选择策略，根据不同碗中的种子数有选择地进行播种	鼓励同伴间的分享与讨论，引导儿童梳理和分享自己的游戏经验，帮助儿童内化生成新的游戏策略
3	开始关注对手，播种前进行简单的计划，并选择能够帮助自己获得更多种子的播种顺序	综合利用选择和计划的策略，关注播种后碗内种子数量的变化	支持儿童在游戏中继续探索、发现并总结经验。引导儿童观察比较播不同碗内的种子可能产生的多种结果

续　表

阶段	游戏行为	能力分析	发展支持
4	关注整体性，利用“再来一次”的规则，计划播种顺序，帮助自己获得更多种子	能预测并调整己方碗中种子阵形以获得更多种子；开始运用竞争策略，考虑自己的播种对对方种子分布的影响	增加“再来一次”规则，引导儿童关注新规则与获得更多种子之间的关联，激发儿童运用策略获得更多的种子

七、观察反思

（一）借助材料的结构特点和游戏玩法支持儿童发展

基于游戏材料的结构特点，综合游戏玩法，能够潜移默化地支持儿童在游戏中的自由探索和学习。在“播种子”游戏中，组成播种阵形的碗作为一个个单元块，可以灵活地组合，也可以帮助教育者更好地观察、解读并支持儿童。正如上述的“播种子”案例中，教师建议孩子们先使用 2(碗的组数)×2(每个碗中的种子数)的阵形，以帮助儿童熟悉游戏规则。当观察到儿童已经能够熟练地播种子后，在接下来的多局游戏中，少量多次地增加碗的组数和种子的数量，激发儿童思考游戏的策略，鼓励儿童在多变但可预测的布局中开始思考如何获得更多的种子。进一步地，在游戏的玩法上加入“再来一次”的新规则，激发儿童思考新规则带来的局势变化，儿童在游戏中会自然地关注当前轮次的播种对接下来结果产生的影响，进而开始关注游戏的整体性，探索更加复杂的策略。从材料结构和游戏玩法两个方面提供的材料支持，可以清楚地看到游戏难度的层次性，这就能够帮助教师在观察、分析儿童当前发展水平的基础上，借由材料恰当地支持儿童向更高的台阶“跳一跳”。儿童在这样的支持下，也能获得成就感，能力也在材料变化中悄然提升。

（二）重视儿童与同伴共同学习并分享经验

儿童在与同伴的互动中收获快乐，同样也在互动中相互学习、分享经验。上述案例中可以清楚地看到同伴之间相互学习的力量。比如，起初并不熟悉游戏规则的小贝，在小鱼的帮助下很快就掌握了播种子的基本规则；为了获得更多的种子，小贝帮助小鱼重新规划播种顺序，小鱼便多获得了 1 粒种子；为了不让自己的种子播到对手明明的碗中，激发了小贝观察、思考出新策略；在明明的提醒下，小贝开始关注“再来一次”的新规则；等等。在游戏中，儿童间不只是竞争关系，更是互相学习、共同进步路上的伙伴，他们都有着相同的目标——获得更多的种子！这激发着儿童互相关注彼此，观察对方是如何播种子的，积极思考着播种对自己和他人产生的影响。教师在其中可以发挥积极的作用，支持并鼓励儿童之间的互动，在观察中把握儿童的关键对话，并在恰当的教育时机提供进一步的支持。

八、小结

“播种子”为年幼儿童的数概念及策略运用能力提供了探索与发展的机会。教师通过增减碗和种子的数量、引入新的游戏规则，支持儿童在游戏中不断挑战和提升。游戏时，儿童自由快乐地播种，认真计算着碗内的彩色种子，和同伴积极讨论着种子的数量变化，分享自己在游戏中的观察和发现……这说明儿童能在喜爱的游戏中主动探索、不断成长！

透过“播种子”游戏中儿童的行为观察，我们捕捉到了许多儿童学习成长的镜头。比如，播种时儿童不断探索距离和种子数的变化关系，感数、计数能力在发展；为了获得更多种子，他们开始进行预测、计划如何播种；他们还在与同伴的交流中获取经验，收获友谊。当反思游戏材料和教育者关系的时候，可以肯定的是，对于蕴含学习机会的游戏材料，我们应该充分地解读它，无论是其本身的结构特点，抑或是其中所包含的教育内容。借助材料观察、理解儿童在游戏中的学习，提供恰当的引导，可以更加有效地支持儿童的成长。

第三节 数的分解与组成玩具的设计与应用——以“小球叮咚”为例

一、设计缘起

数的分解与组成是幼儿园中、大班数学教育的主要内容之一。很长一段时间内，幼儿这方面的学习和巩固主要通过集体教学和作业、练习来完成（见图 3-3-1）[①]，但以纸笔练习为主的学习方式往往缺乏趣味性。

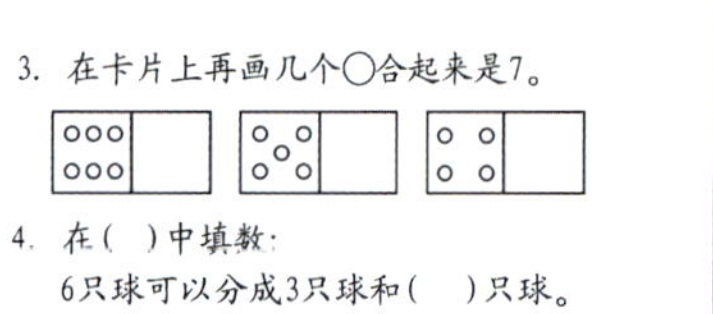

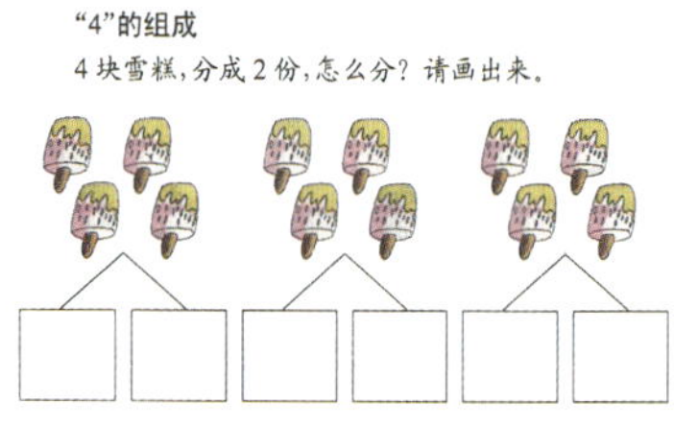

图 3-3-1 不同时期上海、北京和广州等地幼儿作业本和练习册中数的分解与组成相关内容

基于幼儿的思维从具象到抽象的发展特点，数的分解与组成的学习应当注重操作化、游戏化和生活化，诸多实践表明幼儿在这方面的知识与经验完全可以通过游戏来实现。十多年前，本书作者之一曾有幸与学界前辈林茅老师一起研究幼儿园玩教具及装备的评价。这期间听林老师说起，上海市愚园路第一幼儿园特级教师徐苗郎等人将一个简易的 Y 字形玩具，颠过来倒过去，让几个小球一会儿合并，一会儿分成两支。通过这样的操作，幼儿直观地观察到了数的分解与组成过程以及具体的分解与组成情况。该玩具借助 Y 字形的精巧设计，让数的分解与组成形象化、动态化，其应用充分体现了玩具对幼儿在游戏中学习的支持。

① 彭小元. 基于幼儿学习路径重新审视“数的分合”教学[J]. 幼儿教育，2013(Z1)：70—71.

2014 年，在《幼儿园玩教具：配备、设计制作与应用》一书中，我们介绍了“抽珠子”玩具①，对 Y 字形设计原初的想法进行了还原和改进，一个主要的变化是让玩具中装载的小球（珠子）数量可灵活调整，使数的分解与组成游戏本身更具可探索性。2018 年前后，我们进一步改良并实现了“小球叮咚”玩具的设计。在“抽珠子”的基础上，最主要的改进有两点：其一是借鉴传统弹珠游戏对挡柱的运用，缓冲小球落下的过程，并随机改变小球落下的位置，这种阻挡设计也使得小球的移动轨迹可视化，便于儿童在游戏中做出更为合理的预测与推断。其二是对幼儿园数学教育中数的分解与组成只能是一分为二、合二为一的固有认识进行了反思，认为通过玩具完全可以做到化一为多、多合成一，因此，在底部的接球框部分增加了空间区划的设计，儿童可以选择将一个数分成两份、三份甚至更多份，在探索感知中加深对数的分合的理解。游戏中应用了纸笔记录机制，一方面游戏过程通过纸笔记录呈现儿童观察和预测的结果；另一方面，通过数的分合情况的记录，为儿童进一步的发现和决策奠定基础。要培养面向未来、具备学习素养的儿童，幼儿园的数学教育不仅要让幼儿学会“几个与几个合并成了多少个”的知识，而且要支持、发展儿童注重观察、学会记录，理解分解与组成的过程，并基于数据大胆创想等素养。借助“小球叮咚”玩具，可以让数学变得像科学一样，使儿童乐于探索和发现。

二、设计描述

（一）结构设计

“小球叮咚”的整体结构为三段式半透明设计，由上至下依次为放置框、下落框、接球框，三个部分各自独立，可自由拆分。组合时，三段通过磁铁相吸组合为一个整体（见图 3－3－2），整体外侧由橙色橡胶覆盖，耐摔抗摔，保护材料免受损坏。游戏配件包括四种颜色的彩色木球、分隔木片、儿童记录小白板和白板笔等。

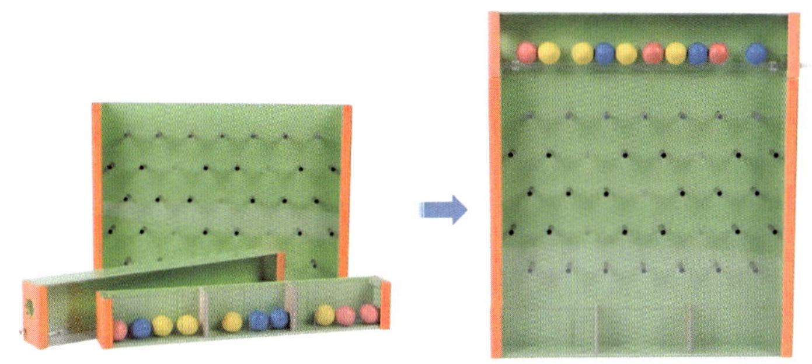

图 3－3－2　采用三段式半透明设计，有助于儿童直观感知小球分与合的过程

“小球叮咚”的三段有着各自的功能。上段为放置框，主要有两个作用：置入小球和控制球框的开合，通过放置框左右两侧的设计来具体实现。放置框左侧为圆形投球孔，橡胶包边既方便置入小球，也可以防止小球掉落出来。框内最多可以容纳 15 个彩色小木球，儿童可观察不同数量小球的分解与组合。右侧为控制放置框底部闸门开合的旋钮，向外拉动手柄

① 郭力平，谢萌. 幼儿园玩教具：配备、设计制作与应用[M]. 北京：中国轻工业出版社，2014：70.

并向下旋转，放置框底部闸门便被打开，里面的小球解除阻挡，自由掉入下落框。

进入中段下落框的小球，将会经过五排共 37 根挡柱。挡柱的设计一方面通过阻挡、碰撞改变小球下落的方向和轨迹，使小球下落位置多样化；另一方面也能降低小球的下落速度，有助于儿童观察小球下落时的运动轨迹，并借助小球下落位置的分析，做出更为精准的分解结果预测（见图 3－3－3）。

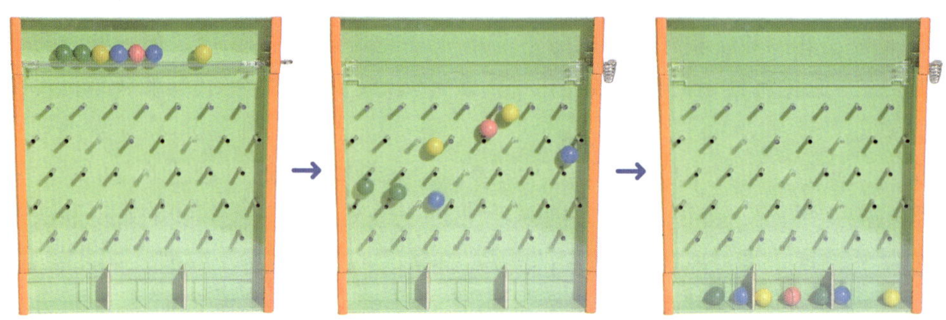

图 3－3－3　小球从放置框经由下落框最终落入接球框的过程

小球最终将落入接球框（图 3－3－3 右）。框内设置有五个插槽，可用木片插入插槽，将接球框分割为多个独立的空间。区别于一般的数分解学习，“小球叮咚”玩具不再局限于将数量一分为二，而是关注分解的更多可能性；在插槽的位置设计上，其中两个插槽位于框的三分处，三个插槽位于四分处，这一设计为儿童更多样的数学和科学探究创造了机会（见图 3－3－4）。例如，儿童可以将两块木片插在三分处位置，探索平均分割的结果，也可以采用插片创造出不同大小的接球槽，以比较小球下落结果与槽体大小的关系等。与中段组合的接球框，既可以将透明的一面朝前，让儿童直接观察小球的分解结果，也可以将其背面朝前，让儿童根据观察的下落过程猜测小球的分解结果。

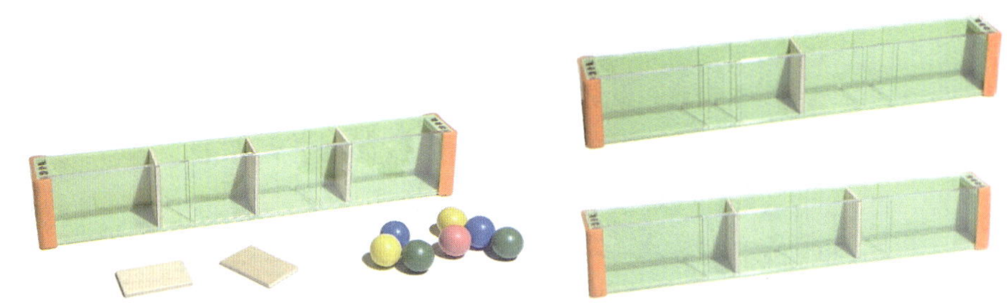

图 3－3－4　通过改变木片插入插槽的位置，可以将接球框分割为不同的独立空间，为儿童多样化的探究创造机会

（二）内容设计

数的分解与组合是年幼儿童学习加减运算的基础，也是幼儿数学学习的重要内容。传统教育实践存在一些偏误观念，认为只要通过反复训练，儿童便能掌握数的分解与组成知识。因此教育过程中会采用各式各样的数分解纸笔练习题，或帮助儿童记忆数的分解与组成的儿歌口诀等。然而，已有研究表明，学龄前儿童对个位数加减组合的理解是一个渐进的

过程，并不能通过强化训练来有效地解决。儿童理解数的分解与组成有不同途径和不同方式①，死记硬背的传统学习方式效果不佳，且容易让儿童丧失学习兴趣。

“小球叮咚”游戏在满足年幼儿童好奇心和兴趣的基础上，能够帮助儿童在游戏中探索数的分解与组合，为非正式的数的分解与组成知识学习和正式的数学学习之间架起桥梁。儿童数概念发展是从一个从具体到抽象的渐变过程，因此，在理解抽象的“数”的分合前，儿童需要积累大量的“量”的分合经验。借助“小球叮咚”的实物操作，儿童可以直观地感知固定数量小球的分解与组合，了解不同数量小球的分解与组合特点。同时，在不断的游戏观察与记录、分析与讨论中，也可以逐步感知数的分解与组成关系。这些游戏经验都为儿童后续正式的数学学习提供支持。

“小球叮咚”提供了最多四种颜色的 15 个小球，意味着儿童最多可以操作感知 15 个小球的分解。儿童可以在尝试和熟悉 10 以内数的分解的基础上，结合颜色类别，继续探索更大数量的数分解，以加深和拓展相关数学经验的学习。不仅如此，下落框内的挡柱也使小球的下落过程更加清晰地呈现出来，使分解的过程具象化。最后，儿童可以借助木片区划接球框，观察到一组小球是如何被分解为两份甚至多份的，同时，也可以了解数的多种分解形式，打破一个数只能分成两个部分的认识。

（三）玩法设计

从游戏机制的设置来看，“小球叮咚”主要包含三种游戏机制。除了前面提到的纸笔记录机制外，另外两种游戏机制分别为变量设置机制（Variable Set-up）和移动多单元机制（Moving Multiple Units）。

所谓变量设置机制，是指在整个游戏的进程中可以对游戏初始状态有关变量进行调整改变，这种调整既可以在游戏开始时调整，也可以在游戏进行中调整。一般来说，可调整的变量包括共享的游戏组件、游戏者的初始设置、资源、目标等。“小球叮咚”玩具为游戏初始状态的灵活变换创造了条件，比如“放置框小球数量的可调整、接球槽的多卡槽设计”等。这些设计增加了游戏的多样性、可玩性和探索性。

移动多单元机制，则是指游戏者通过移动游戏中的多个单元以推动游戏的开展，其中，对移动结果的把握往往成为这类游戏的关键。该机制在赛车游戏中有较多的体现，比如在一款名为 Top Race（1996）的游戏中，游戏涉及多辆赛车的移动，游戏者需依据一定的条件预测赛车的移动变化，从而做出最佳的决策。“小球叮咚”也涉及多个单元的移动，借助挡柱的设计使得儿童对小球移动有迹可循，具体游戏中以对多个小球移动（分解）结果的把握为核心，儿童可通过对多个小球移动（分解）结果的预测和验证等推动游戏的进程。

通过上述机制的组合运用，“小球叮咚”可有多种具体玩法为儿童提供学习、探索和运用数的分解与组合的机会。儿童可以自由游戏，通过反复操作，观察小球下落过程，并使用自己的方式在白板上做记录，也可以与同伴合作或比赛，猜测小球的分解结果。下面具体介绍两种同伴游戏的玩法。

玩法一：观察推理

游戏前，选取一定数量的小球投入放置框，一名儿童做小裁判，并将接球框反置。游戏

① 周欣. 儿童数概念的早期发展[M]. 上海：华东师范大学出版社，2004：203.

时，小裁判操作旋钮，其他儿童观察小球下落过程，并判断接球框各空间内小球的数量，且将猜测的结果记录在纸上，随后公布接球框实际结果，游戏参与者共同验证猜想。游戏可多轮进行，最后猜测正确次数较多者获胜。游戏中，小裁判可以进行一些语言提示帮助其他儿童排除不可能情况，比如，左右两边的数量相等、右边的框内小球数量比 3 多等等。

该玩法在发展儿童数的分解与组成能力的同时，也能锻炼儿童的观察力和数学推理能力。游戏时，儿童不仅需要清楚游戏状态，包括数清有几个小球、即将分成几份，还需要仔细观察小球的下落过程，包括小球的下落走向、分别落入到哪个框内等等。当儿童只观察到某一个框内的小球数量时，可能采用计算的方法推测另一个或几个框内分别有几个球。游戏中，儿童的观察能力、数的分解与运算能力都在同步发展。

玩法二：分解预测

一名儿童做小裁判，其余儿童先预测、再观察。在已知小球总数和分解的份数后，儿童先将可能出现的多种结果记录在白板上，再由小裁判转动旋钮。小球落入接球框后，正确预测的儿童获胜。

该玩法鼓励儿童在游戏中探索数的多种分解方式，并在这个过程中发现数的分解规律，从而能够有序进行数的分解，穷尽一个数的所有分法。游戏时，竞争机制能够激发儿童积极思考，成人也可以鼓励儿童尽可能多地写出可能的分解结果。此外，放置框内直观呈现的小球能够辅助儿童预测分解结果，儿童可能用小手指一指，预测小球是如何下落的。

值得一提的是，儿童在操作和观察小球分解与组合的过程中，常常会生成自己的游戏。例如，儿童可能会把两个或多个“小球叮咚”玩具拆解组合成一个新玩具，儿童会比较不同颜色组合的小球下落的位置与落入位置的关系，等等。在这个过程中，新的游戏玩法灵感会自然地迸发出来。

三、设计要点

（一）教育性

“小球叮咚”游戏为儿童提供了多样的学习机会，其中最主要的学习是关于数的分解与组成，通过将数量分与合的过程具象化，可帮助儿童更好地理解相关概念，并逐渐向抽象思维水平过渡；其次，在游戏中也为儿童提供了多种探究可能，不同数量的小球，不同数量的分隔，都会带来不同的结果，这些都有待儿童在操作中探索和发现；此外，为了更加准确地预测小球落下的情况，儿童需要仔细观察整个过程，耐心观察与等待对学习品质的提升起到了促进作用。

1. 数的分解与组成

知识卡片

数的分解与组成的发展阶段

年幼儿童对数的分解与组成的理解会经历从具体到抽象的过程，这意味着儿童需要先经过动作水平的实物操作，再在头脑中借助实物表象理解数，最后发展到抽象的概念水平。有关儿童数的分解与组成的发展阶段，具体内容可扫描二维码查看。

儿童对数的分解与组成的理解，建立在对量的分合理解的基础上，实质上这也是儿童对整体和部分关系的理解。与传统的纸笔练习不同，“小球叮咚”能够帮助儿童直观看到固定数量小球的分解全过程，即理解一个

整体如何分解为多个组成部分。游戏前，儿童将若干小球投入放置框内，并计算框内小球整体的总数；接着旋转手柄，观察实物小球的自由下落过程，直观地感知整体的动态分解；随后，小球落入被分割的接球框内，儿童可以计算每个分割部分的小球数量；最后，将“小球叮咚”倒置，所有部分框内的小球又沿着新的路径回落到放置框内，重新合成为一个整体。在操作“小球叮咚”的过程中，儿童积累了大量的“量的分合”经验，随着儿童对整体数群和部分数群表征水平的提升，儿童的认知理解逐步从“量的分合”过渡到“数的分合”，其抽象数概念水平也得到进一步的发展。

儿童对数的分解与组成的进一步理解，还体现为对整体数群与部分数群、部分数群与部分数群之间关系的理解，主要包括数群之间的包含关系、互换关系、互补关系，这些内容也是儿童进一步理解和掌握加减运算的重要基础①。表 3－3－1 列举了儿童在“小球叮咚”游戏中对三种数量关系的理解，其中，儿童对互补关系的理解往往是最后发展的，因为这一过程需要儿童将数量重新分解与组合②。

表 3－3－1　“小球叮咚”游戏中的整体与部分关系

关系类型	定　义	举　例
包含关系	大集合包含所有组成它的小集合，整体数包含部分数	将接球框内的 2 个小球和 3 个小球合起来为初始放置框的 5 个小球；5 个小球包含 2 个和 3 个小球
互换关系	两个部分数位置互换后，总量不变	5 个小球分别落入两个接球框内，左框有 3 个小球、右框有 2 个，该结果与左框 2 个小球、右框 3 个小球相同
互补关系	整体数不变的情况下，两个部分数，当一个增加时，另一个则相应减少，增加和减少的数目相同	6 个小球分别落入两个接球框内，左框有 2 个小球，右框有 4 个。重新分解，如果左框小球数量较之前增加 1 个（2 变为 3），那么右框相应减少 1 个（4 变为 3）

2. 科学探究

年幼儿童往往对未知事物和现象充满好奇心和求知欲，愿意进一步探索和发现，提供易操作、可探索性强的游戏材料，能够激发儿童主动探索的愿望。“小球叮咚”在外观设计上能吸引儿童，他们尤其喜爱反复操作可以旋转的手柄，观察小球叮叮咚咚下落的过程，体验游戏的快乐。

在产生科学兴趣的基础上，体验科学探究的过程十分重要。完整的科学探究过程一般包括五个环节：观察现象、提出问题、猜想假设、操作实验、形成结论。随着观察次数的增加，儿童的注意力不再局限于旋转手柄让小球下落这一个重复的动作上，而是开始关注下落过

① National Research Council, Mathematics Learning Study Committee. Adding it up: Helping children learn mathematics [M]. Washington, D.C.: National Academies Press, 2001:71－180.

② Sarama J, Clements D H. Early childhood mathematics education research: Learning trajectories for young children [M]. New York: Routledge, 2009:131.

程与分解结果的关系。由于小球下落结果具有随机性，儿童在观察中可能会产生一系列的问题，并做出假设。以 5 个小球下落到两个框内为例，一开始，儿童的假设结果可能相对单一，认为两个框内会分别落入 2 个和 3 个球，随着游戏经验的积累或儿童能力的提升，儿童可能会给出更多猜测的答案。结合对小球下落过程的观察，儿童会推测每个框内落入小球的具体数量。当明确看到某一框内落入的小球数量时，儿童还可以根据总数推断其他框内的结果。小球下落后，儿童可以通过目测、数数等方法进行检验。当检验结果和儿童初始的假设一致，会增强儿童的自信，从而鼓励儿童继续探究。

此外，科学探究的过程中，儿童尝试运用一些常见的科学方法解决问题。例如，借助纸笔，儿童可以使用数字、圆圈或者自己喜爱的符号将观察结果记录下来；儿童还可能会进行对比实验，比较相同数量小球的不同下落结果；等等。

3. 观察力与专注力

“小球叮咚”鼓励儿童主动观察、专注游戏。起初，儿童会不自觉地被小球的动态下落过程所吸引，他们仔细且专注地观察着每个小球的下落，感受着反复操作的乐趣。小球的下落充满着多变和未知，这吸引着儿童产生持续的观察兴趣。下落框中有规律地排列着若干短棒，随着观察次数的增加，儿童会发现，小球的下落过程是“有迹可循”的，只要耐心地持续观察，就能发现结果。

“小球叮咚”的游戏也能使儿童更加专注。由于小球下落的速度较快，旋转手柄前，儿童便需要将注意力集中到即将下落的小球上。随着小球自由下落，儿童需要将全部注意力集中到下落框内小球的行走轨迹上，进而判断小球最终落入到哪个接球框内，分析每个框内落入几个小球，并对数的分解结果做出预测。当小球数量或接球框组数增加时，在下落框的视野范围内，儿童需要关注的内容增加，这需要儿童更加专注于小球的下落轨迹，并快速地做出判断。

（二）可玩性

“小球叮咚”的可玩性体现在将游戏的主动权交给儿童，让儿童能够自主选择尝试分解的数量以及分解的份数，让儿童能够体验到对游戏的掌控感。而结果本身的可变性也为游戏增加了独特的魅力，让儿童愿意持续参与并投入其中。此外，游戏中的难度随着儿童设置的游戏场景不同而有所区分，能够适应不同年龄及不同水平儿童的需要。

1. 赋予儿童操作的主动权

作为一款可操作性强的玩具，“小球叮咚”支持儿童自主操作。游戏前，儿童与同伴共同决定小球数量、接球框的份数；游戏时，儿童通过旋转手柄控制球框的开合，之后，基于观察，儿童可能产生不同的问题，再通过进一步操作发现和检验。每个参与游戏的儿童都有机会进行尝试，因此探究和学习的主动权掌握在儿童手中。总之，“小球叮咚”游戏为儿童创设了宽松自由的探索环境，鼓励儿童在游戏中积极主动地发现、学习。

2. 小球落点的不确定性和可预测性

小球在框内的下落有着不确定和可预测的双重属性。不确定性即小球下落轨迹的不确定，使得小球的下落结果不尽相同。随着小球数量和分解份数的增加，预测的难度也随之升级。可预测性即儿童可以借助多个线索来预测小球的下落结果。儿童可以观察小球的动态下落轨迹，下落框中短柱的阻挡可以降低小球的下落速度，同时帮助儿童辨别小球的大致走

向。此外，随着游戏经验的积累，儿童有关数分解的经验也能帮助儿童进行预测。不仅如此，当儿童观察到某一框内的数量时，还可以通过运算或估算来推测未观察到的框内小球的数量（见图 3-3-5）。小球实际落点作为即时反馈，帮助儿童快速判断自己的预测是否正确。当成功预测时，儿童会体验成就感，从而激发继续探究的愿望。

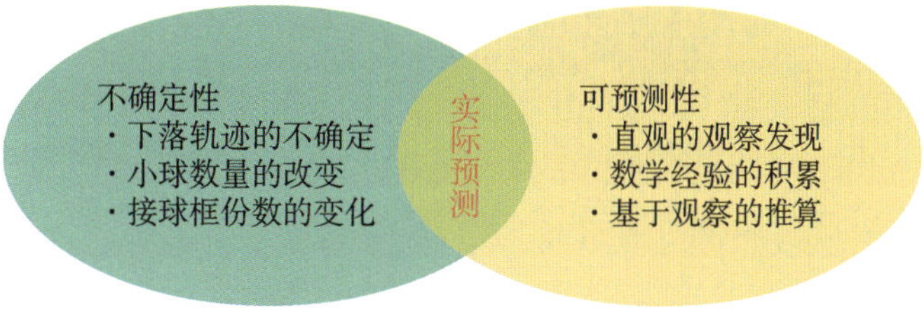

不确定性
·下落轨迹的不确定
·小球数量的改变
·接球框份数的变化
实际预测
可预测性
·直观的观察发现
·数学经验的积累
·基于观察的推算

图 3-3-5　小球下落存在不确定性，同时也有预测的可能性

3. 可以灵活调整的难度梯度

“小球叮咚”有特殊的结构设计，通过改变游戏的材料或玩法，游戏的难度也可以灵活调整以适合于不同年龄与水平的儿童。其中，最直观的是小球数量的调整。最初游戏时，儿童可以观察少量小球下落的分解结果，如 3～4 个。借助侧面的添球孔，还可以不断增加小球的数量以提高游戏难度，而小球数量可以最多加至 15 个。以往关于数的分解教学中，教育目标通常定为“儿童能够掌握数的多种二分法”，“小球叮咚”打破了传统教育中儿童关于数的分解与组成学习的认知，数的分解不再局限于一分为二。通过增加接球框中的挡片数量，小球可以被分成 3 份、4 份，甚至 5 份，这种分解结果的多样性，更加贴近儿童实际生活中的问题情境。

四、观察要点

“小球叮咚”游戏的整个过程大致可以分解为三个阶段：一是游戏前对小球下落结果可能的预测；二是游戏中对小球下落过程的观察与记录；三是游戏后对结果的验证与总结。每个阶段对应不同的观察要点，每一个观察要点蕴含着儿童数的分解与组成的表现和发展特点。对应“小球叮咚”游戏的三个阶段，聚焦儿童数的分解与组成发展，引申出如下观察内容（见表 3-3-2）。

表 3-3-2　儿童“小球叮咚”游戏中“数的分解与组成”能力观察要点

阶段	数的分解与组成相关的认知活动	观察要点
小球下落前的结果预测	通过半具体半抽象的方式探究数的多种分合方式	1. 小球下落前，儿童能否预测小球分解的结果？是否一直预测某一种固定结果？能否预测多种分解结果？预测了几种结果？是否准确？ 2. 儿童是如何预测的？具体出现了哪些预测的行为？比如心算、借助实物等 3. 儿童如何记录预测结果？使用了哪些符号？如图画、数字等。记录符号在多次游戏中是否有变化？比如某一时刻不再使用图画，转而使用数字记录。出现这种转变的原因是什么？如何对出现的特殊符号进行解释？

续 表

阶段	数的分解与组成相关的认知活动	观察要点
		4. 儿童的预测当中是否出现0？是如何记录的？ 5. 儿童是随意地预测并记录结果，还是发现了某些数群之间的关系出现有序的记录？例如，7的分解中，依次记录6和1，5和2，4和3，等等 6. 当接球框分为2份和3份时，儿童的记录是否有差别？是否出现了不同的记录方式？ 7. 预测的过程中，是否表现出同伴间的相互学习？具体过程如何？ 8. 是否愿意挑战分解更多的数量？是否愿意尝试分为更多的份数？
小球下落中的观察记录	通过半具体半抽象的方式感知数的分解与组成，初步理解数群之间整体与部分的关系	1. 小球下落时，儿童是否专注认真地观察？ 2. 在无须预测、直接观察记录的玩法中，儿童能否根据观察，正确记录接球框中小球的分解结果？儿童记录了哪些内容？比如小球的总数、每个框内的小球数量、小球的下落轨迹等。儿童是怎么记录的？如数字、圆圈或其他符号 3. 在先预测、后观察验证的玩法中，儿童能否通过观察小球在下落框内的下落过程预测并记录结果？记录是否正确？能否说明自己的记录理由？ 4. 在小球下落过程中，儿童观察到了什么？比如小球的走向、小球落入哪个框内、每个框内具体落入几个等等 5. 当儿童准确观察到某一个框内落入的小球个数，能否根据总数推算其余框内小球的落入数量？儿童是如何推算的？比如心算、减法、接数等方法
小球下落后的验证与总结	通过实际操作理解数的分解与组成	1. 儿童是如何验证结果的？具体出现了哪些行为？例如，点数小球数量后和记录单结果进行比较 2. 儿童的预测结果中是否有正确答案？能否多次正确预测？ 3. 儿童能否在游戏后总结有关数的分解与组成的经验？是否将新经验应用到新一轮的游戏中？ 4. 当某个接球框中没有小球落入时，儿童是如何解释的？ 5. 儿童最多能够正确预测几个小球的下落结果？接球框最多分成几份？ 6. 儿童如何理解互换关系？例如，5个小球分别出现“2和3”“3和2”两种分解结果时，儿童如何解释？

五、儿童发展案例

大班儿童近期在学习数的分解与组合，于是，教师在活动室投放了可以自由探索数分解的玩具“小球叮咚”。叮叮咚咚下落的彩色小球很快吸引了许多儿童的注意，他们纷纷围到“小球叮咚”的桌旁，都想试试旋转控制球框开合的手柄。孩子们反复操作，乐此不疲……潇潇也是其中一员，此后的自由游戏时间，她经常邀请好朋友龙龙结伴挑战“小球叮咚”。经过一段时间的探索，潇潇能够准确预测数的多种分解结果，对数的分解与组成的理解逐步

加深。

1. 第一次观察：基于观察经验的预测

5 月 3 日，潇潇和龙龙第一次挑战“小球叮咚”游戏。教师准备了两块白板，方便儿童做记录。由于是初次游戏，教师先请儿童在放置框内投入 4 个小球，接球框被分成 2 份。准备好后，教师旋转手柄，小球叮叮咚咚落入两个框内，分成了 3 和 1。小球下落后，潇潇快速将结果记录在白板上——右边画 3 个圆圈，左边画 1 个圆圈。然后，她告诉教师：“这个圆圈就是小球。”(见图 3－3－6 左图)

为了提高游戏的挑战难度，教师将接球框背面朝前反置过来，请两名儿童猜测小球可能的下落结果，并记录下来。潇潇指着框说：“我猜，这边(右)是 3 个，这边(左)是 1 个。”龙龙说：“这边(左)可能是 2 个，这边(右)可能是 2 个。”(见图 3－3－6 右图)猜好后，教师请大家将结果记录下来，然后转动旋钮让小球下落，4 个小球分成了 2 和 2。

图 3－3－6　潇潇第二次的预测结果和第一次观察到的结果相同

2. 第二次观察：基于猜想的预测

5 月 10 日，潇潇和龙龙再次挑战“小球叮咚”。教师将小球的个数增加至 5 个，接球框同样被分成 2 份。小球下落后，教师观察到儿童在白纸上一左一右记录小球的下落结果，于是建议他们可以将记录单对折，以模拟左右两个接球框。

游戏开始，教师请两名儿童先后预测小球分解后可能的结果。龙龙指着放置框内的小球预测：“这 3 个落在这边(左)，这 2 个落在这边(右)。”(见图 3－3－7 左图)一旁的潇潇一直注视着龙龙的手指动作，轮到她时，只见她也模仿龙龙，用手指着放置框内的小球说：“这 4 个落在这边(左)，这 1 个落在这边(右)。”(见图 3－3－7 右图)猜好后，她将这一预测结果记录在了纸上。

图 3－3－7　潇潇模仿龙龙的动作，指着框内的小球进行预测

3. 第三次观察：正确预测多组分解结果

5 月 12 日，两名小伙伴已经非常熟悉“小球叮咚”游戏了。为了鼓励儿童预测更多的分解结果，教师为儿童提供了新的记录单（见图 3-3-8 左图）。游戏仍为 5 个小球，接球框被分为 2 份。游戏前，教师请两人分别猜测小球可能的分解结果，潇潇连续说出了两种不同的答案。老师鼓励她继续思考，并利用记录单做记录。“想想看，还有其他可能的结果吗？可以都记录下来。”潇潇仔细观察着小球，思考片刻后，她又想到几种新的结果，然后画出 6 种可能的小球分解结果（见图 3-3-8 右图），其中，有两个记录结果重复。

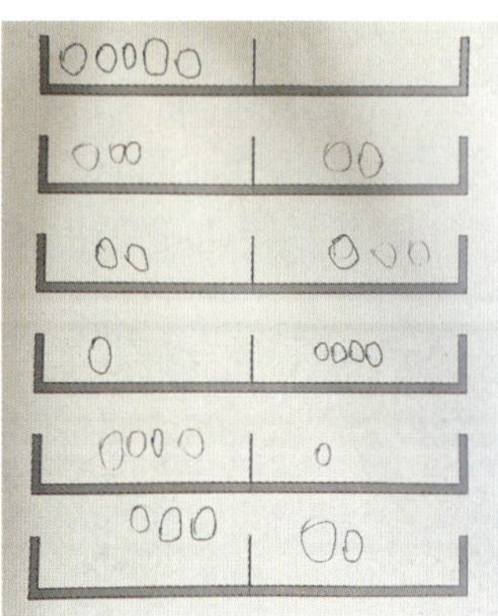

图 3-3-8 潇潇预测了 6 种 5 个小球可能的下落分解结果，但有重复

预测好后，教师请潇潇转动手柄，释放小球，小球下落后分解为了 1 和 4。潇潇指着自己记录单上的结果，对龙龙开心地说道：“你看！我猜对啦！”

4. 第四次观察：理解 0 的概念，初步理解互换关系

5 月 19 日，教师将小球数量增加至 7 个，接球框被分为 2 份，挑战升级。游戏前，两名儿童先预测并记录下可能产生的分解结果。一旁观察的教师发现，潇潇在第二行的第一个格子里画了一颗爱心，在第二个格子里画了 7 个圆圈。教师问潇潇爱心表示什么，她解释道：“这个就是没有，是 0 个。”这次，潇潇不仅使用了圆形小球、爱心图案做记录，同时，她的记录结果上还出现了一些数字。比如，她在一个小球的内部标上了数字 1（见图 3-3-9 最后一行）；在第五行上出现了反着书写的数字 3 等。

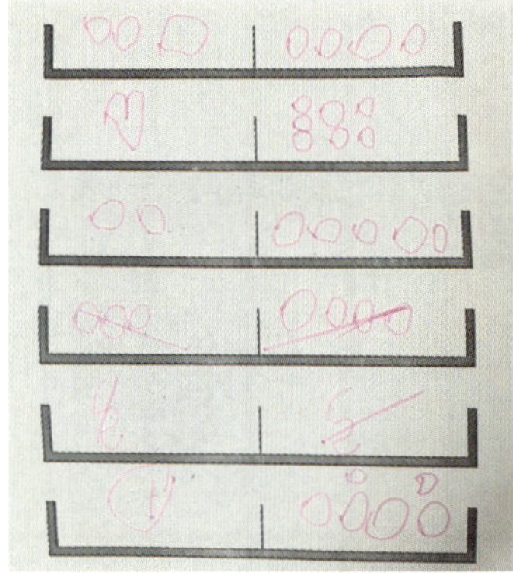

图 3-3-9 潇潇关于 7 个小球下落结果的预测

在这次的记录中，潇潇依旧出现了重复记录的现象。在她的记录单上，只见第一行框内已经分别画了 3 个和 4 个小球，但到第四行时，她又重复画出了 3 和 4 的预测结果。与之前不同的是，这次潇潇主动将第四行结果与之前的预测结果进行了对比，发现重复后，快速将第四行的内容划掉了（见图 3-3-9 第四行）。

两人预测好后，龙龙旋转手柄释放小球，左右框的结果分别为 5 个和 2 个。教师问道：“你们猜对了吗？”潇潇摇摇头。实际上，潇潇记录单第三行的记录中，左边为 2 个球，右边为 5 个球。教师指着这一行问潇潇：“这个结果对吗？”她看了看球框和自己的记录结果，依然摇摇头：“不一样，我的

是这边（记录单左框）2 个球，框里面是这边（接球框右框）2 个球，不对。”龙龙却认为：“应该是一样的，只是调换了位置。”（见图 3－3－10）听到龙龙的分析，潇潇点了点头，并在这行记录的后面贴了一张贴纸，表示猜测正确。

图 3－3－10 “5 和 2”“2 和 5”是相同的分解结果吗？两个小伙伴正在就这一问题展开讨论

5. 第五次观察：挑战分三份，理解互换关系

5 月 25 日，潇潇和龙龙的挑战再次升级。这一次，框内放了 6 个小球，接球框被分成 3 份，记录单对应调整为三分格子。游戏前，潇潇已经能够预测出多组结果，并将其记录，但多数仍然用圆圈表示，偶尔用数字做记录。

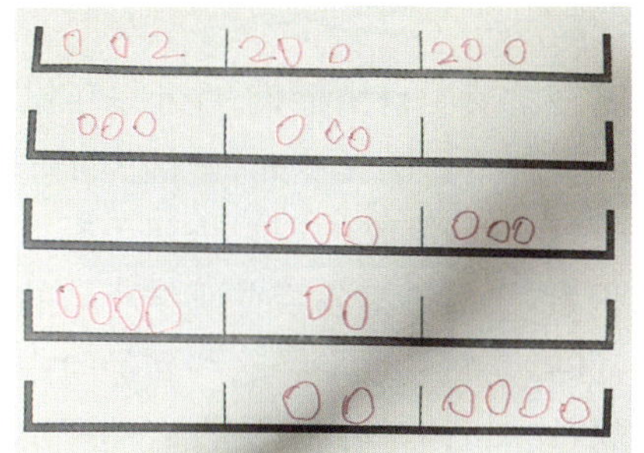

图 3－3－11 记录单上第二、三行和第四、五行的记录反映出潇潇对互换关系的理解

教师观察到，在潇潇写好 3、3、0 后，紧接着在下一行快速写上了 0、3、3；同样地，在记录好 4、2、0 后，下一行记录了 0、2、4。教师问潇潇：“这两种结果一样吗？”潇潇回答：“实际上一样的，只是小球换了位置。”（见图 3－3－11）

六、儿童在游戏中的学习路径

“小球叮咚”游戏中，主要涉及儿童对数的分解与组成、部分数之间关系的学习经验。通过上述案例，我们大致能观察到如表 3－3－3 所示的四个阶段的游戏行为，并构成儿童数的分解与组成的学习路径。

表 3－3－3 “小球叮咚”游戏过程中，儿童数的分解与组成学习路径

阶段	游戏行为	能力分析	发展支持
1	在小球分成 2 份的游戏中，能够基于观察准确记录小球下落的结果；能预测出某一种结果	在实际操作中理解数与数之间的分合关系	给予儿童充分探索的空间，通过多次操作，积累关于数分合的经验，知道一个数可能有多种分解的方式
2	借助放置框内的小球、使用小手指示进行预测，能够正确预测出小球下落的几组不同结果，但有重复	通过半具体半抽象的形式探究数的分解与组成	支持儿童思考更多可能的结果并记录；游戏后通过操作检验，获得及时反馈，并在游戏中总结数学经验；鼓励儿童向能力较强的同伴学习
3	使用喜欢的符号记录“0”；能够正确预测多组结果，但具有一定的随意性	通过半具体半抽象的形式探究数的多种分合方式，初步理解数群之间的互换关系	通过提问方式引导儿童比较两组具有互换关系的数群（如 3 和 4、4 和 3），引发同伴之间的比较与讨论，支持儿童进一步理解分合中数群间的互换关系

续 表

阶段	游戏行为	能力分析	发展支持
4	在学小球分成3份的游戏中，能够根据已有结果快速记录互换后的结果（如先记录4、2、0后，再记录0、2、4）	能够理解数的多种分合方式，熟练运用互换关系进行多种分解结果的预测	为儿童提供充分的自由探索空间，通过增加小球的数量、增加分成的组数等方式提高游戏难度，鼓励儿童继续探索数与数之间的多种关系

七、观察反思

（一）鼓励儿童在游戏中自由探索

“小球叮咚”游戏在激发儿童学习兴趣的同时，支持儿童在游戏中自由探索，在小球下落的结果中观察和总结数学经验。上述案例中，当第二次游戏教师请潇潇预测时，她认为4个小球前后两次的下落结果和第一次是相同的，说明她对数的分解与组成的理解是基于操作经验的。随着观察次数的增加，儿童关于数分解的经验在积累，潇潇逐渐发现并总结小球的多种分解结果。由于这些经验都是通过直接操作、亲身感知的，儿童会逐渐将这些新经验内化并总结为新知识。游戏中，潇潇还发现了一些有趣的现象，比如有时框内可能没有小球落入，有时两个框内的小球数量是相等的，有时会出现重复的分解结果等，这些现象激发儿童进一步探索新问题，产生新经验。此外，“小球叮咚”的结果是可验证的，这就使儿童在每一次游戏后都能检验自己的预测结果是否正确。检验的游戏机制也鼓励着儿童思考更多预测结果，对数的分解的理解更加丰富。

（二）基于儿童观察的材料支持

游戏材料的投放不应止步于纯粹将材料交给儿童操作。通过观察儿童在游戏中的行为，可以帮助教师更加准确地了解儿童的学习需求，在此基础上，进一步改变或提供更加丰富的游戏材料，支持儿童的学习发展。例如，在上述案例中，教师通过不断增加小球的数量，改变分解的组数，提高游戏的挑战，支持儿童一级级地跳向更高台阶；在观察记录环节，为了鼓励儿童预测更多组数，引导儿童比较不同的记录结果，教师将初始的白板替换为印有多组接球框的记录单。

（三）鼓励同伴相互学习

“小球叮咚”鼓励同伴共同发现问题、讨论问题，总结经验。比如，第二次观察时，潇潇观察、模仿龙龙的动作，用小手指出小球可能下落的路径，从而开始借助头脑中的想象预测小球的分解结果，通过半具体半抽象的形式探索小球的分解；在理解数的互换关系时，龙龙使用彼此能够理解的语言进行解释，帮助潇潇初步理解了分解中的互换关系；等等。

八、小结

看到儿童对“小球叮咚”的喜爱，作为玩具设计者，我们更加坚定是兴趣鼓励着儿童主动探索和进行发现学习。儿童尤其喜爱小球“叮叮当当”下落的场景，对于他们来讲，仅仅是观察小球滚动下落的过程，都已经非常有趣了。游戏时，常常会见到儿童在不断操作、转动手

柄让小球下落的过程中开心地大笑。

看到儿童在“小球叮咚”游戏中的学习和成长，作为教育者的我们着实惊喜。“小球叮咚”让儿童的数的分解与组成的学习过程变得更有趣，他们在游戏中发现一个小球的多种分解方法，并使用自己的方法记录下来，感知每个框内小球的数量关系，积累新的数学经验。游戏过程中同样伴随着科学探索的系列过程。预测下落结果时，儿童宛若小小科学家，认真地观察和讨论，推测每个小球可能落入哪一个接球框中。每每成功预测，他们都会体验到成功的快乐，数学学习的自信心也在增加。这也与我们的初衷不谋而合，让儿童在快乐的游戏中学习数学，激发对数学学习持久的兴趣和热爱。

本节还提供了数的分解与组成玩具设计与应用的另一个案例“牛奶的故事”，具体内容可扫描二维码查看。

拓展阅读

牛奶的故事

第四节 数概念综合运用玩具的设计与应用——以“企鹅捕鱼”为例

一、设计缘起

2003 年，立陶宛游戏设计师 Alvydas Jakeliunas 和德国游戏设计师 Günter Cornett 合作推出了一款名为“PACKEIS AM POL”(德文名，中文译为“极地浮冰”)的桌面游戏(见图 3-4-1)。

图 3-4-1 桌面游戏 PACKEIS AM POL 封面及游戏材料

该游戏的主角是几只在南极捕鱼的企鹅。游戏的底板由 60 块正六边形的纸板组成，每一块纸板代表一块浮冰，每块纸板上印有一条、两条或三条鲑鱼。将所有 60 块正六边形的纸板打乱顺序并随机排在一起，组成游戏的底板，如图 3-4-2 所示。具体游戏规则可以从后面的介绍中了解。

“极地浮冰”这款桌游一经推出便得到了游戏爱好者的认可，入选了 2006 年德国年度游戏奖(Spiel des Jahres)的推荐名单。

图 3-4-2 PACKEIS AM POL 游戏底板

游戏规定了底板的摆放式样，共有 8 排，每排由 7～8 块正六边形小纸板组成，共计 60 块正六边形纸板

当我们第一次接触到这款桌面游戏时，在赞叹其精巧的单元构造和机制设计的同时，更意识到这款游戏潜在的数学教育价值，其中涉及的能力包括感数、计数、量的比较、估算、运算、分类、统计、空间知觉和策略运用等等。尤其是对于年幼儿童而言，创造了不可多得的数学学习机会。

图 3-4-3　借助卡通人物介绍"极地浮冰"游戏规则的一段带字幕视频截图

但是，正如不少游戏玩家所抱怨的，这款桌游底板（见图 3-4-3）的拼摆是件费时费力的事情，在游戏规则的介绍中也十分幽默地提及了"摆放底板"的困难。有人为此测算过，成人完整摆好一块底板至少需要 2 分钟时间，如果换作年幼儿童，恐怕是对他们耐心和能力的极大挑战。不仅如此，摆好的底板在游戏过程中还很容易移动、错位，这也许是当初这款游戏确定为面向 8 岁以上儿童的原因之一。

正如前面提到的，游戏设计者提供了 60 块正六边形纸板，规定游戏底板要摆放为图 3-4-2 所示的形状。但实际上，游戏的机制并不需要对底板形状做出特定的限制。此外，游戏规定玩家人数为 2～4 人，并强调了不同游戏人数使用的棋子数量：2 人游戏时各持 4 颗企鹅棋子，3 人时各持 3 颗，4 人时各持 2 颗。然而，企鹅棋子的多少也并不是游戏机制上的必然限制。于是，我们从儿童年龄适宜性的角度出发，在以下三个方面重新改造了这款游戏：(1)重新设计底板的造型。在确保不同鱼数的正六边形随机分布的同时，让底板的摆放更加省时省力，即便幼儿也能快速方便地准备好底板的布置。(2)优化游戏规则，使之更具开放性。在重新制定的游戏规则中，玩家使用的企鹅棋子数量不限，底板形状、正六边形块数可根据游戏者的需要，自由协商确定。(3)设计更简单的玩法，适应小年龄儿童的认知水平。在保证游戏可玩性的同时，这种灵活性使得游戏能够适合不同年龄、不同游戏水平的儿童。通过以上几个方面的改造，"企鹅捕鱼"玩具便诞生了。

二、设计描述

（一）结构设计

"企鹅捕鱼"整体结构由多块可自由组合的蜂窝盘以及印有不同数量小鱼的正六边形蜂窝块组成，辅以 4 种颜色的企鹅棋子为配件。每块蜂窝盘内有 7 个正六边形凹槽，可以放置 7 块蜂窝块（蜂窝盘及蜂窝块如图 3-4-4 左侧图所示）。

图 3-4-4　"企鹅捕鱼"的棋盘设计

玩具的底板借助了蜂窝状的模块化单元设计，可任意组合游戏版图

人们很早就意识到了蜂窝结构的精巧性，认为它是覆盖二维平面的最佳拓扑结构。[①] 在诸多玩具设计中，尤其是桌面游戏的版图构造都采用过蜂窝状的设计，如 Hex（1942）、Queen Bee（1974）、Beez（2020）等等。“企鹅捕鱼”借鉴以往蜂窝结构的应用经验，创造性地通过两个层级来解析和组织蜂窝结构：一是正六边形的单元块（图 3－4－4 左下，称为蜂窝块），表面印有图案（1 至 3 条鱼），是游戏版图上的内容单元；二是包含七个可容纳正六边形单元块的蜂窝底板单元（图 3－4－4 左上，称为蜂窝盘），蜂窝盘的特点是方便连接，且连接形式多样。多块蜂窝盘连接构成“企鹅捕鱼”游戏版图的结构，这种模块化的单元设计，使得游戏版图的构造多样且便捷，内容单元的摆放容易满足随机化分布。

如图 3－4－4 所示，一套“企鹅捕鱼”玩具中标准配置 8 块蜂窝盘，每块蜂窝盘内有 7 个大小相等的正六边形凹槽，可与印有不同数量小鱼的正六边形蜂窝块相匹配。以上结构设计不仅能使蜂窝盘随机多样地进行组合，且印有不同鱼数蜂窝块的摆放位置也是随机的，这大大增强了布局的灵活性。多变的棋盘组合能使儿童在游戏中收获常玩常新的快乐，鼓励儿童思考不同布局下如何应用策略帮助自己捕获更多的小鱼，支持儿童在快乐游戏中自然地发展数概念。

（二）内容设计

“企鹅捕鱼”玩具的内容设计主要体现在其蜂窝块上。每个正六边形蜂窝块的正面印有 1～3 条不同数量的小鱼，[②]背面则是象征着“冰块”的白色底板，借助冰块的正反面设计，可以延伸出不同玩法，使游戏具有多个难度梯度，以适合不同游戏水平的儿童。初次游戏的儿童可以使用“白色冰块面”作为棋盘（图 3－4－5），通过企鹅棋子的行走来获取不同数量的冰块，感受量的积累，发展点数、一一对应和量的比较等数学能力。当儿童熟悉了游戏的基本规则，可使用“鱼面”棋盘来提高游戏的难度。在支持儿童思考更复杂的游戏策略的同时，也可以引导儿童借助“冰块”上的不同鱼数探索分类计数与比较等数学游戏。

图 3－4－5　“企鹅捕鱼”玩具中“冰块”的摆放方式

正六边形块可随机摆放在蜂窝棋盘上，在游戏中使用正反两面可支持不同发展水平的儿童开展游戏

儿童计数能力的发展往往经过 3 以内感数（subitize）、口头数数、说出总数、按物点数、按群计数及策略计数的变化过程，比较能力的发展也经历从模糊、不精确到逐渐精确的过程。[③] “企鹅捕鱼”的每一块正六边形“冰块”可视为一个计数单元，儿童可以通过自己的操作

① Nazzi F. The hexagonal shape of the honeycomb cells depends on the construction behavior of bees [J]. Scientific Reports, 2016, 6, 28341; doi: 10.1038/srep28341.

② 小鱼设计为彩色卡通鱼，适应学龄前儿童的认知水平，也方便学龄前儿童计数和分类辨识。

③ 黄瑾，田芳. 学前儿童数学学习与发展核心经验[M]. 南京：南京师范大学出版社，2015：103—106.

方式进行计数和比较。例如，通过平面排列的方式计算总数，比较多与少；通过垒高的方式进行量的比较，并潜移默化地感知长与短、高与矮的意义（见图 3-4-6）。蜂窝块上不同的鱼数也进一步细分了计数的层次，能够支持儿童开展更加精确的计数，发展分类计数的能力。游戏中的儿童常常会主动、不断重复计算自己收获了几条小鱼，采用点数、运算等不同的计数方法得出结果。可以说，“企鹅捕鱼”鼓励儿童在游戏中自发地采用多种方法计数，支持儿童自然地发展计数能力。

图 3-4-6　印有不同鱼数的蜂窝块可支持儿童开展分类计数与比较的活动

此外，“企鹅捕鱼”创设了儿童喜欢的游戏情境：帮助饿肚子的企鹅捕获更多的小鱼！自由变换的冰块场地、憨态可掬的企鹅棋子、活泼可爱的小鱼图案，都是儿童熟悉和喜爱的事物，都能激发儿童游戏的兴致。

（三）玩法设计

“企鹅捕鱼”借助正六边形网格的结构设计，为落实基于网格移动的游戏机制奠定了基础。同时，底板采用蜂窝盘的模块化组合，数量可变，这使得游戏可以灵活调节，以适应不同年龄段儿童的认知水平。上述结构设计与冰块以及 1～3 条鱼的内容设计相结合，使“企鹅捕鱼”能够有效地通过游戏支持儿童数概念的发展。为使处于不同发展水平的儿童在游戏中都能享有参与感，支持儿童数能力的阶梯式发展，企鹅捕鱼设计了难度不同的多种玩法，希望儿童能够在自由探索材料的过程中、在与同伴的交往互动和思维碰撞中，对计数、量的比较和空间思维等方面不断地有新的体验、发现与认识。

游戏允许 2～4 名儿童同时参与，不同的游戏规则可以适用于不同年龄的儿童。基本玩法中，游戏前，儿童把冰块的同一面（鱼面或者白色底面）随机摆放到蜂窝棋盘上，并自由组合蜂窝棋盘。每名儿童可以选择某种颜色的 2 只企鹅棋子开展游戏。游戏过程中，玩家轮流行棋，儿童可任意选择自己的一只企鹅行走。每次行棋时，以企鹅出发位置的冰块为中心，可沿任意方向的直线前进到任意位置（如图 3-4-7 的箭头方向所示）。移动后，出发位置的冰块就是儿童本轮捕到的小鱼（或冰块）（见图 3-4-8）。当冰块被取出后，棋盘上将会

图 3-4-7　以出发时的位置为中心，企鹅可沿直线移动到直线上的任意位置（遇到阻挡除外）

图 3-4-8　移动后企鹅出发位置的冰块就是儿童本轮捕到的小鱼

留下一个“冰窟窿”，儿童不能跨过“冰窟窿”行棋。最终，将依据儿童捕捞冰块数量的多少或捕获鱼数量的多少来评判输赢。

在总体行棋规则不变的情况下，可根据儿童数能力发展水平的不同衍生出不同的难度。玩法一：2 名玩家使用 4 块蜂窝盘，每人持 1 枚企鹅棋子，冰块有鱼的一面朝下进行盲捕比赛，最后比较玩家捕捞的冰块数量，量多者获胜（只计冰块数量，不计鱼数）。玩法二：2 名玩家使用 4 块蜂窝盘，每人持 1 枚企鹅棋子，鱼面朝上比赛，最后比较玩家捕获的小鱼条数，量多者获胜。玩法三：3～4 名玩家使用 8 块蜂窝盘，每人持 2 枚企鹅棋子，鱼面朝上比赛，通过多种方式评判输赢。具体来说，分别比较玩家捕获的总冰块数、总鱼数、一条鱼数、两条鱼数、三条鱼数，获胜次数多者是最终赢家。玩法四：在玩法三的基础上，每位玩家在整盘游戏中有一次移动一块周边蜂窝盘到任意位置（但必须和其他蜂窝棋盘相连接）的机会。[①]

三、设计要点

（一）教育性

“企鹅捕鱼”提供了具体的游戏情境，为儿童创造了操作探索和与同伴交往的机会。在获胜条件“获得鱼数最多”的驱动下，儿童自发地进行计数，在游戏中运用不同的计数方法，进行多层次的量的比较，感知空间、路径变化与捕获小鱼数量之间的关系。同时，在多变的棋局中，儿童开始观察棋局，规划自己的行棋路径，学习伙伴的行棋技巧，磨砺出胜不骄、败不馁的胸襟。

1. 计数能力

计数能力的发展

对于计数而言，中、大班儿童基本已经具备了 3 以内感数和手口一致点数、说出总数和按物取数的能力基础。对于多数大班儿童而言，提高 10 以上计数结果的准确性、内化计数时的语言和动作、运用策略计数等，具有一定的挑战性，同时这也是其计数能力发展的重点（有关儿童计数能力发展的具体内容，可扫描二维码查看）。“企鹅捕鱼”游戏为儿童计数能力的发展提供了学习机会。

首先，“企鹅捕鱼”以获得冰块或鱼数最多为获胜条件，因此点数自己不断累积获得的冰块或鱼数并报出结果，在一定程度上满足了儿童的成就感，这使儿童自发地产生计数行为。随着游戏的推进，儿童获得的冰块或鱼数逐渐递增，计数难度提高，儿童在快乐的游戏中循序渐进地练习和巩固计数方法，逐渐内化计数的语言和动作，并慢慢提高计数的准确性。

其次，3～5 岁儿童感数与计数能力往往需要通过实际操作才能顺利地内化。在难度较低的“盲捕”玩法中，“企鹅捕鱼”的正六边形“冰块”实物便于儿童进行实际的计数操作，也便于儿童对冰块的计数结果进行检验。这一方面能帮助儿童提高计数的准确性，另一方面支持儿童逐渐完成由手动点数到内化计数的蜕变。当游戏升级到鱼面朝上的玩法后，儿童需要点数小鱼的条数，这对儿童计数能力提出了更高的要求。

最后，“企鹅捕鱼”是一种两人或多人参与的竞争性棋类游戏，获胜心驱使着儿童在游戏中主动关注自己与同伴获得的冰块数或鱼数。儿童不仅乐于点数自己的成果，更乐于监督

---

① 以上玩法设计主要作为参考，教师和儿童可根据自己的认识，创造新的玩法。

同伴的计数过程，这为儿童计数能力的发展营造了天然的观察学习平台。

2. 量的比较能力

对于多数中、大班儿童而言，他们已经具备了使用目测、估猜或整体性感知的方法判断5以内的数量的能力，能够使用一一对应的方法比较两组物体的多少。而运用数数的方法精确地比较两组物体的多少，通过实际的操作理解数量之间的多少关系（多几个、少几个），是他们需要重点掌握的技能。

“企鹅捕鱼”中的正六边形冰块具有大小、厚度相同、方便儿童自由取放的特点，自然成为便于儿童实际操作的计数和量的比较单位。在比较冰块多少的过程中，儿童可通过垒高冰块比较高矮、铺平冰块比较长短、点数精确比较数量多少等多种方式，自然提升数量比较能力。在比较鱼数量多少的过程中，每个冰块上印有不同数量的小鱼，分为一条鱼、两条鱼、三条鱼三种类型。由于该年龄段的儿童已经能够根据简单的特征进行分类，收集三种类型的小鱼有助于儿童进行分类比较的探索。儿童既可以比较“谁的一条、两条或三条鱼多”，还可以进一步通过先抵消相同类别鱼数的冰块，再比较剩余鱼数逐步过渡到精确量的比较，最终算出双方鱼数的差异量。

3. 空间感知能力

空间感知能力反映着个体对空间信息的知觉、理解和运用。“企鹅捕鱼”游戏中，儿童每次行棋均以自己的棋子为中心，可以在蜂窝盘上沿直线行棋至横排或竖排的任意位置，这种开放性为儿童思考空间和数量的关系提供了机会。当儿童领悟到向冰块或小鱼数量较多的方向行棋有利于自己收获更多时，他们对空间位置与获得冰块（小鱼）数量关系的探索和感知就前进了一步。

学前儿童空间表征的发展，遵循着从自我中心参照体系到固定参照体系，最后经历协调性参照体系的过程。“企鹅捕鱼”游戏对儿童的行棋有一定的规则制约，例如，企鹅棋子不能横跨“冰窟窿”或其他企鹅棋子行棋，这便使得场面上形成你来我往的围追堵截局势。游戏时，儿童常常会面对“此路不通”的尴尬局面，这使得儿童自发地对空间和数量关系产生思考，例如，如何为自己争取更大的领地？如何才能避免自己在游戏中被围堵至无路可行的境地？如何将对手堵住、缩减对方的领地？经过这样的思考和游戏中反复的实践探究，儿童将由最初的只关注自己的行棋路径，转变为开始关注同伴，并主动采取行动以影响同伴的行棋。在“企鹅捕鱼”游戏中，可捕鱼的范围时刻变化、不断收缩，在这样的游戏过程中，儿童逐步开始兼顾彼此、关心全局，实现由自我中心参照体系向协调性参照体系的发展过渡，其对空间整体性的认知逐步提升。

4. 专注力、计划性等学习品质

在“企鹅捕鱼”游戏中，儿童需要持续保持专注，而且需要一定的坚持性，这些都有助于提升儿童的注意水平。在具体游戏中，一方面，儿童需要在行棋过程中保持专注，耐心思考，才能为自己创造更大的行走空间，避免被困“孤岛”；另一方面，在游戏过程中以及游戏结束后，儿童都需要进行计数和比较，如果他们容易受到外界因素的干扰或自己不够专注，就容易重复计数，或者在计数到中途时忘记自己数到哪儿，只好从头再来。当然，材料和游戏机制本身的灵活性和趣味性也能够给儿童带来持续新异的刺激，从而吸引其保持注意力。

同样，游戏时儿童需要具备一定的计划性，逐渐学会规划自己的行棋路径，有计划地获

得更多冰块或者小鱼。当儿童开展"盲捕"游戏时，他们需要提前判断冰块数量较多的方向，然后规划好行棋路径，朝预判能够获得更多冰块的方向行棋。当儿童开展鱼面朝上的游戏时，由于每次行棋捕获的是企鹅出发位置冰块上的小鱼，所以儿童需要提前计划，观察并锁定下一步落子时小鱼条数更多的冰块，这些策略都将有利于他们获得更多小鱼。发展水平更高的儿童甚至可以通过对整个棋盘上小鱼总条数的目测，提前规划如何向鱼数更多的空间行棋，这种情况下儿童可能将会为了占领更大的领地，未来获得更多的鱼数，放弃眼前的"小利益"(三条鱼)，能够延迟满足，收获"失之东隅收之桑榆"的智慧。

(二) 可玩性

"企鹅捕鱼"游戏的可玩性主要体现在两个方面：其一，"企鹅捕鱼"主题较强的情境性与一定的竞争性能够激发儿童的游戏兴趣，他们都希望自己的小企鹅能够捕获更多的小鱼，在每一步的行棋后都能畅享捕获小鱼的惊喜和成就感。其二，开放灵活的棋具和常玩常新的棋规。儿童可按照自己的意愿自由地组合蜂窝盘、摆放冰块，行棋路径自由多样，这使每局游戏的版图和游戏进程都具有可变性。儿童在每一局游戏中都能保持对游戏的新鲜感，也能够逐渐升级，进行挑战。加之遇到不同的玩伴，常玩常新，在自主的探索中潜移默化地获得数能力与空间思维的发展。

四、观察要点

我们可以将"企鹅捕鱼"游戏四种进阶式的玩法概括为"盲捕"和"鱼面朝上"两大类，游戏中蕴藏了丰富的数概念发展机会，主要涉及儿童计数、分类、量的比较等数学能力发展。下面详细介绍了从儿童数概念发展的角度引申出的观察内容(见表 3-4-1)。

表 3-4-1　"企鹅捕鱼"游戏的观察要点

阶段	与数概念相关的活动	观察要点
鱼面朝上，比较小鱼条数	计数	1. (盲捕规则中重点观察)儿童如何对冰块展开计数？是依靠触摸冰块实物点数、使用手指隔空点数，还是直接依靠目测得出结果？ 2. (鱼面朝上规则时重点观察)儿童在计数自己(或玩伴)获得的总鱼数时，是否使用策略，如直接点数、分类计数、按群计数等？ 3. 儿童的计数方法和策略在小数量和大数量上是否有所差异？具体有怎样的差异？ 4. 计数的准确性如何？是否受环境的影响，如获得的小鱼是杂乱摆放还是有序摆放等？
	分类(主要在鱼面向上的游戏规则下观察)	1. 儿童是否会对获得的冰块进行整理？如随意摆放(杂乱无章)，还是整齐摆放冰块但不考虑冰面上的鱼数，还是按照鱼的条数有规律地分类排列？ 2. 儿童分类计数策略的运用程度如何？是分类逐一点数所有鱼后报出总数？还是在分类后使用了按群计数的策略报出总数(如在数完一条鱼的总数基础上，用"6、8、10"跳着报数的方式点数两条鱼)？还是分别算出一条鱼、两条鱼、三条鱼的数量后三者相加？ 3. 儿童是否以及如何将分类的策略运用到量的比较？

续 表

阶段	与数概念相关的活动	观察要点
	量的比较	1. 儿童使用怎样的方法对自己和玩伴的鱼数进行量的比较？如通过手口一致地点数后直接比较鱼的总条数，还是使用分类的策略分别比较一条鱼、两条鱼、三条鱼的多少？ 2. 儿童使用的比较方法在小数量和大数量上是否有所差异？具体有怎样的差异？ 3. 儿童比较结果的准确性如何？是笼统地判断谁的鱼更多，还是精确地比较出鱼的差异量？当数量到达多少时开始出现错误？出现错误的原因和表现是什么？

五、儿童发展案例

大班下学期的儿童即将步入小学，他们在巩固基础的计数和量的比较能力的同时，需要为小学的加减运算学习做好数概念发展方面的准备，并继续保持对数学的积极情感，做好数学知识、能力与学习品质方面的衔接。“企鹅捕鱼”游戏恰好迎合了儿童的兴趣和发展需求，于是教师在益智活动区投放并介绍了这个游戏。

教师发现峰峰小朋友非常喜欢“企鹅捕鱼”游戏。峰峰多次来到益智区主动选择该游戏，并在游戏尾声多次进行计数和比较活动，在一次次报出鱼总数时，总是露出满意的笑容。在接下来一段时间的观察中，教师了解到峰峰探索使用不同的计数与量的比较策略的过程，以及在教师支持和同伴学习下，数概念的阶梯式发展。

1. 第一次观察：杂乱摆放冰块，垒高比多少

峰峰第一次游戏是在 5 月 11 日。游戏开始后，峰峰、小归和西西三人的面前都杂乱地摆放着各自获得的冰块(见图 3-4-9 左)。只见小归一边垒起冰块一边报出自己的冰块数量，西西、峰峰见状也随即垒高自己的冰块，峰峰说：“我都叠起来了。”游戏结束后，西西目测了峰峰垒起来的冰块高度，对峰峰说：“你看，我的冰块垒得比你的高哦！”峰峰看了一眼西西的冰块，笑着没有说话。小归见状，把自己垒好的冰块推到西西的冰块边上开始比较：“噢，我们两个一样多。”(图 3-4-9 右)

图 3-4-9　左图三人(西西、小归和峰峰)的桌面上杂乱地摆放着自己获得的冰块；右图为游戏后三名儿童垒高冰块，通过比高矮的方式来比较数量的多少

2. 第二次观察：在环境中有噪声的情况下大声点数鱼数，能够正确报出总数

时隔一周，峰峰与小伙伴莹莹、赫赫开始了他的第三次游戏，这局游戏中他有 7 次点数行为。第一次点数时，峰峰大声点数道："1，2，3，4。"第二次点数时，峰峰依然是手口一致大声点数，并准确报出总数："我有 7 条鱼了。"当又捕获一条鱼后，峰峰开心地再次大声点数并笑着向同伴说："耶，8 条！"第四次点数时，峰峰没有再从"1"开始大声点数，而是默默看了一眼一块印有三条鱼的冰块和两块印有一条鱼的冰块，然后在莹莹的说话声中拿起剩下的冰块，直接从"6"开始按照鱼的条数手口一致大声准确报数："6、7、8、9、10、11、12、13、14、15，我有 15 条。"游戏后，峰峰第五次点数，他用同样的方法（从"6"开始大声点数）准确点数至"17"，此时赫赫也开始大声点数，峰峰没有中断点数："18、19、20、21！"数完，峰峰用第六次点数来再次确认了总数——21 条鱼。三名儿童均点数完毕后，开始比较小鱼数量，赫赫说："我有 26 条。"莹莹接着说："我有 24 条。"峰峰有点沮丧地说："我才 21 条。"

3. 第三次观察：能准确默数 8 以内的数，遥指冰块大声准确点数 30 以内的鱼数

在峰峰的第五局游戏中，有 4 次点数行为。第一次点数时，峰峰手口一致准确点数了 8 条鱼。第二次点数中，峰峰先是看了一眼一块印有三条鱼的冰块和一块印有两条鱼的冰块（共 5 条鱼），将这两块拨到一边后，开始手口一致接着点数，并大声报数"6、7、8、9、10、11。我也 11 个。"第三次点数时，峰峰在两位同伴的嬉闹声中，依旧是先目测了 5 条鱼后，直接从"6"开始大声报数，这次峰峰的点数不再直接点触小鱼图案，而是左手捏住冰块、伸出右手食指遥指冰块，接着报出鱼数："6、7、8、9、10、11、12、13、……、23。"计数结果准确。第四次点数时，峰峰从"9"开始报数（8 以内目测），他依旧采用手指遥指冰块的方式数至"26"，然后又用回原来点触小鱼图案的方式接着"26"往下数，最后准确报出总数"29 条鱼"。

4. 第四次观察：练习巩固计数方法，克服环境中的噪声，准确计数 30 以内的鱼数

5 月 19 日，峰峰共玩了三局游戏，发生了 13 次计数行为，促使峰峰产生计数行为的情况有三种。第一种情况中，峰峰不确定玩伴的计数结果是否准确，进而主动帮助他人计数，例如：在峰峰的第六局游戏后，铭铭最早数完自己的鱼数（18 条），峰峰则在铭铭的点数声中快速为自己的小鱼计数。他先默默看着两块印有一条鱼的冰块、一块印有两条鱼的冰块和一块印有三条鱼的冰块，然后从"8"开始遥指小鱼大声报数"8、9、10、11、12、……、24，24 个。"计数完毕，峰峰和铭铭一起看着瑶瑶计数，但是瑶瑶怎么也数不对，铭铭和峰峰就遥指瑶瑶的小鱼帮助她重新逐一点数，最后铭铭准确地说："26、27、28，你 28 条啦！"接着，峰峰用惊讶且带点疑惑的表情看着铭铭说："啊！你最少啦？"说罢，峰峰用手遥指铭铭的小鱼开始快速计数，他大声地报出每一条鱼数，确认了铭铭确实只有 18 条鱼。

第二种情况中，峰峰的计数结果被同伴质疑了。例如，在峰峰的第七局游戏后，三名儿童比较鱼的总数，瑶瑶有 19 条鱼，峰峰对瑶瑶说："我 20，我比你多 1 条。"瑶瑶问道："你确定你是 20 条？"于是峰峰把自己垒起来的冰块平铺到桌面，用食指遥指小鱼大声点数，确认是 20 条鱼。

第三种情况则是峰峰对自己捕到鱼的自发计数行为，例如，在第八局游戏后，铭铭获得了 27 条鱼，铭铭对峰峰说："我比你多两条。"于是峰峰使用先目测（8 以内）后用食指遥指小鱼报数的方式，反复计数并确认了自己只有 25 条鱼。

峰峰在 13 次点数中均未发生错误，他一直沿用教师在第三次观察中发现他使用的新的

点数方法(遥指冰块大声点数)计数。即使在有其他儿童点数声的情况下,他也能使用该方法准确点数总数在25～30间的小鱼条数。

5. 第五次观察:在教师的支持下,开始运用分类策略

根据儿童在游戏中计数的特点,5月23日这天,教师投放了三个自制的记分器①(见图3-4-10左图)。游戏前,教师引导儿童观察记分器:“每人有三个盒子。你们觉得这可以用来做什么呢?”峰峰指了指冰块说:“装这个,冰块。”小归紧接着回答:“放捕的鱼。”教师点点头:“很好,你们可以自己决定怎么使用它们。”游戏中,峰峰和小归把冰块杂乱地摆放在记分器中(图3-4-10中图为峰峰在计分器中摆放的冰块),但平时数能力发展水平较高的铭铭自发地按鱼的条数分类放置了冰块(见图3-5-10右图)。

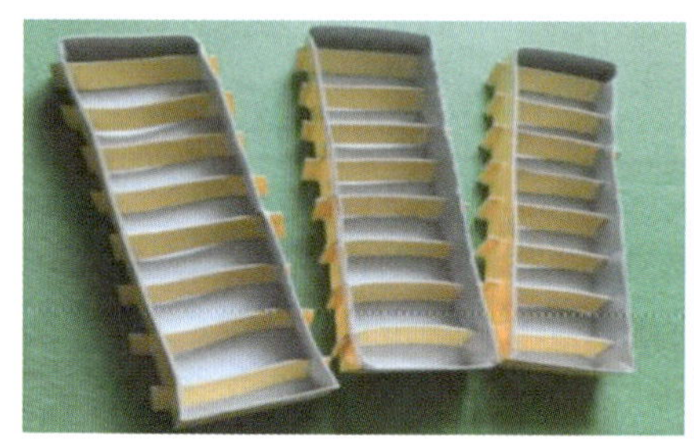

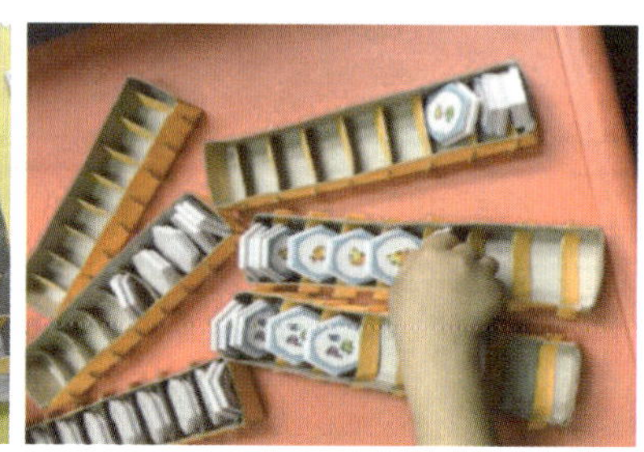

图3-4-10 左图为教师投放的三个计分器,中图为峰峰在记分器中杂乱摆放的冰块,右图为铭铭在记分器中按照鱼的条数分类摆放的冰块

游戏后,教师指着记分器问儿童:“你们都是怎么使用它的呢?”小归:“我是把冰块塞在里面。”峰峰:“我也是这样用的。”教师:“铭铭,你赢了游戏,来说说看你是怎么想的呀?”铭铭说出了他的想法:“我是想一个放一种冰块。”峰峰观察着铭铭的摆放,若有所思地说:“他是这样排队放的。”说完,峰峰也学着铭铭的方法,按照鱼数把自己的冰块分类摆放到记分器里,但还没有借助分类的计数行为。

6. 第六次观察:尝试采用分类和按群计数,但计数结果错误

在峰峰的第十局游戏中,峰峰按照鱼数在记分器里分类放置自己的冰块。游戏中,小归和峰峰每获得一个冰块就收纳一个冰块,但小归没有分类收纳。游戏后,峰峰依次拿起装有两条鱼、三条鱼、一条鱼的记分器进行分类计数,在铭铭的点数声中,峰峰先拿出装有四块印着两条鱼的冰块的盒子,他取一个冰块准确报一个数字:“2、4、6、8。”接着,峰峰把印有两条鱼的冰块都放到一边,开始继续点数印有三条鱼的冰块。但此时同伴铭铭恰巧数到“9、10、11”。被干扰的峰峰说:“10、11、12、……、22、23、24。”(实际上是23条)最后,峰峰点数印有一条鱼的冰块:“25、26、……、33、34,我34。”

7. 第七次观察:借助记分器,准确进行分类计数

5月24日,峰峰开始了他的第十二局游戏。新参与游戏的璐璐没有分类把冰块放到记

① 该记分器是教师根据冰块的尺寸自制的长条形冰块收纳工具,根据教师对儿童以往游戏中能够获得的冰块数量统计,每条记分器可以放8个冰块;教师把记分器里每个格子搭载冰块的支架制成斜面,便于儿童在放置冰块后观察冰块上印有的鱼数。

分器里，而是放满一条记分器后继续放第二条，所以璐璐的两条记分器看起来装得满满的。她好奇地看着峰峰没有放满的三条记分器，问："你怎么这么少呢？"峰峰回答："我分类放的。"璐璐若有所思。铭铭遥望峰峰的记分器，并隔空用手指点数峰峰的 14 条鱼。峰峰见状，亦用和铭铭同样的方法点数铭铭的鱼数（两人都按照鱼的条数分类存放了冰块）："2、4、6、8、9、10、11、12，你 12 条。"游戏后，峰峰使用分类策略计数，他先看了一眼手上两块最后获得的冰块（一块上印着三条鱼，一块上印着两条鱼），直接报出总数"5 个"。接着指着存放印有两条鱼冰块的盒子说："7 个。"然后把装有印着一条鱼冰块的盒子挪到面前，接着"7"往下点数，只见他拿一块冰，报一个数字，最终数出共 13 条鱼。峰峰看着两块印有三条鱼的冰块，每拿一块冰就报三个数字，不再用手指着冰块上的小鱼，嘴里念叨着："14、15、16、17、18、19，19 个。"在同伴的点数声中，峰峰准确计数了自己的鱼数。此后的第十三局游戏中，峰峰在每次计数时均能较稳定地使用分类策略准确计数。

8. 第八次观察：不再借助记分器工具，主动使用分类策略准确计数

在峰峰的第十四局游戏中，璐璐和铭铭都沿用了之前的策略，借助记分器计数。但是峰峰在这局游戏中没有再把自己的冰块放在记分器里，而是把自己获得的所有冰块分类叠放在桌面（见图 3－4－11）。游戏后，教师问峰峰："这么分类有什么好处吗？"峰峰说："因为算起来方便。"

图 3－4－11　不再借助记分器，峰峰转而主动使用垒高的方式分类叠放收获的冰块

六、儿童在游戏中的学习路径

在"企鹅捕鱼"游戏中，主要涉及儿童计数、分类、量的比较等方面的经验学习。通过上述案例，我们大致能观察到如表 3－4－2 所示的五个阶段的游戏行为，并构成儿童数概念学习发展的路径。

表 3－4－2　"企鹅捕鱼"游戏中儿童数概念的学习路径

阶段	游戏行为	能力分析	发展支持
1	• 杂乱摆放冰块，能正确点数 15 以内的数 • 使用垒高冰块的方式目测比较冰块数量的多少	• 尚未借助分类等整理数据的方式提高计数的方便性和准确性 • 运用手触摸实物，一一对应点数，大声报出每一个数字，最终得出总数 • 量的比较：使用先一一对应然后目测的方式正确比较量的多少	儿童容易出现漏数、重复数等现象，可提示儿童注意检验；引导儿童相互观察、学习，用叠高、排成行、点数或借助蜂窝盘等多种方式开展计数和量的比较活动

续　表

阶段	游戏行为	能力分析	发展支持
2	• 杂乱摆放冰块的条件下可以正确地点数 20 以上鱼的条数 • 通过计数的方式直接比较鱼的总数，并能够正确地判断输赢	• 计数时能够在实物无序摆放的情况下进行 30 以内的正确计数 • 量的比较：能够手口一致地点数后直接准确地比较总数	关注儿童在计数时的专注度和准确度，在儿童得出比较结果时，提醒儿童检验自己和同伴的计数结果
3	• 把冰块整齐摆放到“记分器”中，但尚未按照冰面上的鱼数进行分类 • 直接从“9 条鱼”开始报数(默数了 8 以内的鱼数)；然后接着“9”往下计数，并大声报出相应的数字	• 分类和计算是分开来进行的，尚未整合并支持计数 • 计数时，在默数的基础上，通过接数完成 30 以内的准确报数	根据儿童的需求提供记分器作为材料支持；鼓励儿童在多次计数中运用并巩固更高阶的计数方法，灵活使用不同的方法准确计数
4	按照鱼的条数把冰块分类放到记分器里，先用按群计数的方式算出两条鱼的总数(2、4、6、8)，然后在此基础上继续点数一条鱼和三条鱼	分类计数：在借助工具的情况下，能够有规律地分类排列点数对象，并准确使用按群计数(两个两个数)和分类的策略进行计数	观察共同游戏的儿童在数概念发展方面的个体差异，引导儿童互相观察、学习
5	不再使用记分器，把冰块按照一条鱼、两条鱼、三条鱼分类垒高后再计数	分类计数：在不借助工具的情况下，能够有规律地分类排列点数对象，并准确使用按群计数和分类的策略进行计数	根据儿童数概念发展的最近发展区，把握撤掉“脚手架”(计数器)的时机，引导儿童摆脱对工具的依赖，逐渐内化计数策略

七、观察反思

儿童游戏化学习的过程是一个社会建构的过程。在游戏中，拥有不同经验的儿童玩着相同的游戏，却又在解决问题的过程中拥有着各自不同的经验和策略。儿童在游戏中自然关注着彼此，相互学习。教师在游戏中的引导作用也是不可或缺的，选择恰当的玩具是基于对儿童的了解和对他们未来发展的恰当预期。同时，基于对玩具多层次玩法及教育内涵的理解，教师在游戏过程中为儿童搭建“脚手架”，提供实时的支持，让儿童在各自的最近发展区内达成阶梯式的发展。

(一) 借助游戏中同伴交往的契机支持儿童的发展

观察学习作为个体在游戏中学习的主要方式，同伴的重要性不言而喻。比如，案例中游戏一开始大家都是把冰块杂乱地放在桌面上，小归垒冰块的行为，悄悄地改变了大家的摆放方式，也影响了量的比较策略。再比如，铭铭在游戏中率先使用记分器分类摆放冰块，峰峰通过观察学习发现铭铭“是这样排队放的”。于是，在接下来的游戏中，峰峰逐渐探索并巩固

了分类计数与按群计数的策略。儿童都有着敏锐的观察力，喜爱同伴间的观察学习，教师应该相信儿童的学习能力，营造宽松愉悦的环境，让个性、学习方式、发展水平各不相同的儿童可以得到更加充分的交往机会，让他们“看见”彼此，让思维碰撞出不一样的火花。

(二)“松手”但“不放手”

游戏过程中，教师的引导在保证教育性的同时，也要保护儿童在游戏中自主、愉悦的游戏体验。恰当的介入和引导考验着教师的教育智慧。如若完全不介入，儿童可能会错过一些重要的学习机会。反之，未经观察的过度介入，也会剥夺儿童游戏的愉悦性和自主性。因此，教师应该如何把握儿童在数学游戏中学习的“指导”和“自由”的度，也是教育实践中的一个难点。

在观察儿童游戏行为的基础上，教师恰当地“鹰架”和适时地推动，能使师幼互动、同伴交往的价值得到进一步的提升。案例中，教师提供了三个记分器，让儿童按照自己的方法加以利用。提供这一支持的教师是相信儿童的，相信儿童在游戏探究中有能力发现并运用好记分器。当然，除了材料的隐性支持，抓住时机、运用恰当的言语及教育行为也能起到启示儿童的作用。例如，教师借助开放性的问题提醒并帮助峰峰发现了分类计数的技巧。

另外，教师的介入应当基于对儿童游戏的敏锐观察，在儿童真正有需要的时候，提供开放、灵活的鹰架。教师应该拥有一颗“发现的心”，做一个有心、细心、耐心的观察者，从细节中了解儿童已有的发展水平，并思考其最近发展区，以提供适宜的支持，做到“松手”的同时“不放手”。

八、小结

在“企鹅捕鱼”游戏中，我们看到的是有规则的“真”游戏。儿童确实在运用计数、分类、量的比较等数学知识和技能，但这些都不是外在于游戏的目的，而是融入了游戏本身。儿童在这样沉浸式的游戏中获得的经验是更有意义的，因为它们和儿童的精神、情感建立起了直接的关联，使儿童从体验意义上成为真正完整、自由的人。

作为教师，应提供恰当的游戏材料，创设适宜的游戏氛围，然后去看、去听、去思考、去感受，不仅是因为这样才能更好地回应儿童的需求，助推儿童的成长，更是因为这一切也恰是教师之所以成为教师的意义。当儿童沉浸在游戏之中，自然地运用数学去解决问题，并将这些数学学习经验转换成为他们日后可以运用的经验与反思的材料，童年也借由儿童自主的数学探究、教师悉心的观察与支持，走向未来，促使儿童真正成为自信的数学学习者与问题学习者。

第四章 形状与空间玩具的设计与应用

掌握和运用形状与空间知识是儿童认识周围世界的一项重要技能。其中与形状相关的能力包括对常见几何图形名称、特征的了解，能够在生活中识别常见的图形，根据特征进行分类以及通过图形的简单组合进行创作。而空间能力则包括对空间概念、方位、运动方向及空间表征的理解，能够运用空间想象、空间旋转等能力解决与空间相关的问题。

形状与空间能力的发展主要是在儿童的生活和游戏活动中自然地感知、观察和体验，在解决问题的情境中应用和提升。聚焦形状与空间能力发展的玩具设计应给予儿童运用形状与空间知识的机会，并让这种能力能够联系现实生活，实现能力的迁移，并能在其中享受利用形状与空间支持解决问题的成就和快乐。

以往有关形状的学习较多强调对图形进行识别、命名，相对忽视儿童对图形特征的了解和运用；有关空间的学习以往更关注空间方位的区分，对空间表达和空间思维则有所忽略。本章介绍的三个玩具设计与应用案例中，"立体画儿"鼓励儿童在创造美的历程中，探索事物间的空间位置关系，并运用空间方位词进行描述；"猫猫路径"则在营造游戏情境的同时，强调了空间旋转对于儿童图形关系理解的重要意义；"小球扑通"则以极大的开放性设计，鼓励儿童借助空间想象和规划来解决问题，并收获及时的反馈。

第一节 空间方位认知玩具的设计与应用——以"立体画儿"为例

一、设计缘起

在幼儿园发展儿童空间能力的教学实践中，常常会先让儿童观察一幅画面（如桌上、桌下均放有物品的小圆桌），之后教师对物品的位置和物品间的空间关系进行提问，如"小汽车放在哪里了？""桌子的上方有什么东西？""小汽车和小熊，哪个在前、哪个在后？"等等，儿童在这种情境中学习和应用一些简单的空间方位词。

上述教学方式也会以游戏形式出现在儿童的操作活动中，较常见的是贴画游戏。游戏

时，儿童将粘绒或磁性贴卡片贴于背景绒板或磁性板的某一位置，然后口头描述方位，如贴画游戏“小猫在哪里”（儿童可将小猫贴画贴在背景板的某一位置，进而描述小猫的位置）等。此类所谓的游戏其实偏向强化训练，可玩性不强。此外，受二维平面形式的限制，贴画材料难以真实表达三维物体的前后位置、遮挡关系等。

考虑到年幼儿童思维的形象性和具体性特点，一些玩具设计采用了立体插卡形式，如国外玩具品牌 Excellerations 的三维空间玩具（见图 4－1－1）、Edushape 的透视公园玩具（见图 4－1－2）等。游戏时，儿童根据任务卡上的画面，借助立体插卡展现自己眼中所见（图片上）事物间的空间关系，感知各个部分构成的整体意义。立体插卡形式比平面贴图更能展现真实的场景，反映事物间彼此的空间关系，游戏的趣味性更高。

图 4－1－1　Excellerations 的三维空间玩具　　图 4－1－2　Edushape 的透视公园玩具

立体插卡玩具与平面玩具相比有其优势，但在设计上仍有一定改良、提升的空间：其一是教育目标指向单一，这类玩具大多就是针对空间关系的学习而设计的，如空间词汇的运用、遮挡关系的理解等，缺乏对儿童整合性学习的考虑；其二是儿童在游戏中的学习方式比较单一，往往通过特定卡片任务引导儿童完成插卡摆放，对于开放性、自由摆放并不注重，因而限制了儿童在游戏中的多样化学习。总的来说，传统立体插卡玩具为儿童提供的空间学习几乎是去情境化的，仅仅在反复地根据任务卡完成插卡中系统但机械地理解和运用空间词汇。

基于以上两点，我们认为，立体插卡的游戏过程应当体现开放性，通过插卡游戏要让儿童充分展现自己的审美表达，能够自由地装扮自己想象的世界。同时，儿童的空间能力，在其主动积极地摆放插卡的过程中也要能得到有效提升。为此，具体的立体插卡玩具设计也需要做出相应的改良：(1)传统三维插槽尺寸需要放大，借此拓展儿童的视野，丰富儿童的想象力和“讲”故事的空间；(2)插卡内容需要丰富，给儿童提供创建多样化场景的条件。这样，在儿童创建熟悉或者向往的（喜欢想象的）情境的同时，其空间认知（包括空间语言）也会丰富和发展起来。值得进一步考虑的是，借助插卡可以联系儿童身边的文化生活，与儿童日常所感受的真实世界、社会和自然相呼应，使得游戏在开阔儿童视野、发展儿童空间思维的同时，也帮助他们亲近身边的文化。基于以上考虑，“立体画儿”的创意设计在传统立体插卡玩具的基础上，从结构设计（游戏底板）到内容设计（插卡卡片）都进行了改造和创新，“立体画儿”玩具鼓励儿童自由选取材料构造情境、讲述故事，在这个过程中伴随性地[①]发展了空间能力。

二、设计描述

（一）结构设计

“立体画儿”的底板形似一本打开的书，寓意着书里蕴藏着各种各样的画儿，希望孩子们用自己的思考与创造，在其中发现并展现一个个神奇的世界。这也正是该设计对开放性游戏的期许。

玩具主体包含一块代表大地的绿色凹槽板和一块代表天空的白色磁性板，两者接插作为插卡游戏的载体。儿童在游戏中既可以挑选插片在自己觉得合适的凹槽位置上摆插，也可以用磁性贴片装饰天空，尽情地发挥他们对理想世界的创想。与以往立体插卡玩具相比，“立体画儿”从横、纵两个方向均加大了尺寸（见图 4－1－3），扩展了游戏的可探索空间。

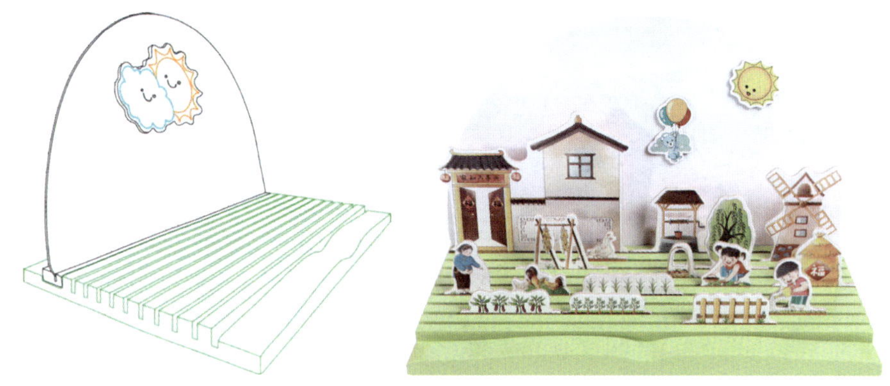

图 4－1－3 “立体画儿”设计图与实物样例图

游戏中，儿童可以充分发挥其想象力和创造力，选用不同插片自由拼搭一幅有趣的立体画，可以借助底板插槽的前后关系来控制情景的层次展现。而天空磁性板则支持他们对远方景致的描绘，进一步扩大了景深和视野，使得立体关系看上去更加真实、自然。

具体到细节上，相比传统立体插卡游戏底板，“立体画儿”加大了凹槽底板的尺寸，将凹槽数增至 9 条（见图 4－1－4 左图），通过增大儿童游戏空间，拓宽了儿童的视野，同时也提升了其空间叙事的丰富性。每一张插卡除了绘制地面以上的部分外，还精心绘制了地面以下的部分（如泥土、沙粒以及蚯蚓等，见图 4－1－4 右图），激励儿童观察、发现，并带着好奇心，联系实际进行探索。

---

① 伴随学习是指儿童的注意力并未集中在某项内容的学习上，但却学到了该内容的知识。比如，儿童在听歌曲、看电视过程中伴随性地掌握了一些外来语言的新知识，这些新知识是儿童从事某项活动（如欣赏音乐）时获得的副产品。伴随学习往往是自发的、愉悦的、非有意的学习，是一种情境中的学习。在此理念指导之下，空间能力玩具强调儿童在游戏中愉悦地、不经意地探索并获得空间方位认知，理解空间方位词汇，进而获得空间能力，强调儿童的空间理解与愉悦情绪自然地联结。

图 4-1-4　“立体画儿”插槽底板与卡片设计图示例

(二) 内容设计

“立体画儿”的内容设计主要体现在文化主题的采纳，即将文化元素融入插卡的主题设计中。传统较常见的立体插卡游戏往往插片内容设计较为单一，离儿童真实的文化生活有一定的距离。但立体插卡具备让儿童通过自由拼插卡片反映生活、表达美的潜力。因此，“立体画儿”强调了乡土、民族文化的自然融入，即在内容设计上展示了儿童熟悉或向往的生活情景。儿童在游戏中摆弄、设计不同的文化情景，讲述生活中可能发生的趣事，在这个过程中，伴随性地学习、探究了空间关系。“立体画儿”选择了能激发儿童兴趣、帮助儿童了解不同生活场景的若干主题，包括悠然自在的田园风光、各具风格的万国建筑、婉约清秀的江南水乡、热闹喜庆的过年景象以及粗犷豪放的北方草原(见图 4-1-5)。为儿童提供贴近生活、易于联想且内容丰富的系列卡片，可以让儿童在体验趣味游戏的同时，感受中国各地乃至世界的不同景观之美。当然，儿童完全可以打破主题的局限，按照自己的想法，自由选择插卡进行组合。

图 4-1-5　“立体画儿”的插卡种类丰富

包括田园、江南、草原、过年、万国建筑五大主题，总计 117 个插片、12 个磁性贴片

（三）玩法设计

“立体画儿”主要的游戏机制是板块摆放。板块摆放的一个重要线索是板块之间的空间关系（前后、左右、部分遮挡等）。通过板块摆放，构建起一定的场景，这个场景既可以是任务卡上的要求，也可以是儿童自由的创造。与一般在平面版图上的板块摆放不同，“立体画儿”的版图并非平面构造，而是代表地面和空间的立体构造。正因为如此，“立体画儿”的板块摆放涉及更为丰富的空间学习内容。

以往的立体插卡游戏设计多针对儿童空间方位词的理解和空间关系的操作练习，且多为单人游戏。相关研究表明，在建构类游戏中如有更多有关空间关系的讨论，将有利于儿童深入理解空间词汇[①]。“立体画儿”在鼓励自由插卡游戏的同时，在规则性游戏的设置上，也鼓励开展两人游戏，以此增加儿童表达和讨论的机会。具体来说，游戏设置了三种不同的玩法，丰富了游戏的挑战性。

玩法1：自由拼插

自由拼插的玩法，适合1～2人游戏。儿童既可以自己设计，也可以与同伴合作完成一幅立体画儿，还可以根据拼搭出的画面讲故事。游戏初期，儿童可以充分观察和了解插片内容，自由摆放其位置，并进行故事的讲述，但摆放的立体画儿往往具有随意性的特点。随着儿童游戏水平的提高，儿童在拼插的过程中开始关注画面内容间的关联、事物间的空间位置关系等，例如，在浇水的男孩旁边摆放茄子苗、喂食的奶奶身旁赶来一群鸡鸭等等。因此，自由拼插的玩法虽容易上手，但想要拼得丰富有趣却有一定的难度。自由拼插时，既可以使用同一主题的插卡，也可以混合多主题，增加游戏的丰富性和挑战力。

图4-1-6　一名5岁小男孩自由拼搭的立体画

进行自由拼插时，儿童可以大胆想象，自由创作。正如图4-1-6所示，一名5岁小男孩搭建的田园风光：晴朗的空中飘着彩色热气球，喂鸡的老奶奶身后种着一排结满果子的大树。果树后就是奶奶的家，在房子后整齐地摆放着农具。

玩法2：独自挑战任务卡

儿童可以独自挑战任务卡。游戏开展前，儿童抽取一张任务卡，然后根据卡片选取插片，并将其摆放在与任务卡一致的位置上。该过程中，儿童先根据任务卡找到相应插片；正确匹配后，儿童需要理解任务卡上事物的空间关系，包括空间方位、距离远近、是否遮挡等要素，儿童的空间知觉能力[②]在发展；进一步地，儿童需要将任务卡上的平面关系转化为一幅立体画儿，即通过操作将插片摆放在底板上，进行准确的空间定位。

---

① Borriello G A, Liben L S. Encouraging maternal guidance of preschoolers' spatial thinking during block play [J]. Child development, 2018,89(4):1209-1222.

② 空间知觉能力，即儿童感知物体形状、大小、远近、方位等空间特性的能力。

玩法3:合作挑战任务卡

图4-1-7 游戏时,一方根据任务卡描述空间位置关系,另一方根据描述选择并摆放插片

儿童两人或两组合作游戏,一方根据任务卡描述插片内容及位置,另一方根据描述完成立体画儿(见图4-1-7)。游戏时,双方既可以坐在同侧,也可以面对面游戏以增加难度。游戏中,负责描述的儿童在理解任务卡上事物的空间位置关系后,需要使用方位词描述插片的位置,比如上下、前后等;当同伴摆放错误时,尝试描述插片应当移动的方向以调整至正确位置。游戏初期,儿童可能会使用较多的代词描述位置,比如这边、那边;但类似词汇并不能准确地指导卡片摆放,逐渐地,儿童开始尝试借助参照物或更准确的词汇进行描述。负责摆放的儿童则需要根据同伴的语言指示将插片摆放到正确的位置。

合作挑战为儿童与同伴运用空间语言进行交流创造了机会,双方可能会就摆放的位置、插片调整的方向等进行提问、讨论或回答。结束后,儿童共同根据卡片检核拼搭是否正确。

需要强调的是,尽管为儿童设计了卡片任务式的规则游戏玩法,但"立体画儿"鼓励游戏者自己设计插片内容并动手制作。儿童可以结合生活经验,制作属于自己的立体画儿插片;教师也可以结合班级主题课程自主设计和自制插片,通过玩具将游戏与教学有效衔接起来。

就这样,一套从外观到内容,从结构设计到内容设计均充满新意的立体插卡玩具诞生了。儿童在游戏中将空间思维发展与真实生活经验、本土文化点滴自然地联结,开拓视野,激发想象和探究兴趣。

三、设计要点

(一) 教育性

"立体画儿"游戏的设计弥补了同类游戏插片内容不鲜明、主题数量少的不足,创设了五个贴近我国儿童文化生活的主题情境,拓展了儿童对不同文化环境的了解,并有助于激发儿童对本土文化的喜爱。同时,作为一款发展空间思维的游戏,"立体画儿"为儿童创设了自由探索空间关系的游戏情境,使其学习用不同的内容描述物体的空间位置;将不同的插片进行内容关联,根据立体画儿创编故事等,丰富语言表达能力;合作游戏则提升了同伴沟通的能力,使儿童学会提问、协商、换位思考。此外,充满童趣且配以艺术元素的绘画设计增强了儿童的审美体验,不仅如此,游戏中儿童的专注力、探究能力等学习品质也得到了提升。

1. 拓展对本土文化生活的认识

"立体画儿"的五个主题源自五个具有代表性的文化生活场景,它们或是就在儿童身边,或是通过照片、视频等现代媒介很容易了解到。每个主题的插片内容和数量都十分丰富。游戏时,儿童往往首先会对明快的色彩和有趣的细节产生兴趣,进而对不同插片进行细致观察,或根据已有经验,或与同伴展开讨论等开展游戏,完成构建。儿童通过多种途径了解本土文化、领略各国风情、感知不同地区的风俗习惯。当遇到不太熟悉的事物(如田园风光中的“推车、玉米架、水井”)时,成人的支持、同伴间的经验分享,都能丰富儿童的认知,激发儿童了解和探索不同文化的欲望。

2. 全面发展空间思维

知识卡片

年幼儿童空间方位理解的发展

(1) 空间方位的理解

“立体画儿”底板和背景板的拼合,为儿童提供了一方探索空间关系的场地。由于底板插槽的设计,儿童感知着插片在底板上前后的位置变化,也在探索着左右的相对关系。年幼儿童空间方位理解发展的内容介绍,可以扫描二维码查看。在任务卡的玩法中,儿童需要先读懂任务卡上物体的位置以及物体间的空间关系,进而将其转化为立体的空间表征,借着插片将二维平面上的事物关系转化到三维立体的底板之上。拼插的过程中,儿童可以选取的参照物是灵活多样的,自身、同伴、底板、已有插片,甚至插片上的画面细节都可以成为参照的中心。儿童空间思维的发展水平不同,选取的参照物也是不同的。随着儿童游戏水平的提升,儿童选取的参照物更加灵活。

在独自游戏时,儿童常常会认真地观察比较,并以自己的方式理解事物的空间关系。例如,图 4-1-8 中的这名小女孩想要摆放一座房子时,发现它会将已经放好的雪屋遮挡住,于是她将雪屋向前移动了一格,将大房子摆放在雪屋后面。过程中,女孩基于遮挡的操作经验调整了插片位置,并解决了问题。

图 4-1-8　为了避免遮挡雪屋,小女孩将房子调整到靠后的位置

而当同伴合作进行“面对面你说我搭”的游戏时,为了正确地描述插片位置,儿童需要站在同伴的视角思考插片位置,再进行描述,这种更高难度的挑战有助于儿童逐渐摆脱自我中心,学会换位思考。

(2) 空间方位的表达

对于年幼儿童来讲,对空间方位的理解水平往往会高于同一时期对空间方位的表达水平①。作为一款空间玩具,“立体画儿”为儿童提供了充分描述空间方位的语言表达机会。比如,在两个儿童根据任务卡片进行合作拼插时,描述一方的儿童只能运用语言讲述自己观察到的插片位置。描述过程中,儿童需要借助空间方位词(上下、左右、前后、中间等),或一些常用的空间句式(如“向后边移动”等),将插片位置完整地描述出来。学龄前儿童的空间表

---

① 吴丹丹,李辉. 幼儿普通话空间方位词运用研究——基于语料库的研究[J]. 幼儿教育(教育科学),2017(3):33—36.

征尚处于由动作表征向语言表征过渡的阶段①。因而在"立体画儿"游戏中，游戏初期，儿童往往习惯于使用简单的方位词进行描述，且常常以大量手势辅助，比如用手指指向左边或者右边。随着游戏的深入，运用空间语言表征会逐步提升，且逐渐摆脱对手部动作表达的过度依赖。总之，"立体画儿"游戏适合年幼儿童进行空间相关信息的交流，能够有效地帮助儿童从运用简单空间词汇向复杂空间关系描述过渡。

3. 增强审美体验

从整体上看，"立体画儿"大大的绿色底板，等待着儿童自由创意，设计一幅立体画儿。插片内容选取了童趣十足的插画风格，造型栩栩如生，丰富了儿童对不同主题文化的感性认识，增强了游戏的审美体验。

"立体画儿"在插片设计上，还赋予各主题以特色。以北方草原主题为例，整体上以蓝、绿、红为主基调，配以蒙古族的专有元素，如蒙古包上的云纹等，使儿童游戏的沉浸感更强，在游戏中自然而然地感受不同主题的文化特色。

4. 提升语言的应用能力

年幼儿童的语言能力是在运用中逐步发展的。插片摆放完成后，儿童常常会沉浸在自己设计的立体画儿中进行观察、欣赏、自由畅想，以及讲述一个有趣的故事。例如，图4-1-9中的小女孩手持着公交车，在"立体画儿"的底板上滑行，到达不同的旅行景点游玩，讲述着旅途中发生的趣事。"立体画儿"的游戏氛围轻松且愉悦，激励着儿童在游戏中爱上表达与交流。

图4-1-9　小女孩正在讲述她的旅行故事

5. 促进社会性发展

有研究表明，合作游戏任务能够帮助儿童形成更高质量的友谊②。"立体画儿"的合作玩法能够促进年幼儿童社会性的发展。游戏前，同伴间通过协商分工，确定描述和摆放的一方。游戏中，描述方需要清晰地描述插片图案以及摆放的位置，而摆放方则要仔细倾听，遇到问题时向同伴提问，共同确定插片的位置。儿童还可以互换角色，这有助于儿童理解同伴的困难，在游戏中逐渐学会换位思考，去自我中心。游戏结束后，同伴共同核对、检验摆放是否正确，体验合作成功的喜悦。

（二）可玩性

"立体画儿"游戏的可玩性主要体现在两个方面。首先，插片元素丰富，能够激发年幼儿童主动探索的愿望，满足儿童的认知需求；其次，"立体画儿"玩法多样，给予儿童丰富的游戏体验。

1. 插片元素丰富，满足认知需求

"立体画儿"玩具的操作十分简单，容易上手，儿童只需将插片拼插进底板凹槽即可看到

---

① 庞丽娟，魏勇刚，林莉，等. 3～5岁儿童理解和使用空间表征的特点[J]. 心理发展与教育，2008，24(4)：1—7.

② Roseth C J, Johnson D W, Johnson R T. Promoting early adolescents' achievement and peer relationships: The effects of cooperative, competitive, and individualistic goal structures [J]. Psychological bulletin, 2008, 134(2): 223.

一个图景，不同的摆放则展现出不一样的图景。年幼儿童天性好奇，喜欢探索，渴望了解新鲜的事物，而"立体画儿"的插片包含五个主题内容，数量丰富。除了外观设计吸引着儿童观察和把玩外，插片上的文化元素也激发着儿童的求知欲。儿童在自由快乐摆放插片的过程中，逐渐感受、体会和理解方位的意义，而成人的答疑解惑、同伴之间的经验分享等，则能够扩展儿童对插片上新事物的认知。

2. 玩法多样，游戏体验丰富

"立体画儿"游戏的玩法是多样的。自由游戏时，"立体画儿"的开放性很强，儿童可以自由决定游戏中的某些设定，比如在丰富的元素中选取喜爱的插片，沉浸在自己拼搭的立体画儿场景中自由想象，天马行空，创编一个有趣的故事等。

根据任务卡合作游戏时，两名儿童需要分配角色，一个描述，一个拼搭。儿童需要彼此倾听、回应与解答，同时也会就问题进行共同的探讨。在这种交流和互动的关系中，儿童逐渐形成了只有双方才理解的交流上的"默契"，体验着合作的愉快，同时也满足了儿童的情感需求，增加了同伴间的友谊。

四、观察要点

按照游戏人数划分，"立体画儿"游戏既可以由儿童进行独自游戏，也可以多人合作游戏或比赛；按照玩法划分，既可以自由摆放、创编故事，也可以根据任务卡摆放。表 4-1-1 详细介绍了根据任务卡摆放的玩法，儿童在独自游戏和合作游戏下空间思维和语言表达能力的发展，并引申出观察内容。

表 4-1-1 "立体画儿"游戏的观察要点列举

游戏方式	与空间思维相关的能力	观察要点
独自游戏	空间定位	1. 儿童是否理解物体在任务卡上和底板上的对应位置关系？ 2. 儿童能否根据任务卡，将插片摆放在底板的对应位置？ 3. 儿童能否关注到插片在底板的左右或前后的具体位置？
	空间位置关系	1. 儿童是否关注到插片之间的位置关系？ 2. 儿童如何根据已有插片确定或调整新插片的位置？ 3. 儿童是否关注到插片前后的遮挡关系？
合作游戏	空间定位	1. 描述的一方是否理解物体在任务卡上和底板上的对应位置关系？ 2. 儿童能否根据任务卡描述插片在底板的位置？描述的是大致位置还是准确位置？ 3. 摆放的一方能否根据同伴描述，将插片摆放在底板的对应位置？ 4. 摆放的一方是否出错？出错的原因是什么？是自己理解错误，是同伴描述得不够清晰，或是其他原因？
	空间位置关系	1. 儿童是否关注到插片间的位置关系？ 2. 描述的一方是否根据已有插片确定或调整新插片的位置？

续　表

游戏方式	与空间思维相关的能力	观察要点
	空间位置描述	1. 描述的一方使用了哪些词汇描述插片位置？是否使用方位词/代词描述插片位置？ 2. 当同伴摆放出错时，描述的一方是否借助词汇描述插片应该调整的方向？是否借助手指指向应该调整的方向？ 3. 儿童是否选择以自身为参照物描述插片的位置？ 4. 儿童是否选择以客体为参照物描述插片的位置，比如同伴、底板、其他插片及插片画面上的细节？

五、儿童发展案例

中班活动室投放了一款多主题空间探究玩具——“立体画儿”。大大的绿色底板，丰富的主题插片，深深地吸引着孩子们。妙妙非常喜爱“立体画儿”游戏，起初，她会在游戏区独自探索；之后，她邀请好朋友合作游戏，拼插一幅漂亮的立体画儿。经过一段时间的探索以及在教师的支持下，妙妙在空间思维和语言表达方面得到了明显的发展。

1. 第一次观察：根据任务卡，将插片摆在底板相应位置

4 月 25 日，妙妙第一次玩“立体画儿”游戏。她挑选了田园主题，并将所有插片拼到了绿色底板上。此时，底板上的插片过多，看起来有些拥挤。妙妙调整片刻后，看到了一旁的任务卡，她挑选了其中一张，并正确挑选出任务卡上的插片。随后，妙妙将这些插片随意拼插在底板上，并未按照任务卡摆放到相应位置。之后，教师引导妙妙观察任务卡，通过提问使妙妙注意到事物的具体摆放位置。

教师指着任务卡提问：“胡萝卜摆在茄子的前面还是后面呢？”妙妙快速地回答：“前面。”（图 4－1－10 左）接着，妙妙看了一下任务卡（图 4－1－10 右）快速理解并调整了胡萝卜插片的位置，将其放在了茄子前面。教师接着提问：“小草摆在哪里？”这次，妙妙直接拿起小草，将其摆放在底板的中间位置。接下来，妙妙根据任务卡，自己调整了其余插片的位置，并正确摆放，顺利拼搭了一幅立体画儿。

图 4－1－10　妙妙在教师提示下根据任务卡摆放

左图为教师提问后，妙妙根据任务卡调整胡萝卜的位置；右图虚线框标示任务卡上胡萝卜、茄子、小草的空间位置

2. 第二次观察:初步使用方位词和代词,借助手指指示,确认物体的位置

5 月 2 日,妙妙和好朋友小涵一起玩“立体画儿”游戏。在此之前,两名女孩已经根据任务卡共同拼搭过多幅立体画儿。为了增加游戏的趣味性和挑战性,教师介绍了一种新玩法——“你说我搭”:两人分工合作,一人描述任务卡内容,另一人根据描述摆放插片。

游戏开始,两名儿童先选择了田园主题,然后商量决定,由妙妙描述位置,小涵摆放插片。她们挑选了一张田园主题的任务卡,接着妙妙描述第一个插片的位置:“是几只小鸡,摆在这边。”妙妙边说边用手指指向底板的左侧,小涵根据指令正确摆放了小鸡插片。当摆放到第 4 块插片“果篮”时,妙妙描述:“果篮在前面。”小涵将果篮摆在了底板的正前方。妙妙急忙回答“不是这里”,并用手指向右侧说“在那边”。小涵快速调整了果篮的位置。最终,两个好朋友合作完成了任务。整个过程中,妙妙多次使用前、后、这边、那边等方位词进行描述。她会先描述物体的大致方位,当看到小涵没有正确摆放的时候,妙妙会用手指指向正确的位置,小涵再做调整,直到摆放正确。

3. 第三次观察:以自身为参照,熟练使用空间方位词和代词,确定物体的移动方向

5 月 9 日,妙妙和小涵选择了一张过年主题的任务卡,开始了你说我搭的游戏。这次,依旧由妙妙描述、小涵摆放。当摆放到雪树时,妙妙描述:“放在最后面。”小涵随手将雪树放在了房子的右后方(图 4 - 1 - 11)。妙妙急忙说:“不是这里,你要移动一下。”小涵疑惑地问:“移动到哪里呀?”“嗯,就是——”妙妙陷入了思考。一旁观察的教师启发妙妙:“确实应该放在最后面,但是,雪树应该往你这边移动,还是小涵那边移动呢?”妙妙快速说道:“往我这边移。”于是,小涵将雪树插片向坐在左侧的妙妙方向移动(见图 4 - 1 - 12)。这次游戏中,妙妙借助手指指出方向的动作减少了,她开始更多地使用“往我这边一点、往你那边移动”等语言描述物体的位置,很快,两个好朋友快速而准确地完成了一幅立体画儿。

图 4 - 1 - 11　小涵将雪树摆在房子右后方

图 4 - 1 - 12　妙妙详细描述之后,小涵将雪树向左移动

4. 第四次观察:选取多种参照物,综合多种事物描述物体位置

5 月 16 日,妙妙和小涵选择了新的主题——内蒙古草原。第一轮游戏由妙妙描述,小涵摆放。经过了一段时间的游戏,妙妙的语言更加丰富了,她已经能够选取某个摆放好的插片作为参照物描述具体的位置。比如,按照图 4 - 1 - 13 所示任务卡,她能够根据已经摆放好的蒙古包来确定小羊和女孩的位置。她这样描述:“是一个小孩在摸小羊,把它放在帐篷蒙古包的旁边。”小涵不太确定摆在哪边,拿着插片有些犹豫,妙妙继续补充说道:“要摆在你那

边。”小涵很快就将新插片摆放在了正确的位置上。

第二轮游戏换小涵描述，妙妙摆放。当摆放三只小羊时，小涵告诉妙妙：“三只小羊在那只胖胖的小羊旁边。”可是，妙妙依旧不知道在哪里，于是她疑惑地问道：“是放小羊的头那边还是尾巴那边呀？”小涵说：“放在头那边。”很快，妙妙将三只小羊摆放在了正确的位置上（参考图 4－1－14 所示任务卡）。

图 4－1－13　抚摸小羊的孩子摆在蒙古包的右边（靠近小涵处）　图 4－1－14　三只小羊在胖羊的右边（靠近羊头处）

六、儿童在游戏中的学习路径

在“立体画儿”游戏中，主要涉及儿童空间思维和语言表达方面的经验。其中的语言表达，聚焦于空间方位相关的语言描述。通过上述案例，大致能观察到如表 4－1－2 和表 4－1－3 所示的四个阶段游戏行为，并构成儿童在这两个方面的学习路径。

表 4－1－2　“立体画儿”游戏中儿童空间理解的学习路径

阶段	游戏行为	能力分析	发展支持
1	理解任务卡与插片对应的空间摆放关系，在提示下能够调整摆放错误的插片	理解空间概念，按图摆放	引导儿童先观察物体的空间位置，再对应摆放插片，为儿童提供反思和调整的机会
2	能够感知物体的大致位置，进而以自身为参照，借助手指指示确定物体的具体位置	以自身为参照物理解物体的空间方位	支持儿童使用自己的方法理解空间方位，为儿童提供探索和练习的空间，在同伴合作中积累学习经验
3	能够感知物体的大致位置，进而以自身为参照，确定物体的移动方向。理解自己与同伴的相对位置关系	以自身为参照，理解物体的空间方位，理解事物的相对空间位置关系	以提问的方式，引导儿童关注自己和同伴的位置关系，启发儿童借助人物相对的空间位置关系描述物体的移动方向，进行更加准确的定位，拓宽儿童对参照物的理解和认识
4	能够选取多种参照物确定物体位置，包括自己与同伴、底板、不同插片、插片内容细节等	以客体为参照，逐渐从整体出发，理解事物间的空间位置关系	鼓励同伴间的互动与学习，提示儿童关注整体，从人物到底板、从插片进一步到画面细节，感受事物间相对的位置关系

表 4-1-3 “立体画儿”游戏中儿童空间语言表达的学习路径

阶段	游戏行为	能力分析	发展支持
1	在提示下使用简单方位词(如前后)描述物体位置	理解并运用单一的空间方位词描述方位,但运用意识不明确	提醒儿童使用已知的空间方位词描述物体的方位,提高儿童使用词汇描述方位的意识
2	运用简单空间方位词(如前后)和代词(如这边、那边)描述物体位置	初步使用空间方位词和代词描述方位	介绍合作玩法,为儿童创设运用方位词描述插片位置的游戏环境,提供丰富的表达机会
3	综合参照物,熟练运用空间方位词和代词描述物体位置(如你那边、我这边)	熟练运用空间方位词进行描述,综合参照物、使用代词描述移动方向,关于空间位置描述的语言更加精细化	通过言语提示,引导儿童结合参照物、运用代词描述物体移动的方向,调整至正确的位置;提供充足的表达机会,鼓励儿童在游戏中积累语言经验
4	倾听同伴关于空间方位的提问,学习、模仿同伴的描述方法,并围绕物体的具体位置展开讨论	倾听理解同伴,使用对话性语言,围绕空间方位进行讨论	支持同伴间的学习,引导儿童通过互换游戏角色,学习同伴更加准确的语言表达方式;鼓励同伴间围绕空间方位进行提问、解答和讨论

七、观察反思

(一)基于观察的教师支持

儿童在“立体画儿”游戏中的行为可以反映出儿童的空间思维和语言发展水平,因此,耐心观察、捕捉儿童在游戏中的学习,能够帮助教师提供更为有效的支持。比如前述案例中,妙妙在开始游戏时,虽然能够根据任务卡正确选取插片,但是随意摆放的行为说明她尚未理解对应摆放的游戏规则。因此,教师可先引导儿童观察任务卡,再进一步完成立体画儿任务。

为了支持妙妙的进一步发展,教师升级了游戏难度,引导儿童合作进行“你说我搭”游戏。游戏之初,妙妙能够借助手指指示或简单代词描述方位。为了提高妙妙语言描述的准确性,当妙妙遇到困难时,教师适时介入,通过提问的方式启发其思考,比如“插片是向你这边,还是向小涵那边移动”,让其能够有意识地借助参照物,准确地描述物体的移动方向。可见,捕捉儿童在游戏中的学习,分析儿童可以提升的空间,把握介入的时机,针对性地提供支持,是教师提供有效支持的关键。教师需要在游戏中积累观察和实践经验,以便做出快速的判断,为儿童提供个性化的支持。

(二)重视儿童独自游戏的同时鼓励同伴互动

“立体画儿”游戏为儿童提供了语言表达的场景和大量可以展开联想的插片主题元素。同时,游戏的玩法也是多样的,无论是独自玩还是合作玩,都蕴含着丰富的学习发展机会。在独自游戏过程中,我们希望儿童在自由快乐地摆弄插片的过程中对方位有感受、有理解。在合作玩法中,儿童围绕主题内容展开讨论,以及同伴间语言的模仿学习,都能促进儿童空间语言的发展。值得重视的是,同伴学习是自发而积极的,同伴、环境、材料三者融为一体,都是儿童学习的“教师”。同伴间的交流既可以产生模仿学习,比如第四次观察中,妙妙模仿一涵

借助客体参照物描述三只小羊的位置；也可以产生新问题，促进共同学习，比如，妙妙和一涵开始讨论插片摆放在头还是尾的一方，促使两名儿童开始选取多种参照物描述空间位置。

八、小结

“立体画儿”为年幼儿童的空间思维、语言表达、社会性等多种能力发展提供了可能。透过“立体画儿”游戏持续地观察，我们看到儿童对空间关系的感知逐渐深刻，表达也更加准确，不仅能够准确运用空间方位词描述物体的位置关系，还能够灵活选取不同的参照物；自由摆放时，儿童全身心投入其中，创意地拼搭专属自己的“立体画儿”作品，在“立体画儿”的场地上自由畅想；合作拼搭时，儿童间围绕着“立体画儿”内容展开讨论，社会性、语言表达能力都在潜移默化地发展着；更为珍贵的是，游戏时刻，儿童或与同伴分享自己曾经的草原之旅，或快乐地讨论如何堆一个可爱的雪人。沉浸在熟悉的文化情境之中，儿童对文化与生活的认识更加丰富，对本土文化也越发亲近与热爱。

第二节　图形关系理解玩具的设计与应用——以“猫猫路径”案例为例

一、设计缘起

如果说用积木、管道、挡片等实物搭建路径涉及三维空间关系、空间问题解决，那么利用卡片来拼合、连接路径，则涉及二维平面的图形关系问题，其目标通常是在两个或多个目标之间建成一条连续且通畅的路径，或者形成一条可循环的路径（闭环）。在游戏中，路径连接的走向和形状都无关紧要，重要的是连接的事实。[①] 因此，这类游戏的关键在于卡片上连接点的分布。游戏者需根据卡片上的路径特征线索，选取有对应连接点的卡片尝试拼合连接，从而形成一条连贯的路径。就游戏机制而言，这类游戏属于典型的综合运用板块摆放机制和连接机制的游戏。

平面路径连接类的玩具非常多，根据游戏的情境化特点大致可以分为两类（见图 4 - 2 - 1）：一类是强调任务情境（路径连接有故事背景）的游戏设计，比如 Indigo，另一类是较为抽象、去情境化的游戏设计，比如 Tantrix。

图 4 - 2 - 1　Indigo（左图）和 Tantrix（右图）

① 有关连接机制，具体可参考 Browne，C.．Fractal board games [J]. Computers & Graphics，2006，30(1)，126 - 133.

一般来说，根据任务情境展开的路径连接游戏，其游戏规则对儿童而言更容易理解，也能使儿童更快进入游戏状态。因而，对于儿童来说，上述两类路径连接游戏中基于情境化的设计更具吸引力，也更为适宜。

路径连接玩具一般都采用单元设计方式来设计路径单元块，常见的路径单元块的外形有正方形、正六边形或正八边形等。一般来说，单元块的边数越多，单元块之间连接的复杂程度更高，游戏的难度也更大。

适合儿童的路径连接玩具设计，通常有两种游戏目标：一种是通过连接路径，去完成某个任务或解决特定问题，比如前面提及的 Indigo 游戏或图 4－2－2 左所示的宝藏竞逐（Race to the Treasure）游戏；另一种则是把游戏中的目标单元块连通起来或形成路径的闭环，比如前面提及的 Tantrix 游戏或图 4－2－2 右所示的社区（Community）游戏。

图 4－2－2　适宜儿童的两类路径连接玩具

左图游戏任务十分明确，路径的铺设是为竞逐宝藏；右图游戏主要是用路径连接社区各功能建筑

下面介绍的“猫猫路径”玩具，整合了任务情境与连接目标单元块形成闭环的目的。在参考美国 eeBoo 公司的社区（Community）游戏基础上，“猫猫路径”的设计有以下两个方面的创新：

一是方便儿童自由、不受局限地按照自己的想法设计游戏版图。以往的路径连接游戏，包括社区游戏在内，底板大多是固定形状（如，社区游戏底板为固定的四边形）。儿童游戏版图的固化在一定程度上影响游戏的持续可玩性，同时也影响儿童在游戏中主动创造的热情。因此，“猫猫路径”底板采用蜂窝式单元设计，蜂窝盘可自由拼接组合。而且，相比一些方形网格底板采用的正方形道路单元块而言，蜂窝底板对应的正六边形道路单元块增加了潜在连接点的数量，使得连接方式更多元、灵活，儿童可以连接出更丰富多样的路径。

图 4－2－3　儿童在一块铁皮墙面上完成的路径连接作品

玩具中使用的蜂窝盘和用于连接的单元块均有磁性，可吸附在铁皮墙上，并且单元块也可以吸附在蜂窝盘上

二是拓展了开展游戏的场地类型，有利于丰富儿童的游戏体验。“猫猫路径”使得儿童不仅可以在地面或桌面进行道路连接，还可以拓展至墙面开展游戏（见图 4－2－3）。我们相信，墙面

路径连接能够为儿童带来与桌面或地面游戏不一样的视觉及操作体验，为儿童获取多样的图形及空间感知经验提供机会。

二、设计描述

（一）结构设计

“猫猫路径”的整体结构由多块可自由组合的蜂窝盘以及印有不同路径和设施的六边形单元块组成（见图 4－2－4），辅以任务卡、动物棋子、骰子、猫猫代币等配件。每块蜂窝盘内有 7 个六边形凹槽，恰好可以放置 7 块六边形单元块。

“猫猫路径”结构设计的特别之处主要体现在底板和单元块上。为了让游戏本身富于变化，“猫猫路径”没有像传统的路径连接玩具一样提供固定的底板，而是设计了可以灵活移动和拼接的蜂窝盘。游戏中儿童可以选择多块蜂窝盘自由进行组合，形成灵活多变的游戏底板。事实上，该蜂窝盘还可以在其他玩具中灵活应用（如第三章提到的“企鹅捕鱼”），它允许儿童充分发挥自主性，并根据自己的兴趣来创造游戏的空间范围，体验对游戏过程的掌控感。同时，自由组合的形式让游戏本身变得更加灵活，方便体现不同的游戏层次，满足不同水平儿童的游戏需要，对儿童产生持久的吸引力。

图 4－2－4　自由组合一定数量的蜂窝盘作为游戏底板，将不同的单元块放置其中完成路径连接

与底板的形状相对应，“猫猫路径”使用的单元块也是正六边形的。与正方形道路单元块（如前面提到的宝藏竞逐游戏中的单元块）相比，正六边形路径单元块的可连接方向更多，单元块之间的连接结果更具多样性，这样既能丰富游戏体验，也能增加游戏的挑战性。

为了确保单元块和蜂窝盘能够吸附在铁皮墙面上，正六边形单元块设计为上下匹配的盒盖，其中底盖中心部位有圆形凹槽，方便装入小磁铁（见图 4－2－5 左），上下盒盖扣合后确保磁铁稳固。同理，在蜂窝盘的底部，所有 7 个正六边形的中心位置（见图 4－2－5 右）也设置了圆形凹槽，以固定小磁铁[①]。这样，单元块可吸附在蜂窝盘上，蜂窝盘及单元块均可单独吸附在铁皮墙面上，充分满足儿童墙面游戏的需求。

---

① 所有嵌入小磁铁的玩具部件设计均需满足国家玩具安全标准 GB 6675.1《玩具安全　第 1 部分：基本规范》、GB6675.2《玩具安全　第 2 部分：机械与物理性能》等的相关要求。

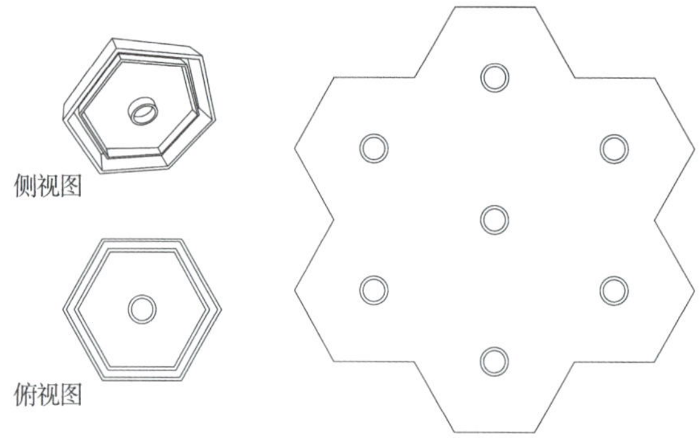

图 4-2-5　单元块及蜂窝盘底部设置的圆形凹槽设计，适合安装圆形磁铁

（二）内容设计

“猫猫路径”的内容设计包括对主题的确定以及画面内容的选择。前面提到了“猫猫路径”的结构设计能够灵活适应各种主题，从发展适宜性及教育性出发，“猫猫路径”首先选取儿童熟悉且喜爱的游乐园搭建作为主题：“游乐园”尚未竣工，儿童需要在不同的游乐设施之间铺设出连通的道路。这一主题设置贴近儿童的生活经验，便于儿童理解，同时也自然地引发出道路连通的需要和游戏的兴趣。

单元块画面设计也需要以儿童的兴趣为重。“猫猫路径”单元块画面设计过程中充分了解了儿童对于玩具和游戏的看法。首先，通过了解儿童对游乐园及游乐设施类型的认识及兴趣等，以确定设施单元块的主体内容；其次，咨询儿童并确定路径的背景和道路的色调，了解儿童对游乐园内部（如草坪上）可以点缀哪些内容的偏好信息，这样一方面可让画面更加丰富和完整，另一方面也能够更好地满足儿童探寻细节的兴趣；再次，对图案风格的确定，同样也请儿童对比、确定自己能够理解和喜爱图案的风格；最后，由于游戏中可能涉及多名儿童同时参与，儿童的不同视角可能会影响图案的视觉效果，因此，图案的俯视角度及展现特点应确保儿童在不同的角度都能有较好的视觉体验。

游戏中另一重要元素是道路单元块和设施单元块的路径设计。为了连接的方便，正六边形单元块表面的道路设计一般以每条边的中心位置作为道路连接的端点；为了确保路径整体能较便捷地达成，同时确保连接路径的多样性，道路单元块的路径设计从众多可能的种类中设定为九种（见图 4-2-6 左，设 2～6 个端点），而设施单元块的路径设定为五种（见图 4-2-6 右，设有 1～3 个端点）。

图 4-2-6　左图为道路单元块设计的九种路径样例，右图为设施单元块的五种路径样例

具体地，不同类型的路径包括直路、转弯道路以及岔路等，并且通过组合能拼出更多道路形态，这与真实生活中的道路类似；同一类型路径的单元块，在连接端点保持不变的前提下，景致及线路均有所变化（见图 4-2-7），以提高画面的丰富性和趣味性，同时也为儿童概括图形特点提供机会。此外，“猫猫路径”玩具提供的道路单元块及设施单元块种类均衡、数量充足，确保道路能及时、便捷地连接成功。

图 4-2-7　同一类型道路单元块的不同画面设计样例

（三）玩法设计

“猫猫路径”的玩法多样，可以根据儿童的兴趣及引导性游戏的目标来选择。下面介绍 3 个经典玩法，教师和儿童也可以在此基础上，根据自己的兴趣及玩具材料特点自行探索，创意新的玩法。

玩法 1：独自游戏，自由探索

儿童可以自由选取一定数量的蜂窝盘，拼成自己喜欢的形状，并且选择一定数量的设施单元块，摆好位置，以确定道路连通的起点和终点，然后用道路单元块将各个设施互相连通。这种游戏形式尤其适合刚刚接触此类游戏的儿童，能够帮助他们体会和理解道路连通的含义，初步探索不同路径的特点以及彼此之间的空间关系（如位置、方向、距离等），为后续更有策略性地完成游戏任务积累经验。成人可以适度引导，帮助儿童由易到难地探索玩法规则，如为儿童选择蜂窝盘数量、设施单元块数量以及确定设施单元块的位置等，从而持续地调动儿童的游戏积极性。

玩法 2：多人游戏

除独自探索外，“猫猫路径”还为儿童准备了不同难度的任务卡片，让两名或多名儿童进行合作或竞争游戏。

（1）合作游戏——共同连通不同设施

两名或多名儿童共同抽取一张合作任务卡，然后根据卡片上给出的蜂窝盘数量以及设施单元块数量拿取材料。接下来，儿童协商蜂窝盘和设施单元块的位置摆放，自主创设路径连通的情境。随后，儿童通过分工、合作的形式共同完成将不同游乐设施之间的道路连通的任务（如图 4-2-8）。借由任务卡片的开放性设计，儿童在有规则可循的同时，可以根据自身的水平和兴趣自由地摆放特定数量的蜂窝盘与起点、终点，体验到游戏的自由与快乐；此外，合作完成游戏任务的过程也考验着儿童的沟通协作能力与问题解决能力。

图 4-2-8　根据合作任务卡，儿童可以共同完成道路连通任务

(2) 竞争游戏——快速连通不同设施

两名儿童共同抽取一张竞争任务卡，然后根据同一任务卡片，对应摆放蜂窝盘和设施单元块，比赛谁用道路单元块将各个设施连通的速度快(见图 4-2-9)。竞争游戏能够激发儿童的好胜心，考验儿童的快速反应能力，也对儿童的空间思维和问题解决能力提出了挑战。游戏还能引导儿童遵守规则、面对挫折、克服困难，培养其良好的学习品质。除竞速之外，也可以比一比谁能用最少的道路单元块将不同设施连通，而这往往需要儿童熟悉不同路径的连接特点，并运用一定的空间推理进行路径的规划，选择最佳的道路单元块进行连接。与随机尝试寻求最优解的方式相比，引导儿童关注游戏中的空间变化并运用空间推理做出游戏决策，更利于儿童思维的灵活性和计划性发展。

图 4-2-9　两名儿童根据竞争卡片摆放蜂窝盘与设施单元块进行道路连接比赛

玩法 3：综合玩法——游园会

“猫猫路径”也可结合其他游戏元素，增加游戏本身的丰富性和趣味性，例如，在玩具中提供了骰子、小兔棋子以及代币等材料，将路径的连通与棋盘游戏相结合(见图 4-2-10)。

图 4-2-10　连通路径之后再进行“游园会”

通过融入游园会敲章、打卡的活动，儿童自己铺设的路径“变身”为下棋的棋盘。游戏时，儿童首先完成道路的创设，随后可以在自己铺设的闭合路径上下棋、游园打卡。通过掷骰子的方式，让自己的小兔棋子在游乐园中行走，到不同的游乐设施打卡游览，以获得猫猫币。游戏过程综合了设计与下棋，一方面能让儿童体验到自己创设游戏情境的快乐与成就感，另一方面也能延伸儿童的游戏行为，拓展儿童的棋类游戏经验。

三、设计要点

（一）教育性

“猫猫路径”主要锻炼儿童的图形关系理解能力，在游戏中需要儿童理解道路之间的连通，并且能够通过操作试误或在头脑中想象的方式来实现道路之间的连通，这就涉及儿童的图形表征与二维心理旋转能力。另外，游戏为儿童提供了一个问题解决的场景，儿童需要对连通的设施有整体的考量和预先的路径规划，并且在遇到困难时能够灵活地调整计划，更换方案，这就锻炼了儿童的计划性和思维的灵活性。同时，在问题解决过程中，也会涉及儿童对数量的感知，例如，比赛规则会要求儿童使用最少的道路连通设施，这就需要儿童对不同设计方案所用到的道路数量进行预估和比较。当然，本游戏以游乐园为情景也涉及儿童联系生活经验和社会学习。以下着重介绍儿童游戏中图形关系理解、问题解决策略及学习品质等方面的发展。

1. 图形关系理解

图形表征和二维心理旋转能力是个体在图形组合过程中主要的认知加工机制，其在学前阶段的发展具有积极意义。有研究表明，4 岁左右可能是儿童心理旋转能力发展的关键年龄[①]，并且心理旋转能力可以通过适当的方法有效增益[②]，如借助涉及心理旋转的游戏积

① 刘秀环，钱文，林泳海. 3～6 岁儿童心理旋转能力的发展研究[J]. 幼儿教育(教育科学)，2007(2)：40—44.

② Terlecki M S, Newcombe N S, Little M. Durable and generalized effects of spatial experience on mental rotation: Gender differences in growth patterns [J]. Applied Cognitive Psychology: The Official Journal of the Society for Applied Research in Memory and Cognition, 2008, 22(7): 996-1013.

累相关经验。“猫猫路径”游戏涉及图形表征和二维心理旋转的应用，儿童在选择和拼合道路时需要对不同道路的连接特征及结果进行表征，以判断道路的完整性和连贯性。当道路之间无法连通时，需要设想将道路单元块进行平面旋转后能否与已有道路相连通，这些便是图形表征和二维心理旋转能力在游戏中的具体体现。游戏初期，儿童可能需要通过试误的方式，在不断旋转和摆放中发现不同道路单元块之间的连接状态，从而确定道路单元块的最佳摆放位置。反复尝试后，儿童能够逐渐依靠道路单元块的连接点特征，寻找对应的道路类型进行路径连接，这就反映出儿童图形关系理解能力的进阶。

2. 问题解决策略

“猫猫路径”的每一次路径连通都可视为一个问题解决的过程，儿童从中可以归纳和总结出问题解决的策略。具体地，儿童通过观察、尝试和调整可以逐渐了解不同类型道路的连接特点。在面对不同的游戏情境时，儿童也需要使用不同的策略，如在竞争游戏中，若以速度作为获胜关键，儿童的重点是将道路单元块进行有效连接，并快速形成一条互相联通的路径；若以使用道路的数量作为获胜关键，儿童的重点是为连接目标寻求最优解，减少不必要的道路单元块的使用。儿童在游戏中还需要有全局观念和计划性，如儿童在游戏的初期主要考虑局部道路的连通，但是难以关注到整体的路线设计。随着游戏经验的积累，儿童会逐渐学习到如何较全面地考虑设施单元块的位置，并且预先进行计划。

3. 学习品质

合作玩与竞争玩都是“猫猫路径”玩具的基本游戏形式，均涉及儿童与同伴之间的交往，对于促进儿童学习品质的发展能起到积极的作用。合作游戏中，儿童需要通过分工与配合来达成共同的目标，在道路选择和摆放的过程中儿童会出现不同的思路，这些思路的碰撞以及最终方案的形成正是儿童所体验到的合作的过程。在激烈的竞争游戏中，儿童面对可能的失败不言弃，自然地提升了坚持性与抗挫折能力，而这些学习品质在儿童的学习与终身发展中都有着重要价值。

（二）可玩性

“猫猫路径”的可玩性可以从以下三个方面体现：一是游戏规则简单，便于理解；二是游戏设计在场景、机制等方面充分考虑了儿童的发展特点，能够调动他们参与游戏的兴趣；三是赋予儿童一定的自主性，且游戏能满足不同能力儿童的需要。

1. 规则简单、易于理解

将道路连通是儿童的一种天性。对于他们来说，在看到道路时就会有将其连通的内在倾向，并且，道路连通作为整个游戏的核心，既是游戏过程，也是游戏结果，可直接通过感官进行判断。因此，“猫猫路径”的游戏目标对于儿童而言是易懂的。不仅如此，游戏还为儿童提供了任务卡片，帮助儿童更加了解游戏组成，进一步熟悉游戏规则。

2. 符合儿童的发展特点

由于儿童思维具有直观性的特点，他们往往需要动手操作才更容易理解抽象的概念。“猫猫路径”以简洁的单元块连接为操作方式，适合于桌面、地面和墙面等不同场景进行游戏。游戏鼓励儿童在动手操作和反复摆弄单元块的同时，能够多角度地观察情境，以调动其游戏的兴趣。“猫猫路径”对儿童发展特点的考虑还体现在棋盘画面的细节上。年幼儿童非常关注画面细节，他们在阅读时也喜爱注视局部画面，发现细小的事物能够带来愉悦的体

验。在“猫猫路径”的每个单元块上都呈现了儿童生活中常见的不同事物，如植物、喷泉、散步的人、滑梯等，当这些单元块拼在一起时，又构成了一幅完整的生活画面。儿童在完成游戏后也可以观察和欣赏自己创设出的作品，体验在画面中发现不同细节的“惊喜”。

3. 尊重儿童游戏的自主性

尽管“猫猫路径”为儿童提供了任务卡片，但是其整体设计具有开放性，在给予儿童一定游戏要求的同时，也尊重儿童的主体性，允许儿童自由组合并创设路径。游戏的材料类型丰富、规则灵活多变，能够满足不同儿童的发展需要，儿童也可以根据自身的水平自由选取不同难度的游戏。

四、观察要点

“猫猫路径”的游戏过程主要分为三个阶段：一是游戏前游戏情境的创设及任务卡的选择；二是游戏中道路的连通与调整；三是游戏后的整理与总结。每一个阶段对应着不同的观察要点，每一个观察要点又蕴含着儿童图形关系理解能力的发展变化特点，以此引申出如下观察内容（见表 4－2－1）。

表 4－2－1　路径连通过程中图形关系理解能力发展的观察要点

阶段	儿童图形关系理解能力表现	观察要点
任务理解	连接概念	儿童能否理解道路之间的连通？（如在底板的不同位置有 A、B、C 三个设施单元块，儿童应该知晓 A 与 B、B 与 C、A 与 C 都要连起来，具体可以请儿童对任务进行描述）
道路连接与调整	图形表征与心理旋转	1. 儿童是随机拿取道路单元块进行摆放，还是有一定目标地拿取某些特定的道路单元块？（关注儿童的语言表达，尤其是其对图形特征的表述。部分儿童会在游戏中自言自语，这也能反映出他们的思考过程） 2. 儿童拿到道路单元块后，是随机地摆放并调整，还是思考、旋转后再放入蜂窝盘中？ 3. 儿童发现放置的道路单元块无法连通道路时，能否通过旋转单元块的方式将道路连通？儿童是随机地尝试，还是思考后较快地将单元块旋转至可以连通的方向？
	整体规划	1. 儿童是否注意到所有设施单元块的位置？儿童是否关注整体或仅关注局部（尤其在有 2 个以上设施单元块时）？儿童在选择道路单元块之前是否进行了观察？还是随机尝试？ 2. 儿童发现路径无法连通道路，更换道路单元块时，是选择同一类型还是有意识地选择不同类型的道路单元块进行尝试？是否通过观察已放置好的道路，选择可能与其连通的单元块？ 3. 当局部道路出现问题时，是拿掉所有道路单元块重新开始摆放，还是只对部分道路单元块进行调整？ 4. 对部分道路单元块进行调整时，儿童是一步步进行调整，每次挑选一个道路单元块，还是开始同时规划几步、每次挑选好 2 个或以上道路单元块后集中摆放？

续 表

阶段	儿童图形关系理解能力表现	观察要点
整理与总结	图形关系的优化	竞争游戏高级阶段，比拼谁用的道路单元块更少，如何总结自己或对手获胜的原因？儿童能否归纳和总结出自己在游戏中使用的策略？能否总结较少道路单元块路线的特点？

五、儿童发展案例

冬冬很喜欢轨道拼搭类游戏，在最初看到"猫猫路径"上的道路时就被吸引了，很快就拿起了道路单元块开始探索。在游戏过程中，冬冬经历了从对"猫猫路径"的初步探索与尝试，到较为熟练地解决问题的变化历程。下面的案例呈现了冬冬在游戏中的发展。

1. 第一次观察：独自探索，用手"走走"看道路是否连通

尽管冬冬有拼接火车轨道的经验，但是在第一次玩"猫猫路径"时，他还是遇到了一些困难。独自游戏时，教师引导他用蜂窝盘拼出了一个底板，并且放上了两个设施单元块，让冬冬尝试用道路单元块去连通。冬冬选择先从"海盗船"一侧的路线开始连通，他随机地拿起一条直路单元块，放在了"海盗船"的下方，但是两个单元块的道路并没有连通。冬冬并没有注意到这一点，而是又随意拿起了一个三岔路单元块，这次他将三岔路的一个分支与直路的尽头连在了一起，而三岔路的另一个分支并未与任何道路相连（见图 4－2－11）。

图 4－2－11　冬冬最初摆放的道路单元块与设施单元块之间并未连通

随后他又拿起了一些道路单元块，将"海盗船"和"商店"连了起来，但是，他似乎并没有注意到其中有些道路是断开的。冬冬邀请教师来看一看他搭的路，教师注意到冬冬有未连通的道路，便引导冬冬试一试用手指"走走看"。冬冬的手指从海盗船出发，沿着黄色的道路前进，很快就发现走不通了。教师引导他想一想其他的办法，他很快把所有的道路单元块都拿掉，重新开始连通道路。

2. 第二次观察：合作游戏，不断尝试

冬冬再次尝试"猫猫路径"游戏。他刚拿出蜂窝盘和单元块，辰辰就过来围观，也对游戏很感兴趣。教师趁机鼓励两名儿童一起完成一次道路连通任务。教师向儿童讲解了如何阅读合作任务卡，并请他们自行决定挑战哪一关。他们选择挑战在四个蜂窝盘上连通两个设施单元块。摆好蜂窝盘和设施单元块后，辰辰从"摩天轮"的一侧开始连通道路，在连到一半后，冬冬继续向"旋转木马"的方向"修路"。冬冬随手拿起一个三岔路单元块，他将三岔路没有分支的位置对准直路的一段放了上去（见图 4－2－12），

图 4－2－12　冬冬放上了三岔路单元块，但并未连通道路

又准备去拿下一个道路单元块，辰辰及时提醒他这样道路没有连通。

冬冬立刻把三岔路单元块取出放到一边，又换上了一条直路，恰好连上了。尽管连通了道路，他却又发现了新的问题：这条直路偏离了“旋转木马”，走向了另一头。于是他又拿掉了这块直线单元块，转而尝试一个转弯的道路单元块。放好后，发现依旧无法连通。再尝试最初的三岔路，仍然没有成功。冬冬快速地拿掉三岔路单元块，想要顺势把辰辰先前摆好的直路同时拿掉。一旁见到此状的辰辰迅速用手捂住这个单元块，又从冬冬手中一把拿过三岔路单元块并说道：“不用拿掉，让我来试试！”在保留直路的基础上，只见辰辰试着旋转了一下三岔路块，将其一端与直路连通。接着，他们又拿了一条转弯的路和两条直路单元块，修好了通往“旋转木马”的小路。

3. 第三次观察：合作游戏，尝试旋转单元块连通

一周之后，冬冬和辰辰再次选择合作玩“猫猫路径”游戏。这次，他们仍旧选择了四个蜂窝盘与两个设施单元块的任务卡。他们这次将蜂窝盘排成了一个 U 型，将设施单元块分别放在两端的蜂窝盘上，开始设计道路。就在快要连通到“商店”时，冬冬从桌上随机拿起了一个三岔路的道路单元块（见图 4－2－13 红色圆圈标记处），他将道路单元块放在了空格处，此时并没有连通。他拿起单元块转了一个方向，发现仍然没有办法连通道路。

图 4－2－13　冬冬尝试用三岔路单元块连接两端

他将六边形的每个边依次进行了旋转，但一直没有办法将两端都连接上。他又转回到起始的位置，重新开始旋转。辰辰说：“这个路不好，我们换一个吧。”冬冬把三岔路单元块放到一边，又随手拿起了一条直路，并按照刚才的方法旋转直路，但始终没有办法将道路连通。这时，教师提醒他们仔细观察单元块上道路两端的位置，并请他们思考一下什么样的路更合适，可以用手指走走看。辰辰和冬冬仔细观察了道路，冬冬用手指画了一下，说：“我知道了，要用个弯一点的路，转弯！”他找到一个急转弯的路，放上去后，发现还是没有办法连接。辰辰说：“不能是急转弯，要不太弯的转弯。”他们又在剩下的道路单元块中寻找，终于找到了一条适合的道路。冬冬迫不及待地将它放上去，再转一下，道路果然连通了（见图 4－2－14）。

图 4－2－14　冬冬和辰辰找到适合的单元块连通了道路

4. 第四次观察：竞争游戏，有意识地选择道路

两周后，冬冬和豆豆进行了一次“猫猫路径”比赛。他们挑选了竞争任务卡中较为简单的关卡：在 3 个蜂窝盘上连通 2 个设施单元块。游戏开始后，冬冬随意地从桌上拿起一条直路、一个三岔路、再一条直路，并依次将这些道路单元块放进棋盘，通过旋转的方式将道路一点点连接下去。此时，他发现这条路已经接近棋盘的边缘，于是，他看了看另一个设施目标的方向，又仔细地观察起了桌面上剩余的道路单元块，自言自语地说：“直路不可以，我需要

图 4-2-15 在竞争游戏中冬冬能有目的地去选择适宜的道路单元块

一个转弯路。”他很快在桌上找到了一个急转弯的单元块(见图 4-2-15)。之后便继续用直路向前连通。看到豆豆也拼得很快,冬冬有些着急了,有些顾不上仔细地挑选,又开始随机拿取单元块进行连接。连到终点时,他正准备说“完成”,教师提醒冬冬检查一下。只见他用手“走了走”路线,发现中间有一处未连通,于是将未连通处的单元块拿起来转了转,发现还是没有办法连通。他取出这个单元块,然后用手“走了走”路线,说:“直路。”然后拿起直路单元块填充到了空白处,顺利地将道路连通了起来!

5. 第五次观察:竞争游戏,巧用三岔路

又过了两周,冬冬再次玩“猫猫路径”游戏时,他向辰辰发起了挑战。他们商定此次比赛的规则是“用的道路块少”则获胜。冬冬和辰辰选择了在三个蜂窝盘上连通三处设施单元块。他们首先按照卡片的位置摆放好了底盘和设施,便迅速投入到比赛之中。冬冬首先观察底盘上三个设施单元块的位置,然后说道:“我要先到滑梯,再转到商店。”他按照计划有条不紊地搭建着,一边搭,一边用手在蜂窝盘上画出路线,寻找对应的单元块,在快要连通到“滑梯”位置时,他顺手拿起了一个三岔路的棋子,放上去后似乎察觉不对,又犹豫着将它拿下来,转而去拿一条转弯的路。但这时,他又停下了更换的动作,重新用手比画着路径,随后他放弃了原本想要作为替换的转弯路,保留了三岔路,顺利完成了连通。

最后两个人用同样多数量的单元块完成了连通任务,打成平手。教师在游戏后与两名儿童进行了简单的交流,并询问冬冬为什么选择岔路,冬冬说:“因为岔路都可以到,而转弯路好像绕得有点远。”

六、儿童在游戏中的学习路径

“猫猫路径”游戏过程主要涉及儿童理解规则,调动图形思维,并运用策略来进行问题解决。结合上述案例,我们大致能观察到儿童在解决路径连通问题时四个阶段的游戏行为(如表 4-2-2 所示),这些游戏行为构成了儿童图形关系理解的学习路径。

表 4-2-2 “猫猫路径”游戏过程中儿童图形关系理解的学习路径

阶段	游戏行为	能力分析	发展支持
1	尝试连通道路,但偶尔存在道路未连通的情况,且难以察觉	理解“连通”的概念,能按照规则将两个单元块道路的端点连接起来	鼓励幼儿用手指在道路上行走进行验证
2	随机拿取道路单元块摆放,在遇到问题时会尝试通过旋转的方式调整道路单元块	借助实物进行二维平面旋转,利用实物操作直观地感受旋转的结果	提示儿童注意道路端点特征,鼓励儿童旋转图形,尝试不同角度的连接

续　表

阶段	游戏行为	能力分析	发展支持
3	通过观察、思考与规划，较为明确地拿取特定类型的单元块并计划放置的方向	在头脑中思考、规划路线，借助心理旋转能较快且准确地将道路单元块放置到设想位置	引导儿童观察、比较不同道路的特点，鼓励儿童预先思考，并用手来辅助心理旋转
4	能在头脑中对路线有预先规划，并能对不同方案进行比较和取舍	在游戏中对整体有初步规划，通过观察棋盘设计使用道路单元块较少的路线	儿童难以在头脑中构想时，可以鼓励儿童拼出不同的方案进行直观的比较

七、观察反思

(一) 鼓励儿童在实物操作中体验图形旋转的变化

学龄前儿童在最初的游戏中，难以直接在脑海中对道路进行表征想象或心理旋转。因此，教师应引导儿童借助一定的手段，将较为抽象且不熟悉的概念具象化。例如，在案例中，教师鼓励儿童向不同方向旋转道路单元块尝试连通，让儿童感受并注意单元块转动到不同角度时的道路特点以及连接状态，引导儿童直观地感受不同道路形状通过平面旋转得到的结果，理解图形特征在匹配关系中的作用。此外，教师也可鼓励儿童用手来辅助思考，手指动作作为一种辅助策略能减少工作记忆的负荷，有助于问题表征，是儿童在解决抽象问题时常用的方法①。借助手指动作，儿童能够更加清晰地看到路线的行进方向，并在此基础上选择恰当的道路。

(二) 引导儿童回顾和总结游戏经验

在游戏中，教师可以通过观察儿童的行为来了解儿童的发展状况，但是也有一些内心的想法和感受是难以通过外在行为捕捉的，这就需要教师与儿童就游戏过程及时地进行沟通与交流。通过引导儿童回顾游戏中的关键节点，一方面能够帮助教师更好地理解儿童解决问题的思路；另一方面，这种游戏后的交谈也有助于儿童梳理游戏经验，更好地归纳和总结出自己的游戏策略。例如，在游戏中，教师捕捉到冬冬在选择道路时的犹豫，并在游戏结束后专门询问冬冬当时的想法以及为何如此选择。通过冬冬的表述，教师了解到冬冬并非随机地做出选择，而是思考后的判断。但可以观察到的是，冬冬的判断并不精准，更多的是一种直觉式的体验，因此教师可以进一步在路线的规划与比较上对儿童进行支持和引导。

八、小结

形状是几何学的初级形态，它涉及对几何形状的名称、特征、类型以及简单的组合关系的理解。以往学前阶段的教育目标比较强调图形的识别、命名，但随着《指南》的颁布，图形名称的识记要求有所弱化，而对图形特征了解和运用则有了更高的要求。从认知加工的角度来看，图形特征的了解和运用涉及心理旋转。

① 赖颖慧，尹称心，陈英和.不同任务类型条件下 4～6 年级儿童比例推理策略的表现[J].心理发展与教育，2016(4)：385—393.

学前阶段是心理旋转能力迅速发展的时期。心理旋转分为二维平面心理旋转和三维空间心理旋转，两种心理旋转的能力表现对儿童后期的平面几何、立体几何学习，乃至数学学业成绩均有预测作用。心理旋转能力并非仅仅体现在头脑中图像表征旋转的灵活性，它还包括对图形关系的把握和对图形特征的敏感性。就本节介绍的二维平面图形关系及心理旋转能力而言，以往的研究表明，这些能力是可以培养的，但是这些能力的培养并不是传统意义上的针对性的训练或机械练习能够达成的，动脑对幼儿来说毕竟是有挑战的，因而需要细心地将这些能力的培养融入对儿童来说愉悦且有意义的游戏之中，这样的学习才有动力，才会更有成效。“猫猫路径”玩具的设计，依托生动的场景，让儿童轻松愉快地把图形转起来。儿童在游戏中，在与玩具的积极互动中，在教师恰当的引导下，实现其图形关系理解、心理旋转能力基于自身探索经验的阶梯式发展。

第三节 空间问题解决玩具的设计与应用——以“小球扑通”为例

一、设计缘起

十多年前，本书作者之一在第二届全国幼儿园优秀自制玩教具展评活动中，有幸担任了上海地区的评选和指导专家。活动中，上海市闵行区莘庄镇幼儿园的教师申莉萍领衔的团队提交的一款益智类玩具非常亮眼，在一块竖立的白板上有规律地开满小孔，带有两只脚的长方形小插片可插入白板小孔并固定，在白板上方建立能彼此连接的路径，小球可以沿着路径自上而下地滚落。该玩具亮眼之处在于它结合了建构类玩具的特点（利用简单的单元件）和情境化问题解决。本书作者主动承担了该玩具的完善指导工作，在第二届全国幼儿园优秀自制玩教具展评中，教师申莉萍、袁耘和黄晓蕾提交的“雪地滑滑乐”玩具作品荣获了一等奖。[①] 尽管有着巧妙的设计思路，但进一步思考发现“雪地滑滑乐”有三处值得进一步改进的地方。

其一是需要选择更优的底板排布方式。当时，关于白板上的开孔设计了两种规则，一种是横竖等距开孔（如图 4－3－1 左），这样需要用到两类插片，即横向和纵向一类，斜向一类；另一种是以正三角形为单位（如图 4－3－1 右），在三角形顶点位置开孔，这样任意相邻两个

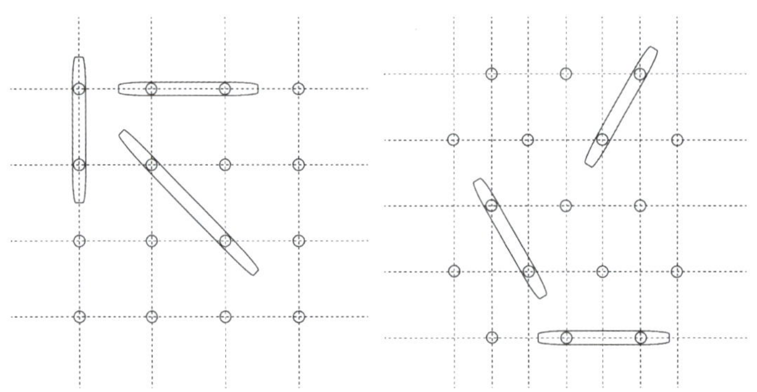

图 4－3－1　左图为横竖等距开孔示意图，右图为以正三角形为单位在顶点位置开孔示意图

① 教育部教学仪器研究所，等. 全国幼儿园优秀自制玩教具选编[M]. 人民出版社，2012：44—49.

孔距都相同，因此只需要用到一种插片。对比发现，以正三角形为单元的开孔，不仅只用一种插片就能完成游戏，而且插片倾斜的角度（垂直 30°）更适合木制小球的滚落游戏。

其二是插片放置的方式需要优化。当时自制玩具采用的白板为亚克力板，插片也是用亚克力薄片切割而成。儿童游戏时需要将插片的两个脚插入白板圆孔中，但实际操作起来并不方便，而且插片脚容易折断，不利于频繁插拔使用。于是，我们想到，如果将连接方式改为磁性连接，就能避免插拔过程中插片的损耗，特别是在一些小朋友迫不及待地想要全部拔掉重来时就更为便利。而且，改为磁性连接后，插片和底板能保持垂直且贴合更加紧密（更好地保障小球沿路径滑落），这是带脚插片难以实现的（因为插脚与底板圆孔之间总有一定的缝隙）。

其三是投球孔位置的设计可以更加灵活。"雪地滑滑乐"投小球的孔固定地开在玩具的顶部，尽管在顶部一排的不同位置都设置了投球孔，能确保起点的多样性，但我们也在思考，游戏中小球为何一定要从顶部投下，这种设置可能会限制儿童的开放性思维。如果投球孔的位置能够更加灵活是否可以丰富游戏的可能性并形成不同的难度变化呢？因此，我们也思考了如何创设更加灵活的投球条件，比如可在底板上任意位置安放投球筐，方便儿童从任意位置投小球。这一改变也扩大了玩具的适用年龄，难度层次的丰富使得游戏不仅能为 5～6 岁的大班儿童所用，小、中班儿童同样可以玩。

基于"雪地滑滑乐"玩具所提供的启示与思考，我们设计了"小球扑通"玩具。

二、设计描述

（一）结构设计

"小球扑通"的主体结构由一块磁性底板和支架构成，辅以投球筐、接球槽、挡片和小木球等主要配件，此外还附有一套游戏卡片。为了适应不同场地的需要，支架包含木支架（置放于桌面）和塑料支架（置放于地面）两种（见图 4－3－2）。

磁性底板上按正三角形为单位的规则放置磁力点，确保相邻磁力点间距离相同。木架及塑料支架分别配有放置磁性底板的卡槽及卡钩，有助于底板平稳放置在架子上；两种架子皆有 12 度左右的倾斜度，便于游戏时小木球滚入接球槽。

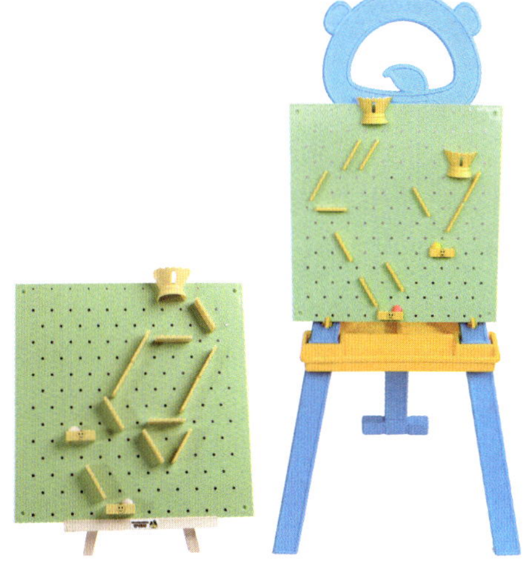

图 4－3－2　"小球扑通"的整体构成实物图，包括磁性底板、支架、配件等

投球筐上下两端相通，可将小球从其上方投入、下方掉出；接球槽是一个四面封闭的长方体，通过磁吸贴紧底板后形成凹槽，用来接住运动的小球，凹槽可容纳两颗小木球，挡片为长方形塑料片。投球筐、接球槽和挡片上均设置两个磁力点，磁力点的间距与底板上相邻磁力点的间距一致，即可吸附在底板上。遵照游戏规则，投球筐、接球槽可吸附在磁性底板任意两个相邻磁力点处，而挡片的放置则较为灵活，可以平行、向左倾斜或向右倾斜吸附在磁性底板任意两个相邻磁力点处，儿童借此可以将多块挡片以多种组合方式搭建在磁性底板上，为小球搭建不同形态的轨道，促使小球从投球筐经由轨道，落入接球槽（见图 4－3－3）。

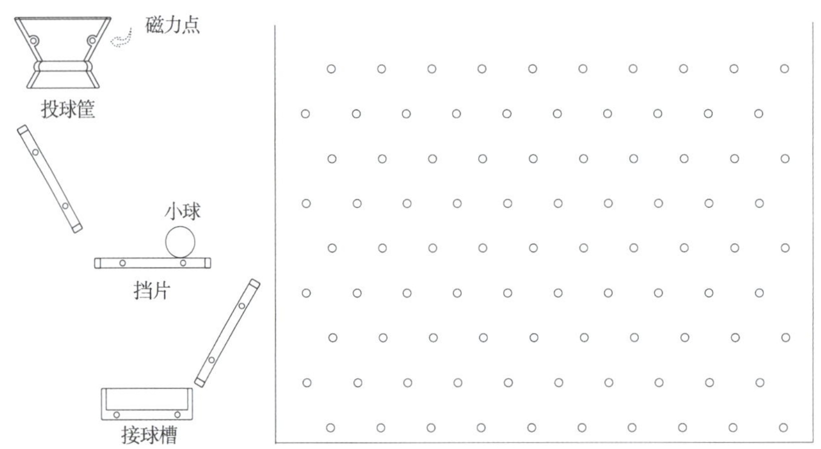

图 4-3-3　投球筐、挡片及接球槽均通过两个磁力点与小球扑通底板连接

左图为投球筐、挡片、接球槽带有磁力点的一面示意图，右图为底板磁力点示意图

图 4-3-4　儿童在一面由“小球扑通”底板组合而成的游戏墙上搭建路径

另外，小球扑通的底板可作为单元件进行 2 件、4 件及多件的灵活组合，还可以拓展为小球扑通墙（见图 4-3-4），为儿童提供更大的探索与游戏空间。

（二）内容设计

“小球扑通”针对初识该玩具的学龄前儿童，设计了一些具有难度进阶的任务卡，方便儿童挑战。小球扑通的任务卡由三种卡片构成，每种卡片的颜色和图案可以帮助儿童区分卡片的功能。蓝色卡片为投球卡，卡片背面印有一只小手抛出一颗小球示意其功能，卡片正面示意投球筐放置的位置；黄色卡片为接球卡，卡片背面印有与接球槽上一样的笑脸图案示意其功能，卡片正面示意接球槽放置的位置，投球卡和接球卡都需要儿童通过计数以确定投球筐和接球槽的位置；绿色卡片为挡片卡，卡片背面印有问号示意其功能，卡片正面以图示和数字两种方式示意游戏中使用的挡片数量。这为儿童用点数、目测或是识别数字来拿取挡片创造条件，适应不同数概念发展水平的儿童。

一套任务卡内配置投球卡 10 张、接球卡 10 张、挡片卡 6 张（见图 4-3-5），儿童结合使用三种卡片时，可创造多种任务组合，丰富了游戏内容，增强了游戏的可玩性。

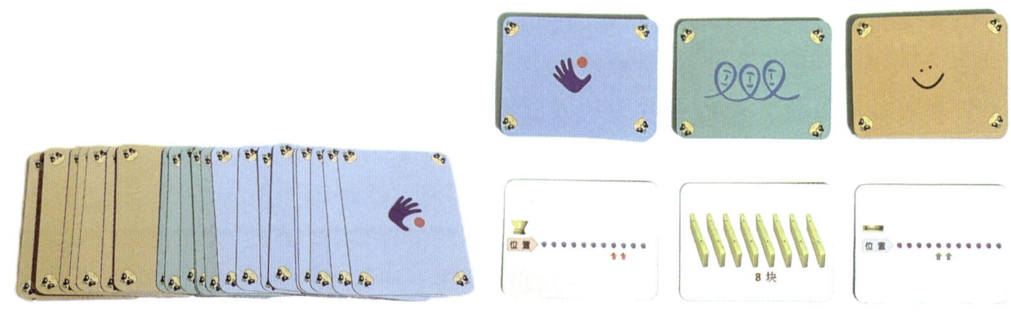

图 4-3-5　左边为卡片实物图，右边从上到下为三类任务卡正面图

(三)玩法设计

"小球扑通"是一种低结构玩具，在玩法上具有较大的开放性。网络与路线建设(Network And Route Building)游戏机制是其基本的游戏机制。网络与路线建设，是指游戏者需要运用组件在出发地和目的地之间建设能够连接的线路，一般而言，组件可拆除亦可重复利用。这一机制与之前提及的连接机制有相似之处，不同点在于该机制还提供了一些除计分之外的游戏效果，如触发游戏动作。在"小球扑通"玩具中，该机制体现为儿童需要利用挡片，在投球筐和接球槽之间建设一条能够使小球滚入终点的路线轨道，当儿童能够完成这一任务时，可以用小球进行操作验证，也可以通过增加阻挡件或者比较谁用的挡片少等方式，丰富游戏的问题情境。

具体而言，"小球扑通"的基础玩法是，游戏前儿童分别抽取三种游戏卡片各一张，根据卡片上的信息确定投球筐、接球槽的位置，并拿取相应数量的挡片。材料准备就绪后，在投球筐与接球槽之间搭建轨道，让小球能够在投入投球筐后经过儿童搭建的轨道滚入接球槽中。基础玩法中投球筐、接球槽的位置是随机抽取的，挡片的数量也是随机的。在游戏中，儿童需要在不断的尝试与调整中利用挡片改变小球的方向、速度，直到小球落入接球槽中，这对儿童的空间规划能力、科学探究能力与问题解决能力提出了要求。

除了基础玩法，还可以根据儿童的水平"向下探一探"或是"向上跳一跳"。当卡片上的任务对于儿童而言过于困难时，既可以撤掉"数量卡片"，去除挡片数量的限制；也可以缩短投球筐与接球槽的距离，让儿童从易到难逐步探索。当儿童能够比较熟练地解决游戏中的问题时，可以扩大底板的范围(磁性底板可上下、左右连接)，拓展儿童游戏的空间，拉远投球筐与接球槽的距离；也可以在底板上增加一些自制可吸附的阻挡件(见图4-3-6)为小球制造障碍，鼓励儿童尝试调整和搭建不同的轨道。

图4-3-6　小鱼的正面、背面和侧面及在小球扑通板上放置示意图

对钓鱼玩具中的小鱼部件进行改造，在其尾部加上磁铁，就变成了阻挡小球下落的"食人鱼"

"小球扑通"的游戏形式是多样的，儿童可以独立探索，通过多次尝试发现小球运动的规律，总结解决问题的心得；儿童也可以与同伴共同游戏，在观察学习、共同探索中分享游戏经验，在更有挑战性与趣味性的问题情境中，学会协商与合作。

三、设计要点

(一)教育性

"小球扑通"蕴藏着丰富的问题解决机会，它将儿童空间思维发展、探索物体运动轨迹与力的相互作用、预测尝试与变通等多种能力融入问题解决的情境，促使儿童在操作性强、带有反馈的游戏过程中，积累有关物体力与运动的经验，在观察、尝试、猜想和验证中寻找解决问题的方法，形成自己的朴素物理经验，并在解决问题的过程中逐步提升空间想象力、创造力及空间规划能力。

1. 空间规划

儿童对小球滚动路径的预期，涉及对空间概念、方位、运动特征和空间表征的理解。而小球滚动的路径规划，还需要空间想象和策略的运用。小球扑通的底板是附有规则磁吸点的面板，需要挡片上的两颗磁铁与底板上的磁铁相对应，挡片才能稳定地固定在底板上。由于磁铁片不能随意固定，儿童必须考虑特定磁吸点位置下挡片与挡片之间、挡片与底板之间的位置关系，作为解决滚球入槽问题的基础。在儿童使用挡片搭建的轨道中，轨道的延伸方向体现了儿童在游戏中的目标与规划。比如，有的儿童会先预设轨道的大致走向再进行搭建；也有儿童边搭建边确定方向，在遇到问题时对轨道进行调整。儿童与同伴共同游戏时，他们之间的言语交流增多，往往会出现涉及位置、方向等内容的相关描述。儿童就在这样的游戏过程中潜移默化地深化自己对小球运动和空间的理解，发展空间规划能力。

2. 科学经验

"小球扑通"游戏的基本玩法非常容易理解，即将小球从投球筐送进接球槽，但这其实涉及了斜面、球体运动、力的相互作用等一系列对于年幼儿童而言比较复杂的物理知识。对于年幼儿童而言，建立一个与上述知识相关的概念体系并非必须。"小球扑通"游戏希望能够为儿童在游戏中积累物理经验创造适宜的条件，支持儿童在游戏中自由地探索与发现，一方面儿童能感知"小球扑通"各组成元件的特点，也能在观察中发现小球运动的特征，另一方面在不断的操作中探索挡片位置对小球运动方向、速度、轨迹的影响。进一步讲，儿童有兴趣和愿望探索物体运动轨迹、空间关系以及力的相互作用等。

3. 问题解决

解决问题是培养面向未来的儿童的重要方面，也是发展儿童数学学习过程性能力的基本途径。在小球扑通游戏中，儿童在解决"将小球从投球筐送入接球槽"这个大问题的过程中不断解决更具体、更细节的小问题，可以说，"小球扑通"的游戏过程也是问题不断生成与解决的过程。而要解决搭建中遇到的种种问题，不仅需要儿童对磁性底板上的空间路径进行规划，还需要儿童在游戏中通过观察、猜想、比较验证等方法探索小球如何在挡片的影响下运动。"小球扑通"为儿童积累问题解决的经验创造了易理解、操作性强的游戏情境。

（二）可玩性

"小球扑通"的可玩性体现在给予了儿童充分的自主性，让儿童有探索的空间，一方面体现在问题情境创设的自由，儿童随机选择任务卡组成多样的问题情境，也可以自己决定小球的起点和终点，而富于变化的问题情境给了儿童探索的无限可能；另一方面游戏的自主性也体现在内在的反馈功能，道路连通与否的结果是显见的，视觉上的反馈能为儿童的后续操作与调整提供动力。

1. 自由探索

"小球扑通"虽有明确的游戏情境和任务指向，但是对于怎样设置具体的问题情境，怎样解决问题是自由且开放的。投球筐、接球槽、挡片可以在磁性底板上随意组合，哪怕是同样的问题情境，儿童也可以用挡片搭出不同形态的轨道。游戏前期，儿童可以随机抽取任务卡，按照卡片上的提示设置问题情境。随着游戏的深入，儿童获得的经验越来越丰富，便可

脱离卡片，自己决定投球筐、接球槽位置。这种开放性能够支持儿童在游戏中发挥主观能动性，发现自己感兴趣的玩法并自由探索，比如搭建两条轨道、比一比谁能用更少磁铁片、怎样搭建能让小球更快或者更慢地进入接球槽等。因此，“小球扑通”能够为儿童充满创意的表达提供机会，让儿童感受建构的快乐，收获搭建成功的内在成就感，逐渐成为一个自信的人。

2. 及时反馈

“小球扑通”同样是一款能够提供即时反馈的玩具，而反馈对于问题解决而言具有重要意义。游戏中的反馈能够让儿童看到自己在游戏中展现的能力，很好地维持儿童游戏的兴趣，进而帮助儿童在游戏中提升坚持性水平。“小球是否入槽”“小球是否偏离轨道”是不需要他人支持儿童自身就能看得见的反馈，而“小球从哪里偏离”“小球偏离的路径是什么”是在成人适当的引导下，儿童通过自身的观察和探索捕捉相应的反馈，这也恰恰是儿童问题解决中的重要环节。

四、观察要点

“小球扑通”游戏中，儿童既可以按照基础规则抽取任务卡来玩，也可以自由探索如何让小球落入接球槽中。为了更清晰地说明游戏观察要点，以下设置了三个进阶的观察情境：一是独自游戏，儿童在单块“小球扑通”底板上进行探究；二是教师介入下的独自游戏，儿童在拼接的两块“小球扑通”底板上进行探究，教师在底板上安置“食人鱼”，阻挠小球的运行；三是二人合作游戏，在四块小球扑通板上进行探究。每个阶段对应不同的观察要点，每一个观察要点蕴含着儿童问题解决的能力表现和发展特点。

对应儿童小球扑通游戏的三个阶段，聚焦儿童问题解决能力发展，引申出如下观察内容（见表 4 - 3 - 1）。

表 4 - 3 - 1　“小球扑通”游戏过程中儿童问题解决的观察要点

阶段	与问题解决相关的认知活动	观察要点
独自探究，单块板	探究验证与概念重构	1. 儿童是否理解投球筐、接球槽、挡片的作用，理解游戏的目标？ 2. 儿童搭建的轨道有何明显特征？ 3. 小球脱离轨道、被卡住或被挡住时，儿童如何对轨道进行调整？ 4. 儿童能否根据小球的落点放置并调整挡片的位置及方向？ 5. 游戏前儿童能否对小球的运动轨迹做出假设？ 6. 任务不成功时，儿童是如何观察小球的运动轨迹并提出自己的思考的？ 7. 儿童需要时能否寻求帮助？
独自探究，两块板，加入食人鱼	经验迁移	1. 与单块板的轨道搭建相比，儿童在两块板上搭建的轨道有何特征？ 2. 儿童是否理解“食人鱼”的规则？ 3. 加入“食人鱼”后，儿童是如何调整轨道的，比如推倒重来、局部调整甚至借助利用食人鱼？ 4. 儿童能否用语言描述他是如何解决“食人鱼”问题的？

续　表

阶段	与问题解决相关的认知活动	观察要点
		5. 儿童最多挑战了几只“食人鱼”？挑战过程中，策略如何变化？ 6. 儿童能否在游戏中、游戏后用恰当的词汇描述小球运动的特点？（如速度、方向等）
双人合作，四块板	经验分享	1. 儿童在合作游戏时是自顾自地搭建、关注局部，还是兼顾自己和同伴的搭建、关注整体？ 2. 游戏中儿童会遇到什么样的问题，他们是否与同伴围绕问题进行了讨论？能否倾听同伴的意见或者进行协商？还是自顾自地进行尝试？ 3. 解决问题的过程中，儿童之间是如何相互学习的？前期的经验如何运用？ 4. 当儿童在讨论中遇到意见不同或冲突时，他们是如何解决的？

五、儿童发展案例

大班的帅帅对玩“小球扑通”兴趣浓厚，在了解游戏规则后帅帅就迫不及待地开始了自由探索。一开始，帅帅在教师的引导下开始尝试在一块板上进行“对角线挑战”，随着探究的深入，帅帅又和好朋友嘉嘉在两块、四块小球扑通板上进行了升级挑战。

1. 第一次观察：初识小球扑通，搭建“管道式”轨道

这是帅帅初次玩小球扑通游戏。教师先为他讲解了游戏规则，然后与帅帅一起设置了“对角线”的挑战任务：投球筐放置在小球板的左上角，接球槽放置在小球板的右下角，在二者位置固定的前提下，请帅帅为小球铺设一条从投球筐出发、到达接球槽的道路。

帅帅很快就从投球筐的位置开始，一路朝下搭建好了自己的“秘密通道”。帅帅迫不及待地将小球丢进投球筐，前半程小球顺利下滑，然而当滚到斜坡下方的位置时却被卡住了。观察片刻后，帅帅拿走了卡住小球的那块挡片，并再次投球。然而，小球还是卡在斜坡的底端。于是帅帅又拆掉了右边平放的挡片。经过第三次尝试，小球顺利通过了斜坡，然而新的问题又来了：小球又停在了接球槽旁边。

帅帅似乎意识到，当横着的挡片低于接球槽位置时，接球槽的边缘会阻挡小球。于是他拆掉了整条轨道、重新进行搭建，这一次他明确了接球槽与挡片的相对位置，早早地将挡片放在了接球槽的上方，不料小球又卡在了斜坡与平放的挡片之间的夹角中。帅帅又将原本固定好的挡片变成了只有一颗磁铁固定的挡片，将另一端靠在右下方平放的挡片上，随后丢下小球，小球终于咕噜噜地滚到了接球槽中（见图 4－3－7）。

2. 第二次观察：在“拆除—验证”的过程中探索小球的运动方向

这一天，帅帅又来到小球扑通游戏区域尝试“对角线挑战”。经过两次调整，帅帅的小球进入了接球槽。就在这时，教师发现他在小球实际经过的轨道周围还放置了许多多余的挡片。于是教师问道：“上面的（见蓝色圈）这些挡片有什么作用吗？”帅帅一边用手比画一边告诉教师：“可以保护小球不从上面跑掉。”“那下面（橙色圈）这些呢？”教师继续追问。“这些会

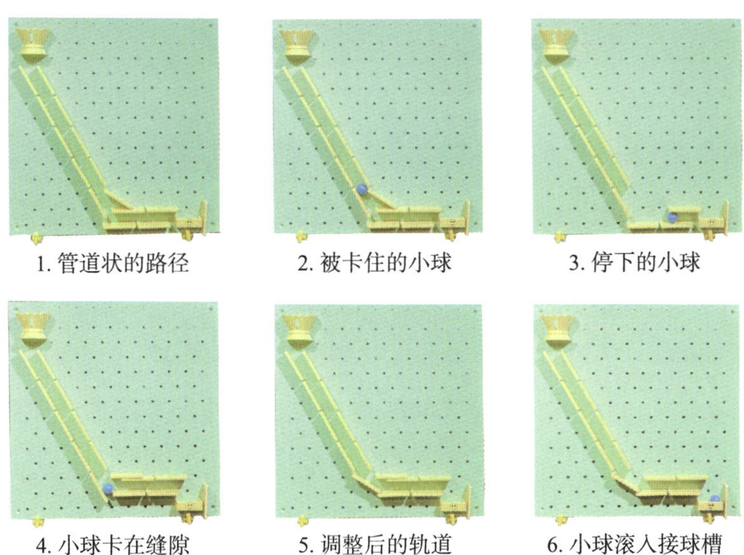

1. 管道状的路径　2. 被卡住的小球　3. 停下的小球

4. 小球卡在缝隙　5. 调整后的轨道　6. 小球滚入接球槽

图 4－3－7　帅帅首次接触“小球扑通”时的道路搭建及问题解决过程

挡住它(小球),不会掉下去!”帅帅解释道。“那这些(虚线圈)挡片呢?”(见图 4－3－8)帅帅自信地回答:“还是挡住它!”边说着,帅帅边用手描绘了他所预计的小球运动轨迹(见图 4－3－9)。

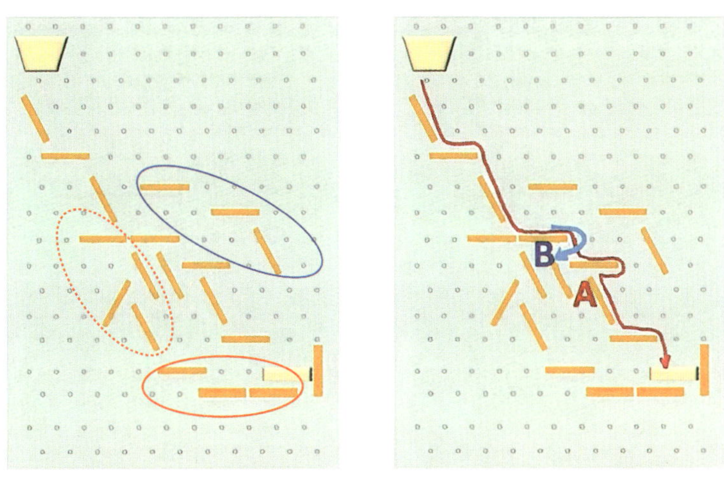

图 4－3－8　周围的几组挡片　　图 4－3－9　帅帅描绘的轨迹

教师再次问道:“小球真的会在这里(A 点)拐个弯过来吗?”帅帅犹豫了,于是他将小球从投球筐丢下,在发现小球并没有在 A 点和 B 点转弯后,他说:“没有拐弯。”于是教师接着引导:“那小球不会从这里(B 点)掉下去了,还需要在这里保护它吗?”帅帅恍然大悟:“不用了,我可以把它拿走!”

帅帅陆续拆掉了蓝色、红色、黄色圈内的挡片(见图 4－3－10),又投球试了试,小球成功入槽! 帅帅数了数,惊喜地发现拆下来的挡片比墙面上的还要多,开心地说道:“它这样就下来了,不会转弯跑的!”(见图 4－3－11)

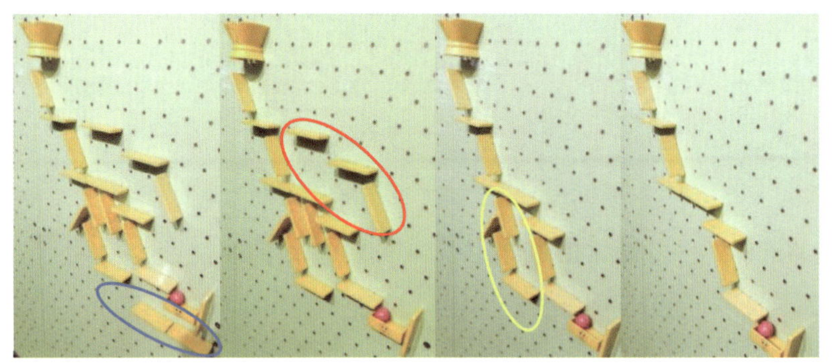

图 4-3-10　帅帅拆除挡片的过程

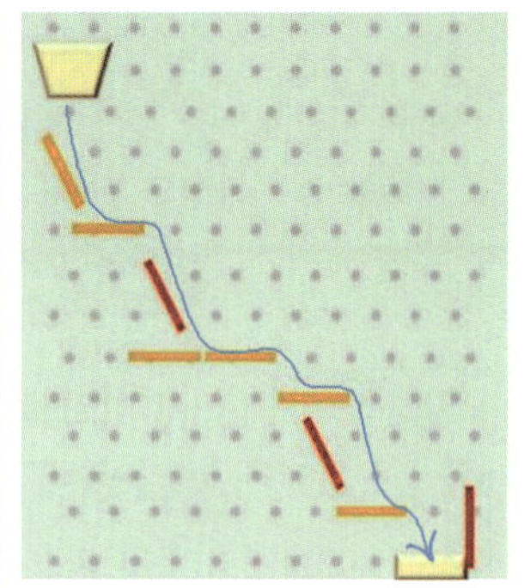

图 4-3-11　帅帅描绘的轨迹

3. 第三次观察：在“楼梯轨道”中发现抛物线

帅帅又一次来玩小球扑通，用挡片搭建了一个楼梯式的道路（见图 4-3-12）。一旁观察的教师请帅帅在轨道上画一画他所预测的小球下落轨迹（黑色笔迹）（见图 4-3-13）。验证时，从投球筐丢下小球，当小球滚落到最后一个台阶时却“飞”了出去。帅帅反复尝试几次后得出结论：“它（小球）从这里进不去了，从上面就走掉了。”说着，在底板上用小手描绘出小球“走掉”的抛物线轨迹（红色箭头标识）。

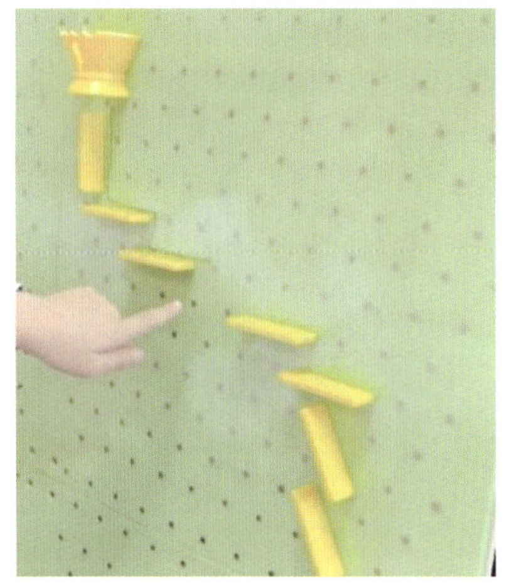

图 4-3-12　帅帅初步搭建的轨道

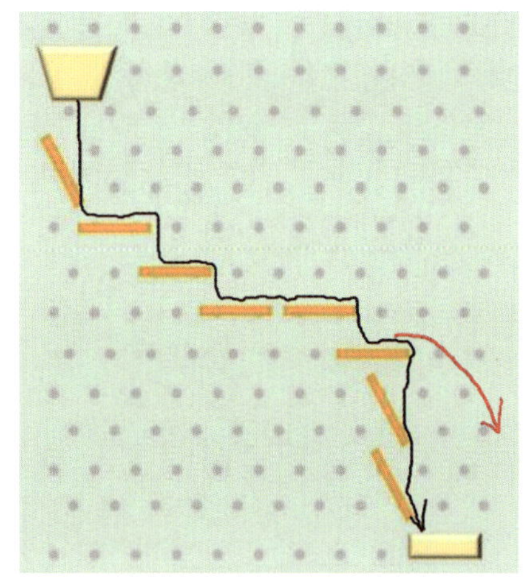

图 4-3-13　帅帅描绘的轨迹（黑色墨迹）

4. 第四次观察：增加底板空间，挑战“食人鱼”障碍

这天，教师邀请帅帅升级挑战两块板面的小球扑通，游戏规则为：将投球筐和接球槽分别摆在板面的对角线位置。有了之前的游戏经验，帅帅快速地在起点和终点间搭建了一条倾斜的“长滑梯”，投球检验时只见小球快速下落，在落入接球槽的同时，将接球槽砸歪了，球顺势掉落到了地上。接着，帅帅又借助之前的探索经验，通过建台阶、改变路线方式使小球最终掉入接球槽。

在已经搭建好的小路基础上，教师又给帅帅增加了新挑战——加入“食人鱼”。规则为：小球在落入接球槽的过程中，不能碰到可怕的“食人鱼”！此时的帅帅已经不是第一次碰到

教师布置在板上的“食人鱼”了，他在小鱼四周都加上了挡片，这样小球顺利滚入了接球槽(见图 4-3-14)。接着，教师将第二条“食人鱼”加在了接球槽上方(见图 4-3-15)，并引导帅帅思考：“除了盖住小鱼，你还有其他好办法吗？”

帅帅思考后将靠近食人鱼的挡片向左平移了一格，接着将这块挡片下方的所有挡片一片片地全部向左平移一格，最后，他在接球槽旁边补充了一块挡片，几次调整，小球又顺利落入槽内(见图 4-3-16)。

5. 第五次观察：在更大的空间内与好朋友合作挑战

图 4-3-14　帅帅搭建的完整路线，避开了食人鱼

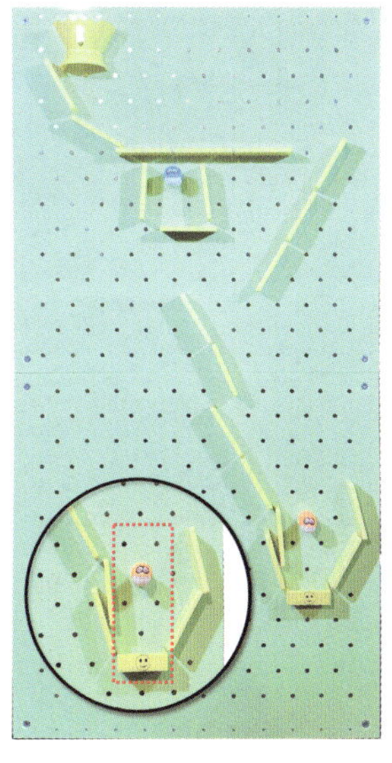

图 4-3-15　加入第二条食人鱼的位置

下学期，教师将四块“小球扑通”的底板连在一起，布置成了更大的探索场地。帅帅邀请了好朋友嘉嘉一起挑战四块“小球扑通”底板。教师在板的左上角摆放了 2 个投球筐，右下角摆放了一个接球槽，并介绍了新的挑战规则：“请你们分别设计一条路线，设计好后在各自的投球筐投球，要能落入同一个接球槽！”(见图 4-3-17)

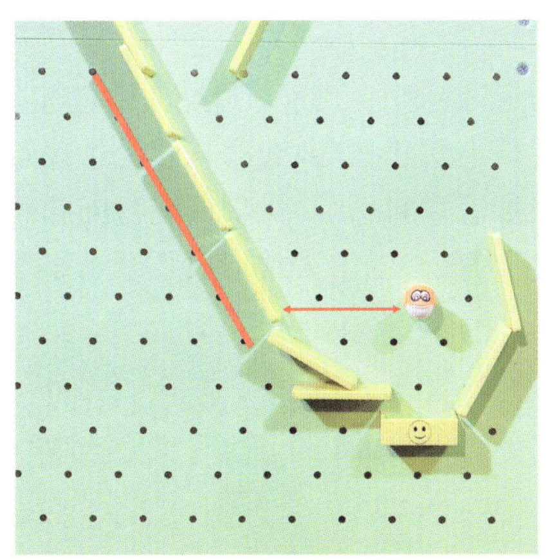

图 4-3-16　帅帅将道路与食人鱼的距离拉远，避免小球下落时碰到它

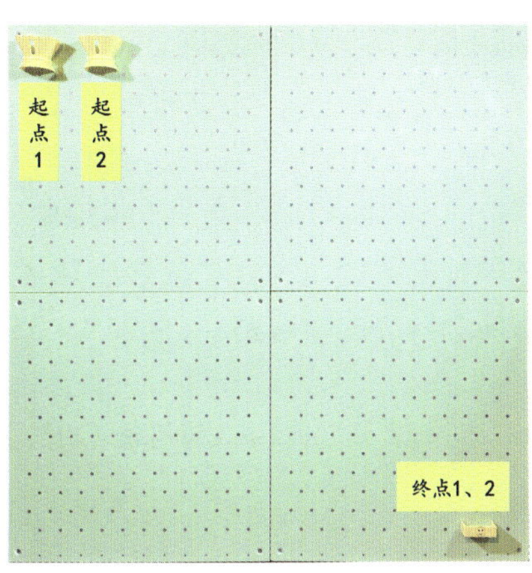

图 4-3-17　四块板的第一个任务

帅帅经验丰富，他很快就在自己投球筐的下方搭出了一条小路，却发现左右两块板的衔接处没有磁铁了(黑色圈)(见图 4-3-18)。他指着衔接处问：“老师，这里怎么不一样呢？”教师回应：“你们能想个好办法，让小球跃过去吗？”

帅帅用小手预测了一下小球下落的轨迹，边画边向嘉嘉提出自己的想法：“我们在这里搭一片，小球会越过来滚进去！”嘉嘉和帅帅一起动手，合作完成了后半部分的小路搭建(见图 4-3-19)。

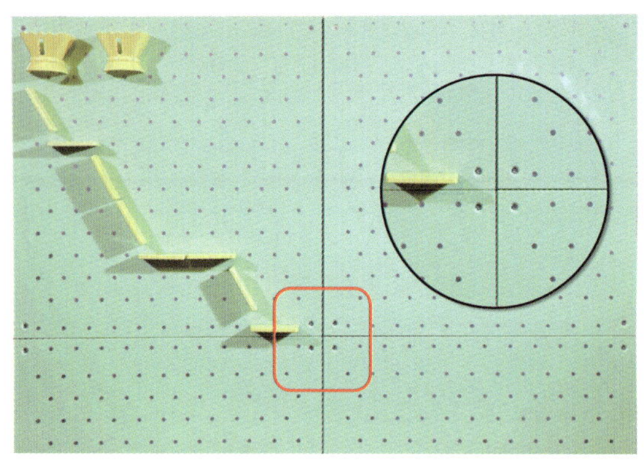

图 4-3-18　帅帅发现，衔接处的小球板没有磁铁

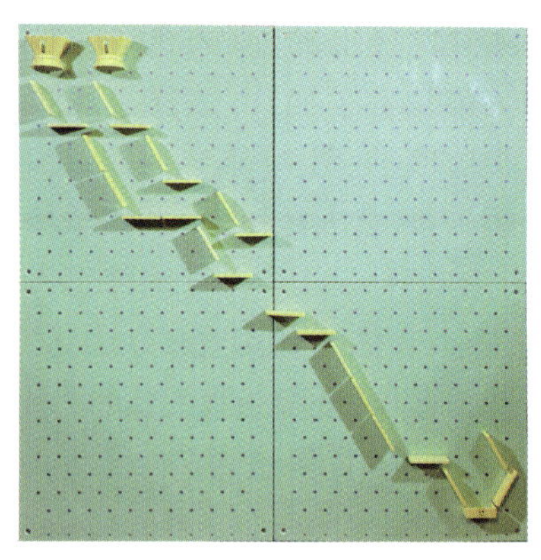

图 4-3-19　道路调整后顺利进球

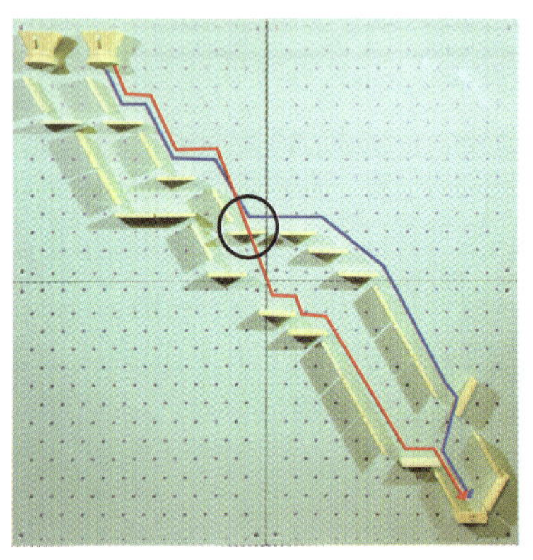

图 4-3-20　蓝线为嘉嘉计划的路线，红线为小球下落的实际路线

接着，他们开始完成第二个投球筐下面的小路。嘉嘉按照先前帅帅的路线，平行搭建了一段道路，但是，当嘉嘉投球尝试时，下落的小球将中间一块平搭的挡片撞成了一块倾斜的挡片（黑圈内挡片）（见图 4-3-20）。

帅帅对嘉嘉说："这里再改一改，你的球也可以走我的路。"果不其然，在帅帅稍作修改后，嘉嘉的小球也顺着这条新路落入了接球槽，他们开心极了！

六、儿童在游戏中问题解决的学习路径

在"小球扑通"游戏中，儿童通过操作设置有趣的问题情境、探索挡片轨道搭建技巧，观察与感受小球运动的物理现象，不断发展着空间思维、科学探究与问题解决的能力。通过帅帅的案例，我们以"探索小球运动轨迹"为核心线索大致形成了基于小球扑通游戏中儿童问题解决的学习路径（见表 4-3-2）。

表 4-3-2　"小球扑通"游戏中儿童问题解决的学习路径

阶段	游戏行为	能力分析	发展支持
1	利用挡片在投球筐与接球槽之间搭建"管道式"轨道	理解任务要求，依照直觉认识来解决问题	引导儿童思考放置挡片的目的；学习观察小球的运动轨迹；提出诸如"再去掉两片，试试看"的挑战性问题，鼓励儿童多尝试
2	有意识地探索挡片如何影响小球运动方向；观察理解小球的运动轨迹；逐渐将教师的支持转化为自己解决问题的方法，在搭建中验证自己的经验	朴素物理概念的重建，在尝试验证的过程中形成更可靠、实用的经验	理解儿童的朴素思想，有意识地分析儿童的最近发展区；提醒儿童在动手之前多看一看、想一想。通过提供材料支持儿童在游戏中更清楚直观地看到自己的"所想"与小球真实运动轨迹之间的差异

续 表

阶段	游戏行为	能力分析	发展支持
3	在两块小球扑通板上，加大探索空间距离，加强对滚球特点的观察，解决更具综合性的问题；引入“食人鱼”，反思、总结问题解决的特点及策略	经验迁移和运用，聚焦细节来解决问题	通过材料的隐性支持：通过增大板面（2 块），加入“食人鱼”创设全新的、更具趣味性的问题情境，激发儿童的进阶挑战；根据儿童的策略进行引导式提问或及时地总结，帮助儿童梳理和运用已有经验，并形成新经验
4	进一步在四块“小球扑通”底板上，与同伴在合作中生成问题，计划、协商，尝试合作解决问题。在合作过程中，挑战新任务，收获新经验	经验分享、更灵活的空间规划	创设更大的板面鼓励儿童同伴共同探索、一起完成挑战。此时，同伴间的沟通与协商十分重要，可以引导儿童在冲突中发现和确定问题，设立共同的目标，尝试合作解决；引导儿童在关注自身的同时，也关注同伴的搭建。游戏后，请儿童共同总结和分享经验

七、观察反思

（一）问题解决与儿童朴素物理概念重建

“小球扑通”创设了直观、便于理解的问题情境，能够生成丰富的问题解决机会，并为儿童提供了方便操作和观察验证的条件。“怎样将小球从投球筐送往接球槽”是贯穿整个游戏过程的基本问题，解决这一问题首先会对儿童的朴素物理概念进行考验，即儿童的物理概念与常人的理解是否一致。

儿童解决问题的过程很清楚地表明，其最初的物理概念与常人的理解相差甚远。首先，我们发现儿童最初搭建的轨道大都是管道型的，其原因是年幼儿童担心小球会飞出去，他们天真地认为小球不仅会下落，还会朝其他方向飞走，即使没有相应的外力作用；其次，他们认为小球在运动的过程中会主动拐弯，因为有适合小球走过的孔或者通道，年幼儿童尚有较强的泛灵论思想；再次，他们也会认为，小球如果在一条水平的直线上，没有东西挡住的话，会一直滚下去，因为摩擦力的作用是难以直观看到的（限于篇幅，相关观察案例并未呈现）；最后，他们还会认为，小球在水平滚动过程中，遇到断口时会垂直落下去，他们不会顾及外力的作用，也不曾学习过抛物线的概念。

这些最初的朴素概念，与儿童在小球扑通游戏中的观察发现是不一致的。他们积极地尝试、用心地观察，在教师的提示下一点一点地改变着自己的认识，“修订”着自己朴素的物理概念，这种学习是有意义的学习，将为其以后能够流畅地拼搭、顺利地解决问题奠定基础。

（二）教师在观察、对话与提供材料的过程中为儿童的最近发展区搭建支架

“小球扑通”不仅为儿童创设了丰富的解决问题的机会，也为教师支架儿童的发展提供了条件。最简单的支架就是在儿童搭好小球路径完成任务后，问一问儿童能否撤除三片挡

片。在儿童最初搭建的管道中，他们不一定会优先撤除管道顶面的挡片，但是在尝试并观察到小球落下的反馈后，儿童知道了，顶面的挡片没有用，小球不会飞走。

儿童所搭的路径果真反映了他们对小球下落轨迹的准确理解吗？在前面介绍的第二次观察中，教师观察到儿童在小球真实的轨道周围放置了很多看来“无用”的挡片，经过提问才了解了儿童放置挡片的原因，从而发现儿童哪怕在进球的情况下也未必能准确描绘出小球的下落轨迹。也正是在观察与对话中，教师生成了一个重要支架，即儿童用手指画线描绘轨迹，进而检验描绘轨迹的正确与否。无论是手指画线还是后来的笔迹观察，都为儿童理解小球的运动轨迹提供了重要支持，为儿童后继流畅地解决问题奠定了基础。

八、小结

学习路径并非确定的一个个台阶，儿童问题解决的学习路径具有生成性的特点，是特定情境中儿童和教师共同建构的产物。尤其是“小球扑通”这种具有开放性特点的玩具，儿童在游戏中的学习历程既取决于儿童，也取决于教师支持的质量。在上述案例中，第二个阶段的概念重建是非常关键的一步，概念重建为儿童后继流畅地解决问题奠定了基础，尽管儿童的朴素物理概念有发展的共同性，但也是存在个别差异的，包括家庭、学习经历的不同带来的影响。玩具越是具有开放性，儿童与玩具的互动发展越具有个性化。因此，此处描述的学习路径并不是要死记硬背的教条，而更多的是一种提示、一种参考。在教育实践中，教师应敏于观察儿童的行为，善于捕捉与儿童互动的机会，同时，在每一次创设情境、提供支架之后都应当反思儿童生成了何种经验、提供的支持是否适宜，在深入思考这两个问题的基础上启发和推进儿童在游戏中的学习与发展。

第五章 逻辑与推理玩具的设计与应用

尽管形象性是幼儿期思维的主要特点，但在逻辑与推理方面，儿童比过去（包括皮亚杰的研究）所认为的更强，他们能够掌握数学的逻辑和语言，并具备一定的从数学属性进行推理的能力。学前阶段的逻辑与推理能力主要包括排序、类比、概括以及模式的识别与建构等。

在生活情境和游戏之中，儿童能够更加轻松愉悦地运用其数学逻辑推理能力，尝试解决具有挑战性的任务。当然，只有当任务贴近儿童的实际能力，又能在其最近发展区向儿童发起挑战时，儿童运用逻辑推理解决问题的能力才能有效得到发展。这也是逻辑与推理玩具设计与应用的着眼点。

本章介绍四个逻辑与推理能力的玩具案例，其共同特点是对操作性和可玩性的强调。其中，“花儿朵朵开”涉及模式识别与建构，游戏中通过不同元素的变化引导儿童逐渐关注、理解、复制并最终建构出一定的模式，探寻其中的规律。“你追我赶”丰富了经典三色和四色逻辑玩具的游戏情境，“猫猫数独”则创造了具有儿童适宜性的数独骰子组件，二者共同鼓励儿童在操作经验的基础上，结合多个维度的信息，通过观察、比较、推理来综合解决问题。“四子连连”则是体现教育玩具结构和内容设计分离与统一的典范，通过“多主题”紧密配合幼儿园课程的推进。

儿童的逻辑与推理能力发展并非一蹴而就，是儿童在不断试误中的经验汇聚。本章的案例也真实展现出儿童在游戏中的尝试、失败、反思、调整、经验归纳与成功，再到新的尝试的发展历程。

第一节 模式排序玩具的设计与应用——以“花儿朵朵开”为例

一、设计缘起

模式是指反复出现的，有规则性的图案、花样、动作、声音或事件等①。简单来说，模式就

① 史亚娟.论模式能力及其对儿童数学认知能力发展的影响[J].学前教育研究，2003(7—8)：13—15.

是有规律的排序，它在日常生活中无处不在，如节日期间悬挂在树上的彩灯按一个黄色、一个红色排列，墙上的镂空图案按一个菱形、一个椭圆形依次排列等，从更大的时空范围来看，日出日落也体现了一种模式。概括而言，模式的两个核心特征是重复性和可预测性。模式被认为是数学的一个基本主题，识别模式是理解数学的基础[1]，作为儿童数学认知能力的重要组成部分，与数、测量、几何等共同构成了儿童早期数学认知能力[2]。

模式是年幼儿童教育活动中经常能够观察到的一种表现。在数学相关的教育活动中，教师会有意识地组织与开展涉及重复性模式的复制、填充、延伸和创造等活动，引导儿童模式能力的发展；在个别化的游戏、探索活动中，儿童也会自由地运用模式，尤其是在建构区和美工区的活动中，他们会将模式运用于建构游戏、手工或艺术作品的创作之中（见图 5－1－1）。

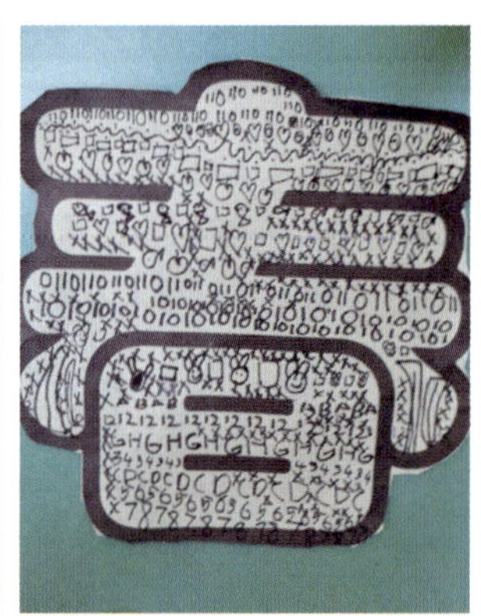

图 5－1－1　儿童在雪花片拼插、串项链、装饰作品中运用模式来表达美和秩序

儿童识别模式中重复单元的能力，反映了儿童能够跳出顺序排列的表面特征而发现序列结构的思维能力，是儿童对空间形式、结构和关系的抽象化表征，模式能力是数学学习深入开展的重要基础。[3] 重复性模式的基本结构及评价任务的具体介绍，可以扫描二维码查看。

重复性模式的基本结构及评价任务

《指南》中考虑到实践领域对“模式”（Pattern）这一术语尚不熟悉，因而并未明确使用模式一词。但在《指南》数学认知的“目标 1 初步感知生活中数学的有用和有趣”中也已指出：5～6 岁儿童应能发现事物简单的排列规律，并尝试创造新的排列规律。在《指南》相应的教育建议中，进一步强调了教师应引导儿童在不同类型的活动中，在生活中探究、发现和体会规律，并创造自己的新规律。

事实上，《指南》颁布之后，“模式”这一术语逐渐为我国一线教师所熟悉，教师对模式教育的意识有所提高，在区角活动及个别化学习活动中涉及模式的内容也越来越多。[4] 相应

---

① 史亚娟，庞丽娟，陶沙，等．3—5 岁儿童模式认知能力发展的研究[J]．心理发展与教育，2003(4)：46—52.

② 全美数学教师理事会．美国学校数学教育的原则和标准[M]．蔡金法，等译．北京：人民教育出版社，2004：71—86.

③ Wijns N，Verschaffel L，Smedt B，Torbeyns J．Associations between repeating patterning，growing patterning，and numerical ability：A longitudinal panel study in 4- to 6-year olds [J]．Child Development，2021，92(4)：1354－1368.

④ 黄瑾，田方，叶美蓉．促进儿童早期模式能力发展的教育策略[J]．学前教育研究，2018(11)：70—72.

地，幼儿园使用的模式玩具或操作材料也更为丰富了。根据观察，尽管构成模式的元素可以是来自不同感觉通道的信息，如视觉材料、动作、声音等，但总的来说，视觉化模式材料（包括三维实物材料、二维平面材料）在幼儿园模式学习中占比非常高。三维实物材料包括串珠、小积木、玩具小偶或小车等。另外，一些日常生活中的小物件，比如夹子、回形针、纽扣、小橡皮、贝壳、树枝树叶、果仁等也可用于模式学习。采用日常生活中的物件开展模式学习是值得提倡的，但总的来说，目前使用得还比较少。二维平面材料，如雪花片、平面图形片、各类教师自制图片、图形贴纸及盖章用图章等（一些材料的示例可见图 5－1－2），这些材料的基本特点都具有可操作性，作为模式材料主要在外形、颜色等方面存在差异。当然，对于年幼儿童来说，借助物体或图形在外部特征的明显差异来学习模式是有意义的，也是合适的。尚存在的问题是，这些材料为儿童提供的模式经验在种类上还较为单一，同质化比较严重，学习的进阶尚不够丰富。

图 5－1－2　用于年幼儿童模式学习的多种操作材料一览

幼儿园另外一种模式学习的方式就是借助纸笔进行模式练习，主要通过涂色、画图等方式来复制模式、填充未完成的模式或者扩展模式。这种练习题式的模式学习方式完全忽略了儿童摆弄、操作和探究的过程，可玩性往往只是个幌子，存在明显的“小学化”特点，并不符合学龄前儿童的学习需要。

基于上述分析，我们认为设计模式玩具来进一步丰富儿童的模式经验是有必要的。如何为儿童提供既不重复已有材料，同时又能体现发展价值的模式玩具材料呢？领域之间的交叉联系可以开拓思路。基于幼儿园实地考察发现，幼儿期情绪识别和情绪理解是年幼儿童情绪及社会性发展的重要内容，但目前这方面教育活动，尤其是涉及领域之间交叉融合的活动开展尚不够充分。情绪是多样的，情绪又是容易变化的，而面部表情作为反映情绪变化的最重要的外部表现模式，是幼儿学习了解的有意义的对象。因此，将表情的识别和区分纳入模式学习之中是有价值的。另一方面，模式游戏往往涉及不同形式材料的选择、排列，对于幼儿来说，材料的提供不宜过多，一股脑儿地堆放过多材料容易导致幼儿选择的困惑，为此我们考虑采用六面体骰子，将儿童需要选择的内容集约到几个骰子上，减少了儿童一次性需要选择的对象。综上，本设计考虑采用六面体骰子，以“小花”为主题，将表情、花瓣数量、花朵颜色三个要素的图案置于六面体的骰子面上，设计了灵活多变的模式玩具——“花儿朵朵开”。

以“小花”为主题，纳入情绪线索，本设计也希望透过该玩具，借助模式经验的迁移，儿童能够多一点对生活中模式之美的感悟，多一点对这个世界的规则和秩序的直觉把握，这些都是通达博大心灵和眼界的重要途径。

二、设计描述

（一）结构设计

“花儿朵朵开”玩具的主体由 18 个六面骰子组成，辅以任务卡及卡槽。18 个骰子大小相同，尺寸适合年幼儿童抓、握、转等操作（见图 5－1－3）。

图 5－1－3 “花儿朵朵开”玩具的主体由 18 个六面骰子组成，辅以任务卡及卡槽

（二）内容设计

“花儿朵朵开”内容设计方面主要包括骰面图案的组合设计、任务卡设计两个部分。

1. 骰面图案的组合设计

以“小花”为主题，骰面图案有三大主要特征：表情、花瓣数量、花朵颜色。其中每一个特征又有三种变式——花蕊表情有开心、伤心和平静三种；花瓣数量有 5 瓣、6 瓣、8 瓣三种；花朵颜色有蓝色、绿色和红色三种。上述三大特征可组合成 27 种不同式样的花朵图案（见图 5－1－4）。

图 5－1－4 骰面三大特征各有三种变式（图左），可组合成 27 个不同样式的花朵图案（图右呈现了部分图案）

将上述 27 个花朵图案复制 4 份，得到 108 个花朵图案，分别放置在 18 个正六面体骰子面上。图案的分配确保任意一个骰子上每个大特征的三个变式均出现两次；任意一个骰子上不出现完全相同的两个花朵图案。通过这种排列组合方式，确保特征及特征的组合较为平衡地分布在各个骰子上。

2. 任务卡的设计

作为有助于模式学习的玩具，可以通过任务卡来设计游戏的难度梯度，让缺乏经验的儿童更容易上手，也让有经验的儿童可以挑战更多样的任务。任务卡还可以较为便捷地将模式的复制、填充、延伸及创造等任务融合在一起并渐次展开，进而为儿童发现生活中类似的模式现象以及模式的自主创造等奠定基础。

任务卡主要配合具体的玩法来使用，有不同难度之分，如图 5 - 1 - 5 所示难度从 1 星到 5 星依次递增。任务卡的设计考虑了儿童模式能力及相关信息加工能力发展的基本特点，涉及三个维度：一是模式单元的长度，从 2 个骰子为一个单元逐渐增加到 3 个骰子为一个单元。二是一个单元中所出现的不同类型图案的个数，从仅有 A/B 两个元素逐渐过渡到 A/B/C 三个元素。排列方式上参考以往有关模式任务难度的研究，从 A - B - A - B，到 A - B - B，最后向 A - B - C 逐渐过渡。三是需要关注的图案特征数量，随着难度增加，儿童需要关注的图案特征从单一变成多元，较低难度的任务卡要求儿童能够关注图案的一个特征，较高难度的任务卡则要求儿童关注并区分图案的两个或三个特征。

图 5 - 1 - 5　从 1 星到 5 星五个难度等级的任务卡范例

（三）玩法设计

本书第二章介绍的模式识别与模式建构游戏机制是“花儿朵朵开”玩法设计的基础。年幼儿童模式能力的发展整体上体现为：完成重复性模式的复制——重复性模式的补全和延伸——根据已有模式范例重新创造与范例结构一致的新模式（模式创造）——识别模式的单元。[①②] 顺应

① [美]道格拉斯·H. 克莱门茨，朱莉·萨拉马. 儿童早期的数学学习与教育——基于学习路径的研究[M]. 张俊，等译. 北京：教育科学出版社，2020：313—319.

② Rittle-Johnson, B., Fyfe, E. R., Loehr, A. M., & Miller, M. R. Beyond numeracy in preschool: Adding patterns to the equation [J]. Early Childhood Research Quarterly, 2015(31): 101 - 112.

儿童的模式发展特点，“花儿朵朵开”的游戏可以划分为基于任务卡的游戏和脱离任务卡的游戏两种形式，而每种游戏形式又具有多阶梯的模式识别及建构的玩法。

1. 基于任务卡的模式游戏

基于任务卡进行模式游戏比较适合年龄较小的儿童，如幼儿园小、中班儿童。游戏前，儿童从任务卡中选取自己想要挑战的卡片。仔细观察卡片上所给出的排列方式，较简单的卡片上可能给出按颜色的模式排序，也可能给出按表情的模式排序或按花瓣数量的模式排序。而难度较大的卡片会根据两个或两个以上的特征组合进行模式排序，如颜色与表情的组合、花瓣数量与颜色的组合等。儿童可以根据卡片上给出的图案找到相应骰面进行排序。在排序完成后，儿童还可根据已有图案的排列规律，从剩下的骰子中找到合适的骰面，完成一轮模式的续接。还可以在任务卡模式的基础上，每个单元模式中加入一个新的元素形成新的模式并复制。任务卡形式适合儿童独自探索游戏，当然，也可以两名儿童同时比赛，比如共同抽取一张任务卡，比赛谁先摆出卡片所示的小花模式。

2. 脱离任务卡游戏

借助“花儿朵朵开”的游戏骰子，可开展多人竞争游戏，这些游戏较为适合中、大班儿童进行。比如，参与游戏的几名儿童从所有骰子中随机选出一个骰子放在自己身前，将剩余骰子放在桌子中间，随意混合。游戏时，儿童同时抛掷自己身前的骰子，确定一个朝上的骰面，然后按照约定的规则——如在剩余的骰子里找和自己的骰子顶面小花相同颜色的骰子——在桌子中间剩余的骰子中寻找符合规则的骰子，比比看谁找得快，或者找得多。游戏者也可增加规则的难度，如找到和自己骰子顶面小花颜色和表情一样的骰子，甚至是颜色、表情和花瓣数量均相同的骰子。这种游戏玩法促使儿童在短时间内捕捉不同骰面的多维度特征，为模式游戏奠定基础。

图 5-1-6 “花儿朵朵开”接龙游戏示意图

另外一个玩法是接龙游戏，几名儿童每人随机拿取一个骰子，接下来要根据第一个骰面信息进行接龙，保证新添加的骰面至少有一个元素与上一个骰面相同（见图 5-1-6），要么是颜色，要么是花瓣数，要么是表情，谁率先连成了 4 朵或 5 朵花，谁就获得胜利。这种排序游戏与模式发展密切相关，都涉及简单判断推理等逻辑思维能力。

“花儿朵朵开”的骰子是结构性较低的游戏材料，了解了骰子特点之后，儿童完全可根据兴趣和需要自己制定相应的规则创造性地开展游戏。

三、设计要点

（一）教育性

“花儿朵朵开”玩具中主要涉及模式识别与创造，帮助儿童在游戏中发现模式规律并且创造性地形成自己喜爱的图案模式。而在不同游戏规则下，也能促进儿童逻辑推理能力的

发展，此外，关注图案中的不同特征本身也是思维灵活性的体现，对于儿童学习品质的发展起到促进作用。

1. 支持儿童模式认知能力的发展

顺应儿童模式认知能力的发展过程。“花儿朵朵开”中，儿童借由18个六面骰子与任务卡，从识别模式开始，到复制模式，再到创造模式，逐步提升对模式的认知与应用能力，激发儿童模式学习的兴趣。具体来说，首先，任务卡为儿童提供多种模式排列范式，以拓展儿童对模式的认知，包括在幼儿园阶段较为常见的，也是生活中最常用到的A-B、A-B-B、A-B-C模式，并依照其在认知上的难度设置其难度层次，在自然的游戏情境下，儿童可以一步一步地认知与应用更加复杂的模式，也顺应了其思维发展的特点。其次，任务卡与骰面图案的多维度设计充分融合，引导儿童从关注小花骰面的一个维度，到两个维度，再到三个维度（花瓣颜色、花瓣数量以及花心上的表情），在此基础上再进行模式识别、复制与拓展，对儿童的模式应用能力提出了阶梯式的挑战。

2. 帮助逻辑思维能力的提升

模式活动涉及初步的判断推理等逻辑思维能力的发展。一方面，儿童在进行模式的识别、扩展等过程中，必须先仔细思考模式的各元素及它们之间的关系，并意识到一组事物之间的异同，以及能从纷繁复杂的表象中辨别出能反映事物本质的特征，并按照这些特征对模式的各元素进行分类、排序、运算等，进而概括出模式的结构及其中的规律性联系。如“花儿朵朵开”游戏中，儿童需要先识别任务卡呈现的模式，然后从小花骰子中提取某个骰面的重要特征，形成和卡片对应的模式排序，并在验证环节从包含多种元素的6个小花表情中提取、概括出模式的结构和规律，而这一过程正是思维积极参与并逐渐形成概念的过程。另一方面，寻找、发现模式，能抓住事物的本质和规律，预测和推断事物的发展进程，如在“花儿朵朵开”任务卡阶梯式玩法中，儿童根据已有模式进行复制、填空、扩展甚至创造的过程中，都进一步体现了思维的逻辑性及广阔性与灵活性①。此外，与以往串珠等模式游戏不同，骰子上的小花图案在三个不同的方面存在差异，包括花瓣颜色、花瓣数量以及花心上的表情，这些方面的差异能够拓展儿童对颜色、表情的认知，且能够让儿童更好地感知和认知数量。更重要的是，需要儿童有意识地摆脱思维的单维性，习惯同时考虑事物的两个或多个方面，结合多方信息来发现事物之间的排列规律。尽管这样的思考对年幼儿童而言有一定难度，但是在模式游戏情境中年幼儿童是能够做到的，而这种思维的习惯是有积极意义的。

3. 对学习品质的锻炼

在“花儿朵朵开”游戏过程中，儿童灵活性与专注的学习品质也自然发展了。灵活性主要体现在儿童能够不钻牛角尖，能有意识地转换角度进行思考，能够结合多方面信息来看待问题。花儿朵朵开游戏设计与以往的模式排列游戏有所区别，其中一个关键点就在于图案的设计融入了多维度特征，并在设置任务卡时希望儿童能够同时考虑不同的元素特征，综合考虑以归纳出规律特点，并在此基础上进行模式的复制和创造。举例来说，在较容易的任务卡片上，呈现的是有颜色的圆点时，儿童仅需要考虑到颜色的规律排列，如“红-绿-红-绿……”；在更高难度的任务卡片上，则会要求儿童综合考虑两种元素组合的规律排列，如

---

① 黄瑾，田芳. 学前儿童数学学习与发展核心经验[M]. 南京：南京师范大学出版社，2015：62—63.

“红色的 5 瓣花-绿色的 8 瓣花-红色的 5 瓣花-绿色的 8 瓣花……”。当然，学龄前儿童的思维往往比较刻板，习惯于从单一的角度出发看待问题，因此，在游戏中也会看到，当单一元素的规律排列出现的时候，儿童更容易在短时间内发现规律并且提炼出其中的模式结构，但是当两个元素或三个元素结合在一起的时候，他们则较难看出其中的规律。我们也发现，在熟悉的游戏情境中儿童能够做到有意识地思考并结合多方面信息来完成任务，这种有意识地尝试同时考虑多个元素，逐渐摆脱单一维度思维的束缚，能灵活地思考与解决问题，是一种积极的学习品质。

除此之外，游戏中面对不同难度的任务卡片，儿童需要根据卡片上的示意图排列骰子，要做到一一对应，并按顺序排列整齐，这对年幼儿童而言都并非易事，他们通常出现的错误是排列好一个，却跳过一个图示，直接排列下一个。这样就不利于他们发现其中的规律。因此，要做到完全地一一对应，便要求儿童做到专注，尽量避免受到外界的干扰。而当儿童完成一张任务卡切换到下一个任务时，小花呈现的元素的维度、排列的模式往往是全新的，这时儿童更需要保持专注，才能快速从一个任务切换到下一个任务的问题解决之中。

（二）可玩性

“花儿朵朵开”玩具的可玩性主要体现在三个方面：一是提供不同难度的任务卡片，游戏层次丰富，能够适宜不同水平儿童的游戏，也能够支持儿童自主性的选择；二是应用骰子，代替以往的材料，骰子各面的图案排列有所不同，因此增加了儿童寻找图案的过程，也给游戏带来更多的乐趣；三是材料的灵活可变性，能够支持多种游戏方式，具有一定的开放性，也能带来更多游戏的可能，使得玩具更具有可玩性。

1. 不同难度的任务卡片供游戏

“花儿朵朵开”为儿童提供了不同难度的任务卡片，在卡片顶端以星星数量的形式加以区分，从一颗星到五颗星难度逐渐增加。在游戏中，儿童可以根据自己的兴趣以及自身的能力挑战不同难度的任务卡。任务卡难度主要综合了三个维度：一是模式单元的长度，从 2 个骰子为一个单元逐渐增加到 3 个骰子为一个单元。二是一个单元中所出现的不同类型图案的个数，从仅有 A、B 两个元素逐渐过渡到 A、B、C 三个元素。排列方式上参考以往有关模式任务难度的研究，从 A－B－A－B，到 A－B－B，最后向 A－B－C 逐渐过渡。三是按规律排列时需要考虑的方面的数量。随着难度增加，儿童需要考虑的方面从单一变成多元，从最初的一个方面的差异，到最难的任务中三个方面均有所不同。不同难度的任务卡片，使得游戏的难度层次得到丰富，能够适宜不同水平儿童的需要，儿童也能够更加自主地选择适合自身发展水平的卡片，进行自由的尝试和探索。

2. 骰子的应用，增加找寻乐趣

以往较为常用的模式材料是串珠以及不同颜色、形状的积木材料，而“花儿朵朵开”在材料的选取上比较新颖，用的是骰子。骰子材料的一个独特之处在于，每个骰子均有六个面，每个面所呈现的图案可有所不同，这就增加了儿童寻找图案的过程，儿童需要不停地转动手上的骰子，找到目标图案。寻找的过程丰富了游戏的体验，能够让儿童感受到一种不断找寻的乐趣。手部操作能够带来小肌肉动作的发展，而且，反复的寻找过程也与儿童阶段发展特点相适应，儿童在这一阶段喜欢重复的动作，这也正好满足他们的心理需要。

3. 材料的开放性，满足多种游戏方式

“花儿朵朵开”最初是作为一个模式排列玩具，由于其材料的灵活性和开放性，骰子不仅可以用作模式排列，也有其他的玩法可供不断创新和发掘。首先，模式排列本身就可以有不同的玩法，较为简单的形式是依据卡片来进行排列，较为复杂的方式是儿童应用材料自己进行模式的创造。除了模式排列之外，利用骰子材料还可以创造出多种游戏形式，如找不同，或是上文中列举到的竞争式的游戏规则。材料玩法的多样性也能够适合不同年龄段儿童的需要，而随着儿童年龄的增长，在共同游戏的过程中，同伴之间也可以创造出新的游戏规则，增加游戏的趣味性。

四、观察要点

“花儿朵朵开”玩法多样，此处仅从最基本的模式复制玩法来梳理游戏中儿童行为观察的要点。“花儿朵朵开”整个游戏过程可分为三个阶段进行观察：一是选取任务卡，按照任务卡进行骰子摆放并发现模式；二是按照模式进行复制；三是摆放完成后验证准确性。每一个步骤对于儿童来说都有学习的机会，而且学习的重点均有所不同。教师在观察不同的环节时，侧重点应当有所不同。对应“花儿朵朵开”游戏的三个阶段，聚焦儿童模式能力发展，引申出如表 5－1－1 所示观察内容。

表 5－1－1 “花儿朵朵开”模式问题解决过程中儿童行为观察要点

阶段	与模式发展相关的认知活动	观察要点
任务摆放	任务匹配及模式发现	对于初玩此游戏的小年龄儿童，观察任务摆放中的匹配： 1. 儿童能否理解卡片上的图案和骰子图案之间的“对应”关系？在对应地摆好第一个骰子图案之后，是否还能对应地摆第二个、第三个？ 2. 摆放骰子时能否理解和卡片图案相对应的骰子面应该朝上放置？ 3. 摆放骰子时是否按顺序一一对应地摆放？会不会采用一定的策略来确保一一对应，如说出来、用手指等？ 对于熟悉此游戏规则的儿童，观察任务摆放中的模式发现： 1. 儿童会有意识地寻找摆放好的图案重复规律吗？ 2. 儿童会有意识地念出或自言自语地说出按照顺序排列的图案的特征吗？ 3. 儿童会说出或指出自己发现的模式规律吗？
解决问题	模式复制	1. 儿童能否理解并进行模式的复制？能否理解将剩余的骰子依次摆放？ 2. 在摆放过程中是否按照先前发现的规律，至少知道接下来应该排什么？ 3. 儿童能够复制怎样的模式单元？是较为简单的 A－B 模式？还是更加复杂的 A－B－B 或 A－B－C 模式，儿童在复制怎样的模式时表现更好？困难或问题主要出现在何处？ 4. 儿童能否在复制模式时同时考虑两个或三个元素的变化特点？儿童容易忽视的元素是什么？

续 表

阶段	与模式发展相关的认知活动	观察要点
验证答案	模式单元识别	1. 儿童是否会主动对自己所排列的模式进行检查？如何进行检验，是参考任务卡片检验还是根据自己总结的规律进行检验？ 2. 能否同时关注到任务卡所涉及的多个元素？ 3. 发现模式摆放存在问题时，儿童能否根据检查结果自行调整？ 4. 儿童是否在检验答案时，有意识地总结出了模式单元？ 5. 儿童是如何呈现模式单元的，是通过语言、动作，还是其他方式？

五、儿童发展案例

小班下学期，为了引导儿童通过游戏的形式初步认知模式，教师在班级内投放了“花儿朵朵开”玩具。初期，教师引导儿童认识了多样的小花骰子和任务卡片，了解了骰子上的小花有不同的颜色、表情，但考虑到小班儿童数数能力处于初步发展阶段，要点数闭合的花瓣数量对他们有一定的挑战性，故而教师暂未过多介绍花瓣数量间的差异。进一步地，教师还为儿童讲解了根据任务卡摆放小花骰子的基本玩法，鼓励感兴趣的小朋友来尝试进行挑战。

晗晗是班级中第一个走近“花儿朵朵开”游戏的孩子，她对各种各样颜色的小花骰子特别感兴趣，只见她将骰子倒在桌上，一个一个地垒高，就像搭积木一样。之后她又将骰子一个一个沿桌子摆，摆得长长的，一边摆着，一边高兴地说：“这是小花火车……。”但是她并没有注意到桌边的任务卡，看着她如此感兴趣，教师鼓励晗晗试一试按照任务卡来进行游戏。之后，教师详细地记录下了晗晗多次游戏的过程，从中我们能够看到晗晗在模式认知上的发展历程。

1. 第一次观察：尚未识别模式

4 月 24 日，晗晗第一次根据任务卡摆放小花骰子的规则来进行“花儿朵朵开”游戏。虽然在这之前，晗晗已经拿小花骰子搭过高楼、小路、小火车，但还未尝试过图案之间有规律的排列，这对她来说也是一次挑战。教师拿出难度为一颗星的几张卡片请晗晗挑选，她选择了印有“红-蓝-红-蓝-红-蓝”颜色 AB 模式的卡片。晗晗看着卡片，拿起一个骰子，将印有红色小花的一面朝上放置在桌面上，接下来她找到一个蓝色的小花骰子，紧挨着蓝红色的小花放置。又放好了一组红色和蓝色的小花后，她拿起两个骰子，放在这列骰子的一头一尾，然后转动骰子，摆成了“红-红-蓝-红-蓝-蓝”的排列（见图 5-1-7）。

图 5-1-7 晗晗同时拿起两个骰子放在首尾，排成“红-红-蓝-红-蓝-蓝”的一列

晗晗看看卡片，又看看自己面前的小花，告诉老师自己已经摆好了。教师请晗晗检查是不是和任务卡上完全一样。晗晗再次看了看任务卡，然后肯定地点点头。教师鼓励晗晗用手指着任务卡和自己面前的骰子进行对应，第一个是红色，她又指了指第二个小花，发现原本应该是蓝色小花的位置上放置了一朵红色的小花，于是她转动骰子，找到了蓝色的小花图案放好。但是在检查到最后两个骰子时，她直接跳过了第五个骰子，指了指最后一朵蓝色的小花。所以，她最终排列成了“红-蓝-红-蓝-蓝-蓝”的一列（见图 5－1－8），并未成功完成卡片任务。

图 5－1－8　晗晗用手指着任务卡进行调整，在最后出现跳跃问题，排成了“红-蓝-红-蓝-蓝-蓝”的一列

2. 第二次观察：识别颜色模式，尚未识别表情模式

4 月 27 日，晗晗第二次来玩卡片对应的游戏，鉴于上一次的游戏经验，教师在晗晗按照任务卡摆放骰子之前采取了一个新的方法，希望能够帮助晗晗更准确地进行卡片的对应摆放。首先，晗晗还是挑战和之前一次一样的颜色卡片，需按照“红-蓝-红-蓝-红-蓝”的颜色模式进行排列。老师请晗晗先指一指卡片上第一个颜色并请她说一说是什么颜色，晗晗说着红色，对应从桌子上找到红色小花放置在桌子上。教师请晗晗再指一指下一个颜色，并大声说出颜色，于是晗晗一边说着蓝色，一边找到了蓝色的骰子，放在前一个骰子的旁边。随后，晗晗自己一边指着上面的颜色，一边有节奏地说着颜色的名称，一边进行摆放，顺利完成了卡片的对应（见图 5－1－9），晗晗显得十分开心。

接着，晗晗主动将卡片翻转过来，开始了另一个任务的挑战，这一次卡片上是专注小花表情排列，为“哭-笑-哭-笑-哭-笑”的 AB 重复模式，她试着用同样的方式开始排列，她一一地指着，说出表情并且排列着，一个“哭”的表情，一个“笑”的表情……她摆到第六个时，本来应该结束了，但是她又转而指着卡片上的第四个哭的表情，将一个哭的表情排在了第六个骰子后面，然后说摆好了（见图 5－1－10）。教师鼓励她再往后摆，但是晗晗并不知道应该怎么摆。然后教师问晗晗是否已经完成了，晗晗肯定地说摆好了，和卡片上一样。

图 5－1－9　晗晗在教师的指导下通过边指边说颜色的方式，正确完成了一次摆放

图 5－1－10　晗晗重复多摆出了一个哭的表情，但却没检查出来

之后，晗晗又尝试摆了另一个表情的卡片排列，任务卡上显示的是："平静-哭-平静-哭-平静-哭"，晗晗也用手指的方式依次摆着，但是中间位置的时候错将一个平静摆成了笑的表情，而且在摆完第六个之后她又摆上了第七个。教师让晗晗数了数卡片上图案的数量，又让她数了数骰子的数量，她发现不对，于是直接将第一个平静表情的骰子移开了。

3. 第三次观察：开始识别表情模式，颜色模式从 AB 拓展为 ABC

5 月 3 日，在晗晗第三次进行游戏前，教师为晗晗提供了一张画着六个方格的白纸，让晗晗对照着任务卡片，在纸上的方格中一一进行摆放。教师给晗晗提供了恰好六个骰子，让晗晗来从中选择并进行摆放。晗晗继续上一次未完成的卡片，并成功完成了"哭-笑-哭-笑-哭-笑"的摆放，将六个骰子一个不多、一个不少地填入了方格内。

随后，晗晗选择了一个之前没有挑战过的三颗星的任务卡，卡片上需要晗晗按照"绿-蓝-红-绿-蓝-红"的 ABC 颜色模式进行排列。晗晗自信、快速地转动着骰子，找好对应的颜色，一个一个地填入方格之中，嘴里有节奏地说着颜色的名称(但不再用手指指着卡片上的图案)，很快正确完成了模式的摆放(见图 5 - 1 - 11)。

之后，她又完成了一张两颗星难度的任务卡，同样，也是完全准确地进行了排列。教师增加了一个奖励的机制，即用小球或小石子来标记成功完成任务的次数，当晗晗完成一张卡片的摆放时，晗晗就可以选择一颗小球或小石子放进小盒子里，作为奖励(见图 5 - 1 - 12)。

图 5 - 1 - 11　晗晗很快在方格中准确地摆好了"绿-蓝-红"的模式排列

图 5 - 1 - 12　晗晗站起身来查看了一下自己得到了多少小球

4. 第四次观察：初次进行模式复制，成功！

5 月 12 日，晗晗再一次进行了"花儿朵朵开"的游戏。这一次，教师没有让晗晗使用带有方格的纸，而是像之前一样在桌面上进行排列。晗晗在卡片摆放任务中已经能够成功挑战五颗星的排列，对于晗晗来说，对应卡片将骰子进行排序已经不再是一件困难的事情，教师也希望晗晗能够有新的挑战了。恰好，在这次游戏中，晗晗又拿起了一颗星的任务卡，这已经是晗晗第四次排列这张卡片了，颜色的排列对她来说已经没有难度，她快速地就将六个骰子按照"红-蓝-红-蓝-红-蓝"的顺序进行了排列。在她排好后，教师并没有让晗晗立刻更换卡片，而是请晗晗观察一下这样一列骰子有没有什么规律，晗晗念着："红色，蓝色，红色，蓝色……。"之后，教师请晗晗将桌子上剩下的两个骰子按照规律放置进去，老师说："如果这是一列小火车，那么接下来应该放一个怎样的车厢呢？"晗晗看着桌上剩下的骰子仔细想了想，选了一个红色的骰子放置进去，最后放置上一个蓝色的骰子(见 5 - 1 - 13)。教师又取出一

些骰子，晗晗将所有的骰子都按照“红－蓝”排列好了。

5. 第五次观察：开始尝试模式填空

5月18日，这次教师鼓励晗晗进一步尝试排列小花表情的AB模式，并进行复制。教师为晗晗投放了八个骰子，只见晗晗在按“哭-笑-哭-笑-哭-笑”卡片排列好六个骰子后，尝试将桌面上剩余的两个骰子放进去，犹豫片刻却选择将一个笑的骰子接在笑的后面，然后有些不知所措。面对犹豫的晗晗，教师及时将笑的骰子放在了最后，中间空出一个位置。然后引导晗晗一起读出前面六朵小花的表情，又在空格处停顿了下，再着重读出了最后一朵小花的表情。之后，晗晗迅速转动了剩余的一枚骰子，将哭的表情填入了空余的第七个位置（见图5－1－14）。

图5－1－13　晗晗能够观察最简单的颜色的AB模式，能够进行模式的复制

图5－1－14　在进行表情的AB模式复制时，第七个骰子的摆放出现了错误

6. 第六次观察：模式创造初体验

6月18日，经过了近2个月的探究，晗晗对“花儿朵朵开”的任务卡玩法已经胸有成竹，她还是会时不时来到区域内抽一张任务卡，快速地完成摆放任务，也会时而向小伙伴或老师“炫耀”，收获一份份成就感与自信。这天，晗晗没有使用任务卡，选择常用的8个骰子，摆起了她最熟悉的“粉-蓝”AB模式，然后假设这是一辆小火车开了起来，嘴里模仿着火车的鸣笛声。教师觉得这是个好时机，于是问晗晗：“你的小火车好长呀，但是有四朵小绿花也想上车，可以吗？”“好呀！”晗晗马上回答。

“现在一节车厢两朵小花，”教师说着，把排在最前面的两个粉、蓝骰子移动开来，和后面的骰子空出了一些距离，接着又说：“一节小绿花坐上了第一节车厢。”顺势把一个绿色小花放入了刚刚的空格内。“请晗晗把剩余三朵小绿花也请上车吧！注意每节车厢内都有一朵小绿花哟。”晗晗想了想，在教师的引导下，将后面粉、蓝车厢一组组分隔出来，又将小绿花放入了车厢内，确保了每节车厢里都有小绿花，只是小绿花放置的位置不全相同，排成了“粉-蓝-绿-粉-蓝-绿-粉-绿-蓝-粉-绿-蓝”的形式。教师又进一步让晗晗再清楚地将三朵小花为一组的车厢分开，引导她一边点着小花，一边说出小花的颜色，看看是否排列正确。和教师点数了到第二轮，晗晗终于将绿色的小花调整正确，便迫不及待地将车厢合并，说着“小火车开车啦！”

六、儿童在游戏中的学习路径

儿童在“花儿朵朵开”游戏中解决模式问题的过程，反映了其模式认知与应用的综合能力。结合上述案例，大致能观察到儿童在完成花儿朵朵开任务时，如表 5－1－2 所示的五个阶段的游戏行为，并构成儿童解决模式问题的学习路径。

表 5－1－2 “花儿朵朵开”游戏中儿童模式的学习路径

阶段	游戏行为	能力分析	发展支持
1	借助先用手指点卡片，口中说出颜色或图案内容，再进行寻找排列的方式，儿童可以较为准确地进行排列，但是在数量的对应上容易出现错误，常常出现多摆的情况	能识别模式，但受到数量匹配能力的影响，尚不能准确复制模式	为儿童提供支持的方格纸，帮助儿童理解数量上的对应关系，从而更准确地进行模式排列；可引入奖励机制，完成卡片即可计分，激发儿童勇于挑战任务并坚持完成任务
2	能够总结小花颜色的 AB 模式规律，并且能够进行多个单元的复制，但在表情的 AB 模式排列上仍然无法进行复制	能对小花颜色进行重复性模式的复制，尚不能完成小花表情的重复性模式复制。即能够完成简单特征的一个维度的模式任务	鼓励儿童有节奏地手指卡片上的小花、口中说出小花的重复性模式特征，适当重复这一过程，鼓励儿童借助动作、语言等多感官配合来感知重复性模式
3	能通过填空的方式补全小花表情的 AB 模式重复	能对重复性模式进行补全及延伸	教师主动为儿童创造问题情境，从简单的 AB 模式重复入手，鼓励儿童在重复模式理解的基础上完成填空问题
4	将原有“粉蓝”重复模式中加入“绿”元素，进行了“粉蓝绿”的模式创造及复制	尝试模式创造，并通过探究、试误等对创造的模式进行复制	用“乘火车”“排列火车车厢”的方式，发展模式创造的情境，进而鼓励儿童主动进行模式创造并解决情景化问题
5	进行“粉蓝绿”模式创造及复制时，发现每个单元模式存在不一致的问题并进行调整	用操作、情景化的方式初步识别模式单元	抓住儿童出现问题及错误的机会，鼓励儿童用操作的方式（如将每个单元模式从空间上分隔开）解决遇到的问题，进而逐步理解单元模式的意义

值得注意的是，上表描述的儿童模式认知与应用的学习路径，正如我们在前面晗晗小朋友的案例中看到的，不同阶段之间的联系常常较为紧密，比如阶段 4 和阶段 5 甚至在同一次观察情境中有可能同时出现。而教师能够充分理解儿童的学习路径、认识到路径各节点之间的关联、理解儿童学习路径与“花儿朵朵开”任务情境的联系，并抓住合适的时机，给予儿童充分的引导与支持非常重要。

七、观察反思

（一）悉心捕捉儿童所处的发展阶段，善用适宜的支持

儿童在游戏过程中会有诸多行为表现，有些表现看起来是远超出他们已有经验和游戏水平的，很多时候，教师会欣喜地认为这是儿童已经进步和发展的表现，然而在持续地观察后，发现儿童只是偶尔有这样超前的行为表现，更多时候又表现出之前的状态，此时教师会对儿童行为的“反复”感到困惑；也有一些教师会急于期望儿童到达新的发展阶段，于是在支持策略上更进一步为儿童设置更难的任务。而事实上，教师所期望的远远超过了儿童的实际发展水平，从而给儿童带来过多的压力，教师也观察不到所预期水平的儿童稳定的发展结果。因此，在观察儿童游戏的过程中，要能够区分儿童偶然的行为和其真正的发展。例如，在上述案例中第二次观察里，晗晗通过手指的方式能够顺利地摆好六个骰子，并且又往后延续了一个骰子，最重要的是，这个骰子恰好是符合这一模式规律的。但这是否就说明晗晗已经超越了对应的模式，能够自己总结模式规律，并且进行复制了呢？教师在那一瞬间有这样的希望，但是随即教师请晗晗再往后进行延续，此时发现晗晗其实并没有真正地理解这样排列的依据进而尝试模式的复制，教师进一步判断晗晗可能在数量的对应上存在问题，于是支持的策略也更多侧重在了帮助晗晗进一步提升按图摆物的准确性上。因此，在对儿童的发展阶段进行捕捉时，可以尝试给儿童提供一个相似水平的不同情境，让儿童进行充分的探索，再观察儿童的行为能否持续且一致，同时请儿童对自己的行为进行初步的解释和说明，据此进行更专业的判断。

（二）持续引入奖励措施

在儿童进行游戏的过程中，尤其是在儿童独自游戏时，有时候完成任务不一定能够使儿童获得足够的成就感，也很难持续地激发儿童参与的热情。这些游戏材料设计往往较为开放、自由，更多依赖参与者的兴趣，但是儿童的自制意识较弱，且注意力持续的时间也相对较短，如果在短时间内不能顺利地完成任务，便容易半途而废，被其他事物吸引注意力，不能够进行深入的探究。为了鼓励儿童参与游戏，投入游戏的过程中，教师可以引入外界的奖励措施进行鼓励。在案例中，教师最初使用了小球和小石子进行记分，并且请儿童自己挑选喜欢的颜色和形状，而非教师来帮助儿童记分，这一过程能够吸引儿童，并且让儿童更乐于挑战自己，因为他们可能希望得到各种各样颜色的小球或者更多数量的小球，在自己挑选的过程中，他们也能够体会到自豪与成就感。但是激励措施并非一成不变，如果一直采取这样的激励方式，儿童可能为了得到小球而重复地完成他们已经熟练掌握的技能，不利于他们进一步挑战更高难度的关卡。因此，教师可以调整奖励措施，将任务卡的难度与得到小球的数量进行对应，完成的卡片难度越高，得到的小球越多，这样一来，儿童就更愿意尝试没有尝试过的新任务，挑战更难的游戏关卡，从而在游戏中积累经验，促使能力得到更快的提升。当然激励措施也还可以有更多的变化，如排列错误可以相应地扣除小球等，通过这种变化的、挑战性逐步增强的激励措施能够激发儿童更大的发展潜能。

（三）灵活调整支持策略

观察和支持儿童的发展是一个循环往复的过程：教师观察儿童的行为，提出支持策略，为验证策略效果再持续观察，根据观察结果调整支持策略……儿童和教师的能力在这样的循环中不断得到提升和发展。这一过程中，如果教师提出的支持策略没有取得预期的效果，要灵活地做出调整。可以看到在案例中，教师从第一次观察到最后一次观察的过程中一直都在尝试给晗晗提供支持，而且支持的策略也随着其效果以及支持重点的改变而在不断地调整和变化。第一次观察中，晗晗无法准确地对应卡片进行摆放，教师尝试引导儿童用手指卡片检验的方式对排列好的骰子进行调整，但是很显然，对于儿童而言，这样的方式并不是特别适应，相反让他们更难以理解，因此儿童调整的结果也并不是特别理想。于是，在第二次的观察中，教师同样让儿童借助手指来排列，但是将这一过程提前到排列的时候，而不是在排列好后进行检验，而事实也表明，这样的方式更符合年幼儿童的思维发展和理解方式，因此取得了较好的效果，可以说是一次成功的策略调整。

除此之外，随着游戏目标、教育目的的改变来调整支持策略也是必不可少的。案例中，为了帮助晗晗实现图案和顺序的准确性，教师鼓励儿童用手指，用口说再寻找；为了帮助晗晗实现数量的对应，教师提供画有一定格子数量的白纸供儿童填充，而且提供给儿童的骰子数量也在发生着变化，由少到多逐渐增加；为了帮助晗晗延续模式，鼓励她将小花骰子想象成火车车厢，增加了趣味性的同时，也能够帮助晗晗更好地理解规律，并复制已有的模式。总的来说，教师的支持策略并非一次性的，也并非一项支持策略就一定能够取得收效，应根据儿童的发展和需要，不断地进行调整，不断地递进。

八、小结

儿童能够真正从游戏中收获快乐，能够收获学习与发展，是作为玩具设计者的我们所期望看到的。“花儿朵朵开”有别于以往的模式材料，在可玩性和教育性上达到了一种新的平衡，其变化性、开放性以及可操作性都能够引发儿童参与的兴趣。儿童从面对最简单的对应图案都有困难，到后来能够得心应手地完成所有的对应，进而能够复制一个、两个、三个……模式单元，再到能够运用小花摆出属于自己的模式，最后，甚至能够跳出模式游戏的规则，在游戏中创造新的规则，获得新的乐趣。这些点滴的发展，都能够在小花骰子的游戏中见到，这反映了玩具中蕴含的学习智慧。当然，我们希望儿童在玩具中学到的不仅仅是如何排列模式，更重要的是一种探索的乐趣，一种达成目标的成就感，一种勇于挑战自我的勇气，以及善思勤思的习惯。这些，我们从儿童的成长案例中都能清晰地体会到。

在游戏中，可以清晰地看到教师和儿童经验的交汇以及共同建构，教师在投放“花儿朵朵开”时有着明确的目标，而在儿童自主的探索中，教师通过不断挑战的支持策略帮助儿童提升模式认知能力，向目标靠近。“花儿朵朵开”游戏的过程可以被视作引导游戏的一个示例，充分体现出游戏化学习理念下师幼双主体的特点。不仅是儿童收获了成长，作为教师，看到儿童在教师的逐步支持下，在与材料的不断互动中真正实现点滴进步，这本就是一种专业性的体现。教师有意图地投放材料，有目的地观察分析儿童的发展，适时适当地支持儿童的游戏行为，这就是一名高质量幼儿园教师的专业所在，也是推动学前教育高质量发展的有力保障。这 18 个小骰子和儿童及教师的互动，反映的是支持儿童在游戏中有意义地学习。当然，儿童的发展是多样的、丰富的，绝不局限于这小小的 18 个骰子之间，他们自有更大的成长空间，更广阔的天地。但是作为教师，我们在意的是儿童已有经验的运用和游戏经验的迁移。游戏和材料是支持儿童发展的方式，也是反映儿童发展特点和水平的一扇窗。儿童

在这个游戏中所学习到的,默会的,感悟的知识和技能将会支持他在其他领域、其他游戏、其他学习任务中的表现。至少,当儿童完成一个又一个挑战任务时,我们觉得,他们更自信了,更坚持了,这也就意味着他会更敢于尝试,赢得了更多的发展可能。

第二节 思维策略玩具的设计与应用——以“你追我赶”为例

一、设计缘起

在认知心理学的教科书中,借助汉诺塔问题来展示人的问题解决过程是比较经典的内容。汉诺塔问题最早是由法国数学家爱德华·卢卡斯(Édouard Lucas)于19世纪末提出来的。他曾为汉诺塔问题编写过一个古老的印度传说:“在印度北部贝拿勒斯的圣庙里,有一块黄铜板,上面插着三根宝石针。梵天在创造世界的时候,在其中一根针上从下至上穿好了由大到小的64片金片。不论白天黑夜,总有一名僧侣按照下面的规则移动着这些金片:一次只移动一片,不管在哪根针上,小片必须在大片上面。僧侣们预言,当所有金片都从梵天穿好的那根针上移到另一根针上时,世界将就此消亡。”世界何时会消亡呢?这就是所谓的汉诺塔问题。

通过计算,人们发现按照规则来实现64层汉诺塔的搬迁遥遥无期。同时,解决汉诺塔问题,尤其是找到解决汉诺塔问题的最优解,需要将数学递归法(recursion)应用其中,将复杂问题简单化、清晰化。汉诺塔问题的解决比较全面地展示了问题解决的信息加工过程及特点,这也是认知心理学教科书喜欢引用汉诺塔问题说明研究案例的认知过程及特点的主要原因。

人们还意识到,汉诺塔是一个非常好的开发儿童数学思维的问题情境。在20世纪便有了诸多汉诺塔玩具(见图5-2-1),三层塔到九层塔是比较常见的玩具类型。经验表明,在摆弄汉诺塔的游戏过程中,即便是年幼儿童,也可能通过直觉探索、发现和总结问题情境相似性的规律。

图5-2-1 形式多样的汉诺塔玩具,虽然层数不同,但游戏规则相同

与汉诺塔玩具类似的，便是图 5-2-2 中这种三色或四色的逻辑盘玩具，其设计形式与汉诺塔有所不同，此类玩具是在一个封闭的空间中，移动颜色颗粒以从初始状态达到目标状态。但所有颗粒只能沿着玩具上固定的轨迹移动，不可取出。三色、四色逻辑盘的问题情境与汉诺塔有一定相似性，但是较汉诺塔而言更为简单，因为没有顺序的限制，所以在达成目标上需考虑的因素相对较少。尽管如此，对于年幼儿童来说，如何解决问题，进一步地，如何最优地解决问题，仍旧是具有挑战性的。清晰地展示问题，让所思即所见，鼓励儿童在尝试、探究过程中积极寻找方法、发现策略则是三色、四色逻辑盘体现出的数学思维类玩具的价值。

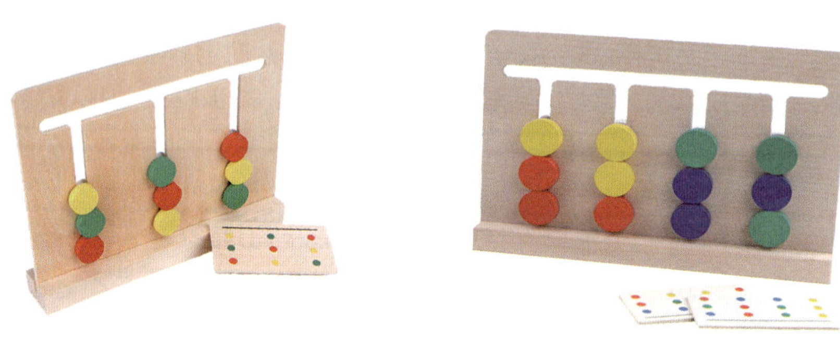

图 5-2-2　三色、四色逻辑盘玩具及其配套的任务卡

游戏任务要求儿童将当前玩具盘上的彩色颗粒移动调整至任务卡的目标状态

尽管我们没有查阅到三色、四色逻辑盘玩具最初设计来源的有关文献，但我们对该玩具的设计特点较为认同，如考虑到了年幼儿童把玩、尝试、探索的特点，包括封闭式路径的设计、颗粒大小和限制结构的设计等。然而，与汉诺塔拥有的十分神奇的问题解决故事情境相比，三色、四色逻辑盘显然更加去情境化，更像是单纯的逻辑任务材料。因此，如何增强三色、四色逻辑盘玩具的游戏情境性，是我们对这款玩具进行创新改良的一个出发点。

我们首先提出了两个问题：(1)传统三色、四色逻辑盘玩具仅在正面颗粒呈现不同颜色，而背面颗粒则为白色，仅起到固定和便于移动的作用(见图 5-2-3)，那么背面颗粒上的白色空间是否也可以加以改造，增强游戏体验呢？(2)传统游戏仅以颗粒上的不同颜色作为线索来创设问题，除此之外，是否还能增加更加情境化的线索呢？

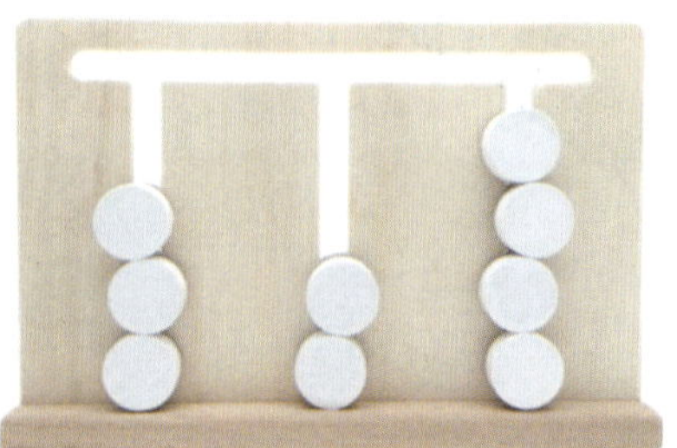

图 5-2-3　常见的三色、四色逻辑盘玩具正面为彩色颗粒，背面为白色颗粒

针对以上问题，我们保留了三色逻辑盘正面的颜色特征，而在三色盘背面的白色颗粒添加了彼此间具有制约关系的三种卡通图案——花生、猫和老鼠(见图 5-2-4)。选择这三种事物的原因在于年幼儿童对其都较为熟悉，且大量提及三者制约关系的文学作品帮助幼儿形成直观的印象，因此，三种元素适宜作为颜色以外的情境线索来创设新的问题。由此，儿童的想象空间也得以进一步打开，玩具难度梯度有所增加，可玩性也增强了。

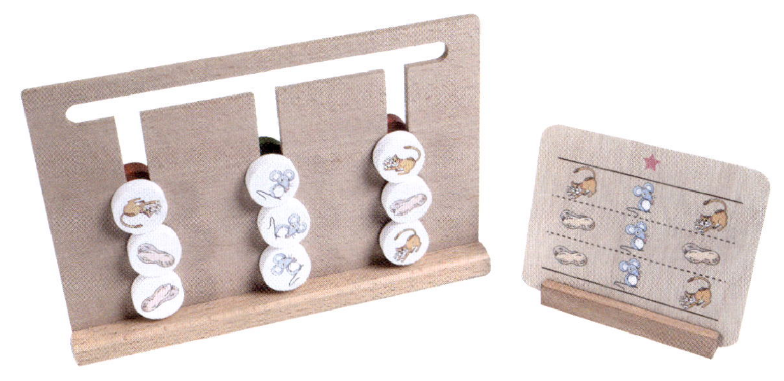

图 5-2-4　三色逻辑盘玩具背面白色颗粒改为三种卡通图案，同时增设了相应的任务卡

但是，当我们循着“图案制约”的思路改良四色玩具，将四色逻辑盘背面的白色颗粒改造为“冰与火”“魔鬼与天使”两对具有制约关系的图案时，发现其游戏难度骤然提高了。为此，我们引入了一个“友好”的图案朋友加入其中——“太极”(见图 5-2-5)。规定太极图案可以与任何一个图案相邻，使得图案间的制约关系有所缓冲，让游戏难度回归到年幼儿童适宜的水平。同时，我们也希望这样一个带有中国传统文化意蕴的图案，能够让儿童在愉快的游戏过程中，有意无意之间，更加亲近地体会到其“和而不同、和谐共处”的内涵。

图 5-2-5　四色逻辑盘背面改良为两种制约关系“冰与火”“魔鬼与天使”图案的同时，增加了一种在功能上意味着可和谐相处的太极图案(见右侧中间图案)

二、设计描述

(一) 结构设计

“你追我赶”整体结构由一个小逻辑盘和一个大逻辑盘组成(见图 5-2-6)，辅以多个难度等级任务卡及插卡木槽。小逻辑盘内设置 3 条竖列通道、1 条横排通道供 9 个圆钮在其中

移动；大逻辑盘内设置 4 条竖列通道、1 条横排通道供 12 个圆钮在其中移动。每个通道的开槽尺寸恰好供一个圆钮纵向或横向移动。横排通道两端各留有一个空隙放置 1 个圆钮，当横排通道的圆钮与两端竖排通道的圆钮相遇时，可为其提供避让的空间。任务卡正反面为不同的任务。游戏时，任务卡正面朝前插入卡槽内，方便儿童观察任务并与实际操作物相对照。

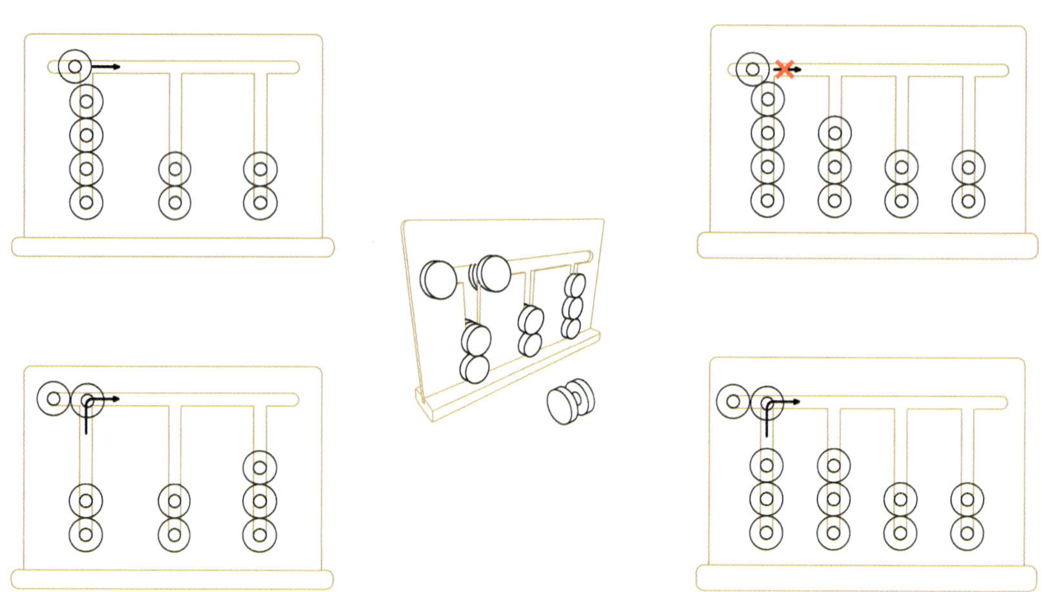

图 5－2－6 “你追我赶”整体结构示意图

大逻辑盘的竖列通道放置 4 个圆钮后，其他圆钮则不能在横排通道穿行，见右上图；横排通道两端各留有一段空隙可放置 1 个圆钮，便于避让其他圆钮通行，见右下图。小逻辑盘的竖列通道放置了 4 个圆钮后，仍能允许一个圆钮在横排通道穿行，见左上图，该设计主要考虑低幼儿童的认知发展特点，希望小班儿童通过尝试也能成功。大、小逻辑盘设计上的差异旨在让更多儿童能挑战游戏并解决问题

（二）内容设计

“你追我赶”玩具以幼儿园小班、中班儿童为主要使用对象，其内容设计集中体现在圆钮图案和任务卡的设计上。

相比具体的图案，儿童早期对颜色块更为敏感。因此逻辑盘上的单色圆钮面更适合幼儿早期的探索。与单色圆钮有关的任务卡包含多个难度阶梯的设计（见图 5－2－7）：

阶梯 1：三种颜色圆钮任务，按图摆放。

阶梯 2：三种颜色圆钮任务，满足特定位置“有什么”摆放。

阶梯 3：三种颜色圆钮任务，满足特定位置“没有什么”摆放。

阶梯 4：四种颜色圆钮任务，按图摆放。

阶梯 5：四种颜色圆钮任务，满足特定位置“有什么”“二选一”摆放。

儿童可以依照星级标识，逐级挑战不同难度的任务。在探究颜色圆钮阶梯式任务的过程中，如果儿童对圆钮的图案面产生兴趣，便可以自然地过渡到图案面的任务挑战。而与图案圆钮有关的任务卡也包含了多个难度阶梯的设计（见图 5－2－8）：

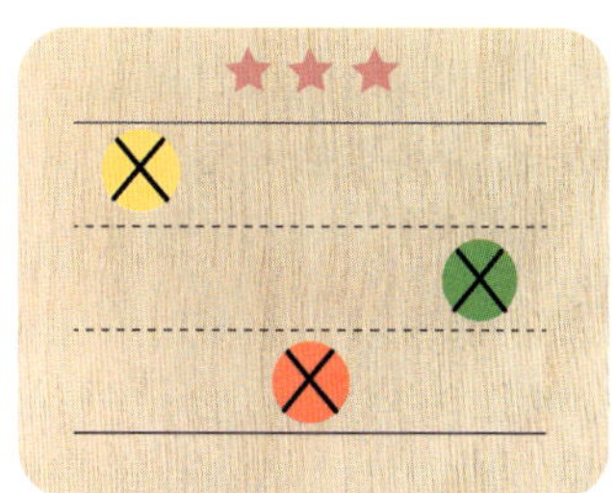

图 5-2-7　颜色任务卡包含多个难度阶梯的设计

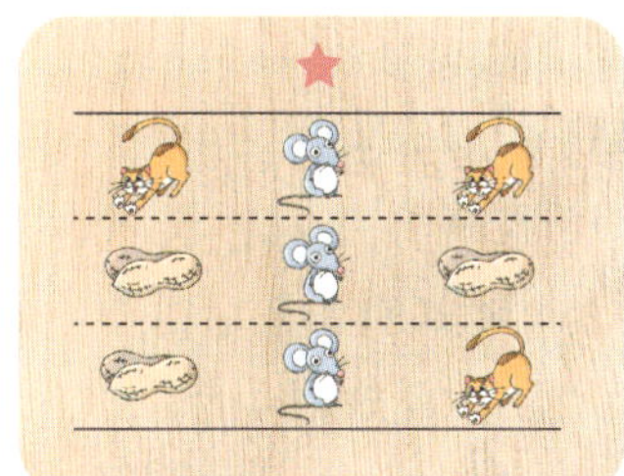

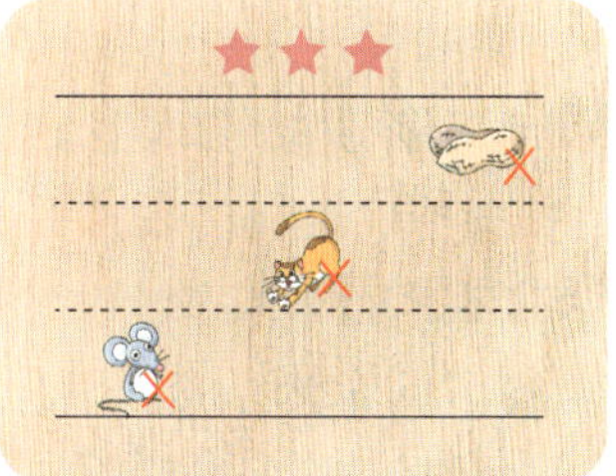

图 5-2-8　图案任务卡设置了制约关系，包含多个难度阶梯的设计

阶梯 1：三种图案圆钮任务，按图摆放。

阶梯 2：三种图案圆钮任务，满足特定位置“有什么”摆放，同时满足猫和老鼠不能上下相邻、老鼠和花生不能上下相邻的制约关系。

阶梯 3：三种图案圆钮任务，满足特定位置“没有什么”摆放，同时满足猫和老鼠不能上下相邻、老鼠和花生不能上下相邻的制约关系。

阶梯 4：五种图案圆钮任务，按图摆放。

阶梯 5：五种图案圆钮任务，满足特定位置“有什么”摆放，同时满足冰和火不能上下相邻、天使和魔鬼不能上下相邻的制约关系。

图案圆钮的设计蕴含了“制约关系”的内在逻辑，引导儿童不仅应了解事物本身的特点，更应该尝试感知和建构一个整体的世界，了解事物之间的关联。在三色逻辑盘中，猫和老鼠是不能共存的，它们之间存在捕食关系；而老鼠和花生之间，同样也是捕食关系，因而也不能够同时出现在一列之中的相邻位置。然而，猫和花生之间则是共生的关系，猫对于花生是有益的，因此可以相邻放置。同样，在以“天使与恶魔”为主题的四色逻辑盘中，也存在这样的制约关系和共存关系，这些关系的加入一方面能够帮助儿童在游戏中拓展对常见事物的认知，构建事物之间的关系网络，同时也伴随着游戏规则改变所带来的能力挑战。与颜色圆钮的排列相比，儿童在排列图案圆钮时，不仅要考虑符合任务卡给出的几个圆钮的位置，还要在放置其他的圆钮时考虑满足事物之间的制约关系。这对儿童的注意力和执行功能无疑提出了更高的要求。“制约关系”的设计使得儿童对自己游戏行为的监控需要付出更多的努力，与此同时也能够更好地帮助儿童专注于游戏，提升儿童的注意品质和思维品质。

此外，任务卡还暗含一个设计：同一张卡片的正反面与逻辑盘的正反两面相对应，也就是说，儿童可以用一个逻辑板完成任务卡正反两面的任务。这为游戏后期，儿童进行合作游戏创造了可能的机会。

（三）玩法设计

“你追我赶”综合应用了模式识别与模式建构、规划移动（Programmed Movement）等多种游戏机制，同时融入多组事物之间的制约关系，如恶魔与天使、冰与火、猫与老鼠等，以增强游戏的可玩性。其中，模式识别与模式建构机制主要涉及对规律图案的识别及生成，该机制在前面的章节有专门介绍，此处不再赘述。本玩具中，该机制的运用体现为儿童需要在识别任务卡圆钮分布的基础上，将圆钮移动到对应的位置，从而满足目标模式的要求。例如，将三色逻辑盘的一种颜色圆钮全部移动到三条竖通道的其中一条上。该玩具蕴含的另一个游戏机制是规划移动机制，该机制指游戏者需要对棋子的移动提前做好规划再执行，强调移动的计划性和目的性。与之相对应，儿童运用“你追我赶”玩具开展游戏时，需要对圆钮的移动有所规划，并按照一定的先后顺序移动对应的圆钮，而不是随意移动，从而保证所有的目标圆钮能够移动到目标位置上。“你追我赶”这一游戏机制的应用，也为儿童从思考如何解决问题进一步发展到思考如何最优地解决问题提供了驱动力。

结合上述游戏机制，“你追我赶”玩具可生成多种形式的游戏：独自游戏、平行游戏、竞争游戏，甚至合作游戏。儿童一般从独自游戏开始挑战，以三色逻辑盘为起始较多。

独自游戏时，儿童拿取三色逻辑盘，翻转至颜色圆钮面，拿取一星任务卡并完成相应任务，核对无误后，儿童可以继续拿取二星任务卡进行挑战，以此类推。随着任务卡星级的提升，儿童的游戏挑战逐渐从颜色圆钮面向图案圆钮面、从三色逻辑盘向四色逻辑盘过渡。

平行游戏时，儿童可持三色逻辑盘，或选用四色逻辑盘，两人各自选择想要挑战的任务卡，平行进行游戏。此时儿童之间的交流较少，偶尔出现互助的情况。

竞争游戏时，两名儿童各持一个相同逻辑盘，共同抽取一张任务卡，同时开始，比比看，谁先完成任务。此时游戏节奏较快，能激发儿童快速进行逻辑推理、判断与解决问题的能力。

合作游戏时，两名儿童共同持一个逻辑盘，共同抽取一张任务卡，面对面坐，一人负责操作逻辑盘颜色面完成任务卡的颜色面任务，另一人负责操作逻辑盘的图案面完成任务卡的

图案面任务。在此过程中，两人虽然有各自的任务面，但双方均需要考虑逻辑盘的正反两面，并进行语言协商，以确定圆钮的移动顺序，从而共同完成挑战。这是一种难度较高的玩法，对儿童的沟通协商能力提出不小的挑战。

三、设计要点

(一) 教育性

“你追我赶”玩具是在以往三色和四色逻辑盘的基础上进行了改造和创新，其内核仍然保留了三色和四色逻辑盘在数学逻辑上的教育意义，增加了事物间制约关系的设计，使得游戏玩法得以进一步延展，同时，玩具为儿童在游戏中运用计划性和策略提供了支持。此外，“你追我赶”玩具涉及儿童的手部操作，儿童在移动各个圆钮的过程中，通常需要双手协调配合，因而在不断尝试和操作中，儿童的手眼协调能力可得到锻炼和提升。随着儿童进阶式地完成多等级难度任务，诸如灵活性、专注性和坚持性的学习品质亦能得到提升。

1. 数学逻辑

儿童数学学习不仅体现在知识的掌握上，更体现在能力的提升上，其中，儿童的逻辑思维能力是早期数学认知能力的重要组成部分。具备一定的逻辑思维要求儿童能够准确地理解规则和条件信息，根据条件进行简单的逻辑判断和适当的因果推理。“你追我赶”玩具为儿童创设了较为适宜的问题解决情境，并为儿童提供了数学逻辑发展的契机，重点体现在游戏前儿童需要具备一定的计划性与游戏过程中需要运用一定的策略才能较为有效地解决问题这两个方面。

3～6 岁儿童，其思维由直观行动思维发展到具体形象思维，并且逐渐向抽象逻辑思维过渡，但直观行动思维仍然是儿童这一时期思维发展的主要特点。他们往往依赖于操作，以具体形象或者表象作为加工的依据，尚不能依靠理性、抽象的概念来进行思维。因此，儿童在问题解决时往往会表现出随意性，较难在游戏开始前对整体的问题情境进行分析和判断，从而有计划地行动。具体到“你追我赶”的游戏情境中，当儿童选定一张任务卡后，他往往不会像成人一样，先对任务卡进行分析，再对手中玩具上各个圆钮的位置分布进行观察，综合分析哪一些圆钮不需要进行移动，哪些圆钮移动起来相对来说更为便利。相反，他们可能会随机地进行移动，发现位置不合适后再进行调整。或者，部分儿童会以从左至右或从右至左的顺序按照每一列依次完成。此外，这一阶段的儿童还不太能够纵观全局，全面地考虑问题，而是更多地关注局部。“你追我赶”玩具为儿童提供了一系列呈现难度阶梯的任务卡，在问题解决的过程中，儿童将面对愈加复杂的圆钮排列顺序及图案间的制约关系，进而越来越多地运用到逻辑推理能力。这便使得儿童在解决问题时从先行动逐渐过渡到先计划、先思考再行动，计划性也随着问题解决难度的增加而自然地提升。

策略被认为是问题解决中的核心，是个体在问题解决过程中，根据特定的问题情境及要求而采用的解决问题的方式方法。策略是一种指向认知目标的心理操作，儿童通过使用策略达到解决问题的目的[①]。以往研究发现，儿童问题解决的形成和发展往往需要经历三个阶段：在第一个阶段中，儿童还不能自发地产生策略，即使是别人教授的策略，他们也不能有效

---

① 陈英和. 认知发展心理学[M]. 北京：北京师范大学出版社，2013：23.

地使用;进入第二阶段后,儿童还是不能自发地产生策略,但是可以在他人的指导下,学会一种策略;在第三个阶段,儿童就可以自发地产生并且有效地使用策略了①。在游戏情境中,对儿童策略的研究也发现了儿童策略使用的不稳定性。随着儿童反复地练习,只有在游戏过程中发觉新策略在解决问题上比以往的策略更为有效,他们才能够逐渐认同新的策略②。

"你追我赶"玩具通过任务卡形式设置了不同的问题情境,儿童策略运用也从较为单一的策略(只关注某一圆钮、只关注某一列)逐步走向多重策略(同时关注多个圆钮、多列及圆钮间的制约关系),进而通过观察、比较、推理来综合解决问题。儿童在发展数学逻辑的同时,也在教师的支持下从试误解决问题,发展为运用教师建议的策略反复练习解决问题,直至最终能够运用自身独有的策略创造性地解决问题。

2. 精细动作和手眼协调的发展

手部精细动作在儿童与环境相互作用的过程中,能够起到重要的中介作用,尤其是在认知外界事物的属性、发展语言能力以及数能力的发展中,都能够起到积极的作用③。而手部精细动作具体是指个体凭借手以及手指等部位的小肌肉群运动,主要反映在感知觉、注意等多方面心理活动的配合下完成特定任务的能力④。手部动作的发展对儿童知觉的完整性、具体思维能力、一系列基础认知和高级认知能力之间有着密切的关系⑤。3～6 岁是儿童精细动作发展以及手眼协调进一步成熟的时期。而"你追我赶"玩具对儿童的手部操作能力与手眼协调能力都有所要求,因而在不断游戏的过程中,儿童的精细动作发展能够得以锻炼和提升。游戏时,当儿童选取目标圆钮后,儿童需要进行相应的移动,在此过程中,需要持续关注其他圆钮的情况,并且设法为目标圆钮扫除移动路径中的障碍,这就需要儿童不仅仅用到一只手,还需要另一只手,以及手眼之间的协调配合来处理较为困难的情境。例如,儿童有时需要用手指托住多个障碍圆钮,从而能够用另一只手移动目标圆钮到目标位置。不同的手指之间的着力点有所差异,但是需要相互协作才能完成这个任务。移动圆钮、调整圆钮位置对于儿童而言,本来就是一种手部动作的锻炼,而且对于身体的协调性发展也有重要的意义。

3. 学习品质

"你追我赶"玩具因其多任务、多阶梯等特点,为儿童灵活性、专注性和坚持性等学习品质的发展提供了契机。首先,"你追我赶"圆钮在轨道内滑动的空间设计,加之相同颜色或图案的圆钮在同一盘面上有三个,对儿童问题解决的灵活性提出了挑战。轨道内滑动的空间设计使得儿童面对不同圆钮的排列顺序,"不能"轻易地将某个圆钮直接滑动到指定位置,而同一底板上圆钮的重复性又使得儿童"能"选择某一圆钮完成任务摆放。在"能"与"不能"之间做选择恰恰为儿童思维的灵活性提供了发展的机会。

---

① 孙彦,殷晓莉. 西方儿童策略研究[J]. 齐鲁师范学院学报,2003,18(1):32—34.

② 陈先珍. 4 岁～6 岁儿童在 Tic-Tac-Toe 游戏中策略发展的特征[J]. 早期教育(教科研版),2012(5):18—22.

③ 李红,何磊. 儿童早期的动作发展对认知发展的作用[J]. 心理科学进展,2003,11(3):315—320.

④ 李蓓蕾,林磊,董奇,von Hofsten, C. 儿童精细动作能力的发展及与其学业成绩的关系[J]. 心理学报,2002,34(5):494—499.

⑤ Anja, V., Maria, W. G., Nijhuis-van der, S., Nel, J. A. R., Reinier, A. M., Jan, J. R., & Ben, A. M. M. Motor profile and cognitive functioning in children with spina bifida [J]. European Journal of Paediatric Neurology, 2010 (14):86 - 92.

其次，"你追我赶"玩具为儿童提供了一系列由易到难的任务卡，涉及颜色和图案两类任务，每类任务又内含 5 个阶梯，到了图案面的任务时，还要加之内隐的制约关系。如此多的条件限制也决定了儿童的每一次移动都要顾及多列的圆钮顺序以及每列圆钮间的关系，必须专注、专心于游戏上，尽量减少外界的干扰。如果打断了思路，就有可能会选择错误，这便在无形中促进了儿童专注性学习品质的发展。此外，在游戏进阶过程中，儿童毫无疑问会遇到诸多困难，他们可能因为一次选择的失误需要将其他圆钮"百转周折"进行大规模的调整，甚至从头再来，而面临新的等级任务、难度加大时，儿童基于已有经验遇到解题困难时，能否不畏挫折，坚持新的试误或在新的观察下产生新的方法直至完成游戏任务，这都为儿童坚持性学习品质的发展提供了良好契机。

（二）可玩性

首先，"你追我赶"玩具的原型——三色、四色逻辑盘玩具本身也具有可玩性，能够吸引儿童的兴趣，但是这种可玩性更多地体现在感官的体验上。其次，在改进玩具本身的基础上，我们在卡片设计过程中也更多地考虑了可玩性以及延伸性的融入，在提供的任务卡中有不同的难度层级，儿童可以选择不同难度的任务卡，也可以选择根据不同的颜色或者不同的图案进行排列，这增强了游戏的自主性，同时，游戏玩法的多样性也增强了游戏的乐趣。最后，在原本基础上融入蕴含制约关系的图案面，进一步拓展了游戏的基础玩法，使得规则更加多变。儿童可以在原有规则的基础上，改变规则或自行订立规则，这不仅使得材料的开放性得以增强，同时不同的规则能够为儿童带来不同的游戏体验。

1. 注重儿童的感官体验

"你追我赶"玩具中融入不同的色彩和图案，能够为儿童提供视觉上的刺激，颜色的选取也符合这一年龄段儿童对色彩的偏好，都是明度较高、色彩较为饱满的颜色。图案一面设计成卡通的形象，符合儿童的发展特点，也符合儿童的审美体验，便于激发儿童游戏的兴趣。同时，"你追我赶"玩具主要依赖手部的操作，儿童可以反复移动圆钮，体验圆钮在路径中移动的过程，在满足儿童动手操作的需要的同时，体验着摆弄圆钮的乐趣。3 岁左右的儿童，初玩"你追我赶"玩具时，在空间关系的理解上，任务卡与圆钮位置的对应上，以及对游戏规则的理解上等都会存在一定的困难。但是低龄的儿童热衷于重复操作，在不断探索"你追我赶"玩具的过程中，他们可以体验到圆钮反复移动、不断碰撞的乐趣。此外，"你追我赶"玩具处于一个相对封闭的状态，圆钮都固定在其中，儿童在体验的过程中可以避免考虑收纳以及安全等问题。

2. 提供不同难度等级的任务

与许多其他游戏类似，"你追我赶"玩具通过任务卡的方式给儿童以游戏的提示，同时支持儿童自主选择游戏。任务卡的难度由顶部的星星来现实，从一颗星到五颗星难度逐渐增加。这也与原本的三色、四色逻辑盘的任务卡有较大的差异，传统的三色、四色逻辑盘任务卡都是将颜色的排列完全呈现给儿童，开放性不够。从游戏本身来看，颜色面和图案面的难度本身就存在一定的差异，由于排列图案面时需要根据一定的规则，考虑到不同的图案是否能够相邻放置，因此图案面比颜色面难度更高。"你追我赶"玩具的难度是多样可变的，对于一个玩具而言，延续其生命力的方式就是持续不断地给儿童提出新的挑战，不断地吸引其进行探索。尽管"你追我赶"玩具的游戏材料相对固定，但是它的难度、玩法可以进行拓展，能够满足不同能力水平儿童的游戏需要。

3. 融入制约关系

除了颜色排列这种基础的玩法之外,“你追我赶”玩具增加了圆钮的图案面,由此引入了制约关系。制约关系的引入能够带来游戏难度的变化,丰富游戏的规则,这些都增加游戏的可玩性。游戏中,儿童需要考虑到圆钮之间相互的制约关系来进行位置的确定,既包括了问题解决过程中的监控与调整,还进一步涵盖了儿童问题解决前的计划与逻辑判断。此外,制约关系在应用于规则时还可以进一步提升难度,要求在圆钮移动的过程中,相互不能共存的两个图案也不能够相邻,这样使得完成任务卡变得更有难度,需要儿童更深入地思考和更多地尝试。此外,制约关系的融入拓展了游戏的形式,双面卡片的设置让游戏可以从单人游戏拓展到双人合作游戏,增加儿童交往互动的机会,满足儿童的社会性发展需要。不仅如此,制约关系还丰富了游戏的情境,儿童可以通过发挥想象、编出故事情节、重组事物之间的制约关系,为游戏带来更多的变化。

四、观察要点

“你追我赶”游戏的整个过程大致可以分解为三个阶段:一是游戏前,任务卡的选取;二是游戏中,移动圆钮排列,解决问题;三是游戏后,核验自己任务完成的准确性。每个阶段对应不同的观察要点,每一个观察要点蕴含着儿童问题解决的能力表现和发展特点。特别需要强调的是,对“你追我赶”游戏的观察注重过程,儿童问题解决过程中的表现及过程性信息是教师捕捉的重点。

对应“你追我赶”游戏的三个阶段,聚焦数学逻辑发展,引申出如表 5-2-1 所示的观察内容。

表 5-2-1 “你追我赶”问题解决过程中数学逻辑发展的观察要点

阶段	与数学逻辑相关的活动	观察要点
摆放任务	逻辑判断	1. 儿童是怎样选择任务卡的?是随机选取,还是有意识地选取某一难度的任务卡进行挑战? 2. 在一段时间的观察期内,儿童选择的任务卡的难度是否发生了变化,是怎样变化的? 3. 儿童能否理解卡片信息?例如,是否理解空白的位置上也应该放置圆钮?能否理解卡片上的圆钮和实际的圆钮位置的对应关系?是否理解卡片上的“有”和“没有”的含义?具体如何表现,是通过手部动作还是语言呈现?
解决问题	逻辑推理	1. 儿童拿到卡片后是立刻开始行动、移动圆钮,还是会观察卡片上的排列方式?儿童是否有明显的停顿和思考的过程? 2. 儿童在进行圆钮移动时,是随机选择某一圆钮进行移动,还是会对比考虑不同圆钮的位置,有明显的比较过程?在比较后,能否选择更优方案(如“挑选距离更近的圆钮”)进行移动?

续 表

阶段	与数学逻辑相关的活动	观察要点
		3. 儿童依照任务卡进行摆放时，是否按照某一固定的顺序完成（如“从左到右”）？还是能够根据实际情况及时进行调整（例如，为了尽快完成任务，同时考虑不同列的摆放）？ 4. 儿童移动圆钮的过程中，是否开始总结移动圆钮顺序的规律及策略？当遇到相似的问题情境时，能否有意识地总结解决问题的方式？遇到相似的问题情境是否会应用相似的策略？ 5. 对于教师或同伴提出的支持策略，儿童能否理解？儿童能否在游戏的过程中应用某一策略？ 6. 儿童完成同一难度卡片游戏的时长在几次之间是否有变化？产生变化的原因是什么？是否与儿童对策略的应用有关？ 7. 儿童能否理解图案间的制约关系？表现为移动圆钮后再根据制约关系进行调整，还是移动圆钮的过程中监控制约关系，使得落入的圆钮满足规定，抑或是移动圆钮前有计划地规划路线，避免有制约关系的圆钮上下相邻？
验证答案	逻辑分析	1. 儿童是否会主动对自己排列好的圆钮进行检查？如何进行检验？是否有一定的顺序性（例如，用手指配合的方式按照行/列的顺序进行检查）？ 2. 进行图案面任务检查时，除了参照任务卡，儿童是否有意识地检查图案间的制约关系（例如，口中说出有制约关系的事物名称）？ 3. 发现自己的摆放出错时，儿童如何进行调整？是先分析全局再调整，还是先调整局部再扩大到全局？ 4. 儿童能否说出完成任务快速或较慢的原因？能否分析出圆钮的分布/排列顺序/制约关系对问题解决的影响？

五、儿童发展案例

中班下学期时，教师想要让孩子们接触更多的能够开动脑筋的游戏。当教师看到“你追我赶”这个玩具时觉得这个游戏还挺考验脑力，也希望看看孩子们怎样玩这个游戏，是不是也能够让他们静下心来仔细思考。于是，教师将“你追我赶”游戏介绍给了中（二）班的孩子们，并将它投放在区角，每当自由活动的时候，孩子们都可以来进行尝试。凯凯是“你追我赶”玩具的忠实“粉丝”，他对这些可以移来移去的圆钮特别感兴趣，每到自由活动时间，凯凯都会来玩一会儿。凯凯是一个安静、内向的小男孩，平时和班级里的其他孩子说话不多，他很享受这种独自游戏的过程，即使周围的环境比较嘈杂，他也能够静下心来，专注地解决眼前的问题。于是，教师悉心地记录了凯凯在一次又一次尝试“你追我赶”游戏过程中的不断发展和变化。从记录中，能够看到他在游戏中越来越游刃有余，解决问题的策略也越来越多样和成熟。

1. 第一次观察：尝试错误解决问题

3 月 27 日，教师对凯凯玩“你追我赶”时的情况进行了观察和记录。凯凯之前已经玩过好几次“你追我赶”游戏了，所以他对游戏规则已经不陌生，但是他之前挑战的都是三色逻辑盘，这是第一次挑战四色逻辑盘。只见凯凯在卡片里挑选了一张四颗星难度的颜色任务卡，并将卡片放置在桌上，开始了游戏。

图5-2-9　由于第二列上已经有四个圆钮，凯凯在移动黄色圆钮的时候遇到了阻碍

凯凯直接从左数第一列进行排列，只见他将第一列上所有的圆钮都移开，分别移到了第四列和第二列上，之后，他想要根据图示将第三列上的一个黄色圆钮移到第一列的最底部。这时遇到了一个新问题：在以往玩三个圆钮的“你追我赶”游戏时，每列即使放上四个圆钮，上面的空间也足够通过另外一个圆钮，但是四个圆钮的“你追我赶”游戏就有所不同，当一列上已经摆满了四个圆钮后，顶部就无法再通过另一个圆钮(见图5-2-9)。

凯凯发现红色的圆钮挡住了黄色圆钮的路，黄色的圆钮怎么也没法往前移动，于是他将红色的圆钮往右边移了移，让红色和黄色的圆钮都停留在顶部的位置。他两只手分别拿着红色和黄色的圆钮，思考了一会儿，用手将红色和黄色的圆钮同时向左移动，让黄色的圆钮落在了第二列上。此时，黄色的圆钮比起之前来说向前移动了一步，但是他发现红色的圆钮还是堵住了将黄色的圆钮移到第一列上的路。他又将红色和黄色的圆钮都移到右侧，这样又回到了最初的位置。凯凯又尝试了几次，还是没能够让黄色的圆钮通过，他试着用黄色的圆钮撞击红色的圆钮，想要用力撞出一条路，但还是失败了。由于凯凯用的力气太大，玩具“嘭”的一声倒在了桌上。凯凯吓了一跳，也有些气馁，但还是将玩具扶正了。接下来，他用一只手扶着木架，右手又尝试移动圆钮，还是没有成功。

一段时间后，凯凯看向了老师，向老师求助。于是老师提示凯凯：是不是可以让红色的圆钮先停在顶部左侧的角落里，然后让黄色的圆钮通过呢？凯凯恍然大悟发现了角落里的“宝地”，紧接着按照老师的建议移动了圆钮，顺利地让黄色圆钮到达了目标位置！

2. 第二次观察：从第一列开始依次解决问题

3月20日，凯凯再一次尝试了“你追我赶”的四色逻辑盘游戏，这次他依旧选择四颗星的颜色卡片。他拿起卡片后，直接将第一列的圆钮分别移到其他几列中，开始找黄色的圆钮，想要将其移到第一列的最底部。这时，凯凯遇到了和上次相同的问题。

凯凯注意到了第三列上有一个黄色圆钮，但并没有注意到第二列有一个更近的黄色圆钮。于是，他开始尝试将这个黄色圆钮移到第一列，但是第二列上方有一个绿色的圆钮，堵住了黄色圆钮的路(见图5-2-10)。他尝试解决问题，拿起绿色和黄色的圆钮一起在平行的路径中往右移了移，觉得不对，又同时将两个圆钮往左边移动了一点，发现黄色的圆钮通过了第二列。紧接着，他用右手让黄色圆钮在第二列顶上悬置着，左手把绿色的圆钮移到了左上角的角落里，然后右手把黄色圆钮迅速地放

图5-2-10　凯凯想要将第三列上的黄色圆钮移到第一列，被绿色的圆钮堵住了

进第一列，做好这些之后，凯凯舒了口气。克服了这个困难之后，凯凯很快按照任务卡依次完成了1～4列的摆放。

3. 第三次观察：同时考虑两列的要求解决问题

4月6日，凯凯还是照例玩了“你追我赶”游戏，在这次游戏中，教师仍然建议凯凯先选择四颗星难度的游戏，从颜色面摆起。他拿着卡片，也同样是先从第一列的最底部摆起，这一次，前三列的排列还算顺利，没有遇到圆钮被堵住的情况，凯凯很快就排到了第四列。这时，遇到了一个和之前一样的问题，他想要让左边的绿色圆钮移到第四列，但是被右边的红色和黄色圆钮阻挡了。凯凯试着让红色移到最底部，但是没有办法和绿色圆钮交换位置，他又让黄色的往左边移，也还是没能成功。随后，他试着让红色移动右边和黄色紧紧靠在一起，想要让绿色从缝隙中挤过去，但是也失败了。凯凯用手拨着这几个圆钮，又用食指转动着绿色的圆钮，他把红色和绿色的圆钮往左移动了一点，这时他注意到了第三列上还有一个绿色的圆钮，于是他将左手里的两个圆钮放下来，然后将第三列的绿色圆钮移到了第四列上，顺利地解决了这个难题(见图5-2-11)。接下来，他又快速地将上方的绿色圆钮“放回”到第三列，完成了第三列的摆放。顺势又将红、黄两个圆钮放入第四列，完成了第四列的摆放。

图5-2-11　凯凯尝试移动第三列的圆钮解决第四列的问题

4. 第四次观察：同时考虑多列的要求解决问题

4月16日，凯凯对“你追我赶”游戏愈加熟悉了，游戏时他熟练地抽取了四颗星颜色的任务卡，开始挑战。这一次，他依旧选择了从第一列开始。他想要将第一列的黄色圆钮换到最底部，但是前面两颗红色的圆钮阻碍了他。而他看了看另一个黄色的圆钮，发现那个圆钮离目标位置更远，于是他开始尝试其他的办法。他将一个红色圆钮放在左上角，主要调整靠右侧的红色圆钮和黄色圆钮的位置。接着，他试着用第二列的蓝色圆钮和红色圆钮位置对换，但发现情况并没有好转。他看着这几个圆钮，思考了一会儿，然后将蓝色圆钮放到第一列，又让黄色圆钮移到靠近第一列的位置，将红色的圆钮移到后面第三列(见图5-2-12)。此时第二列上就剩下了两个圆钮，于是他将第一列上的两个圆钮都移动出来，让蓝色圆钮落在第二列，之后将黄色的圆钮成功地移动到第一列上。而经过前面一番“调度”，凯凯不仅让第一列最下端的黄色圆钮归位，也考虑到了第二列蓝色圆钮和第三列红色圆钮的归位，使得后续的问题解决愈加轻松。凯凯很快按照卡片排列好了所有圆钮，骄傲地拿着自己的成果转向教师。

图5-2-12　凯凯解决第一列底端黄色圆钮问题时，综合考虑了第二、第三列的排列需求

5. 第五次观察:同时考虑多列的要求及图案间的制约关系综合解决问题

5月15日,经历了近两个月的探索后,凯凯勇敢地选择了一张五颗星难度的卡片进行挑战!他这一次选择了四色逻辑盘的图案面,直接进行了“有什么”提示的任务卡挑战。教师为他讲解了冰与火、天使与魔鬼间的制约关系以及太极图案的摆放特点。有以往猫和老鼠图案的经验为基础,凯凯很快就理解了新的制约关系。只见他迅速拿起卡片开始摆放。首先,他清空了第一列,然后在底部放上了与任务卡对应的火图案圆钮。之后,他发现了一个冰圆钮,于是他将第二列也清空后,将冰圆钮放在了第二列的底部。清空的过程中,凯凯不假思索地直接将一个冰圆钮放到了第一列已经放好的火圆钮上方,没有留意到二者因制约关系不能放在一起。

图5-2-13 随着游戏的行进,凯凯明显有了更多的思考、更少的直接行动

接着,凯凯跳过第三列开始进行第四列的摆放。他需要将一个魔鬼圆钮移到第四列的底部,但是前面被一个火圆钮挡住了。只见他观察了一下,思考片刻,将火圆钮移动到第二列上,使得第二列上正好填满三个圆钮的同时,也满足了制约关系。接着,他将魔鬼圆钮顺利落在了第四列底端。在继续摆放第四列圆钮时,凯凯开始思索片刻再将符合制约关系的圆钮一一摆放,后续调整其他列的过程中,凯凯也明显有了更多的思考、更少的直接行动,直至最后顺利地完成了任务卡的摆放(见图5-2-13)。

六、儿童在游戏中的学习路径

儿童完成“你追我赶”任务时的行为表现,反映了其综合运用信息的数学逻辑能力。结合上述案例,我们大致能观察到儿童在解决任务时如表5-2-2所示的五个阶段的游戏行为,并构成“你追我赶”游戏问题解决过程中儿童数学逻辑学习与发展的典型路径。

表5-2-2 “你追我赶”游戏任务中儿童数学逻辑的学习路径

阶段	游戏行为	能力分析	发展支持
1	在解决问题时,缺乏计划性和多角度的思考,执意将某个圆钮移动到某个位置上,遇到问题时多采用强硬的方式移动特定圆钮,尚不懂得变通	尝试错误解决问题	引导儿童先观察再行动,鼓励儿童发现其他位置上是否有相同圆钮,是否更方便移动以解决问题
2	能有计划地按顺序一列一列地解决问题,遇到问题时能借用底板的空间布局让个别圆钮停留,以调整圆钮排列及移动的先后顺序,尚未关注到其他相同圆钮	从一个维度出发,用调整排序的方法来解决问题	引导儿童在遇到问题时观察其他相同圆钮的位置,以及另一列的摆放情况,引导儿童尝试从两个维度出发解决问题

续 表

阶段	游戏行为	能力分析	发展支持
3	开始关注到相同圆钮所在的不同位置，通过替换的方式来解决问题。按列的顺序完成任务，尝试同时考虑两列的布局以完成摆放	结合两个维度的特点，通过替换、对比等方式来解决问题	引导儿童在问题解决的过程中，不断地观察不同列的布局，尝试跳跃式解决不同列的摆放，从多个维度出发解决问题
4	能同时关注多列的圆钮布局特点，尝试某列圆钮摆放时，灵活考虑其他列的圆钮摆放	结合多个维度的特点，通过观察、比较、推理来综合解决问题	引导儿童思考解决问题的最佳突破口，形成解决问题的计划并归纳解题的完整思路
5	能同时关注多列的圆钮布局特点及圆钮间的制约关系，逐渐增加思考时间、减少直接行动的概率，快速解决问题	有创造性地分析、解决问题	引导儿童尝试用不同的方法解决问题，形成自身独特的解题方式；鼓励儿童用语言描述自己的解题思路并分享

七、观察反思

（一）给予儿童充分的探索空间

从上述案例中可以看到，整个游戏观察过程中，教师在其中没有扮演主要引领者的角色，而是更多地作为一个观察者、支持者的角色，在一旁观察、陪伴、支持着儿童一步一步地变化和成长。凯凯在探索的过程中虽然遇到了不少困难，但他始终在自发地不断尝试各种解决办法。尽管有些方法在成人看来是完全不可能或者是不符合逻辑的，教师也知道儿童使用这样的方式进行尝试可能得不出一个满意的结果，但是教师并没有直接地干预或者告知儿童应该怎样去完成，而是选择给儿童更多的时间和空间来亲身尝试和探索。儿童思维的发展需要借助不断的操作和尝试。在一次次相似的问题情境中，他会慢慢地发现解决问题的规律，从而内化出解决问题的策略。如果教师在儿童遇到问题时就立刻给予帮助，或者看到儿童探索的方向和我们所预期的不一样就进行干预，是无法真正帮助儿童成长的。但当儿童尝试了各种方法，发现还是找不到解决方法，向教师寻求帮助时，教师便可以适度地引导。如在第一次观察时，凯凯一直解决不了问题，甚至情绪上有些低落，这时，教师用言语给凯凯适度的提示和引导，帮助他解决了这个问题，让凯凯重拾了信心，也学习了一个解决问题的新办法。但是，在之后的几次观察中，尽管凯凯又遇到了各种问题，但并没有再次求助，而是选择自己探索，于是教师便没有过多地干预，这使得凯凯不仅慢慢学会在相同的情境中运用教师提示的策略，更重要的是，在不同的情境中，凯凯发现了新的策略，并且最终能够灵活地应用不同的策略。儿童是充满潜力和有无限可能的，当我们为他们提供了适宜的环境，足够的空间和自由，他们则能够大胆地进行尝试，产生让人意想不到的结果。

（二）创设相似的问题情境

游戏中儿童策略的习得与应用需要一定的过程，需要在相对稳定的情境中得到锻炼。因此，在策略培养方面，教师可以考虑为儿童提供相似的问题情境，让儿童从解决相对熟悉的问题入手，逐渐扩展到解决其他更为复杂的问题。在凯凯玩"你追我赶"游戏时，教师为了帮助凯凯习得解决圆钮被堵住问题的策略，在多次游戏时都建议他选择同一难度的任务卡。尽管起始时圆钮的分布不同（这也是游戏的乐趣所在），但在完成这些任务的过程中儿童容易遇到相似的问题。同一难度的多种问题情境有利于儿童逐渐识别问题的关键，并且在其中尝试运用已有的经验和策略，进一步形成自己的问题解决策略。但是教师在创设相似问题情境时，也应该注意控制其出现的频次和时间间隔。如果儿童频繁地进行同一难度的游戏容易产生厌倦感、失去对游戏的兴趣，因此，可以在儿童对某一问题有所掌握的情况下补充、调整材料或者增加难度，使得儿童保持对游戏的积极性和成就感，从而自发地持续挑战更多的游戏任务。

八、小结

"你追我赶"玩具是基于传统玩具的改造与创新，三色、四色逻辑玩具在很多幼儿园中都有应用，但是其变化有限，教师对游戏中能力要素的理解和解读不够。作为玩具的设计者，我们希望能够为儿童提供有益、有趣的玩具，给儿童带来丰富、生动的游戏体验，同时借由儿童自发的探索促进其数学逻辑、动作、学习品质等多方面的发展。从"你追我赶"游戏中，我们很高兴地看到了材料的层次性对儿童提出的持续不断的挑战，也很高兴能够看到儿童各个方面的能力在其中的体现。尽管案例侧重在儿童数学逻辑的发展上，但是从儿童游戏的过程中也可以清晰地看到儿童其他能力的应用与发展，如儿童对空间位置对应的理解、儿童的手部动作、专注与坚持性等等。比如，我们观察到游戏伊始儿童常用手小心地托着圆钮，慢慢地，移动圆钮的动作逐渐从缓慢小心走向快速熟练，过程中儿童手指的力量和灵活性得到了锻炼。我们希望看到的是多变且可变的玩具，更期待的是发现在玩具支持下多样化发展的、具有无限可能性与潜力的儿童。

作为教师，我们同样透过"你追我赶"游戏看到了儿童自主探索的力量。在适宜的情境下，儿童是能够专注地进行思考和探究的，并非需要时时刻刻依赖成人的帮助，他们也会享受思考、验证的过程，不断挑战自己的想法，直到解决问题并寻找到最佳的方案。每次凯凯完成一张任务卡时，脸上都会不由自主地露出自豪的笑容，这对于教师来说就是最为可贵的。当儿童一时之间无法解决问题时，教师应该意识到这正是儿童进一步自主探索、自主解决问题的好契机。"再试一次""再坚持一下"，教师的鼓励往往让儿童收获克服困难的勇气，进而从游戏中学会战胜困难、战胜自己。而坚持性和勇于挑战的学习品质不仅在游戏中十分重要，也将使儿童在日后的学习和生活中终身受益。

第三节 逻辑推理玩具的设计与应用——以"猫猫数独"为例

一、设计缘起

数独是一款迄今仍风靡全球的游戏，仅靠 9 个数字排列组合的神奇变换，受到无数玩家的追捧。数独作为逻辑思维游戏，历史源远流长，其游戏机制最早可追溯至中国古代的洛

书，在 3×3 的“洛书九宫图”中，要求纵向、横向、斜向上的三个数字之和等于 15（见图 5-3-1 左）。而 18 世纪瑞士数学家欧拉设计的拉丁方阵（Latin Square）被普遍视为当代数独游戏的直接思想源头，它是一种 n×n 的方阵，在这种 n×n 的方阵里，恰有 n 种不同的元素，每一种不同的元素在同一行或同一列里只出现一次（见图 5-3-1 右）。

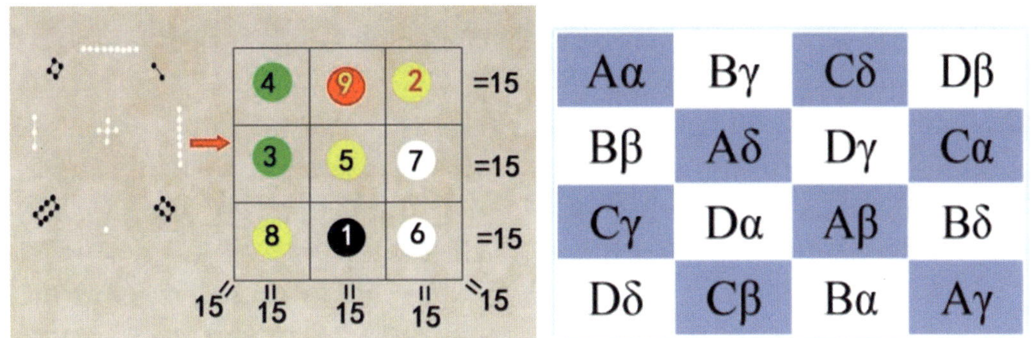

图 5-3-1 左图为中国古代洛书九宫图，右图为一个简单的拉丁方阵示意图

数独游戏真正成形于 20 世纪 70 年代末，美国一本名为《Dell Pencil Puzzles and Word Games》的益智杂志于 1979 年刊发了当时被称作“数字摆法（Number Place）”的纸笔游戏，据此 9×9 的数独游戏才在真正意义上面世。① 传统数独为纸笔游戏，在 9×9 的底板上补全数字，底板包括三个基本的构成要素：行、列、宫（见图 5-3-2）。数独游戏要求玩家根据 9×9 的底板上已出现数字的提示，在底板剩余的空格中填入 1～9 的数字，并确保每一行、每一列、每一个宫内的 9 个数字均无重复。

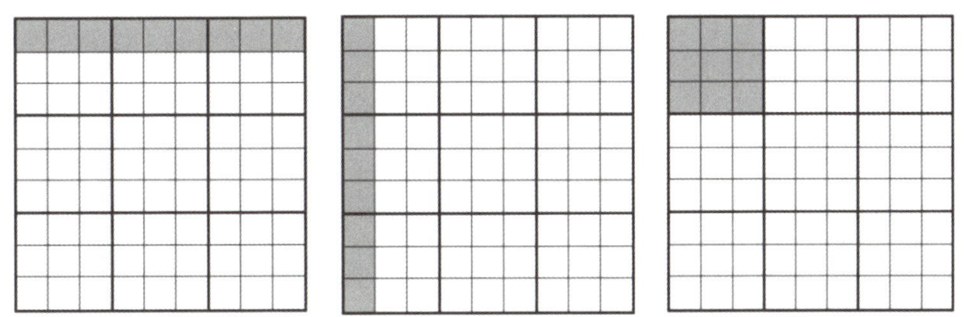

图 5-3-2 9×9 数独游戏的三要素：行、列、宫（见图中灰色标记）

数独游戏有五个较为突出的特点：(1) 唯一性。即答案具有唯一解。(2) 丰富性。尽管解答出一个数独问题耗时不长，但题型变化多样，且难度不一。(3) 反馈性。在解决数独问题的过程中，解题出错能够在盘面上反映出来，可以说游戏本身提供了较为实时的反馈。(4) 替代性。经典数独虽以数字为元素，但解谜过程无须运算，因此可用图案等符号替代数字。(5) 阶梯性。首先，数独的规则并非局限于“9×9”的结构，底板结构可以更为复杂，也可

① Delahaye J. The Science behind SUDOKU [J]. Scientific American, 2006, 294(6): 80-87.

以更为简单，如缩减为“4×4”或“6×6”的较简单结构；其次，在同一种底板上，可设置不同难度的多阶梯式问题。

以上特点决定了经典数独游戏可演变为适合年幼儿童的游戏。首先，底板可简化为6×6，甚至4×4的方格布局，随着底板方格数的减少，游戏整体难度降低；其次，底板上相邻的宫可用不同颜色加以区分，以提示儿童关注“宫”的要素；最后，可以用图案替代数字，降低儿童认知上的困难，提高游戏的趣味性。另外，数独游戏涉及逻辑推理能力、空间思维能力、问题解决能力以及专注力、坚持性等学习品质的培养，这些使得数独游戏具有较高的潜在教育价值。

目前市面上已有的针对年幼儿童的数独游戏，大多数是在经典的9×9纸笔数独游戏的基础上进行底板简化、数字变换为图案(将填数字改为在底板上选择图案填空)等方面的改良。也就是说，原本的填字游戏变成数独玩具，儿童可以将选择好的图片填入印有题目的4×4或6×6的底板空格内。这种改良的优点在于，尽管解决4×4或6×6数独问题仍需一定的逻辑推理能力，但解决问题的难度显著下降，中、大班幼儿也能够理解规则、解决问题了。此种改良方式尚存在一定的局限：图片较小，容易丢失；在游戏过程中挑战难度的下降过快，往往填好最初的几个图片之后，其他图片填空就显得过于简单了(因为可选择的图片已经所剩无几了)，儿童运用逻辑思维的机会有限。

为了改善当前数独玩具中存在的问题，充分发挥数独玩具的潜在教育价值，我们创新地使用镶嵌六个图案的正六面体骰子替代平面图片(见图5-3-3)。其优势在于：一方面，骰子本身适合儿童旋转、把玩，这种手部运动不仅增强了儿童小肌肉的灵活性，锻炼了手眼协调，旋转过程中图案的不断变化还有利于儿童动作发展与思维发展的相互促进；另一方面，在完成任何一个填空时，都需要按规则从六面体骰子中六选一，这使得整个游戏过程中任务难度的下降趋势减缓，提高了游戏过程中任务难度变化的均衡性。另外，将设置任务的主动权移交给儿童。相比一些设计中直接将题目展示给儿童，我们让儿童按照任务卡摆放任务，这个过程中，儿童不仅有自主探究的成就感，也无形中发展了颜色识别、空间对应与自我监控的能力。

图5-3-3 左图为数独玩具中印有六种恐龙图的正六面骰子，右图为六种恐龙图案示意图

二、设计描述

(一) 结构设计

“猫猫数独”的整体构成由底板和印有图案的正六面体骰子(4×4 底板配 16 个骰子)组成，辅以多个难度等级任务卡(答案附于背面)及摆放任务卡的插卡木槽(见图 5-3-4)。

图 5-3-4 数独玩具的整体构成实物图，包括底板、骰子、任务卡及插卡槽

数独玩具的底板分为“4×4”和“6×6”两种布局，底板上设有 16 个或 36 个凹槽，每个凹槽内可填放一枚骰子，每套游戏内骰子数与凹槽数一致。此外，底板被分为黄、绿两种颜色以区分不同宫格，骰子的边框也分为黄、绿两种颜色，游戏时黄骰子应放入黄色宫格内、绿骰子应放入绿色宫格内。具体来说，4×4 底板被分割成 4 个“2×2”的黄、绿色宫格；6×6 底板被分割成 6 个“3×2”的黄、绿色宫格(见图 5-3-5)。

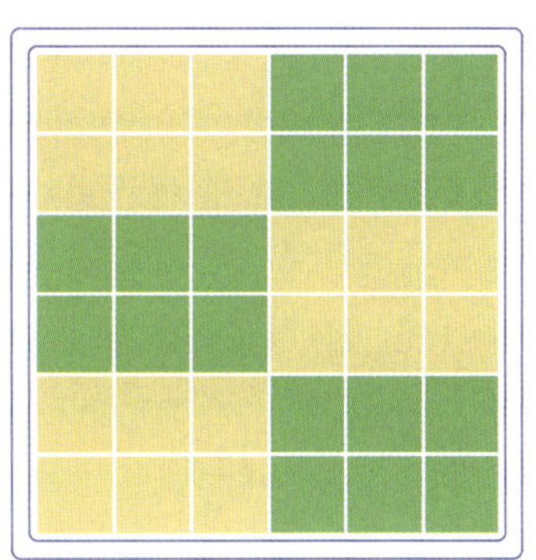

图 5-3-5 左图为放置骰子的底板侧视图，右图为 4×4 和 6×6 底板宫格示意图

任务卡正面是为儿童设置的数独任务，背面则为该任务对应的答案。游戏时，任务卡正面朝前插入卡槽内，方便儿童观察的同时，养成先进行问题解决，再进行答案验证的好习惯。

(二) 内容设计

上述 4×4 和 6×6 数独主要以幼儿园中、大班儿童为使用对象，其内容设计主要体现在骰面图案和任务卡的设计上。

幼儿时期，儿童对图案的敏感性要优于对数字的敏感性，因此 4×4 数独以适合儿童的卡通图案为主，图案设计既要考虑儿童的偏好，也要考虑图案的系列性和区分度。以图 5-3-3 所示的“恐龙”为例，恐龙图案是年幼儿童普遍感兴趣的主题，因此数独采用恐龙主题的系列图案能够提升数独玩具的可玩性；恐龙主题下采用了六种不同种类恐龙的图案，图案设计选取差异明显的不同主色，以在视觉上产生明显的区分度，方便儿童在游戏中进行区分和识别。

具体来说,恐龙主题选择设计了红色霸王龙、粉色剑龙、橙色翼龙、紫色蛋龙、绿色副栉龙和蓝色雷龙六种恐龙,游戏的同时也拓展了儿童对恐龙主题的认知。当然,数独图案的选择还可以有其他不同类型,原则上,系列图案的选取应贴近年幼儿童类属概念发展特点和已有经验,既能满足儿童的偏好,也能保持盘面和谐美观,还能为儿童在游戏中的学习创造一定的机会。

正如前面所说,虽然一个数独任务的解决往往并不需要太长的时间,但数独任务丰富且多样,数独的一个优点就在于能够提供非常丰富且难度不同的任务。数独玩具配套任务卡的设计是内容设计的一个关键,内容设计应依据儿童思维发展特点,尤其是推理判断、多维度思考问题和解决问题的能力,将任务卡划分为不同难度等级。关于难度等级的设置将在本节稍后更详细地介绍。任务卡的设计也应当辅以不同难度等级的标识,如图 5-3-6 所示,任务难度采用数字、图标相结合的标识方式,这样的标识设计便于年幼儿童理解,也有助于儿童自主选择不同难度的任务卡进行游戏,为自己制定逐级提升的目标。难度标识设计的另一个作用是,方便教师了解任务卡的难度等级及特点,因而也有利于教师控制材料投放的进程,有针对性地观察儿童解决特定数独任务的行为表现。另外,任务卡的正反两面分别为任务面和答案面,其中,任务面的图案呈现比例较大,答案面的图案则呈现比例较小,能帮助儿童快速区分,从而依照"先解题再验证"的正确顺序作答。

图 5-3-6 等级卡示例

左下角的图案和右下角的字符均表示不同任务难度,方便儿童理解

(三) 玩法设计

从游戏机制来看,数独玩法涉及两个机制:其一是模式建构,其二是板块放置。具体来讲,游戏者需要按照行、列、宫的游戏规则来建构模式;在游戏过程中,游戏者借助已有线索,运用逻辑推理,选择恰当的骰子面(板块)来补全底板空格中的内容。

数独游戏过程中,儿童一般独自游戏(儿童新接触数独游戏时,建议可先从 4×4 数独开始,选择低等级的任务卡开始挑战;有经验的儿童可自由选择高等级任务,或挑战 6×6 数独)。儿童选择好任务卡后,将其插入卡槽内,任务面朝向自己。然后先根据任务卡所示选择恰当骰面在底板中摆放骰子，摆放时需注意图案一致、位置一致、底色一致①。将任务正确摆放好后，已有骰子不再移动，开始进入解决问题的环节。解题过程中，儿童将剩余骰子填入底板剩余空格内，同时确保填入的图案满足以下条件：(1)每一横行的四个/六个图案全都不同；(2)每一纵列的四个/六个图案全都不同；(3)每种颜色的宫格(2×2 或 2×3)内的四个/六个图案全都不同；(4)黄色宫内只填入黄色边框骰子，绿色宫内只填入绿色边框骰子。完成任务后，儿童应先自行检查是否满足上述条件，核对无误后可将任务卡翻至答案面，进一步核验。

核验无误后，儿童可以选择继续挑战，既可以巩固该等级的其余任务，也可以朝着更高难度等级迈进。

同样，数独也可以用于开展竞争性游戏(二人玩同一张任务卡比赛谁先完成)或合作性游戏(二人共同完成一张任务卡)。总体来看，合作性游戏对年幼儿童解决数独问题来说不大容易操作，因其大多尚处于自我中心阶段，较难交流、融合解题思路，加之数独游戏对解题者逻辑思维连贯性的要求较高，因此合作的意义有限，鼓励独自探索或通过比赛方式激发儿童向更高难度挑战更能发挥游戏的价值。

值得一提的是，数独提供仅具有唯一解的问题，儿童按照规则来解决问题，因此，数独在玩法上具有高结构特点。但是，数独游戏并不是简单意义上的思维训练或做题，数独的玩法设计旨在尊重和适应儿童的不同能力，问题解决的过程并非千篇一律，儿童解决问题完全可以有自己的独特性和创造性，因而数独游戏尊重儿童的自主选择，并充分发挥儿童的主观能动性。

三、设计要点

(一) 教育性

数独游戏提供了结构良好的问题解决情境。实践表明，难度适宜的数独问题解决符合儿童的思维特点，使儿童在动手动脑的问题解决过程中，充分调动空间思维，运用数学逻辑推理，在试误、调整或推理过程中发展灵活性、专注性和坚持性的学习品质。

1. 空间思维

数独游戏中，儿童对行、列以及宫的特点和规则要有准确的理解，并能对行、列、宫的已有条件进行比较分析，这首先要求儿童能够掌握基本的空间概念。具体来说，游戏开始前，需要按照卡片对应放置相应图案，这要求儿童具备空间定向与匹配的能力②；游戏过程中选择骰面进行填空时，儿童需要具备一定的空间可视化能力，③同时也要理解空间的相对性，即能够理解一个图案既在某一行中，也处于某一列中，同时还处在相应的宫中，这些能力能够辅助儿童顺利解决问题；游戏后期进行验证时，儿童需再次进行空间定向与匹配。

---

① 数独底板相邻宫以黄、绿两色进行区分，骰子边框也相应有黄、绿两种颜色。游戏时，儿童需将边框颜色与底板宫的颜色一致的骰子放入该宫的宫格内。

② 空间定向是指对空间不同位置间关系的理解，儿童的理解最初是基于自身的位置和运动，逐步转化为基于包括地图和坐标系在内的更抽象的客观视角。

③ 空间可视化主要包括儿童在心理上对物品进行位移和旋转的能力。

2. 逻辑推理

儿童数学学习不仅体现在对知识的掌握，更体现在能力的提升上，而儿童的逻辑思维能力是早期数学认知能力的重要组成部分。具备一定的逻辑思维要求儿童能够准确地理解规则和条件信息，能根据条件进行简单的逻辑判断和适当的因果推理。

数独游戏为儿童创设了较为适宜的问题解决情境，提供了逻辑推理发展的契机。数独游戏的开展，需要儿童理解规则，最基本的是理解一行、一列或一宫内图案的不重复。尽管并非所有幼儿都能理解这一规则，但实践表明，大多数中、大班的幼儿对此能够理解，并在游戏过程中逐渐能够遵守规则，以及运用逻辑推理解决问题。

在数独游戏中，儿童最初使用的问题解决策略以试误为主，在尝试各种图案可能性的过程中儿童逐渐领悟并提出更优的解决数独问题的策略；逐渐地，儿童会注意观察并分析盘面特征，能优选出最容易解决的空格进行图案填空，比如优先选择仅需分析单一行或列的条件就能够判断结果的空格进行填图；而随着经验的累积、逻辑推理能力的提升，儿童最终能够通过观察、比较、推理来综合解决复杂问题。

具体来说，可将儿童在数独游戏中推理能力的体现（策略运用）归纳为三个水平。策略1：一行内的其他图案都已给定，能够找到该行缺少的一个图案来填空；或一列内的其他图案都已给定，能够找到该列缺少的一个图案来填空；或一个宫内的其他图案都已给定，能够找到该宫格缺少的一个图案来填空①。策略2：必须结合行、列、宫中的两个条件，在综合考虑二者的基础上，来完成图案填空（如图5－3－7左）。策略3：必须同时综合考虑行、宫、列三者之间的关系，来完成图案填空（如图5－3－7右）。

图5－3－7　以4×4数独为例，儿童解决图中“?”空格应填图案的推理运用

解决左图中“?”空格应填图案时，需同时考虑第一行和第二列已有的恐龙，并进行排除；解决右图中“?”空格应填图案时，需同时考虑第二行、第二列和左上宫已有的恐龙，并进行排除

3. 学习品质

数独游戏因其多任务、多梯度等特点为儿童灵活性、专注性和坚持性的学习品质发展提供了沃土。首先，游戏时儿童需要从六个不同图案中选取一个图案放在某一位置上，且同时

---

① 儿童对宫的熟悉程度逊于对行或列的熟悉程度，因此儿童策略1的运用往往以行或列的判断为主。

要满足每一行、每一列且每个宫格中的所有图案均不相同。如何来进行取舍，就需要儿童进行横向、纵向以及宫格内的比较、推测，在脑海中进行假设、判断及验证，选取合适的解决方案，有时甚至需要同时结合两个或三个条件才能最终确定应该放置的图案，这对于整体上尚处于前运算阶段的儿童而言无疑具有一定的挑战性。该年龄段儿童在思维方面尚具有一定的刻板性和单维性，往往习惯于仅从一个方面出发思考问题，在需要同时兼顾两个或多个方面的信息来解决问题的情况下，他们往往会顾此失彼。但实际考察我们也发现，儿童的思维体现出了较强的可塑性，数独游戏为儿童灵活解决问题提供契机，并鼓励儿童形成自己独特的问题解决方式。在游戏中，常常能观察到幼儿不走寻常路，以自己的想法创造性地解决问题的案例。

其次，数独游戏为儿童提供了一系列由易到难的任务卡，加之设计不同边框颜色的骰子与底板颜色，完成每一个任务的过程中都需要儿童不断检验、不断提醒自己：保证骰子边框颜色与底色相同，保证每一行、每一列、每个宫格内的图案不同，保证填入的图案与任务卡上出现的图案一致，等等。如此多的条件限制也决定了儿童的每一次选择都需要十分谨慎，也必须专注、专心于游戏上，尽量减少外界的干扰，如果思路被打断了，就有可能会选择错误。这便在无形中促进了儿童专注性学习品质的发展。此外，在游戏过程中，儿童毫无疑问会遇到诸多的困难，他们可能因为一次选择的失误需要进行大规模的调整，甚至从头再来；面临新的等级任务、难度加大时，儿童基于已有经验遇到解题困难时，是否能够不畏挫折、坚持试误直至完成游戏任务，并有新的发现或体会，这都为儿童坚持性学习品质的发展提供了良好契机。

4. 创造自主学习的机会

对于大班及以上年龄段的儿童来说，他们渴望自主，往往都对独立完成某一任务有一定的诉求，而数独玩具正好为其提供了自主学习的机会。儿童可以根据自己的兴趣和能力，自主选择和更换任务卡，这无疑彰显了儿童游戏的主体性：当儿童发现自己所选择的任务卡相对简单时，他们可以自由选择难度更大的卡片进行挑战；当任务较难时，他们能够回过来尝试较为简单的任务增加成就感与自信。可以说，儿童最了解自身的“最近发展区”，因此，当我们将选择权交还到儿童手中时，他们能够自由探索和发现，更好地找到满足自己需要的玩法和材料，让自己成为游戏的主人。

（二）可玩性

数独玩具可玩性的设计主要体现在两个方面：第一，以图案替代数字，以立体骰子代替纸笔或平面操作材料，增强了年幼儿童游戏的兴趣；第二，提供不同难度的任务卡以及不同宫格数量的底板，使得游戏难度具有较丰富的梯度，能适应不同水平儿童的挑战要求，增强了儿童挑战的愿意。

1. 选取图案替代数字

数字是一种抽象的符号，对于年幼儿童而言，卡通图案更加具象，其对图案差异的敏感性要优于对抽象数字间差异的敏感性。如前所述，选取儿童喜爱的恐龙替代经典数独游戏中的阿拉伯数字，图案本身就能较好地吸引儿童参与游戏、进行探索。图案的不同排列组合呈现出色彩、形状的万千变化，在视觉上能够给儿童带来愉悦的体验，更富吸引力。另外，将图案印刷在正六面体骰子上，加之与底板的契合，整体端庄大气、赏心悦目，给儿童视觉的享受，引发游戏的兴趣。

当然，对于大班后期、即将进入小学阶段的儿童来说，其对数字的敏感性已经逐步超过对图案的敏感性，因此可以采用数字作为数独的元素。另外，数独底板亦可以从 4×4 过渡为 6×6。

2. 提供不同难度等级的任务

“猫猫数独”根据数独游戏的设计原则，设计了不同难度等级的任务卡。任务的安排从较为简单的练习卡入手，让儿童熟悉和理解规则后，再从解决问题所需策略以及底板空格数两个角度逐级提升任务难度。另外，底板也可以从 4×4 逐级提升到 6×6。这种细化难度任务的提供，充分考虑了儿童的认知能力及最近发展区特点，在增强儿童问题解决自信心的同时，提升了玩具的可玩性。

难度设置主要依据所需使用策略的难易以及底板空格数来确定。以 4×4 数独为例，任务卡设置了 7 个不同的难度等级，对照前面有关逻辑推理所提到的儿童数独游戏中运用逻辑推理（策略运用）的三个水平，具体如下：

难度等级 1：有 4～6 个空格，只需运用策略 1 即可完成。

难度等级 2：有 7～8 个空格，只需运用策略 1 即可完成。

难度等级 3：有 8～10 个空格，1 个空格必须用到策略 2，其他用策略 1 即可完成。

难度等级 4：有 10 个空格，2 个空格必须用到策略 2，其他用策略 1 即可完成。

难度等级 5：有 10～11 个空格，其中 3 个空格必须用到策略 2，其他用策略 1 即可完成；个别任务卡片未必包括所有四种图案，即儿童需要自行确定任务卡上未呈现的图案。

难度等级 6：有 12 个空格，其中 4 个空格必须用到策略 2，其他用策略 1 即可完成；个别任务卡片未必包括所有四种图案，即儿童需要自行确定任务卡上未呈现的图案。

难度等级 7：有 10～12 个空格，必须首先用到策略 3 才能顺利完成；或者需要采用诸如某一图案必须分别处于不同行、列、宫等条件的策略。

四、观察要点

儿童数独游戏的整个过程大致可以分解为三个阶段：一是游戏前，任务卡的选取和按照任务卡完成任务的摆放；二是游戏中，挑选剩余的骰子面恰当填空，解决问题；三是游戏后，核验自己任务完成的准确性。每个阶段对应不同的观察要点，每一个观察要点蕴含着儿童问题解决的能力表现和发展特点。特别需要强调的是，儿童数独游戏的观察应注重过程。如果在观察儿童数独游戏时，仅关注了儿童问题解决得是否正确，有多少个空格填放错误，那么将会错失更具价值的过程性信息。儿童第一个空格问题的解决尤为关键。

对应儿童数独游戏的三个阶段，聚焦儿童空间思维与数学逻辑发展，引申出如下观察内容（见表 5 - 3 - 1）：

表 5-3-1　儿童数独游戏过程中空间思维与逻辑推理运用的观察要点

阶段	与空间思维和逻辑推理相关的认知活动	观察要点
摆放任务	空间概念与匹配	1. 儿童摆放骰子时，注意力是否集中？ 2. 儿童按照卡片摆放时，是否出现位置匹配出错（如排错列或排错行）的情况？对应错误在哪些位置容易发生？是否自发地使用一些辅助手段帮助自己更准确地匹配位置？匹配出错的情况是否随着游戏时间的增加而减少？ 3. 儿童在按照卡片摆放骰子的过程中是否留意到骰子颜色与棋盘颜色的一致性？在摆放过程中能否始终保持骰子与棋盘颜色的一致性？是否自发地采用检核行为帮助自己发现颜色对应的错误？儿童能否自主进行调整？
解决问题	空间相对性与逻辑推理	1. 儿童放第一个骰子时，速度是否很快（不假思索）？放第一个骰子时，是否表现出仔细观察、分析比较底板上已有图案的行为？放第一个骰子的位置是否为关键位置？ 2. 儿童是否在每填好一个空格后会重新仔细观察，选择下一个突破口？ 3. 儿童在完成数独任务时是否靠尝试错误来解决问题，具体如何表现？儿童是否运用了前述的策略 1、策略 2 或策略 3？儿童是否运用了自己独有的问题解决策略？ 4. 儿童使用策略解决问题的过程中，是否通过身体动作或口头语言反映其解决问题的思维过程？儿童能否清晰地表述自己的问题解决策略？
验证答案	空间匹配与逻辑分析	1. 检验过程中，儿童是先依靠自己的检验判断还是直接参考任务卡？ 2. 儿童自己进行检验时，是否分别从行/列/宫格三个维度出发逐步有序进行的？ 3. 检验过程中是否只关注图案的准确性，而忽略颜色的对应？ 4. 发现自己的解答出错时，儿童能否不看参考答案，而是通过分析任务卡上的已有条件，运用逻辑推理分析出问题所在，并有效解决？

五、儿童发展案例

教师将数独玩具投放到大一班益智游戏区时，乐乐对这个玩具非常感兴趣，教师也了解到乐乐并没有先前的游戏经验。乐乐很希望玩数独游戏，于是教师对他的行为进行了观察和记录。

1. 第一次观察：初玩数独，结合策略 1 和尝试错误解决问题

12 月 15 日，在教师仔细讲解了数独游戏的规则后，乐乐第一次试玩了数独。在玩难度等级 2 的任务卡（见图 5-3-8）时，乐乐先按照卡片上规定的图案，将骰子一一摆好。在摆任务的过程中，乐乐起先看错了位置，将原本应该在第三行的图案摆到了第四行。教师及时提醒乐乐检查，只见他用手指着卡片上的位置与底板位置进行对应，并最终调整正确，开始解题。

图 5-3-8 在左侧难度等级 2 的任务卡中,一共有 8 个空格需要乐乐去填,其中有 4 个位置可以优先解决,只需要用到较简单的策略 1,运用排除法即可填空

乐乐看了看底板上的骰子布局,拿起一个绿色的骰子,选择仅有一个空格缺失的第二列,在骰子上找到了副栉龙并放至空格中。接下来他随手又拿起一个黄色的骰子,选择了仅有一个空格缺失的第二行,没有旋转骰子,直接就将骰子放置进去,朝上的骰面翼龙图案恰好满足了条件(见图 5-3-9 第 1 张)。紧接着,他拿起一个黄色的骰子开始旋转,准备将其放在仅有一个空格缺失的第三行,顺利找到了缺失的蛋龙图案并放置好(见图 5-3-9 第 2 张)。

随后,他又拿起一个黄色的骰子,将朝上的副栉龙面随手放在右下角黄色的区域里,没有发现那一列(或同一宫中)已经有副栉龙了(见图 5-3-9 第 3 张)。随后,他又在同一行另一个绿色的空格上摆放了蛋龙图案(见图 5-3-9 第 4 张)。

随后,乐乐发现第三列的图案少了蛋龙,他在黄色边框的骰子上找到蛋龙并放在了绿色的宫格区域(见图 5-3-9 第 5 张),教师发现后,提醒乐乐检查颜色是否匹配,乐乐用手逐个检点发现并解决了这个问题(见图 5-3-9 第 6 张)。接下来他将绿色翼龙放入右上角(见图 5-3-9 第 7 张),又将最后剩余的黄色骰子的霸王龙一面放入左上角(见图 5-3-9 第 8 张),他发现同一行还有一只霸王龙!

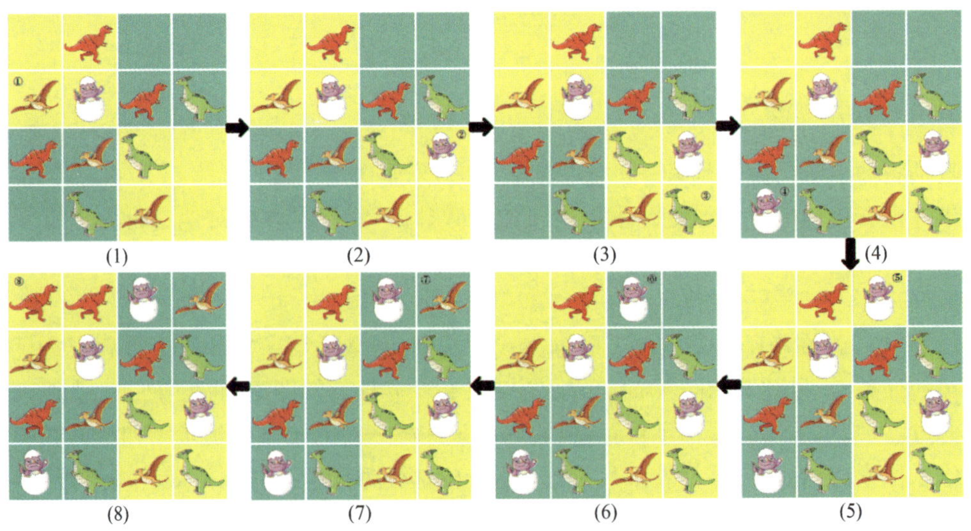

图 5-3-9 乐乐小朋友摆放数独骰子的部分过程图示

教师鼓励乐乐修正发现的问题，但他只是随意将第一行第二列的霸王龙改为了副栉龙，结果又产生了新的重复。乐乐就这样又较为随意地更改了他发现的某一行或某一列出现的重复的图案，但却无暇顾及从另一个角度产生的新的重复。调整了一会儿，乐乐觉得自己完成了题目，教师便鼓励他将卡片翻到答案面进行核对。乐乐发现了图案重复的错误，教师和乐乐进行了讨论："你觉得为什么这次摆的和答案不一样呢？"乐乐想了想说："因为这边（一行）有两个副栉龙，这边（一列）有两个翼龙，都应该只有一个。"

2. 第二次观察：尚未完全理解宫的概念

12 月 23 日，乐乐再次玩起了数独游戏，昕昕在一旁观看乐乐的游戏。乐乐选择了之前没有挑战成功的等级难度 4 的任务卡（见图 5－3－10），任务卡上仅给出了 6 个图案线索。这个任务卡对于乐乐而言有一定难度（之前游戏时尚未完成），它需要综合"宫和行"或者"宫和列"两个维度的信息同时进行判断。尽管教师已经给乐乐解释过宫的概念，但是他尚未完全理解。

图 5－3－10　等级难度 4 的卡片示意图

乐乐很快便根据卡片摆好了骰子，有了几次游戏经验后，乐乐的空间匹配基本上已经准确无误了。乐乐快速解决了第一、三列"三缺一"的问题，将其补充完整。此时，盘面上剩余二、三两列完整的空缺等待乐乐来解答。

只见乐乐拿起手边的骰子略为随意地在底板上放置，摆好几个图案后，他拿起一个黄色骰子，试图将粉色剑龙放置在第一行的空白位置，但却发现这一列已经有剑龙了，于是他将黄色剑龙骰子向下移了一行，发现第二行没有剑龙，便将骰子确定了下来。不久之后，当他放置一枚绿色骰子时，他旋转了很久，决定将副栉龙图案放置在了第四行的第二列上，却没有注意到第四行已经有一个副栉龙了。一旁的昕昕注意到这个问题，用手指着告诉乐乐副栉龙的图案重复了。乐乐自己也看到了，但是无法将结果调整到所有图案都不重复的状态，最后他将所有骰子都取下来，放弃了这一次的挑战。

3. 第三次观察：同时结合行和列两个维度的信息来解决问题

12 月 28 日，乐乐再次玩起了数独游戏，由于上一次游戏乐乐在难度等级 4 的任务中失败了，教师希望能够回归到相对简单的任务来帮助乐乐进一步巩固和熟练行、列的规则，于是教师采用和乐乐随机抽卡的方法，从中取出相对较为简单的难度等级 2 的一张任务卡作为乐乐这次的第一个挑战任务（见图 5－3－10 左）。

乐乐顺利地结合"三缺一"策略和对宫概念的理解，在底板上快速填了 5 枚骰子（见图 5－3－11 右）。乐乐这时又拿起一个黄色的骰子想要放到第三行第三列的位置。他发现这一行没有剑龙，于是旋转骰子打算放置，这时他又发现这个位置所在的第三列已经有一个剑龙了，于是他果断将这个骰子挪到第三行第四列的位置，并且检查确认下这一列上没有重复的图案，最终乐乐成功挑战了这个任务卡。

图 5-3-11　左图为难度等级 2 的原始卡，右图为乐乐迅速摆好了 5 个骰子的状态示意图

4. 第四次观察：在解决问题过程中相继考虑了行、列、宫格三个维度的信息

1 月 17 日，乐乐接触数独已经有一个多月了，他再次对之前未完成的难度等级 4 的 4-1 任务卡发起了挑战。此前在尝试挑战其他任务卡的过程中，乐乐逐渐对数独游戏中行、列、宫的四个图案不能重复有了进一步的认知，解决问题的视角也逐渐开阔了。

在底板上摆好任务后，乐乐迅速完成了两个“三缺一”的问题，接下来开始了一阵沉思。见乐乐许久没有行动，教师引导乐乐说：“你可以试着一行一行解决问题，看看第一行缺几个骰子，可能是什么图案呢?”

乐乐仔细观察第一行的布局，拿起了一个黄色骰子，转到了副栉龙一面，刚要放在第一行第二个位置，便注意到了左上角宫的宫内已经有副栉龙了，于是他换了一个绿色骰子，找到副栉龙的骰面，放在了第一行的第三个位置。放好之后，他又将黄色蛋龙填在了第一行第二个位置。乐乐同时从“行”和“宫”两个角度考虑问题，顺利完成了第一行的摆放（见图 5-3-12）。

图 5-3-12　左图为乐乐再次挑战的这张难度等级 4 的卡片，右图为乐乐顺利完成了第一行的摆放示意图

接着，乐乐又陷入了沉思。教师试着引导乐乐：“这次你还能发现哪些三缺一的问题呢?”乐乐眼睛一亮，很快将左上角宫内缺少的剑龙填好了。接下来，乐乐又用相同的策略顺利完成了第二行绿色空格的摆放。还剩下第三行、第四行四个空格，乐乐用小手比划着第二列和第四行的布局，很快发现缺了翼龙，填好之后剩余的空格也快速准确地解决了。

六、儿童在游戏中的学习路径

儿童解决数独问题的行为表现反映其综合运用信息的数学逻辑推理能力。结合上述案例，我们大致能观察到儿童在解决 4×4 的数独任务时如表 5-3-2 所示的四个阶段的游戏行为，并构成数独游戏问题解决过程中儿童的学习路径。

表 5-3-2　数独游戏任务中儿童问题解决的学习路径

阶段	游戏行为	能力分析	发展支持
1	按照任务卡的题面在 4×4 数独底板上摆放骰子，但尚未理解如何用骰子填空的规则，也不会检验骰面放得是否合适	匹配对应	儿童出现匹配问题时，教师可要求儿童借助手指一一对应，或引导儿童数出卡片上图案在第几行、第几列，再到底板上对应寻找
2	在解决问题时缺乏计划性和全盘思考，随意摆放骰子。有时会进行检验，发现有问题时再随机调整为另一图案	尝试错误解决问题	鼓励儿童自主检验放置的图案是否正确；若放置错误，引导儿童尽可能多地耐心尝试，充分探究后可与答案面比对，尝试发现问题所在
3	能够关注到行、列、宫中的一个条件，并在脑海中经过推理后，将选定的图案放置在某一位置	从一个维度，用排除法来解决问题	引导儿童尝试在另一个条件下进行检验，发现问题后，尝试从两个维度出发解决问题
4	能够关注到行、列、宫格中的两个条件，并结合两个方面的信息推理出合理的图案	结合两个维度的特点，通过推理来解决问题	引入涉及三个条件(并不一定需要儿童同时顾及)的挑战卡，引导儿童尝试从三个不同的维度出发，思考并解决问题

值得注意的是，尽管表 5-3-2 结合上述案例描述的解决数独问题的学习路径中，儿童尚未达到能结合三个维度信息解决问题的水平。这是完全可以理解的，对儿童来说，每一个阶段的跃迁都不是一蹴而就的，规则的掌握、经验积累和运用拓展都需要经过时间的磨砺，这本身就是成长的历程。

七、观察反思

(一) 加强自身对游戏的理解

教育实践中常常会遇到一个问题：教师对数独任务卡的设计特点缺乏了解，因此为儿童提供挑战任务时比较盲目。教师对玩法缺少了解，势必导致对儿童行为表现的观察与分析欠深入、不准确，抓不住观察的要点，进而也会影响其为儿童提供教育支持的质量。

只有深入细致地了解了为儿童提供的玩具材料，才能为儿童创设适宜的游戏环境，这是教师主体性的重要体现之一。就儿童适宜的数独游戏而言，其复杂性程度并不高，教师理解玩法应该是不困难的。但是，理解儿童如何解决数独问题，不同任务卡设置的理由、适宜性的体现及其与儿童游戏中推理表现、策略运用的对应关系，这是需要教师花一定的时间和精力才能了解清楚的。躬行践履才能真正理解数独游戏的阶梯式任务设计，并能结合观察到的儿童游戏行为，合理分析儿童的思维发展水平，科学地为不同发展水平的儿童投放不同难度的任务。实际上，不仅仅是数独游戏，对任何游戏材料的投放都需要有深入的理解，这是教师有效支持儿童学习与发展的前提条件。

（二）把握发展的契机

正如前面案例所述，乐乐对宫的概念理解是个难点，遇到较复杂的数独任务时，不会应用宫的规则往往会束手无策。案例中，教师抓住了乐乐困惑的关键时机，非常适时地提供了必要支持，教师为儿童再次讲解了宫的概念，恰好符合了儿童游戏的需要，引导其有效解决了当下的问题，也让儿童获得了成就感与继续挑战的愿望。可以说，教师把握了儿童的发展契机。

而把握儿童发展契机的背后，其实需要教师的两个"理解"。其一，与上文相呼应，教师要理解数独游戏的内涵，尤其是内在的阶梯式设计，这样才能在儿童把玩之时心中明晰观察与支持的关键点；其二，教师要理解儿童的游戏水平，这样才能在儿童需要支持的关键点上适当引导。需要强调的是，理解儿童的游戏水平也非一朝一夕，需要基于教师对儿童长期、细致入微的观察，尤其要敏感于不同等级任务解题关键点上儿童相应的表现，以科学地观察与评价儿童的游戏水平，进而真正把握好儿童发展的契机、教师引导与支持的契机。

（三）合理应用观察结果，调整教育目标

观察不仅仅只是为了看到儿童在某一活动中的行为表现，一个更重要的目的是了解儿童当前的发展状态，从而更好地为儿童提供有意义的支持。有意义的支持既包括为儿童提供支架，通过引导帮助儿童"上"一个台阶；也包括"下"一个台阶，适当降低游戏难度，给儿童充分的探索空间，夯实基础。

当教师发现在数独游戏过程中，儿童反复尝试某一难度的任务却迟迟无法解决，教师适当引导后依然不得要领时，往往意味着儿童之前的游戏经验积累不够，当前的任务水平与儿童现有发展水平不匹配。如果继续尝试，再度失败，可能会造成儿童的挫败感，让儿童失去信心。此时教师应该考虑是否调整游戏目标，适当降低难度，让儿童在适合自己水平的难度任务上充分探究，整理思路，重塑自信。

八、小结

在数独游戏中，儿童每一次转动指间骰子时的专注，每一次找到需要图案时的欣喜，对照答案时发现完全正确的喜悦，再到他们不断地一级级挑战新的难度等级，着实让我们感到惊喜。也不由地引发我们的思考：一些幼儿（尤其是对数独感兴趣、问题解决能力强的幼儿）的表现确实超越了皮亚杰认知发展阶段理论的相关描述。在皮亚杰看来，幼儿阶段还难以综合两个或多个维度的信息来解决问题。从数独游戏的观察来看，当今幼儿这方面的能力可能要超过皮亚杰的理论界定。究其原因，一方面，现今时代儿童所处的社会文化特点发生了显著变化，即便是年幼时期，儿童也能够更多接触到复杂问题解决的情境。家长和教师为儿童解决问题给予了更丰富的支架，常常给儿童一定的提示，也能够耐心地帮助儿童分析问题、给儿童一定的支持。现今时代确实和当年皮亚杰生活的时代不同了。另一方面，正如维果斯基所说，游戏本身为儿童解决问题提供了最近发展区。的确，数独游戏本身也为儿童提

供了支架。在数独游戏中儿童普遍经历了“遇到问题—反复尝试—克服困难—解决问题—发起更难的挑战”的循环过程，儿童一次次专注地解决问题、投入地思考，在获得成就感与自信后，新的一级数独任务挑战就变成了他们最近发展区内跳一跳等待被采摘的苹果。

再从高低结构游戏的角度来看，数独游戏是一个相对比较高结构的游戏，因此儿童在其中的学习与发展路径也是比较清晰的，这让教师在投放任务时更加有规律可循。但是，解决数独问题并不是教育的最终的目的，借由数独问题的解决我们希望能够更好地培养有学习能力的儿童，高结构材料的投放过程中尤其要注意不能降低儿童的自主性。如何尊重并鼓励儿童自由自主和创造性地使用数独，是需要教师细致思考的：如果鼓励儿童自主选择游戏卡片，便应提前引导儿童充分了解如何识别不同游戏卡片的等级，使得儿童不论是选择了较易或较难任务卡时，都可以自主调整和改变；如果鼓励儿童形成自己独特的解题方式，便应给予儿童充分的探究时间与空间。当儿童遇到困难向教师求助时，应用问题替代直接告知答案，用提问引导儿童厘清思路，进而给儿童的思维发展以更多自主性与可能性。诚如“有限的琴键可以弹奏出无限的音乐”，高结构数独游戏也因其阶梯任务目标明晰、可以验证，给予勇于挑战的儿童更多的成就感与自信，而这份成就感与自信正是儿童自主探究、自主解决问题的内在动力。

第四节　多主题逻辑思维玩具的设计与应用——以“四子连连”为例

一、设计缘起

设计“四子连连”这一多主题逻辑思维玩具的理由之一，正如本书第二章游戏机制所介绍的，模式识别和模式建构两种机制是“四子连连”棋类玩具主要的游戏机制，而模式的识别和建构，与数学逻辑思维关系密切；理由之二，“四子连连”棋类玩具通过插卡方式，使游戏内容可以灵活更换，这为多主题的创设了条件，为儿童在游戏中获得不同类型的数学经验奠定了基础。

从国际范围来看，以模式识别和模式建构为主要游戏机制的玩具很多，模式的种类也非常丰富。线性模式，如五子连线、四子连线或三子连线等，在其中的占比最大。我们曾经在《幼儿合作性游戏棋：设计、制作与应用》一书中，通过专栏介绍了五子棋到三子棋、再到四子棋的演变历程，并对四子棋(Connect 4)的发展适宜性进行了分析①。总的来说，就儿童的认知能力而言，五子连线模式的识别和建构有些复杂，三子连线模式识别和建构过于简单，而四子连线模式识别和建构则处于一个较佳的游戏设计平衡点上，适合中、大班儿童游戏。

近 20 年来，玩具市场上以四子连线的模式识别和建构为特点的玩具，口碑较佳的除了前面提到的 Connect 4 以外，另一个则是美国 Jax 公司设计的 Sequence 系列玩具。Sequence 是 Jax 公司的旗舰玩具产品，也是内容多样的系列化棋类玩具，其中 Sequence 幼儿版(Sequence for Kids)内容以儿童熟悉的各种动物为主题，适合 3～6 岁儿童开展游戏(如图 5 - 4 - 1 左)。

---

① 郭力平，石凤梅，谢萌，白洁琼. 幼儿合作性游戏棋：配备、设计制作与应用[M]. 上海：复旦大学出版社，2016：18—19.

图 5-4-1　左图为 Jax 公司的 Sequence 幼儿版，右图为 Sequence 的数字版

Sequence 主要通过抽取卡牌来确定摆放在底板上的颜色圆片的位置。游戏者(2 至 4 名)各持一种颜色的圆片，在游戏中通过抽卡并根据卡片信息来决定如何摆放圆片。该游戏为竞争性游戏，先将自己手上的圆片在底板上摆至四子连成直线(横、纵或者对角线连线均可)的游戏者获胜。由于学龄前儿童的卡牌认读能力有限，因此 Sequence 系列中多数版本，如图 5-4-1 右所示的数字版，主要针对的是 7 岁及以上的儿童。

根据经验，四子连线的机制是适合年幼儿童的游戏机制：其规则简单、直观，儿童容易理解；四子连线的模式识别对儿童来说，比较容易检测和发现；四子连线的模式建构也易于实现，能满足儿童的成就感；在游戏中，四子连线的游戏时长也通常比五子连线要短，因而更适合年幼儿童。但是，以往借助四子连线机制的玩具存在一定的局限性：四子棋(Connect 4)仅仅借助了机制，没有考虑到内容的多样性；Jax 公司的 Sequence 系列玩具考虑了内容的多样性，但对于儿童来说，使用的卡牌并不是最适合的。因此，为了更好地借助连线机制，一方面需要设计适合儿童摆放棋子的规则，另一方面也要让内容多样化的实现方式更加巧妙，使得数学、语言、社会、艺术等各种贴近儿童的知识经验能够适宜且便捷地融入游戏之中。

为此，我们采用底板和插卡分离的设计，为创设多内容提供条件；采用掷骰子或骰子组合为儿童行棋提供线索，这样便有了如图 5-4-2 所示的“四子连连·多主题数学棋”玩具。

图 5-4-2　“四子连连·多主题数学棋”的玩具材料

左图为底部透明的棋子、带 6×6 圆形孔以及可插卡的底板，右上为系列插卡及游戏中配套使用的骰子示例

二、设计描述

(一) 结构设计

“四子连连·多主题数学棋”(以下简称“四子连连”)由一块底板、多张双面的数学主题插卡(目前为 4 张、共计 8 个主题的插卡)、各 12 枚的橙、蓝两色棋子(棋子底部透明、仅柄的颜色不同,适合两人游戏)以及若干配套骰子构成。

“四子连连”底板上共有 36 个圆形孔,圆孔与棋子大小相匹配。底板侧面带有插槽,可将主题插卡插入其中形成棋盘。“四子连连”配有若干双面数学主题插卡,底板和插卡组合的棋盘结构设计丰富了棋盘内容的可选择性。游戏中,儿童可以自由选择、随时更换自己感兴趣的主题;成人亦可灵活择取以适应不同能力水平儿童的游戏需求。

在设计之中,对“四子连连”底板和棋子设计有以下关键性考虑:

1. 底板造型

确定底板的形状首先应当考察以往各类连线玩具的底板特征,调查发现底板造型大致有方形、圆形、菱形及其他正多边形等,以方形居多。其次需要考虑同时游戏的人数。棋盘游戏以二人对弈居多,尤其对年幼儿童而言,多人之间的协商交流能力尚在发展之中,涉及数学逻辑思维的游戏,以独立思考为主要特征,因此二人对弈较为合适。二人对弈,底板形状设计为方形是最为可靠的,遂采用。

确定底板上落子的点阵排布特点,首先考虑的因素是一轮游戏的时长。从方便幼儿园活动开展的角度来看,当前幼儿园区域游戏实际时长大多不超过 30 分钟,因此一轮游戏时长宜控制在 10 分钟之内;另外从儿童注意特点(中大班儿童的有意注意时长多为十多分钟)和用脑特点(容易疲劳也容易恢复)来看,一轮游戏 10 分钟左右也是适合的。实际观察发现,本案例采用 6×6、7×7、8×8 或 9×9 的点阵排布,对儿童游戏特点、游戏时长的影响不大,5×5 的点阵排布则容易出现平局(未出现四子连线)。因此,6×6 是能够实现功能的前提下,成本最优的一种点阵排布方案。

2. 图案排布

“四子连连”游戏中,儿童需要根据骰面信息选择合适的落子位置,以最快完成四子连线。这意味着,每次掷骰之后都需要有符合骰面条件的图案可以落子。同时,还要确保游戏的公平性,因为,在 6×6 的方形底板上,不同空间位置的图案在形成连线的效力上存在差异。通常,棋盘中间位置比四周更有优势,故不同图案的分布也要确保效力的均衡。公平性还要求在图案排布上考虑先手和后手的情况,避免先手优势。

基于上述考虑,“四子连连”图案在排布时须满足以下条件:其一,每种图案数量均等,且确保掷骰之后,符合骰面条件的可选图案数量较多。经计算,游戏中每次掷骰之后,底板 36 个图案中符合骰面条件的图案数量至少保证有 6 个,这样,该 6 个图案全部已经落子而游戏尚未结束的理论概率非常小。其二,各图案的位置安排,确保效力均等,为此不同图案特征在底板上的空间分布尽量保证均衡,包括底板上图案在横向、纵向、对角线分布以及在四周或中间位置的分布等。

3. 棋子造型

“四子连连”的数学内容体现在插卡上,主题插卡插入底板后,每一个棋格都带有数学特征信息(参见图 5－4－3)。落子之后,如果棋格被棋子全部覆盖,则不利于监督检验(比如落子是否准确),因此棋子采用透明底,棋柄双色设计。

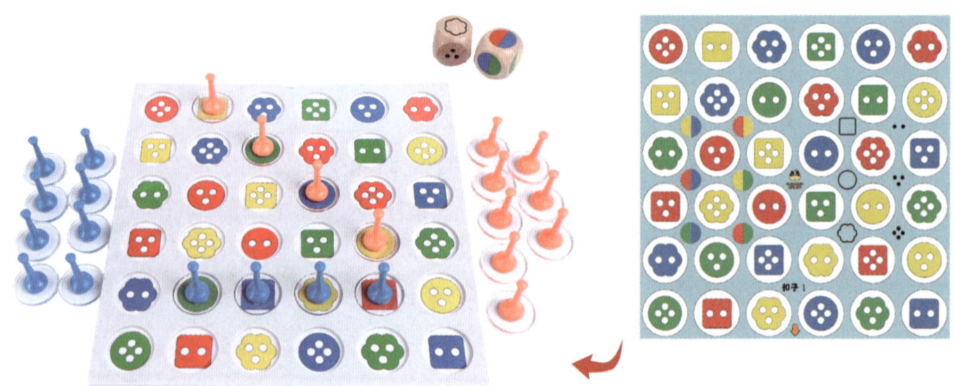

图 5－4－3 “四子连连”游戏场景示意图

主题插卡插入底板,在底板凹槽处放置透明底的棋子后,棋格内的部分信息仍旧可见

每个数学主题游戏使用 1 个或 2 个骰子。数学主题插卡上标记了游戏所使用的骰子的特征,儿童可根据线索信息找到该主题游戏对应的骰子。如图 5－4－4 所示的“七巧板 1”主题插卡,左侧圈出部分的 6 个图案为“颜色骰子”的 6 面,右侧部分为“形状骰子”的 6 面。这表示使用该主题游戏时,需要同时使用颜色和形状两个骰子。游戏前,儿童可以自主根据主题插卡提示找到对应骰子。当棋盘插入底板内部时,骰子线索提示的内容被遮蔽,儿童可以清晰地观察每个棋格中的游戏内容,并使用骰子开始游戏。

图 5－4－4 主题插卡上的骰子线索示意图

根据主题插卡的骰子线索,即图中绿色和黄色方框中的图示信息,儿童可快速找到该主题游戏所需要的骰子

(二) 内容设计

“四子连连”与数学的关联主要体现在两处,其一是在模式识别和模式建构的游戏机制中,涉及模式相关的数学经验;其二是儿童根据骰面信息,按照一定的数学规则,在与棋格关

联的过程中，会涉及多种数学知识与经验的运用。掷骰之后，儿童根据骰面信息在底板上找到可以落子的棋格，在这个过程中，融入了数学知识的运用。比如，棋格中的数字是两个骰面数字之和、棋格中的图形包含了两个骰面呈现的基本图形等等。因此“四子连连”玩具的内容设计，主要体现在骰面和主题插卡内容的设计上。具体希望儿童在游戏中运用哪方面的数学知识和经验，这需要设计者熟悉《指南》的相关内容，了解幼儿园课程的数学教育内容，同时把握儿童数学运用的能力特点及兴趣。

“四子连连”目前已有的数学游戏包括“生活中的数、分类、扣子 1 和 2、七巧板 1 和 2、数字 1 和 2”共计八个主题，八个主题内容均涉及数学，且不同主题的数学归纳在难度上逐渐升级。

“生活中的数”主题配置一个 1～6 的点数骰子，帮助年幼儿童感知 6 以内数量的对应关系。主题内容为 6 以内不同数量、贴近儿童生活经验的事物图案，如 3 只小鸟、2 个樱桃等。1～6 每个数量的图案均有六个，且每个图案都是不同的。主题图案的选择同时还考虑适当融入文化元素，如奥运五环、中国画六骏图等。游戏时，儿童根据掷到的骰面数值，选择对应数量的棋格落子。

“分类”主题配置一个分类正六面体骰子，插卡内容为常见六种不同类别的事物，如水果类、交通工具类等。儿童根据骰面的黑影符号（如图 5－4－5 所示）寻找并选择对应类别的事物图案。由此，集合的概念在游戏中自然发展。

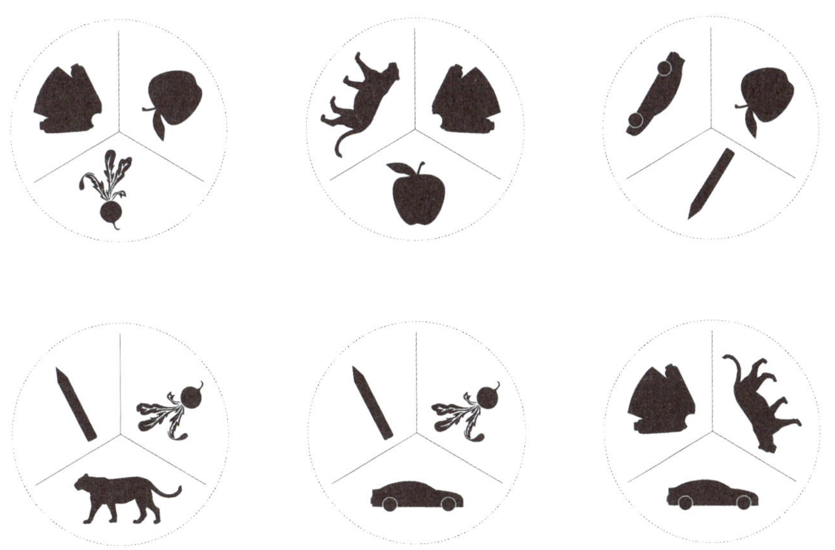

图 5－4－5　“分类”主题骰子的六面示意图，每一面包含三个类别的事物

“扣子 1 和 2”主题中，每个纽扣在扣眼数、形状、颜色三个特征上有所变化。两个主题分别配有“颜色”和“形状＋点数”两个骰子，游戏时，儿童同时掷两个骰子，需要综合两个骰面的内容确定扣子特征，这对儿童的图形观察力和判断力是个考验。

“七巧板 1 和 2”主题以类似经典七巧板的组合图案作为插板内容，图案包括姿态各异的人物、儿童喜爱的动物以及常见物品等。每个图案均由五种固定的规则图形组成。游戏时，儿童同时掷颜色和形状两个骰子，综合两个骰面信息找到符合条件的图形，并从中决定落子的位置。由于组合中的图形以不同的角度、大小、颜色呈现，因此儿童在游戏中需要仔细观察，进而理解和学习不同规则图形的几何特征。

"数字 1 和 2"主题内容以常见的数学概念为主，包括区间、单双数、大于/小于号等等。内容在呈现上既有儿童容易理解的标准数学符号，如">""="等，也有便于儿童直观判断的图案符号，如"不等于"的符号。游戏配以两种骰子，一种是正 12 面数字骰子，儿童掷骰子后可以直接找到数字符合条件的棋格落子；另一种是两个正六面数字骰子，儿童需要先进行加减，再根据结果找到符合条件的位置，有选择地落子下棋。该主题的游戏将儿童数学知识和经验的运用纳入行棋过程，有助于较年长儿童在游戏中巩固抽象的数学知识及符号认知，发展运算能力等。

（三）玩法设计

"四子连连"玩具不仅主题内容丰富，玩法也多种多样。下面将从其经典玩法——四子连连开始，再依次介绍其他三种不同难度等级的玩法。

玩法 1：四子连线

儿童轮流掷骰子，并根据骰面提供的线索，在底板符合条件的图案中选择一个作为落子的位置。儿童需要根据自己及对手的连线形势，决定在哪个位置落子。率先将自己的四个棋子连成一条直线（横、竖及对角线均可）的一方获胜。

当然，随着游戏的进行，棋盘上落子的数量会增多，根据骰面信息可落子位置的数量则会减少。但一般而言，在实现四子连线之前，不会出现无法落子的情形。即便出现了无法落子的情形，儿童也可以使用再掷一次骰子的规则。

玩法 2：观察反应、快速落子

掷骰子，而后比赛双方儿童根据骰面同时观察、寻找，并快速落子，正确落子多的一方获胜。

玩法 3：百变图形

游戏前，儿童共同商议确定一种获胜图形（模式），如 4 个棋子组成的正方形、6 个棋子组成的长方形等。游戏中，儿童轮流掷骰子，并根据骰面下棋，率先将棋子连成规定图形的一方获胜。

玩法 4：大挑战

在玩法 1 和 3 中，每方增加一次大挑战的游戏机会：若想要将己方的棋子放到对方已经落子的位置，可以向对方发起大挑战，通过"石头、剪刀、布"的方式决出胜负。若发起方获胜，则可以占领该位置。

对于初学的儿童，可以先采用玩法 2，在游戏中学习根据骰面找到对应的棋格，并逐渐提高反应速度。由于不同的主题使用的骰子数量不同，当两个骰子的玩法对于儿童有一定挑战难度时，可以先使用一个骰子，减少儿童需要综合考虑和判断的元素数量。例如，七巧板主题中，可以先使用形状骰子游戏，当儿童熟练掌握图形特征时，再加入颜色骰子。对于水平较高的儿童，则可以采用玩法 1 和玩法 3，并随着能力的提升逐渐加入玩法 4 的新规则，在游戏中发展儿童的逻辑思维水平及策略运用能力。

儿童不仅可以采用以上玩法进行游戏，还可以根据自己的喜好创造新的玩法；教师也可

根据数学教育的特点，与孩子们一起设计自己的插卡内容进行游戏。

三、设计要点

（一）教育性

由于多主题、多玩法的特点，“四子连连”适合3～8岁儿童游戏和学习。游戏不仅涉及模式的识别和建构，八个主题插卡内容还包含了数量、图形、运算和数学符号等丰富的数学内容，儿童通过掷骰子观察找寻符合骰面的位置下棋，在游戏中或边玩边学，或巩固已有的数学知识经验，观察力和专注力也在同步发展。此外，游戏的目标有助于儿童理解如何使用棋子连成直线或图形，进一步，儿童需要思考目标图形的多种连法，发展空间思维。在对弈的过程中，儿童的策略运用能力也在逐步提升，从开始仅关注自己的棋局，逐渐开始转向关注对手，并思考将棋子落入哪一棋格才有助于自己获胜。

1. 数学知识性内容

年幼儿童关于数学知识性内容的学习绝不仅在于数，还包含了空间、图形等丰富的内容。“四子连连”在主题上涵盖了儿童数学学习的多个方面，且在难度上层层递增。

“生活中的数”主题的棋格为6以内不同数量的物体，游戏时使用点数骰子。相对于实物图案，黑色圆点更加抽象，在儿童理解数量和对应数学符号间搭建了台阶。进一步来说，“分类”主题帮助儿童理解集合的含义。骰面上用黑影表示类别符号，如苹果影子表示水果类，借助观察与联想，儿童会自发地寻找相同类别的事物。

“扣子”“七巧板”插卡内容以空间图形为主，儿童既可以在扣子主题中观察比较扣子图形的异同，感知扣子图形的对称关系；也可以在七巧板主题中感知规则图形的特征以及图形间的组合。对于年幼儿童来讲，当某些图形旋转后，他们便无法识别出图形，如梯形、平行四边形。借助“四子连连”游戏的“七巧板”主题，儿童在游戏中反复掷骰子、观察找寻，逐渐加深对图形特征的理解。在游戏中接触这些形状，并非刻意学习，而是在熟悉之中会产生一种亲近感，有助于未来的学习。

随着儿童抽象思维的发展，能力较强的儿童可以进一步挑战数字1和2主题。游戏时，儿童可以掷1个12面的数字骰子，并将棋子放到数字符合条件的棋格内，如数字3既可以放到“0～5”区间的棋格，也可以放到“单数”的棋格；儿童也可以同时掷两个6面骰子，将骰面数字相加或相减，得到某一数字，再落子。儿童既可以在游戏中巩固对数学概念的理解，也可以通过游戏学习新的数学概念。

2. 策略运用能力

“四子连连”的游戏机制考验着儿童的策略运用能力。游戏过程中，儿童一方面需要观察自己的棋子能否连成一条直线，已有棋子可能产生几种不同的连线方式，或者还差几个棋子才能连线；另一方面需要结合1个甚至2个骰面的内容，观察判断可以落子的位置。综合以上两个方面，儿童才能选择最佳的位置下棋。但是，刚接触此游戏的儿童在策略运用上往往具有随意性的特点，也即，当儿童看到某一个符合骰面条件的棋格时便快速落子，往往忽略了游戏目标。随着儿童游戏经验的积累和能力水平的提高，儿童开始选择性地落子，他们观察棋盘和选择下棋位置的时间也会有所延长。

更高能力水平的儿童，在策略运用方面表现为，不再仅仅关注自己的棋子在棋盘上的连线，同时还关注对手的模式建构状况，再作出综合的判断。比如，观察到对方即将连成一条线时，快速地堵住对方。对于年幼儿童来讲，权衡帮助自己获胜还是堵住对方是有一定挑战的。儿童在游戏中积累经验，逐步发展出更高级的策略运用能力。

（二）可玩性

“四子连连”多主题的特点让游戏的内容十分丰富，不同的主题能够带来不一样的游戏体验，这对于喜爱变化的儿童来说是具有吸引力的。此外，“四子连连”的规则比较简单，但是双人游戏意味着不同的对手能碰撞出不同的火花，方寸之间，也能够形成不一样的棋局，这也是游戏可玩性的体现。

1. 可更换的多主题插卡

对于年幼儿童来讲，多主题无疑增加了“四子连连”游戏的可玩性。8 张不同主题内容的棋盘、图案、样式各异的骰子，吸引着儿童去探索。由于底板和插卡组合的操作十分简单，儿童自己就可以完成棋盘的组合和主题的更换。加之主题插卡上的骰面线索，儿童很快便能找到对应主题所需的骰子，并开始挑战。

除了便于操作的主题插卡，棋盘上丰富的数学内容也吸引着儿童不断挑战，数字、符号、图形等数学知识与有趣的棋盘相结合，再加上好玩的游戏规则，鼓励着儿童在游戏中边玩边学！

2. 规则简单，棋局多变

经典的四子连线玩法，对于儿童来讲是容易理解和上手操作的。但是，一旦进入游戏就会发现，看上去简单的连线玩法中，蕴藏着多种可能性。比如，游戏中既要思考应该下在哪里才能获胜，也要思考如何堵住对手的棋盘；仅关注一条线还远不够，在即将连线时可能会被对手先行一步、占领关键棋格；即使明确了目标、清晰了思路，却也要掷到相应的骰面才能将棋子下到“心仪”的位置；游戏还暗藏幸运骰面，当掷到“OK”手势符号时，儿童自由选择的机会随之增加……简单的规则中，蕴含了多变的棋局，吸引着儿童不断挑战。

四、观察要点

利用“四子连连”开展游戏，通常会采用两种玩法：一是反应游戏，儿童根据骰面内容快速地观察寻找；二是下棋游戏，儿童使用棋子在棋盘上连成经典的四子一线或其他目标图形，由于在“四子连线”的下棋游戏中也包含了反应游戏的内容，因此以下主要展现“四子连线”游戏中的观察要点。“四子连线”游戏过程大致可以分为三个阶段：一是快速反应游戏中，掷骰子后观察匹配，找到所有符合条件的棋格；二是下棋过程中，掷骰子后根据骰子选择某一有利位置下棋；三是游戏后，将己方四枚棋子连成一条直线（或其他图形），或堵住对手的连线（或形成其他图形）。

对应儿童“四子连连”游戏的三个阶段，聚焦策略运用发展，引申出如下观察内容（见表 5－4－1）：

表 5-4-1 儿童“四子连连”游戏过程中思维能力与策略应用的观察要点

阶段	与策略运用相关的认知活动	观察要点
快速落子	观察匹配	1. 在“生活中的数”主题中，儿童能否正确判断棋格中物体的数量？ 2. 儿童通过哪种方法判断数量？是目测还是点数，或者其他方法？ 3. 采用点数方法时，儿童唱数后能否正确说出总数？ 4. 儿童是否理解点数骰子与棋格物体数量的关系，根据骰面正确找到符合条件的棋格？ 5. 在“分类”主题中，儿童是否理解所有骰面符号，并根据骰面找到对应类别的事物？儿童是如何解释自己对骰面符号理解的？
掷骰子下棋	选择策略	1. 在“扣子 1 和 2”主题中，儿童能否根据 1 个或 2 个骰面找到符合条件的全部扣子棋格，并从中做出选择？ 2. 在“七巧板 1 和 2”主题中，儿童能否说出图形骰面中所有图形的名称？儿童能否识别由不同图形组合而成的图案，并根据棋局做出落子选择？ 3. 在“数字 1 和 2”主题中，儿童是否理解棋格中的数学概念，如单双数、大于号等？当使用两个 1～6 数字骰子时，儿童能否正确计算两个数字骰子的和或者差，并选择合适的棋格落子？ 4. 在不同主题的游戏中，儿童在掷骰子后，是不经思考快速落子，还是经过思考后落子？ 5. 当儿童选择先思考再落子时，具体采用了什么方法？是先找到若干符合条件的棋格，再有选择地落子？还是聚焦可能连线的区域，更快、更有针对性地做出选择？ 6. 儿童能否解释说明自己选择落子位置的原因？
四子连线	计划与竞争	1. 儿童是否知道如何使用四枚棋子连成一条直线？儿童知道几种连直线的方法？ 2. 儿童能否计划自己的连线，比如根据棋盘上已有的己方棋子，找到一种或多种连线方式？ 3. 儿童能否有计划地落子，比如掷骰子后优先观察某一条线上的空白棋格是否符合骰面条件？ 4. 儿童是否关注对手的游戏行为，包括对方掷骰子、落子位置或其他与下棋相关的语言等？ 5. 儿童是否出现阻挡对方连线的游戏行为，能否进一步地同时考虑自身的四子连线？

五、儿童发展案例

大班儿童喜爱与同伴共同游戏，开始对富有挑战的规则游戏感兴趣。棋盘游戏“四子连连”在内容和玩法上均适合大班儿童挑战，因此教师给儿童介绍了这款游戏，并将其投放在班级的益智区。自由游戏时间，儿童都围在新游戏的周围探索起来，或观察棋格，或研究骰子，和小伙伴们叽叽喳喳地讨论着新游戏。男孩冬冬平时喜爱下棋，他主动挑战“四子连连”，并邀请他的好朋友昊昊一起参加比赛。

开始游戏时，他们选择了“生活中的数”主题，一起挑战“看谁找得快”玩法：先掷骰子，再根据点数快速寻找有相应数量物体的棋格。当数量在4以内时，冬冬都能通过目测判断；当点数为5或6时，冬冬先观察、在心中默数后再寻找，落子速度较之前变慢。几轮游戏过后，无论掷到点数几，冬冬都能快速地根据点数寻找。一旁观察的教师为儿童介绍了更有挑战的四子连线规则。起初，冬冬在策略运用方面具有一定的随意性。在教师引导和同伴互动下，经过一段时间的挑战，冬冬的策略运用能力有了明显的提高。

1. 第一次观察：根据骰面快速找到正确的下棋位置并落子

3月12日，冬冬和昊昊第一次挑战四子连线的玩法，他们选择了“生活中的数”的游戏主题。游戏中，冬冬每次掷骰子后，看到符合骰子条件的位置便快速地落子。

第二局接近尾声时，持蓝色棋子的冬冬掷到了点数4。只见他不假思索，将棋子放到了“4块拼图”的棋格当中，忽略了更远处可能连线的“4棵小树”(见图5-4-6)。接下来的几局游戏中，冬冬的注意力都在棋格内容和快速落子上，没有明显表现出会思考将棋子放到哪个位置能够帮助自己连线的策略运用行为。

图5-4-6　掷到点数4时，冬冬不假思索，快速将棋子放在“4块拼图”的棋格

观察到冬冬不经思考、快速落子的游戏行为，教师在冬冬即将连线时提问：“如果让你的棋子连线，你想掷到什么点数呢?”教师的提问引起了冬冬的注意，只见他放下了手中的棋子后思考，然后告诉教师：“我要掷到1。”此时，冬冬开始关注胜利的目标，并在最后将棋子落到了“1个地球”的棋格位置，获得了胜利(见图5-4-7)。

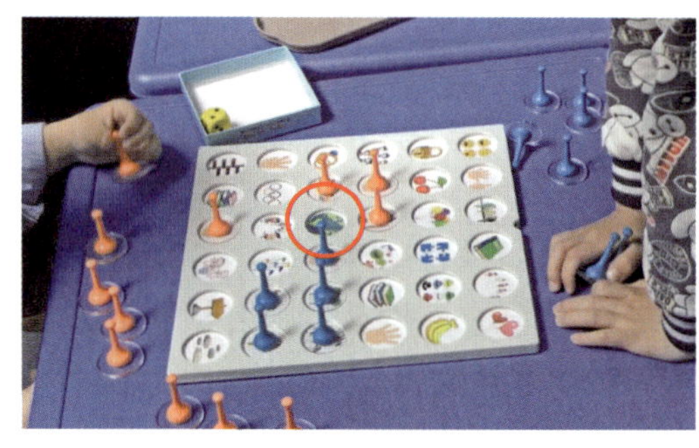

图5-4-7　冬冬只要将蓝色棋子放到“1个地球”的棋格，便能获得胜利

2. 第二次观察:经同伴提醒,发现错失了获胜机会

3 月 16 日,冬冬和昊昊又一次挑战"四子连连"。这次他们选择了"分类"主题,冬冬选择橙色棋子。游戏时,冬冬能够根据骰面快速地选择正确的位置下棋。游戏接近尾声时,冬冬还差 1 个棋子就能连成 4 个子的直线。他快速掷出骰子,骰面显示动物/衣服/水果类。冬冬掷骰子后,快速看到水果"山竹"并将自己的橙色棋子放入其中。昊昊指着大象棋格提醒冬冬:"下到这里不是更好吗?"(见图 5-4-8)但是落子无悔,冬冬错失了一次好机会。最终,昊昊获得了胜利。游戏后,教师引导冬冬和昊昊总结游戏经验。昊昊说:"刚刚他把棋子放到大象上,就能赢了。"冬冬若有所思地点了点头。

图 5-4-8 冬冬将棋子快速下到"山竹"棋格,昊昊提醒冬冬放到"大象"位置可以获胜

3. 第三次观察:经提醒后关注自己和对手的连线

3 月 22 日,冬冬和昊昊再一次挑战"四子连连"的"扣子"主题,第一局游戏的尾声,昊昊指着"蓝色花形纽扣"棋格期待地说道:"耶,我快赢了! 你看,我的橙色棋子再放一个就行啦,还连成了 5 个嘞!"冬冬听着昊昊的分析也不甘示弱:"一会儿我要堵,不堵我可就输了!"冬冬掷出的骰面恰好符合该棋格的要求,他立刻将自己的蓝色棋子堵在此处,阻碍了昊昊的连线(见图 5-4-9)。

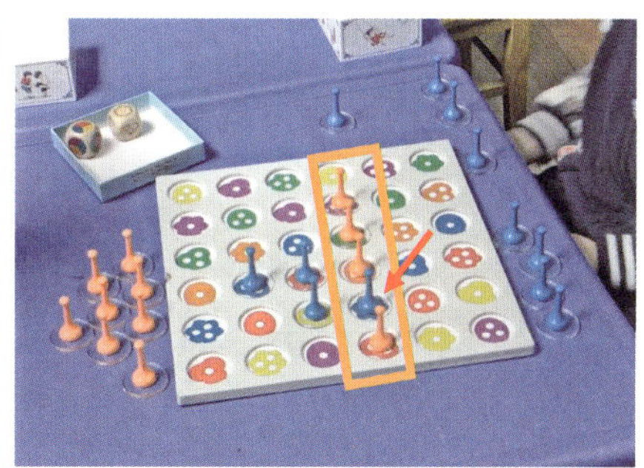

图 5-4-9 经昊昊提醒,冬冬快速堵住了对手可以连线的棋格

两名小伙伴继续对战。游戏中,昊昊快速堵住了冬冬可以连竖线的位置(见图 5-4-10 中黑色直线),冬冬略有遗憾地说道:"哎,这里被你堵住了。"他仔细观察棋盘,很快,他又开辟了一条新的连线。他指着一条斜线(见图 5-4-10 中红线)说道:"那我就连这里吧!"

4. 第四次观察:主动关注自己和对手下棋,初步出现计划性

4 月 8 日,两个小伙伴一起挑战"七巧板"主题。他们自己更换了主题插卡、选好骰子后,

开始了挑战。第一回合，持蓝色棋子的昊昊先下棋。只见，他掷到了粉色的长方形，他将棋子快速落到了靠近自己手边的角落位置（见图 5-4-11 中黑色圆圈处）。冬冬指着棋盘中间的一个棋格——“粉色长方形蜡烛底座”的位置（见图 5-4-11 中红色圆圈处）说道：“你放在这里吧。”一旁的教师问冬冬：“为什么这里好呢？”冬冬告诉教师：“因为这里比角落更容易连线。”听到解释后，昊昊将棋子更换到冬冬建议的位置上。

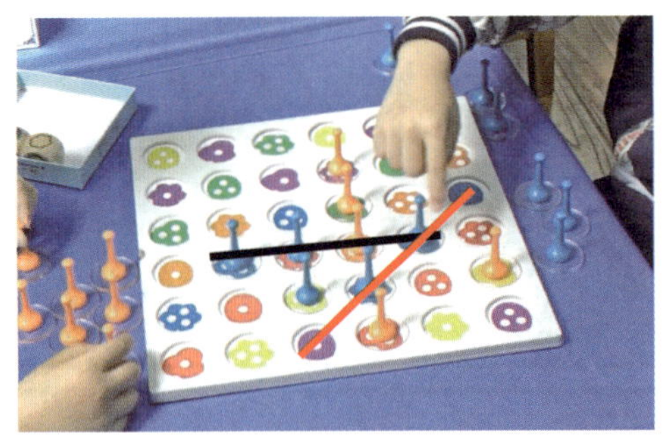
图 5-4-10　图中标的黑线为冬冬被堵住的连线，红线则为冬冬新的目标连线

图 5-4-11　冬冬提示昊昊将棋子放到棋盘中间，方便后续连线

接着，当冬冬下好第三枚橙色棋子时，他指着棋盘依次说道：“我这里、这里、还有这里都能连成一条线（见图 5-2-12 中的红线、黑线和蓝线），真好呀！”游戏的过程中，每次掷骰子后，冬冬都会先思考再下棋。最后，他连赢了两盘！

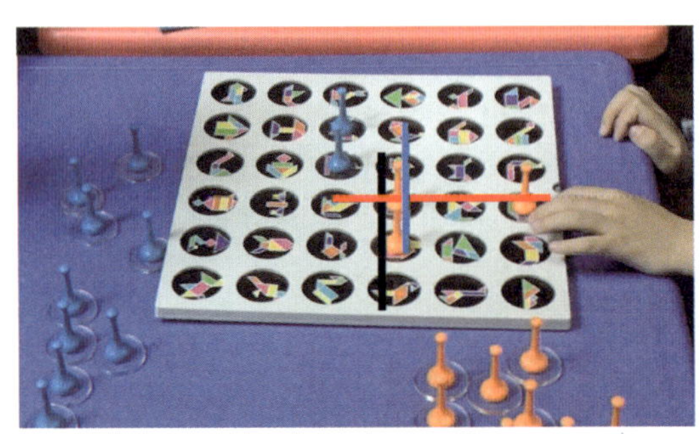
图 5-4-12　冬冬下好 3 个棋子后，想出 3 条可以连线的好办法！

5. 第五次观察：从大局角度思考落子位置，根据局势确定策略

图 5-4-13　究竟是先堵住对方还是先帮助自己呢？冬冬思考后选择帮助自己连线并获胜

4 月 18 日，冬冬和昊昊挑选了还未尝试过的“数字 1”主题的四子连连，并且使用两个数字骰子挑战游戏。依旧是接近尾声的时候，冬冬掷到了数字“4”和“2”，他快速计算了“4＋2＝6”，然后开始分析：“你快赢了（见图 5-4-13 中橙线），我堵住你吧！”冬冬刚要将棋子放到“＜10”的棋格，一瞥却发现自己也仅差一子便能获胜。于是，他指着“2～6”的区间棋格惊喜地说：“不用堵住你了，你看，我放在这里已经先赢啦！”（见图 5-4-13 中黄线）接下

来的几轮游戏中，冬冬都能快速地根据计算结果判断可以下棋的棋格，观察片刻，便快速落子。

六、儿童在游戏中的学习路径

在“四子连连”游戏中，既涉及儿童数概念、空间思维，也涉及模式识别、模式建构、相关策略运用等数学认知。通过对上述案例的分析，我们大致能观察到如表5－4－2所示的策略运用能力发展的四个阶段，并构成策略运用的学习路径。

表5－4－2　“四子连连”游戏中儿童策略运用的学习路径

阶段	游戏行为	能力分析	发展支持
1	能够根据骰面选择符合条件的棋格并快速落子	理解棋格中的数学知识性内容，并快速反应	尽管儿童能够快速找到符合条件的棋格，但由于游戏的目标意识较弱，快速落子的同时，往往伴随着随意落子的特点，较少出现选择的行为。教师可以在恰当的时机介入，比如儿童的3枚棋子连成一条线时，通过提问的方式引发儿童思考将棋子放在哪个棋格当中能够获胜，引导儿童在关注棋格内容的同时，也要注意落子的位置
2	经提醒后，尝试抢占对方即将连线的棋格位置；在对方阻挡自己连线时，选择更换另一条新的连线方式	开始关注他人的棋局，初步根据他人的行棋调整自己的连线方式；目标意识增强，能够有选择地下棋，思考如何连线帮助自己获胜	当儿童开始有一定的目标意识时，他们的目标往往较为单一，比如仅仅将关注点聚焦在自己的某一条连线上，从而忽略了其他可能的连线方式，也忽略了对手当前的棋局。可以引导儿童进行游戏后的经验总结，或同伴间的经验分享；鼓励儿童说一说自己下棋的原因，或通过提醒引导儿童仔细观察棋盘
3	通过比较不同的棋格，选择最佳的下棋位置，帮助自己连线；在同伴掷骰子时，也表现出关注，主动帮助同伴选择最佳的下棋位置	能够根据游戏目标，有选择地下棋，开始出现选择策略。主动关注自己和对手的棋局	鼓励同伴间的观察学习。引发儿童间的讨论，鼓励儿童分享自己下棋的策略。在分享、交流中帮助儿童内化和巩固已有策略，学习新的策略
4	能够根据已有棋子，计划不同的连线方式；结合棋局，分析不同的落子位置可能产生的结果，最终确定落子的位置	初步表现出计划策略；能够在堵住对手和帮助自己获胜之间权衡，初步萌发综合策略	当儿童能够综合计划策略、选择策略等方法时，可以加入“大挑战”规则，提高游戏的难度和可玩性，为儿童策略运用能力的发展创造更多契机

七、观察反思

(一) 支持同伴间的学习

挑战“四子连连”游戏时,儿童在对弈的同时,也在互相学习。儿童使用着他们彼此能够理解的语言沟通,采用相似的方式理解事物,在交流互动中共同成长。可以说,上述案例中,冬冬策略运用能力的提升离不开同伴的支持。例如,还处于随意落子阶段的冬冬,经过昊昊的提醒,开始关注将棋子下到哪个位置才能帮助自己获胜。当冬冬即将连成一条线获得胜利时,昊昊及时堵住关键位置。这一行为也激发了冬冬思考新的策略以帮助自己获胜,于是他另辟新路,逐渐从关注一条连线转向关注多种可能的连线方式,策略运用能力也由此提升。此外,冬冬也在游戏中慢慢地由自我中心转而开始关注对手,关注棋局的整体性。维果斯基的支架理论提出,如果儿童常与水平略高的同伴一起游戏,会学到更多知识技能①。游戏中的冬冬和昊昊通过不经意的对话、动作传达着各自的思考,互相学习,共同成长。

(二) 把握教师介入的时机

在儿童游戏的过程中,更多思考的时间是属于儿童的,而教师恰到好处的支持往往能够支持儿童跳向更高的台阶。上述案例中,开始游戏的冬冬目标意识较弱,因此,教师选择在冬冬即将获胜时抛出问题,引发其思考应该将棋子放到哪个棋格,从而将儿童的注意力转到获胜目标上来;当错失机会输掉比赛后,教师引导冬冬和昊昊分析游戏失败的原因,及时帮助他们梳理游戏经验;当冬冬让昊昊将角落的棋子更换到中间时,教师及时提问引导冬冬解释说明他的理由,支持了同伴间的相互学习。

八、小结

“四子连连”为年幼儿童综合性的数学思维、策略运用的发展提供了可能,鼓励儿童在快乐的游戏中自然地学习和运用数学。在游戏中,我们看到了儿童对于数学天生的好奇和喜爱,他们主动探索着数与量的关系,观察着棋盘中变化的模式,当出现不理解的数学符号时,主动、急切地向教师提问获得新知。这种多主题、多选择的棋类玩法让儿童的数学学习过程充满乐趣:有心仪的内容选择,有仔细观察、反复比较、互相参考的过程体验,有彼此学习、共同成长的温度。

---

① [美]德布·柯蒂斯,玛吉·卡特. 和儿童一起学习:促进反思性教学的课程框架[M]. 周欣,等译. 北京:教育科学出版社,2011:191.

第六章 测量与统计玩具的设计与应用

测量与统计都是较为实用的数学技能，能够帮助人们在生活中更加准确地认识事物、分析现象。所谓测量，指的是将事物的属性进行量化，赋予事物一个特定的数，从而可以在同一维度上对事物进行比较。学前儿童较为熟悉的可量化的属性包括长度、面积、重量、时间等。而统计，则是指在实物分类基础上进行计数。具体表现为了解不同类型事物的数量，或追踪某一事物可量化特征的历时变化，并用图表来对结果进行表征。例如，追踪气温变化或统计班级考勤是幼儿园孩子们接触最多的统计活动。

测量与统计是对具象事物的抽象化，要理解其基本思想及其所代表的意义对学前儿童来说相对较为复杂。在玩具中融入与测量和统计相关的元素，将复杂的概念化繁为简，激发儿童的探究兴趣，并启发儿童在实际操作中认识到测量与统计的有用，这对于儿童测量与统计的学习和发展颇具意义。

本章介绍两个玩具案例：有着不同主题的“变变变”玩具融合了儿童喜爱的图案拼搭游戏形式，儿童在游戏中可根据已有经验对图案组件进行组合或创意拼搭，并在竞争机制下对拼搭的图案高度进行测量和比较，从自然测量出发，逐渐走向标准测量探究。“数字棒”的设计将统计、记录与空间策略游戏结合在一起，让儿童在饶有趣味的竞争游戏中，在找到更多数字和颜色朋友的目标驱动下，逐渐理解图表中数据变化的实际意义。两个玩具的共同特点是通过情境的创设、竞争游戏机制的建立，推动儿童真正运用测量与统计并体验其意义。本章两个观察案例的展现，能够为理解儿童游戏中测量与统计能力的发展路径提供线索。

第一节 测量玩具的设计与应用——以“变变变”为例

一、设计缘起

理解和有效运用测量是现代人类生活的一项基本技能，正确使用测量工具并采用常用的测量单位对物品进行测量和描述，能够帮助人们更好地认识周围世界。测量不仅与日常生活息息相关，还是数学领域的重要学习内容，各国对儿童数学学习的测量部分予以越来越多的重视。美国《共同核心州立标准》(Common Core Standard)在学前阶段的目标中，明确提出了测量的要求，指出儿童应当能够描述和比较长度或重量等特征，并且能够按照这些测量的特征对物品进行分类。英国《国家早期教育纲要》(EYFS)数学领域的目标将测量与形状和空间并列，要求儿童能够用日常语言来谈论大小、重要、距离等，能够对物体的特点进行比较，并且能够用相关知识来解决实际问题。

我国《指南》科学领域中，具体到数学认知方面，期望小班儿童能够感知和区分物体的大小、多少、高矮、长短等属性之量的特点，并能用相应的词汇表示；期望中班儿童能感知和区分物体的粗细、厚薄、轻重等量的特点，并能用相应的词语描述；期望大班儿童能够初步理解量的相对性。上述各个年龄段的要求中都涉及测量。

国内幼儿园传统的测量活动(如尝试用雪花片、小木棒、积木及卷尺等测量桌子、植物、两条路线的长度以及身高等)依赖测量的实际操作，不仅需要比较，还需要度量。这种测量活动对儿童理解测量单位、恰当实施测量操作有一定要求，往往比较适合中、大班儿童。通过实际观察，并结合以往研究成果，不难发现小班儿童已经开始对测量感兴趣，且儿童早期的非标准测量能力在3～4岁时就已经得到了快速提高，到4岁时就能够成功地运用非标准测量单位来比较两个物体的长度①。因此，基于3～4岁儿童测量能力发展水平，并将量的比较与测量联系起来，加强情景化，让小班儿童有机会通过量的比较等方式探究测量，是一个有意义的方向。

国内玩具市场上适合小班年龄的测量玩具不多，而西方国家在此方面却一直比较重视，也有所建树。美国Jax公司在十年前开发了一款名为“HOW TALL AM I?”的玩具(见图6-1-1)，令人印象深刻。“HOW TALL AM I?”是一款适合3～8岁儿童的与测量相关的玩具。游戏通过掷骰子来确定游戏者可以挑选的身体部件，并最终拼成一个完整的人形。玩具提供的每个身体部件的长度不一样，而游戏的一个主要目标就是看谁最后拼成的人最

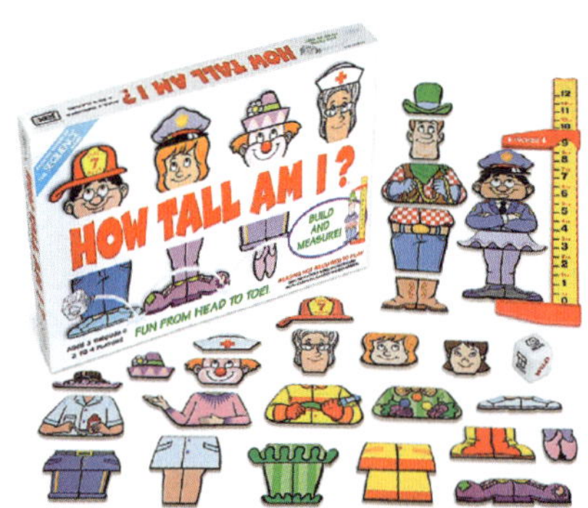

图6-1-1　左图为美国Jax公司推出的“HOW TALL AM I?”玩具，右图为儿童的测量游戏示意图

游戏提供了高矮不同的6个人物的身体部件，每个人物的身体部件包括帽子、脸、上身、下身、鞋子五个部件。五个部件可以随意组合创造出不同的人物

① 张华，庞丽娟，韩小雨，陶沙，董奇．儿童早期测量能力的发展[J]．心理发展与教育，2006(4)：8—11.

高。因此,比较长短(在可供挑选的几个相同位置的身体部件中)或高矮成为该游戏过程的重要内容。该玩具还为游戏者提供了一个适合儿童的标准测量工具,用于测量自己拼成的人物的高矮。当然,即使不用骰子,儿童也可以选择拼搭好自己的人物,并且通过目测、相互比高也可以对比人物的高矮,因此该玩具也适合年幼儿童。

该玩具不仅引入了测量的学习内容,其设计还吸纳了拼图类换装游戏的特点,可以通过不同的组合生成不同的人物形象,儿童对此兴趣盎然。

但是,我们认为,适合小班儿童的测量游戏更应当考虑为其提供非标准测量单位①,支持儿童在游戏过程中去发现并借助测量的单位。另外,完全按照轮廓进行切割形成的身体部件小拼块虽然美观,但这样的拼搭材料并不适合小班儿童拿取或挪移,尤其是拼搭完成的人物难以实际地完成直接比较测量等。因此,在继承“HOW TALL AM I?”精巧设计思想的基础上,特别考虑小班儿童的年龄特点,秉承着给儿童测量学习初期提供足够的探究空间和多种鹰架支持,“变变变”系列玩具创意就这样诞生了。

二、设计描述

(一) 结构设计

“变变变”测量玩具的整体结构由测量底板和身体部件组成,辅以游戏骰子。与“HOW TALL AM I?”的第一个不同之处是“变变变”玩具提供测量底板,儿童可以将切割成条块的身体部件放入底板内。如图 6-1-2 所示,测量底板采用了半开放的设计形式,即底端封闭且固定,顶端开放,适合儿童将身体部件按照顺序由底往上拼搭,这样底板就为儿童提供了等高的比较基础(基准线),避免年幼儿童在比较过程中忽略基准而只关注一端的发展特点。测量底板的一侧设计了支持儿童进行标准测量所用的标准刻度(以厘米为单位),另一侧设计了支持儿童进行非标准测量(介质测量)所用由多个测量单位组成的图形(树叶或小虫),为儿童在游戏中自由探索不同的测量方式,如直接比较、介质测量和标准测量提供充分的支持,鼓励儿童作为积极的学习者,带着探索和发现的眼睛,思考图案与所拼搭事物之间的关系,逐渐领悟测量的用处。

图 6-1-2　左图为两种测量底板示意图,右图为“动物变变变”身体部件的构成式样图

---

① 学前儿童通常会采用非标准测量单位来进行测量,并描述测量结果。小班时期,测量概念正处于萌芽期,具体形象的非标准测量单位(比如一个夹子、一个积木的长度)则更容易理解。

第二个不同之处是身体部件的分割全部切割成与底板槽内宽度一致的长方形块，这样儿童可以将身体部件轻松地放入底板槽内且保持平直，图案也方便对齐(见图 6－1－2)。儿童在游戏中能够更加专注地挑选拼搭出不同高度的事物，并进行测量比较。

第三个不同之处则是身体分割部件的多少有所变化。有的主题(如“男孩女孩变变变”)分为五个部件，有的(如“动物变变变”“机器人变变变”)则分为三个部件，以适应不同水平儿童的游戏。

图 6－1－3　左侧为“男孩女孩变变变”骰子面的展开图，代表身体五个部件的符号；右侧骰子面朝上一面的符号代表可以选择任何一个部件

与游戏测量底板、身体部件相配套的，还有一个六面体骰子。以“男孩女孩变变变”为例，由于整个小人图案分割为头饰、头部、上半身、腿部和脚部五个部分，因而骰面上的符号与此相对应，每个部件的符号在六面体骰子上出现一次，骰子剩余的一面为幸运的“任意选择”图案(见图 6－1－3)。

(二) 内容设计

基于对儿童日常与测量有关活动的观察，不难发现，儿童自发的测量愿望通常是“比比谁更高”“量量我有多高”等，因此“变变变”游戏的内容设计从儿童的实际生活出发，创设出各种人和事物测量高度的情境，并设置了“男孩女孩变变变”“动物变变变”和“机器人变变变”等多个主题。

“男孩女孩变变变”主题中，融入了多元文化的元素，在人物的衣饰上体现了不同国家、不同民族的文化传统。在游戏中，不仅能够让儿童了解人体的结构以及常见衣饰的名称和作用，还能够让儿童感知、了解不同文化下服饰的差异，体会人类多样化的文化成果，如中国传统的唐装、独具特色的墨西哥帽、热带风情的夏威夷草裙、精美的俄罗斯头饰等。一共有 8 组不同的人物造型，儿童可以按照不同的文化进行衣饰的匹配，更可以按自己的想法设计出新颖别致的搭配(部分见图 6－1－4)。

图 6－1－4　“男孩女孩变变变”主题中的多元文化元素

“动物变变变”和“机器人变变变”两个主题以常见的动物和奇思妙想的机器人作为拼搭的图案，每个动物或机器人均由三个部分组成——头、身体和脚（见图 6－1－5）。这两个主题相对而言也更能适应年幼儿童的发展特点。

图 6－1－5　“机器人变变变”和“动物变变变”玩具示意图

通过动物主题，儿童可以认知常见的动物，比较不同动物各个身体部位的特点。在机器人主题中，儿童则可以充分发挥自己的想象力，拼搭出自己喜爱的具有超能力的机器人形象。这些主题源于儿童的兴趣，也是儿童生活中（如故事绘本、视频等）较为熟悉的事物，通过将这些内容融入测量游戏中，能够更好地激发儿童的游戏兴致，同时也能够增添儿童的审美情趣。

多主题的设计还希望激励教师和儿童也能成为设计者，创造出更多的“变变变”主题。教师可以通过与儿童的探讨来共同发掘、生发新的主题，在已有玩具的基础上进一步发挥想象力，衍生出贴近儿童生活、符合文化特色的游戏主题和图案。

（三）玩法设计

从游戏机制的构成来看，“变变变”系列玩具主要涉及三种游戏机制。其一，是掷骰子。在本游戏中，掷骰子造成了孩子们挑选图形块的种类随机化，形成了公平游戏的基础。其二，是集合收集。在本游戏中，一个集合指的是收集图形块部件，组成一个完整的图案（人物、动物或者机器人）。其三，则是测量和比较。本游戏提供了适应不同认知水平的测量工具，包括非标准测量工具和标准测量工具，还提供了基准线和底板，支持低龄儿童开展测量游戏。三个游戏机制的共同配合，使“变变变”系列玩具能够通过游戏丰富儿童的测量经验。

根据不同的游戏目标，“变变变”系列玩具主要有三类不同的玩法。根据参与游戏的人数、发展水平和自身偏好，每一类玩法下面又可以有不同的游戏方式。

玩法 1：自由拼搭

游戏目标：自由游戏，根据自身兴趣探索，完成图案拼搭。

儿童可以独自游戏，这尤其适合年幼儿童对游戏材料的探索。可以引导儿童找到匹配的图案进行拼搭，帮助儿童熟悉人体的组成、了解常见的动物名称及形态等，是一种相对简单和自由的游戏方式。儿童也可以发挥想象力，根据自己的兴趣进行图案的组合。

游戏还可以由 2～4 名儿童共同开展。年幼儿童可以进行平行游戏，中、大班儿童可以进行合作游戏。游戏的形式仍然以自由组合、拼搭图案为主要形式，儿童可以根据自己的节奏尝试不同的拼搭方式。与此同时，可以鼓励儿童的社会交往，与同伴分享自己拼搭的图案。

玩法 2：比比谁更快

游戏目标：比比谁能最快拼搭出完整图案。

图 6-1-6　儿童在进行“比比谁更快”的游戏

2～4 名儿童共同游戏，参与游戏的儿童各使用 1 个底板，并将其他卡片混合后放置在游戏者面前的中间位置。由一名游戏者发令“开始”，儿童在卡片中寻找、匹配，比赛谁能最快拼出完整的图案。可进行多轮游戏，决定获胜者。这种游戏方式考验儿童的反应能力(见图 6-1-6)。

玩法 3：比比谁更高或更矮

游戏目标：比较拼搭图案高度，探究不同的测量方式。

(1) 独自游戏

可以一名儿童独自游戏，儿童在 2～4 个底板上摆出不同的图案，然后让儿童比较拼搭图案的高度，让小人、小动物或机器人按“身高”排排队。使用底板的数量可以随着儿童的年龄逐渐增加。对于中、大班的儿童，可以鼓励他们尽量使用间接测量的方式说出“身高”、记录“身高”，再比较“身高”。

知识卡片

空间测量策略

(2) 多人竞争游戏

2～4 名儿童共同游戏，每人持 1 块底板，游戏前约定好本次游戏是比“高”，还是比“矮”。轮流掷骰子，根据掷到的骰面放置身体部件，不同人物、动物或机器人的身体部件之间可以任意组合，只要保证最后拼搭的事物由头部、身部、腿部组成即可，最终谁的身高最高或最矮即获胜。使用相同底板的儿童还可以进一步比较事物身高之间相差几片树叶或几个一寸虫。对年幼儿童，可鼓励采用目测或直接比较的方式确定获胜者，对中、大班儿童，则可以鼓励用间接测量的方式进行比较。如果儿童对左侧的刻度尺感兴趣，也可以鼓励儿童探究标准的测量方式。年幼儿童进行空间测量需掌握的策略，具体内容可扫描二维码查看。

三、设计要点

(一) 教育性

“变变变”玩具有意识地采用了年幼儿童喜爱的游戏形式，以他们熟悉的“比高矮”作为测量的切入点，关照年幼儿童探索测量初期的需求。同时，也将测量探究蕴藏在有趣的换装游戏中，符合儿童的兴趣爱好。儿童在拼搭不同的人物或动物时，自然地理解不同事物中部分与整体的关系；独自游戏或平行游戏时，儿童悉心拼搭自己独特的人物或动物时，提升了创造力，与同伴交流互动、相互欣赏的过程中，也提升了审美趣味；竞争游戏比较高矮的过程中，借由材料的支持，儿童逐步从直接目测比较到非标准测量再到标准测量进行探究，感受测量的重要性并掌握测量的策略。

1. 认识部分与整体

“变变变”有不同的主题，包含着丰富的认知内容。儿童在拼搭、匹配的过程中，探究男孩女孩、动物以及机器人的构成，逐步理解部分与整体的关系。初期游戏时，年幼儿童可能会将两个头部和一个腿部组合在一起拼成一个动物；也可能会将上下的顺序摆错，例如，将动物腿部摆在了头部上面；还可能会将某一个身体部件上下方位摆错(见图 6-1-7)，等等。

这些都说明儿童在集合、分类和实物认知方面有一定的提升空间，也正是在不断地游戏与探究过程中，借由成人的引导和同伴间的模仿学习、讨论、分享，儿童逐渐形成对整体恰当性的认知，并真正理解了部分与整体的关系。

图 6-1-7　错误摆放的三种典型图案

2. 提升审美表达和创造力

“变变变”强调游戏中的自由表达和同伴间的相互欣赏。自由拼搭与组合是“变变变”游戏最基本的形式，借助不同主题的图案拼搭与组合，儿童自由探究、感知不同部件的组合特点，在游戏过程中表达自己的审美喜好，在其中发现美、体验惊喜。儿童也可以根据自己的审美经验进行有意图的创造性的匹配和拼搭，充分发挥想象力与创造力，并在与同伴分享的过程中彼此激发。

3. 发展测量能力

（1）长度的感知与比较

无论是在比高游戏过程中选取身体部件卡时，还是在游戏尾声比较高矮时，儿童都在对长度进行感知和比较。具体来说，当儿童希望自己最终拼搭成的人或事物更高时，需要在与骰面匹配的同类身体卡片中挑选出相对较高的卡片，这就意味着他们在头脑中已经对各个身体卡片的长度进行了加工和比较。在长度的比较中，儿童逐步理解了长度的概念，能够识别起点与终点，这些能力正是非标准测量和标准测量能力发展的前提与基础。能够对两个物体的长度进行比较，并确定物品的长度是否相等，这是儿童认知发展中的一个里程碑①，也是守恒概念、思维传导性以及单位概念发展的核心②。此外，多人游戏时，儿童需要对 3～4 个人事物的高度进行比较，从对比两个物体的长度到对多个物体进行排序也经历了认知上的发展变化，逐步理解量的相对性。

（2）非标准测量经验的获得

能够进行长度的感知和比较后，儿童开始进一步尝试用非标准测量的方式来表征物体的长度。在非标准材料中，儿童使用的测量单位不是我们传统意义上标准化的长度单位，而

① Halford, Graeme S. A Structure-Mapping Approach to Cognitive Development [J]. International Journal of Psychology, 1987,22(5):609-642.

② Kamii C, Clark F B. Measurement of Length: The Need for a Better Approach to Teaching [J]. School Science & Mathematics, 2010,97(3):116-121.

是自己定义的单位，如用叶子、手指、玩具等作为介质来对物体进行测量。根据皮亚杰的理论，儿童需要先建构出测量单位，即能够使用非标准单位以及具有推理传递性测量能力，才能够逐渐发展到使用标准单位进行测量的阶段①。“变变变”游戏中，底板的一侧印有首尾相连排列的叶子或虫子的重复图案，这些都可以作为非正式测量的“单位”。儿童既可以借由它们测量所拼搭人、事物的高度，也可以对不同人或事物的高度进行测量比较。当他们说“我搭的长颈鹿有 5 条虫子高”，发现“长颈鹿有 5 条虫子高，食蚁兽只有 2 条虫子高，长颈鹿比食蚁兽高多了”时，他们实际上就是在进行非标准测量并进行测量比较。非标准测量经验的获得，帮助儿童形成、巩固单位概念，从而进一步支持儿童向标准测量阶段发展。

(3) 标准测量的尝试

标准测量也就是用我们所熟悉的标准化的测量工具来完成测量，并用标准的测量单位来进行描述，而完成标准测量要求儿童具有多方面综合性的能力，这对于年幼儿童来说是富有挑战的。在最初进行标准测量时，儿童会出现各种各样的问题，如尺子和被测量的物体不校直、关注数字而非测量单位、不从零点开始测量等②。对于儿童来说，从非标准测量到能够准确地进行标准测量，需要经历一个较长的发展过程。因此在“变变变”游戏中，融入了标准测量的元素，底板的左侧提供了标准测量用的刻度尺，鼓励已经掌握非标准测量的儿童进一步探索。这种方式帮助儿童减少了使用尺子对齐以及确定测量起点时的困难，为儿童提供了标准测量的初始体验。

(二) 可玩性

“变变变”游戏的可玩性主要体现在三个方面：一是游戏规则易于理解，玩法多样；二是主题生动，符合儿童兴趣；三是符合儿童能力发展特点，能够支持儿童持续地探索与发展。

1. 规则易于理解，玩法多样

“变变变”游戏规则简单，操作起来并不难。儿童可以独自游戏，找到相应的卡片放置在底板上，拼出完整或有创意的图案。即使是年幼儿童或第一次游戏的儿童，都能够快速上手，投入游戏之中。如果要提升一些难度，也可以进行多人间的竞争性游戏，借由骰子，比比谁拼搭的人或事物更高或更矮。这种规则易于理解和掌握，贴近儿童的认知水平。不仅如此，游戏的规则并非完全固定，水平较高的儿童也可以创造更加复杂、多样、趣味的规则。

2. 主题生动，符合儿童兴趣

“变变变”所选择的主题是年幼儿童感兴趣的事物。明快的色彩和卡通化的图案都能够吸引儿童的游戏兴趣并引发儿童的好奇心。更重要的是，儿童可以随心所欲地变化，随意地更换一个部件就能看到另一个不一样的造型。儿童也可以根据自己的喜好拼搭出自己珍爱的造型，这种自由和多变，满足了儿童的探索欲，是深受儿童喜欢的游戏形式。

3. 符合能力特点，有利于持续探索

“变变变”游戏以测量为基本目标，但并没有将其作为一种练习，要求儿童反复地进行操作，而是寓学习于游戏过程之中，通过游戏规则的制定，让儿童自发地进行比较与测量活动，

---

① 汪光珩. 3—6 岁儿童数学单位概念与非标准空间测量能力的发展及关系研究[D]. 华东师范大学，2010.

② Andrea L，Petitto. Development of Numberline and Measurement Concepts [J]. Cognition & Instruction，1990，7(1)：55 - 78.

自由地探究测量。根据儿童测量能力发展的规律,"变变变"游戏在玩具材料中增添了有层级的支持,儿童可以通过直接地比较,也可以借助非标准测量比较人或事物的高度,还可以经由另一侧的刻度尺来探究标准测量。儿童可以在多种方式中尽情地探索,体验测量的有用和有趣。总的来说,"变变变"为儿童搭建了通往测量活动的桥梁,儿童可以此游戏为基础,不断拓展新的测量手段和方法,并将游戏中的所学迁移到生活中。

四、观察要点

借助"变变变"玩具进行游戏,通常可以观察到三种具有递进关系的玩法:一是自由拼搭喜爱的人物、动物或机器人;二是拼搭喜爱的人物、动物或机器人,比比谁更高;三是通过掷骰拼搭喜爱的人物、动物或机器人,比比谁更高。表 6－1－1 详细介绍了从测量发展的角度,引申出的观察内容。

表 6－1－1　"变变变"游戏从测量发展的角度引申出的观察内容

阶段	与测量相关的认知活动	观察要点
自由摆放	分类与排序	1. 儿童是否意识到人物/动物/机器人由三部分组成? 2. 儿童是否按照头部、躯干、腿部由上到下的顺序放置? 3. 儿童是否将三个部件紧密相连,理解一个人、动物或机器人完整的组成? 4. 儿童是否尝试拼出一个正确组合的人物、动物或机器人? 5. 儿童是否尝试拼出一个创意组合的人物、动物或机器人?
	直接比较	1. 儿童是否主动将不同人物、动物或机器人进行比较?是否尝试比较它们的身高? 2. 儿童是否有意识地将不同人物、动物或机器人放置在同一个水平面上进行身高比较? 3. 对于高度相差较大的图案,儿童能否快速目测出高矮并说出答案? 4. 对于高度相差较小的图案,儿童能否仔细观察并得出正确结论? 5. 儿童是否开始尝试用手辅助进行比较?
掷骰游戏	长度的识别与比较	1. 如何回答有多高的问题?(常见回答有"这么长""很长"或用手比画,抑或是用几片叶子来表示) 2. 在拿取卡片过程中能否根据比赛的规则有意识地拿取高或矮的卡片? 3. 在拼搭完成后能否识别出较高的图案?是怎样识别的?(目测/直接比较/非标准测量/标准测量)? 4. 能够对几个图案的高度进行比较?只能两两比较,还是可以对多个图案按照高矮进行排序?有没有底部对齐?
	非标准测量的应用	1. 是否有测量单位的意识? 2. 是否选取同样的单位长度进行非标准测量? 3. 能否意识到不同单位图案之间的非标准测量无法进行比较? 4. 在计数测量单位时是否准确? 5. 能否说出一个图案比另一个图案约高多少个单位长度?

续 表

阶段	与测量相关的认知活动	观察要点
	标准测量的启蒙	1. 是否发现可以用刻度上的数字来表示图案的高度？ 2. 是否尝试点数刻度尺上的数字？ 3. 是否针对刻度尺的作用向教师或同伴提问？

五、儿童发展案例

浩浩在小班时就很喜爱“动物变变变”的游戏，那个时候的浩浩更多进行的是自由拼搭，关注的是如何拼搭一个完整的动物，并有意识地和同伴的动物进行比较。进入中班后，在教师的引导下，浩浩关注到高度，开始和同伴进行动物的比高，再过渡到加入骰子进行比赛，在这个过程中，浩浩逐步探究了不同的测量方式。从接下来的观察案例中，我们能够看到从小班到中班，浩浩在测量能力上的发展和清晰的阶梯式变化。

1. 第一次观察：我拼出了完整的小动物

4 月 15 日上午，浩浩在活动区里发现了教师投放的新玩具。浩浩平时就很喜爱各种各样的小动物，他惊喜地叫道：“我看到了长颈鹿的头！”“我看到了鳄鱼的尾巴！”他一边说着，一边在卡片中寻找。不一会儿，他又叫道：“我发现了长颈鹿的身体！”随后，他把身体拼接在长颈鹿的头的卡片上，观察了一会儿，发现有些不对，又调整了卡片的位置。他说：“长颈鹿还没有脚。”于是他又开始在卡片中翻找，但是找了很久都没有找到长颈鹿的脚。教师发现了浩浩的问题，对浩浩说：“这里的卡片太多了，你可不可以把脚的卡片都找出来，这样是不是就更容易找到你想要的呢？”浩浩在卡片中一一挑出印有动物脚的卡片，终于找到了长颈鹿的脚，他开心地叫起来：“看！长颈鹿！”

2. 第二次观察：我们的动物都是黄色的

6 月 20 日上午，浩浩和好朋友鑫鑫一起来玩“变变变”的游戏，教师给他们介绍了游戏中的骰子，让他们比一比谁能先拼出一个小动物。他们仔细观察了骰子上的图案，明白了不同的图案对应着不同的身体部位。游戏开始了，浩浩首先掷到了身体，他选择了狮子的身体，说：“我要拼出森林之王。”鑫鑫紧随其后，掷到了头，他选择了猴子的头。接着浩浩掷到了脚，他选出狮子的脚与身体拼在一起。随后，鑫鑫也拼好了猴子的身体。几轮游戏之后，浩浩先拼好了狮子的图案。鑫鑫也拼出了一只完整的猴子。这时教师问他们拼出了什么动物，又问他们的动物有什么相同或不同的地方？鑫鑫说：“一个是狮子，一个是猴子，它们都住在森林里。”教师问：“那它们长得一样吗？”浩浩说：“长得不一样，但它们都是黄色的。”

3. 第三次观察：第一次比高度

9 月 12 日上午，已经上中班的浩浩和好朋友妍妍又一起玩“变变变”的游戏，他们商量后挑选了最喜欢的动物主题，妍妍选择了粉色底板，浩浩则选择了他更为喜欢的绿色底板。教师向他们介绍了“比高度”的玩法。一轮游戏结束后，教师首先问浩浩和妍妍分别拼出了什么动物图案。浩浩回答说拼了一只圣诞老人的麋鹿，妍妍回答说自己拼了一只爱吃香蕉的猴子。教师问他们俩：“谁拼的动物更高呢？”浩浩想了一下，抢着将两块底板拼到了一起，并

且将两块底板高度对齐(见图6-1-8),仔细看了看,说:“我的麋鹿高,因为它的角很高。”教师又问妍妍。得到确定的答案后,向他们介绍了比比谁搭的动物更高的游戏规则。

图6-1-8　浩浩将底板并列起来进行直接比较

比赛开始后,浩浩和妍妍轮流挑选卡片,然后进行比较。尽管是比赛,但他们在拿取卡片的时候,更在意卡片是否属于自己想要拼搭的动物,而不太在意它是否更高。到了比较环节,他们都用了将底板放置在同一水平线的方式进行直接比较,能够快而准确地说出更高的动物。

4. 第四次观察:掷骰比高,叶子和虫子不能一起比

10月12日上午,浩浩又选择了这个游戏,他一个人正在搭不同的动物。妍妍本来在玩别的游戏,看浩浩玩了一会后,她决定也加入游戏中,玩比比谁高的游戏。这次,他们加入了掷骰的玩法,一边掷骰子一边完成了各自动物的拼搭:妍妍拼搭好了长颈鹿,浩浩拼搭好了麋鹿。但是,这次他们遇到了一个小问题:他们俩将底板拼在一起时发现,这两个动物似乎差不多高,他们没有办法比较了!于是他们向教师求助,问教师哪个动物比较高。教师顺势引导:“要是我们能够知道小动物的身高,是不是更容易比较了呢?”可是要怎么知道小动物的身高呢?妍妍首先发现了一个办法,她开始数旁边的叶子,“1、2、3……长颈鹿比9片叶子高一点。”浩浩看到她在数叶子,也开始数旁边的虫子,“麋鹿有5条虫子那么高”。教师接着提问:“长颈鹿有9片叶子高,麋鹿有5条虫子高,那谁更高呢?”浩浩迫不及待地说:“长颈鹿高,9比5多,可是……它们好像一样高……”浩浩也有些拿不准了,把两个小动物并列在一起看了好一会,说:“我知道了,我要看看长颈鹿有几条虫子高。”于是他把长颈鹿拼在绿色的底板上,发现长颈鹿比5条虫子高了一点点,最终他们确定长颈鹿比麋鹿高一点(见图6-1-9)。

图6-1-9　妍妍和浩浩将动物都放在绿色底板上比较

5. 第五次观察:掷骰比矮,我知道了另外一种量身高的办法

11月3日上午,又到了游戏时间。浩浩玩起了新的主题——“机器人变变变”,这次他们和教师一起将游戏规则定为:比比谁拼搭的机器人更矮。他们进行了掷骰游戏,很快拼好了各自的机器人。比矮环节,只见浩浩拿着底板开心地跟教师说:“我知道还有一种量身高的好办法。”他指着底板另一边的刻度说:“还可以用这个量。”他告诉教师上次给小动物量完身高后,回去让爸爸妈妈也给他量了身高,他也给爸爸妈妈量了身高。他们量身高时用的就是这种有很多线的尺。于是,教师让他为机器人量一量身高,他看到上面写的数字说:“10。”又紧接着用手往上数,“11、12、13……”他说机器人“快有13那么高”(见图6-1-10)。

图 6-1-10　浩浩通过数刻度的方式为机器人量身高

六、儿童在游戏中的学习路径

儿童长度测量能力的发展大致可分为三个阶段：直接比较阶段、非标准测量阶段和标准测量阶段。处于直接比较阶段的儿童，主要通过目测对两个物体的长短进行直接比较。处于非标准测量阶段的儿童，能够通过点数非标准单位的数量间接地比较两个或更多的物体。处于第三个标准测量阶段的儿童，能够使用给定的标准测量工具进行测量。研究认为，学前儿童的测量能力基本处于阶段一和阶段二的水平，也就是说，大多数学前儿童能够掌握直接比较和非标准测量。表 6-1-2 是“变变变”游戏所反映的儿童测量学习路径。

表 6-1-2　“变变变”游戏中儿童的学习路径

阶段	游戏行为	能力分析	发展支持
1	理解卡片上的人物、动物或机器人都是由头、身体、脚三个部分组成的，并能按照正确的顺序进行拼搭	集合与分类，理解完整图案的各个组成部分	鼓励儿童对身体部件进行分类，引导儿童观察实际的人、动物等，归纳身体的组成部分
2	掷骰子后，可以根据骰面的图案找到对应的身体部件进行拼搭。开始注意不同身体部件的高度差异	理解骰面符号与身体部件的对应关系，观察并比较不同身体部件的高度	引导儿童关注不同人或动物的总身高差异和身体部分高度差异
3	理解不同图案存在高度上的差异，在比较图案高度时会用目测的方法，或者将两个底板相邻放置，进行直观的比较	自然测量，通过自然测量比较图案的高度	引导幼儿思考目测的准确性，关注借助自然测量进行比较时所依赖的平面的一致性
4	能用底板上的叶子或虫的图案作为测量单位来描述图案的高度，进行比较	非标准测量，通过介质测量比较图案的高度	帮助幼儿理解测量单位，选择适宜的介质，拓展到利用介质实际测量其他物品
5	能观察到底板上的刻度尺图案，初步感受到它的测量用途	标准测量初探，感受尺子的有用	引导儿童发现生活中的尺子的更多用途

七、观察反思

（一）灵活运用游戏规则来支持儿童的发展

“变变变”游戏玩法的开放性使得其具有规则灵活多变的特点。教师可以通过规则的改变增强材料的可玩性，激发儿童的游戏兴趣并促进儿童游戏水平的发展。尽管儿童的自由

玩法能够体验游戏的创造、快乐与放松，但是却不如竞争游戏对儿童的测量学习影响那么大。尤其是对于中班儿童来说，此时，儿童已经表现出能够进行两两之间的对比，并且愿意尝试两两对比。那么，如何抓住这一契机，在游戏中自然地融入儿童对多个物体高度的对比，就成为教师需要思考的问题。例如，尝试引入掷骰机制与记分机制，让比分激发儿童的好胜意识，在竞争中激发潜能，寻找新的问题解决方式。

当儿童比赛进行到白热化阶段时，常常发现拼搭的动物身高较为接近，此时他们很想进行精细比较以分出胜负。教师便可以抓住这一契机，引入“叶子”“虫子”等非标准测量单位，鼓励儿童问题解决的同时，逐步理解和学习非标准测量方式。

（二）注重幼儿生活经验与游戏经验的双向迁移

儿童的学习是一个不断建构的过程，儿童能够将生活经验迁移到游戏经验之中，也可以将游戏中的所学应用到实际的生活场景之中。可以看到，前述观察案例中的浩浩在多次测量游戏后，产生了对测量的浓厚兴趣。他将游戏中的“量身高”迁移到了生活之中，又将与父母量身高时接触到的尺子迁回到游戏中，发现“变变变”的测量底板上同样有一个“尺子”。

对于教师来说，这是一段十分有启示的经历。教师通常会强调游戏经验在其他场景中的迁移。事实上，儿童自身的生活经验也会丰富儿童的游戏内容。在引导儿童游戏时，可以从贴近儿童生活的内容切入，帮助儿童利用自身的经验来开展游戏，丰富游戏的内容和形式。让生活经验和游戏经验共同作用，一起建构起儿童的学习，促进儿童的发展。

八、小结

测量是一种在生活中常常需要用到的能力。对儿童来说，测量并不陌生，许多儿童都有过量身高、测体重的经历。但是测量作为一种学习的内容，综合了认知、概念、数学、动手操作等多个方面的知识和技能，其抽象、概括的特点，对年幼儿童来说又是一项较难掌握的技能。以往主要通过机械地反复练习来让儿童感知不同长度之间的差异，如何让形式变得丰富、生动，受儿童的喜欢，对于教育者来说是一种新的挑战。

“变变变”玩具设计的最基本理念便是寓测量于游戏之中，鼓励儿童在自然的游戏中逐步产生测量的愿望，发现测量的有趣和有用，逐步感知和认识测量的特点。尤其对于小年龄儿童而言，逐步产生测量兴趣的过程颇具价值，探索发现的过程为其今后测量及数学能力发展夯实了基础。

作为教师，在这一过程当中，看到了儿童与材料的互动，更看到了合适的材料在支持儿童发展时所发挥的作用。底板、身体部件、骰子看似简单的游戏组合，但怎样根据儿童的探究愿望组合式地投放，按照怎样的规则投放，进而支持儿童测量能力阶梯式地发展，都充分体现了教师对材料及儿童发展水平的理解和把握。更为重要的是，当儿童在探索过程中遇到问题时，怎样以不同的测量要素为“鹰架”，借由游戏的方式，支持儿童解决当下动态的问题，让儿童真正体验测量的有用，值得教师在实践中深思。

借助“变变变”玩具了解和运用测量，只是支持儿童测量能力发展的一种形式，如何将儿童游戏经验和日常生活经验有效地结合起来，鼓励他们真实地运用非标准或标准测量工具，积极探索更广阔的周围世界，更需要教师不断地思索和推进。

第二节 记录与统计玩具的设计与应用——以“数字棒”为例

一、设计缘起

在第二章的游戏机制中，介绍了纸笔记录机制，即儿童在游戏过程中，用纸笔来记录游戏的进程，包括达成的阶段性任务、获取的物品、分数等等。纸笔记录机制的主要目的在于，借助记录的相关信息，对自己进一步的游戏策略进行优化。而记录信息的读取与分析往往会涉及统计。

所谓统计，是指对某一现象的有关数据进行收集、整理、分析和推断等。尽管统计可能是比较复杂的过程，但实际上统计也可以很简单，生活中也常常会用到基础的统计。幼儿园开展的一些活动，比如对一段时间内记录的天气、到勤、户外活动情况的分类计数并绘图展示，都可以算作一种基本的统计。《指南》明确使用了统计的概念，对大班儿童提出了“能用简单的记录表、统计图等表示简单的数量关系”的要求，期望大班末儿童能提出自己的问题并收集相关数据，对数据进行整理并能运用多种手段来表征数据。儿童统计活动如何在一个数学游戏中有趣、自觉地开展，是设计“数字棒”玩具的初衷。

图 6－2－1　Peaceful Kingdom 公司出品的 Fish Stix(材料包括系列条卡和记录纸)

“数字棒”最初的灵感来自一款名为“Fish Stix”的卡牌玩具（见图 6－2－1）。“Fish Stix”是 Peaceful Kingdom 公司 2008 年出品的一款竞争性卡牌玩具，适合 2～4 名学前儿童游戏。游戏卡是一种从上至下有 4 种颜色、朝向不同的鱼和鱼群（共六种）的条卡，游戏中儿童轮流抽取并摆放条卡，通过匹配鱼的方向和颜色来得分（图 6－2－2 提供的是两人游戏三轮的得分情况），第一个在所有 6 种鱼上均获得 10 分的儿童赢得比赛。此外，游戏还提供了记录纸，方便儿童统计得分情况。

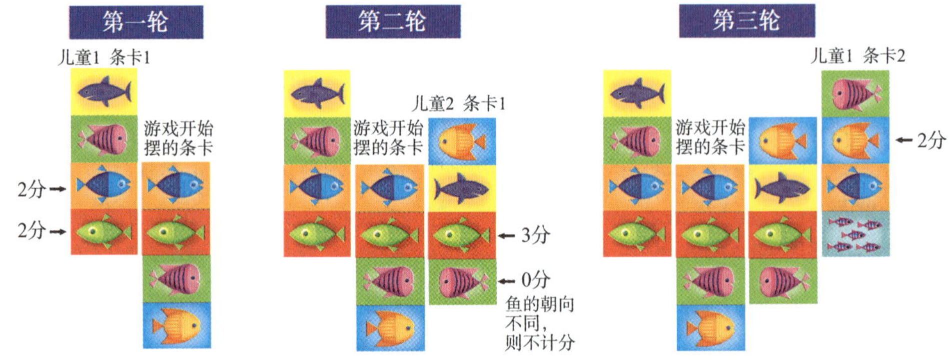

图 6－2－2　两名儿童在“Fish Stix”三轮游戏中的得分举例

摆放好条卡后，每得一分就在记录纸相应的格子里打一个“√”，每一种鱼集满 10 个√，即得 10 分。首先在所有 6 种鱼上均获得 10 分的儿童赢得比赛

“Fish Stix”的游戏规则十分简单,儿童抽卡、匹配并记录得分。由于每次抽卡所得条卡不同(条卡的摆放还可以颠倒),每局游戏的局面也不一样,因此游戏的可玩性较佳。但是,该游戏的难度梯度有限,这在一定程度上又限制了游戏的可玩性。通过对儿童实际游戏过程的观察也发现,他们的游戏兴致并不太高。反思该游戏,儿童在游戏中游戏条卡的铺设在多数情况下只能向左右方向延展,儿童拿到条卡后为了获得得分,其摆放位置比较受限,可选余地比较小(除了条卡可颠倒外,游戏没有为儿童提供较多的积极发现和创造的机会)。

另外,值得思考的是,为什么一定要所有 6 种鱼均获得 10 分才能赢得比赛呢?对于年龄较小的儿童来说,这样的规则要求使得游戏持续的时间较长,他们未必能坚持到最后,如何让游戏目标更加灵活,如何让不同年龄段的儿童都能在游戏中获得成就感也是一个改良的切入口。从记录纸的应用来看,因为游戏的目标是所有鱼都集到 10 分,记录纸上的信息主要提示还有哪些鱼需要得分,比较单一,对儿童灵活运用策略的促进作用也有限。

总体来看,该游戏有两个突出的特点值得借鉴:匹配与计分的游戏形式,以及纸笔记录的游戏机制。游戏也有两处不足有待改善:材料方面,卡片摆放空间限制性较大;规则方面,获胜条件灵活性小。而通过设计立体材料将游戏由平面摆放拓展到三维堆叠[①],将创造更多的摆放可能;同时在规则上进行改进,灵活设定规则,并与记录、统计紧密结合,进一步丰富游戏的难度梯度。于是,一款新的包含纸笔记录机制,并蕴含统计思想的玩具“数字棒”诞生了。

二、“数字棒”玩具的设计描述

(一) 结构设计

“数字棒”玩具的主体为 55 根 3 cm×3 cm×12 cm(长×宽×高)的长方体木棒,木棒尺寸方便幼儿拿取、转动和摆放;木棒的数量适合 2~3 名儿童游戏。数字木棒的每一个长方形立面均划分为长宽相等(3 cm×3 cm)的四个方格,每个方格填充一种颜色(每个立面的四种颜色皆不同)形成一个色块,上面印刷一个数字,每个色块上有一个数字。数字在底色上清晰可见。

“数字棒”上的数字为 1~8 共 8 个数字。数字棒上的色块颜色也有 8 种,每个数字的底色固定为两种,根据让数字在底色上清晰可见的原则进行搭配组合,形成底色和数字的图案组合共有 16 种(见图 6-2-3)。

图 6-2-3 左图为“数字棒”实物图,右图为 8 个数字和 8 种底色结合而成的 16 种组合示意图

① 将平面材料转变成立体材料,放大了儿童摆放位置的可选性,是创意的一个核心。至于如何能做到这一点,除了对前文提到的游戏中的问题进行分析外,很难具体说明。或许就是一种灵感,一种直觉上的通达。

（二）内容设计

“数字棒”玩具的每根木棒上数字的分布有如下 5 个特点：

（1）任何一根木棒上带底色的数字均由上述 16 种图案组成。

（2）每一立面上的四个数字不同，颜色也不重复。

（3）每根数字棒四个立面的四组数字（以图 6－2－4 为例）中，四组的第一行数字要求底色均不同、数字亦不同；同样的，第二行数字、第三行数字、第四行数字也要求底色均不同、数字亦不同。

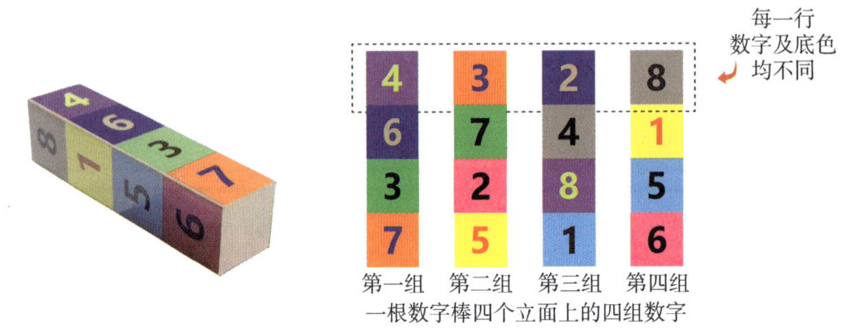

图 6－2－4　一根数字棒四个立面的四组数字示例

平铺一个数字棒的四个立面，可以看到每一行数字和底色都不同，每一列数字和底色亦不同

（4）每一根数字棒的任意立面，与其他数字棒的任意立面，在相对应的位置（亦即两根数字棒的两个立面一一对应）上，相同的内容（数字相同以及颜色相同）的总数不超过四个（参见图 6－2－5 的解释）。

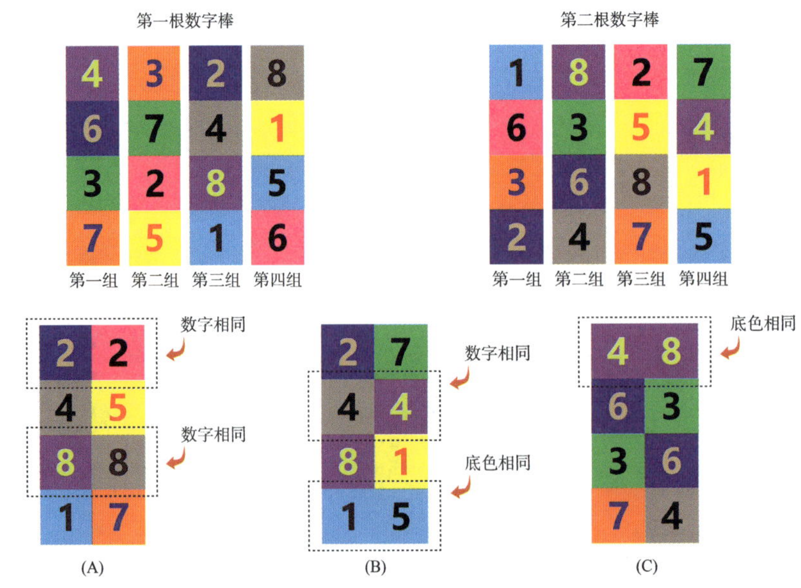

图 6－2－5　两根数字棒的四个立面匹配举例

随机选取两个立面，在相对应的位置上，相同的内容均没有超过 4 个，图中 A、B、C 三对相同内容分别为 2 个、2 个和 1 个，匹配的具体情况见图中说明

(5) 每根数字棒的四个立面上的四组数字中，有且仅有一组四个数字能够通过简单加减，运算结果得到0。比如图6-2-4中，只有第一组的四个数字通过简单加减获得该数值：$4+6-3-7=0$。

上述特点1至4，使得每一轮游戏中数字和颜色匹配的得分不会大起大落，儿童要得到较高的匹配分数不能仅靠运气，而是要在盘面中仔细观察与发现。这样能够较好地保证游戏过程中的公平性，也使得游戏的时长相对稳定。设置特点5，主要是考虑为该玩具设计不同的玩法铺垫条件，在不影响匹配游戏的基础上，能较方便地将该游戏拓展为适合小学生的数学计算游戏。

利用计算机算法对满足上述五个条件的数字组合进行求解，获得一个包含55组数字组合(每根数字棒可用一组数字组合)的方案，数量上能够满足2名或者3名儿童游戏时的用量(以3名儿童游戏为例，每人能够摆放的数字棒都有18根，剩余1根作为游戏前事先摆好的参照)，遂采用之。

(三) 玩法设计

"数字棒"游戏主要借助了两类游戏机制，其一是模式识别与模式建构。在"数字棒"游戏中，称其为数字匹配或底色匹配，即将相同的数字或底色放在一起，形成一对。用儿童的话来说，就是给数字或颜色找朋友。其二是纸笔记录机制。因此玩具组件除了前面提及的数字木棒外，另一个主要的部件则是记录单(见图6-2-6)。记录单上匹配的元素分为两类：一类是匹配数字；另一类是匹配底色。每一类匹配的内容均有8个(前面所说的8个数字和8种底色)，如图6-2-6所示，在记录单的左侧，逐行列出。记录单右侧的空格，则是儿童在游戏中需要记录的具体频次信息。以图6-2-6右图为例，在游戏过程中，随机抽取一根数字棒，按照同一方向放置在已有数字棒旁边，尽可能将相同颜色或相同数字的方块相邻摆放做朋友。摆好之后，在自己记录单上的相应位置记录本次找到的数字或颜色好朋友组数。如图6-2-6右图所示，在数字1、数字7、黄色处各打一个钩。

图6-2-6　左图为"数字棒"玩具的记录单和骰子；右图为游戏过程中频次记录的一个示例

考虑到不同年龄儿童的能力特点，"数字棒"设计了两种基本玩法。

玩法 1：平面摆放与匹配

在平面摆放玩法中，首先在桌面上摆好一根数字棒作为参照。参与游戏的两名（或三名）儿童轮流抽取一根数字棒，与已有数字棒做匹配（找朋友——两个相同数字或两个相同颜色成为一对朋友）。在规则上，要求所有数字棒都平放在桌面上，且数字朝向必须相同（即与最先摆好的参考数字棒一致）；新放置的数字棒必须与原有的数字棒至少有一面贴合（左右侧或上下侧均可），贴合程度以一个底色的长度为单位，即允许错位贴合，但至少有一个单位的贴合。另外，对于上下贴合的两根数字棒，上下两个相同的数字/底色也可以做朋友。

“数字棒”游戏为竞争性游戏，目标是比赛谁先完成既定数量的匹配任务，如图 6－2－7 所示。

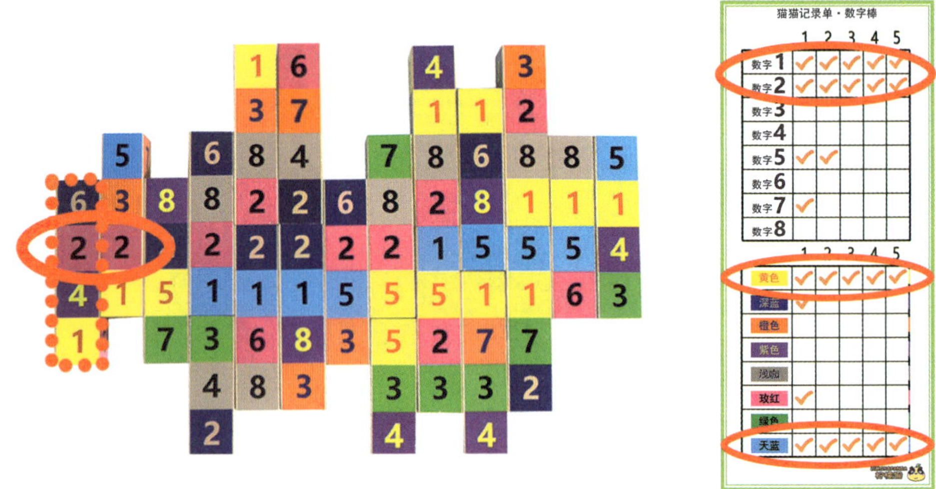

图 6－2－7　儿童完成任务的摆放图以及记录单情况

游戏目标为谁率先为两种数字和两种底色各找到 5 个朋友即获胜。当一名儿童摆好图中最左侧这根数字棒后，记录单上总共有两种数字和两种底色都各找到了 5 个朋友，这名儿童率先完成了既定的游戏任务，赢得了比赛

需要强调的是，“数字棒”游戏目标的设置与之前介绍的“Fish Stix”的游戏目标设置不同。“数字棒”的游戏目标要求儿童在一轮游戏中为若干个数字和/或若干个底色找到 5 个朋友。“若干个”的具体数量，可以由儿童自行商定，也可以比较公平地通过掷两个骰子（其中一个代表数字的个数，另一个代表底色的个数）决定。至于具体是哪几个数字或者哪几种底色，则由儿童在游戏中自行确定。

对于年龄较小、刚接触“数字棒”游戏的儿童来说，一轮游戏可以只玩数字任务或者底色任务，且需要找满 5 个朋友的数字/底色（获胜条件）的数量应当少一点（比如 2～3 个）；随着儿童经验的丰富，则可以逐步加大每一轮找朋友的数目。

玩法 2：立体堆叠与匹配

当游戏不再将数字棒限制在平面上，而是可以叠放至两层甚至多层，这样一根数字棒就可以不只是在一个平面上进行匹配，寻找朋友了。儿童不仅需要关注同一水平面上彼此相

邻或者相接的数字或底色，还要关注竖直方向的两层（仍旧是同一平面上）相邻的数字或底色，以及那些彼此相邻但又不在同一个平面的数字或底色，去寻找更多的数字、颜色朋友（见图6-2-8）。

需要注意的是，多层堆叠玩法中，数字棒只能叠高在已有数字棒之上，其底下一层不能有镂空。当然，这个玩法对大多数儿童来说挑战性较大，较为适合年龄稍大的儿童。但是，如果不在乎输赢，而仅仅是作为一种玩法的启迪，儿童可以尝试从多个角度找数字或颜色朋友，扩大空间视野，这对儿童来说是有意义的。

猫猫记录单·数字棒

	1	2	3	4	5
数字1					
数字2					
数字3	✓				
数字4					
数字5	✓				
数字6	✓				
数字7					
数字8					

	1	2	3	4	5
黄色					
深蓝					
橙色					
紫色					
浅咖					
玫红	✓				
绿色	✓				
天蓝	✓				

图6-2-8　立体堆叠与匹配的玩法示例

在立体堆叠的规则下游戏，儿童需要考虑多个邻接面，挑战性明显加大了

三、设计要点

（一）教育性

在数字棒游戏中，儿童应用的能力包括观察与判断，在寻找数字朋友过程中需要对结果进行准确记录，在表格中对应记录和借助记录结果形成策略时，儿童的统计意识在萌芽，他们能在实际运用中体会到统计的实用和有趣。此外，要在数字棒的四个面中选取适宜的立面，其中也涉及空间想象和旋转的能力，尤其是在立体堆叠的规则下，对儿童的空间思维提出了更高要求。

1. 观察与判断

“数字棒”游戏对儿童运用观察能力提出了较高的要求。一根数字棒具体摆在什么位置，尽管在游戏中儿童可以尝试去实际摆一下、比一比，但是每一轮游戏的时间总是有限的，不允许儿童有过多的尝试。儿童需要在尽量短的时间里，通过观察已摆数字棒的情况来发现和选择恰当的摆放位置。儿童不仅需要关注数字的匹配对应情况，同时还要关注底色的匹配对应情况，这种观察对于儿童的认知来说是高负荷的。稍大年龄的儿童尤其如此，儿童需要兼顾匹配数量的多少和类型，因此在游戏中，儿童积极地观察、发现、权衡……这样，游戏的过程就是一个动手、动脑，观察和判断能力不断提升的活动过程。

2. 及时准确地记录

记录在数据时代显现了越来越重要的意义。在“数字棒”游戏中，运用简单的记录单，儿童用打钩或者画一个爱心等方式，记录着自己为数字或颜色找到的朋友。实际上，儿童在游戏中践行着分类记录，这种按类目的记录需要儿童准确、及时地记录游戏信息，这个过程慢慢养成的是数据素养的基础。这看似容易的任务对儿童来说并非一蹴而就，经历着发展的过程。

年幼儿童首先容易出现的问题是错记，他们往往会因为注意、手眼协调能力尚不成熟，出现眼睛看到、嘴巴说着某个数字或颜色，实际却在其他位置进行记录；其次是漏记、记录不及时。年幼儿童尚未有成熟的注意监控，也容易因为外界的分心事件而忘记记录。更重要的是，当一根数字棒找到的朋友不止一个时，如何记才能记全，对年幼儿童是一个挑战。不过正因为是在竞争游戏中，不仅儿童自身会有记录准确性和及时性的要求，游戏同伴也会关注其记录，游戏规则推动着儿童逐步及时、准确地进行记录。

3. 统计的运用

学前儿童统计经验主要涉及两个方面：其一是根据属性对事物进行分类，组织有关事物的数据，以简单的图表来描述数据。比如，儿童可以用图表的形式展示比较、分类、计数和测量等活动的结果。其二是儿童能够读出图表当中数据的意思，并运用到自己当下要解决的问题之中，“数字棒”游戏更加侧重的是儿童这方面经验的丰富。在游戏中，每一根数字棒有四个数字及颜色面，儿童需要挑选并决定哪一面朝上；儿童可以放置数字棒的位置也有许多，具体放在哪一个位置，这些问题推动着儿童去关注自己的记录单，在解决问题的过程中时常关注自己的“战况”如何。

“关注当下游戏目标达成的进展，并由此决定接下来数字棒如何放”，不是儿童一开始就具备的能力。刚接触该游戏的儿童，很多时候并没有将二者联系起来，通常来说，儿童会在游戏开始前就选择好了用哪几个数字或底色来完成目标，因此儿童并不关注游戏过程中记录单上信息的变化特点。然而，实际的游戏过程会推动儿童关注到记录单上信息的变化，因为在一些时候，儿童会发现，原本是要让“6”找到 5 个朋友，但现在“3”却快要找到 5 个朋友了。这些实际的变化让儿童发现，需要实时关注记录单，并根据记录单上数据的变化来调整自己接下来如何摆数字棒。在游戏中，儿童自然地读着图表，并潜移默化地理解着图表中数据变化的实际意义。

更为重要的是，幼儿教师有关统计教育的做法，往往是先推动儿童制作图表，运用图表来解释数据，然后才是如何理解和使用图表。然而，先借用简单图表来理解数据的意义，运用数据来解决问题、达成目的，不仅对于儿童当下制作图表的能力发展有意义，还有更为深远的价值。无论如何，制作、理解和运用在统计中都是不可或缺的，儿童统计经验的实现方式可以是多样化的、融会贯通的。

4. 空间想象

儿童观察盘面上已经摆好的数字棒，想象着自己手中的数字棒放置的位置，在头脑中“看到”找到朋友的数量和类型。这种空间想象力的运用在“数字棒”游戏中不断涌现，时常还伴随着惊喜的发现。尤其是一根数字棒的四个立面提供了四种选择，这进一步激发了儿童寻找更多朋友的动机，促使儿童自然地发挥与提升空间想象能力。

对于立体堆叠的玩法则更是挑战儿童的空间想象力。游戏不仅涉及同一个平面上的对应匹配，还涉及不同相交平面上的对应匹配；儿童不仅要看到俯视的信息，还要兼顾侧视面的信息。尽管这种玩法并不强行推荐给所有儿童，但是正如前面说到的，一种玩法上的启迪能够让儿童在惊讶之余，拓展自己的想象空间。

（二）可玩性

“数字棒”游戏的可玩性主要体现在以下三个方面：一是色彩和造型，能吸引儿童的注

意;二是对应匹配找“朋友”,贴近儿童的兴趣;三是游戏的层次设计,符合儿童能力发展特点,能够支持儿童持续地探索。

1. 色彩和造型具有吸引力

“数字棒”玩具之所以使用数字而非图形(如“Fish Stix”中的鱼),有两个方面的考虑:一方面,游戏本身涉及多方面能力的要求,更适合大班及以上年级的儿童,因此优先需要年龄向上的衔接;另一方面,“数字棒”的基本玩法中,数字仅作为一种抽象图形符号使用,并未涉及数的实际意义或量的比较,因此对年幼儿童来说也是比较友好的,对儿童游戏的影响不大。当然,与图案相比,采用抽象数字损失了视觉观感上的亲和度,但“数字棒”的设计通过色彩和造型进行弥补。数字棒四面环色,色彩亮丽,符合儿童对色彩的感知和审美特点,能够吸引儿童的眼球,让其对玩具材料产生兴趣;榉木材质光滑有质感,棒体粗细适合儿童手持、转动,年幼儿童喜欢拼搭,而数字棒本身的形状容易引发儿童拼接、垒高的行为,可自然而然地过渡到游戏的情境之中,并能够顺利地理解拼接的规则。玩具外观的吸引力为其可玩性奠定了基础。

2. “找朋友”的规则便于理解

将相同事物进行匹配或许是人类一种先天的倾向性,而“数字棒”正是让儿童通过相同数字或颜色的匹配来完成任务,这迎合了儿童的心理需求。数字和颜色是年幼儿童可感知、可理解的元素,数字及颜色的匹配对应也是中、大班儿童十分熟悉的任务,是儿童容易理解、可以达成的游戏规则。此外游戏中创设的“找朋友”的情境也符合儿童社会性发展的特点,既生动形象又便于儿童理解,为“他人”提供帮助,能够激发儿童参与的动力。

3. 游戏的层次设计兼顾能力差异

“数字棒”游戏的层次设计尽可能考虑年幼儿童能够参与游戏,并能获得成功,体验成就感。这拉近了“数字棒”与年幼儿童的距离。如最基础的游戏规则可以不使用记录单,儿童只需要为一定数量的数字棒找到几个朋友便可以完成游戏。当儿童使用记录单后,则可以通过改变寻找到的元素类型(数字/颜色)或数量要求以及开展的游戏类型(合作游戏或竞争游戏)等,来调节挑战的难度,适应不同水平儿童的游戏需要。此外,“数字棒”游戏的立体堆叠设计也进一步丰富了游戏的层次,从平面到立体是难度的飞跃,适合年龄更大的儿童,甚至对成人来说也颇具挑战,进一步提升了游戏的可玩性。

四、观察要点

尽管“数字棒”游戏能够促进儿童规则意识、空间策略、记录与统计等多方面能力的发展,本次案例主要聚焦游戏中儿童记录与统计能力的行为表现。根据儿童的游戏行为,大致可以观察到三种不同能力的进阶:一是初步萌发记录意识,儿童了解记录单的组成及功能,初步理解记录的规则,能在教师和同伴的提醒下进行记录;二是准确记录结果,能够主动地根据数字棒摆放的结果较为准确地进行记录,并通过统计结果了解何时获胜;三是利用记录解决问题,能够根据记录的结果,有计划地选择数字棒的摆放以尽快获胜。对应儿童记录与统计能力的三个发展阶段,引申出如下观察内容(见表 6-2-1):

表 6-2-1 “数字棒”游戏中儿童策略运用的观察要点

阶段	记录与统计相关认知活动	观察要点
了解记录	理解记录规则，开始记录	1. 是否理解教师介绍的记录规则，理解记录的结果应该与数字棒的摆放特征相匹配？ 2. 能否用恰当的符号记录结果？是否持续使用同样的符号记录，或是会更换符号？ 3. 游戏中，能否主动地对结果进行记录？是否需要教师或同伴的提醒？
准确记录	能够准确记录并根据结果来判定胜负	1. 在记录中只关注一类信息：数字的或颜色的匹配？还是能够同时考虑到对两种元素的匹配都进行记录？ 2. 在记录过程中能否做到不重复记录？不遗漏元素？出现错误时，能否在同伴的监督和提醒下改正？ 3. 能否根据制定的规则识别记录结果，并判断胜负情况？
利用记录解决问题	根据记录的结果调整和使用策略	1. 摆放数字棒时，是否会考虑自己的记录情况？能否选择已有较多好朋友的数字或颜色进行摆放？ 2. 在已有元素好朋友数量变化的情况下，能否灵活地调整选择的策略？ 3. 是否会关注对手的记录单？能否根据对手的记录情况有意识地利用摆放数字棒的机会阻挡？阻挡的效果如何？

五、儿童发展案例

中班的小元发现了教师在益智区里投放的新玩具——数字棒，她迫不及待地拿起数字棒摆弄起来，一会指着一个数字说“这是 5”，一会说“这个我也知道，这个是 8”。看到旁边的好朋友小宝手中的数字棒，她说：“我看到了数字 7，你有数字 7 吗?”小宝转动数字棒仔细地找起来，“我也有 7!”小宝将数字棒放在桌上，和小元的并排放在一起，“看，两个 7”。教师注意到她们两个人的探索，上前说：“你们真棒，你们找到了一组数字朋友，你们还愿意找到更多的好朋友吗?”小元和小宝跃跃欲试，教师向她们讲解了找朋友的游戏规则，她们便开始了“数字棒”游戏的探索旅程。

1. 第一次观察：初试记录，在提醒下完成记录

3 月 5 日的区域活动时间，是小元第一次接触“数字棒”的游戏，教师让小元和好朋友小宝先一起合作为数字和颜色找朋友。教师引导她们协商好游戏目标，最终决定找到 5 组数字朋友和 5 组颜色朋友。她们认真地找了一会，却发现记不清楚已经找到了几组朋友，只好再退回去确认。教师询问她们的进度，她们一个一个指给教师看，最后发现多找了一对数字朋友，于是，教师和她们总结起了游戏中遇到的问题，小元说要是能有办法记住就好了。

这时，教师顺势拿来了记录单，并向两人介绍了记录单的用法，告诉她们如果找到了一组好朋友，就对应在后面的方框里用喜欢的符号标记。小元选择了爱心的形状(见图 6-2-9)，小宝说喜欢星星，这一次，她俩选择比赛的模式，比一比谁能先帮 1 个数字

和 1 种颜色分别找齐记录单上指示的 5 组好朋友。找到好朋友后，小元似乎很喜欢记录单的方式，她会忍不住在上面多画几个小爱心，这时小宝就阻止她："你又没找到朋友。"而有些时候，小元会在找到好朋友后，迫不及待地去拿下一根数字棒找新的朋友，这时就忘了记录。教师发现后会提醒她记下来，但还是遗漏了好几个。于是，最终小宝赢得了比赛。教师再次引导两人回顾比赛的过程，发现小元是有好几个数字朋友没有记录下来，导致输掉了游戏。小元看着自己的记录单，若有所思。

图 6-2-9　小元使用爱心符号进行记录

2. 第二次观察：有意识地开始记录，但偶尔有遗漏

图 6-2-10　小元找到了两组数字(5 和 7)、一组颜色(绿色)朋友

3 月 12 日，小元再次约小宝一起玩"数字棒"的游戏。这一次，她们还是选择了比赛的形式，游戏目标与上一次一致。小元吸取了第一次游戏的经验，在每次摆放好数字棒后，会主动地到记录单上去寻找，并且认真地画上一颗爱心。这一次，她们偶然地发现摆放一根数字棒可以找到好几组朋友，有数字也有颜色。有一次，小元找到了两组数字朋友，分别是"数字 5"和"数字 7"，还有一组颜色朋友——绿色(见图 6-2-10)。小元只顾着记录数字，最后却忘记了记录颜色。还有一次，元元只记录了颜色却忘记了数字。

一轮比赛结束后，教师和她俩重新商量了比赛规则，决定在接下来的一轮比赛中找齐两种数字的好朋友。游戏过程中，小元只要看到有相同的数字就进行匹配，她享受这个过程，不知不觉中已经集齐了数字"3"和"8"(见图 6-2-11)。但她沉浸在找朋友的乐趣中，没有关注到自己已经达到游戏目标，在小宝宣布自己胜利之后，小元才发现自己早就完成了。

图 6-2-11　小元早早就完成 2 组数字的收集，却未能及时发现

3. 第三次观察：及时发现自己获胜

4 月 8 日，距离上次游戏大约 1 周之后，小元又有机会玩"数字棒"的游戏。这次，她是和天天一起玩比赛的游戏。他们决定比

图 6-2-12 小元摆放好数字棒(黄框处),分别收获了一组紫色和黄色(红框处)

赛谁先找齐 3 种颜色的好朋友就算胜利。小元仍然是在看到有相同的颜色时就忙着去匹配,或者是有意找自己喜欢的“粉色”。她很少会忘记记录,而且记录很少出错。随着记录单上黄色的数量增加,她突然说,她的黄色快满了。在接下来一次摆放数字棒时,刚好找到了一组“黄色”的好朋友,和一组“紫色”的好朋友,她记录后仔细看了看自己的记录单,炫耀似的说:“我的黄色已经找到 5 个好朋友了,紫色还有 1 个,还有这个浅浅的蓝色朋友也快到齐了,我快赢了!(见图 6-2-12)”但是在摆放的时候,她并没有有意地寻找紫色和浅蓝色,仍然是随机地在匹配,但每找到一组浅蓝色朋友就会很开心,小声地说:“快赢了。”

4. 第四次观察:原来这样可以更快获胜

4 月 15 日,小元进入益智区时,发现小贝已经搬出了“数字棒”游戏,放到了桌上,她问小贝可以一起玩吗,小贝欣然同意。因为他们俩都已经有过好几次数字棒游戏的经验,于是教师建议他们同时寻找数字和颜色朋友。他们约定先找齐 2 组数字朋友和 2 组颜色朋友就算获胜。小元开始游戏后仍然是随机地匹配颜色,很快,她的纸上每个颜色后都画上了爱心。这时,小贝拿到了一个数字棒,只见他放上去比画着,有一个面能够匹配数字“1”“5”和“黄色”(见图 6-2-13 右上),但是他看了看自己的记录单,觉得还不满意,又换到一面,这一面能够找个一组“深蓝”色的朋友(见图 6-2-13 右下)。小贝犹豫了一会,小元说:“你放那里,这个能找到的朋友多。”但是小贝最终却选择了放“深蓝”色。小元有点失望,说:“你这样只能找一组。”小贝说:“可是我现在 1 和黄色太少了,5 也是,但我的深蓝色快满了。”小元想了一会,也开始看自己的记录单,指了指目前比较多的红色,说:“那我也要找红色了。”

图 6-2-13 小贝第一次尝试摆放的位置(右上图)和第二次确认摆放的位置(右下图)

5. 第五次观察:根据统计结果进行选择

5 月 21 日,小元再次和小宝一起玩数字棒游戏。这一次,她们通过扔骰子来决定游戏目标,最后确定需要找齐 3 种数字朋友和 2 种颜色的好朋友才算胜利。这次游戏的时候,小元开始仍然是随机选择,但是恰巧,她好几次都匹配了数字 8,这时候,她的数字 8 已经快满了。

只见她先看了看自己的记录纸，开始转动数字棒，口中念着："我要找数字 8 的朋友，找到了就满了。"随后转到了一个有数字 8 的组合放了上去。

后来，小元发现自己不知不觉也记录了比较多的橙色和数字 7，于是，她拿到数字棒后开始转动，专门去寻找橙色和数字 7。很快，橙色如她所愿填满了。可是由于抽到的数字棒匹配数字 7 的比较少，好几轮都没有找到合适的，她有些着急了。她迅速转动着手里的数字棒，念叨着"7 呢，怎么没有 7"，却没有发现自己的数字 3 和天蓝色好朋友都已经快满了。这时，教师顺势引导小元说说自己找到了哪些好朋友，还缺少哪些数字或颜色，在回答老师提问的过程中和同伴小宝的提醒下，小元也发现了数字 3 和天蓝色好朋友快找全了，转而增加了寻找的方向，很快取胜了（见图 6－2－14）。

图 6－2－14　在教师的提醒下，小元重新摆放数字棒（黄框处），收获一组蓝色（白框处）

六、儿童在游戏中的学习路径

通过上述案例，我们大致能观察到儿童在进行数字棒游戏时，表现出如表 6－2－2 所示的四个阶段的游戏行为，这些行为构成了儿童记录与统计运用方面的学习路径。

表 6－2－2　"数字棒"游戏中儿童记录与统计认知运用的学习路径

阶段	游戏行为	能力分析	发展支持
1	能够根据匹配的结果找到对应方格，并用自己的符号进行标记	熟悉基础的统计表格，能够用简单的符号进行表征	给予儿童自由操作和探索的空间；适时提醒与引导，帮助儿童梳理游戏经验
2	能够较为准确地对多个元素进行记录	理解表格数量统计的含义，能够不遗漏地对元素进行记录	降低规则难度，让儿童循序渐进地完成对应与统计
3	关注统计结果作为胜利条件	追踪记录情况，判断自己是否已经接近胜利，能够在满足条件时知晓自己获胜	引导儿童回顾游戏过程，进行经验总结；在游戏进程中自然地发现与拓展经验
4	根据统计结果有意识地采取策略	能根据统计出的结果，有意识地选择好朋友较多的元素进行摆放	鼓励儿童用语言描述自己的记录结果与接下来的计划，同时鼓励同伴之间观察学习

七、观察反思

（一）有选择地关注玩具中的学习机会

通常，一个玩具中会有多种多样的学习机会，例如，在数字棒中就有儿童对数量符号表征的认知，有空间想象，也有策略运用，当然也有关于记录和统计的探究与学习。在教师进行观察时，可能没有办法对其中所涉的能力面面俱到。因此，在针对玩具开展的观察与支持中，可以选取儿童的发展特点以及游戏中主要运用到的经验入手，逐步梳理儿童特定能力的学习路径。如在案例中，记录与统计是数字棒中一个非常典型的特色，是与其他玩具区别的特征，而且也是在儿童感受到记录的重要性时自然而然应用到的规则，这个规则本身在游戏中也起到关键作用。因此，借助数字棒的游戏了解并引导儿童记录与统计的发展是教师取舍后的选择。当然，选定的观察能力目标并非一成不变，在游戏中，儿童的各种能力往往交织在一起，当发现儿童的某种能力已经发展到较为成熟的水平后，也要随着游戏的进程以及儿童的行为表现及时调整学习目标。例如，在案例中小元在后期的游戏中已经能够较为熟练地进行记录与统计，但是此时她在策略的应用上较为简单，有一定的随机性，此时可以转向对策略应用的关注；或是转向对其空间想象能力的支持，帮助其能够更多、更快地寻找到匹配的元素，进一步促进其发展。尽管从其中一点着手，但是学习路径中目标的灵活性与可变性也能够让教师最终看到全面的、整体的儿童发展。

（二）重视非正式经验的积累

虽然在数字棒游戏中，儿童并没有进行正式的记录与统计，不需要开展调查或绘制统计图表，但游戏活动中已经融入了基本的统计思想。在儿童发现自己记不住找到的“朋友”时，自然萌生出需要记录的念头，这是对记录与统计功能的初步感知；在儿童寻找到匹配的“朋友”并进行对应记录时，当儿童看已经集齐了多少组朋友的时候，当儿童与对手比一比收集的朋友数量多少时，都反映出了他们对统计的理解；当儿童根据自己的记录结果有选择地寻找目标元素、在游戏进程中调整策略或有意识地关注对方的记录并进行阻挡时，体现出其对记录与统计知识的应用。这些来源于游戏中的非正式经验都构成儿童未来正式学习统计的基础。因此，在理解玩具时，不仅需要关注正式的、知识性的学习，更要关注非正式的、过程性的经验，正是这样的能力为儿童的自主学习和终身发展奠定基础，为儿童的未来学习提供源源不断的动力。

八、小结

“数字棒”通过规则的设计为儿童提供了有层次的、可灵活调整难度的游戏，融合了多种多样的数学学习。其中值得关注的是，记录单的使用带来的记录与统计的学习机会。在游戏的过程中，可以看到儿童在游戏中表现出对匹配的自然倾向，也能看到儿童对统计作用的初步感知与理解。当然，更重要的是，通过一次次的游戏经历，儿童对于熟练地记录结果、灵活地运用统计来解决问题更有心得。

尽管与正式的统计知识相比，游戏中所涉及的记录与统计看起来仍然是非常初步的经验，但是这种非正式的、过程性的经验正是教育者容易忽视的也更应关注和重视的学习机会。在一个好的游戏材料中，学习机会是丰富的，我们在充分解读的基础上，应当从关注知识性的学习转向对能力的重视，在对儿童发展持续有意义的经验上给予更多的支持。

后　记

本书选择以“案例”的形式来展现不同数学领域儿童玩具的设计与应用过程，区别于传统玩具设计类书籍以介绍玩具设计原理与方法为重，主要出于两个方面的考量：其一，与当前较多的玩具设计类书籍侧重“结构设计”或“外观设计”有所不同，本书重点关注玩具的“内容设计”。总体来看，包括数学玩具在内的教育玩具的设计原理和方法的系统研究目前尚处于探索阶段，并不算成熟。因此，本书在介绍每个玩具案例时，以“设计缘起”和“结构、内容、玩法的设计”为线索，较为清晰地展现每个玩具设计的灵感来源、设计、改进与完善过程，并深入分析其中的教育性与可玩性，加深读者对数学玩具功能的理解。融通结构设计与内容设计，强调数学玩具不仅是一件赏心悦目的游戏材料，更要充分发挥其应有的教育功能与价值。其二，本书的读者群不仅有玩具设计人员，还包括了幼儿园教师、小学教师等教育工作者。本书作者认可“自下而上”的案例学习价值，在游戏化学习理念之下，数学玩具案例是自下而上推动教师专业发展的支架。从实践出发，透过每个真实的案例，教师不仅了解了每一件玩具蕴含的教育机会，更进一步读懂了儿童与玩具的互动，并从中观察和理解儿童的学习与发展历程，进而提供适宜且专业的支持。

亲历了每个玩具从构思到落地，再到实际应用，我们深切地感受到玩具设计的积累并非一朝一夕可实现，也并非仅靠设计的原则和理念可以支撑的。我们深刻地体会到，在儿童玩具设计者的诸多素养中，尽可能地、深切地“亲近儿童”是第一素养。玩具设计者，更是教育支持者，应当葆有一颗童心，更应当有感受儿童之心，能够敏锐地体察儿童游戏中的心情起伏，读懂不同儿童的期盼之所在、梦想之所在、动力之所在，并始终尊重儿童作为儿童的独特之处。

最后想说的是文化。显然，目前西方在教育玩具的设计上更有经验，在本书游戏机制的介绍中，典型案例主要来自西方发达国家。向经典致敬的同时，我们也必须意识到，从本质上说，教育玩具也是一种文化工具，有着文化传承与弘扬的意义与使命。我们相信，未来在中华大地上一定能诞生出更多蕴含中华优秀本土文化的玩具，满足中国儿童学习与发展的需要，更进一步地参与世界各国的玩具设计与应用的交流和借鉴，传播中华文化之美之睿智。为此，还需要更多有志者持续不断地努力、精进与创新。

图书在版编目(CIP)数据

幼儿数学玩具：设计制作与应用/郭力平等著. —上海：复旦大学出版社，2023.3
ISBN 978-7-309-16573-9

Ⅰ.①幼… Ⅱ.①郭… Ⅲ.①数学课-学前教育-教学参考资料 Ⅳ.①G613.4

中国版本图书馆 CIP 数据核字(2022)第 201010 号

幼儿数学玩具——设计制作与应用
郭力平 谢 萌 何 婷 张博楠 著
责任编辑/赵连光

复旦大学出版社有限公司出版发行
上海市国权路 579 号 邮编：200433
网址：fupnet@fudanpress.com http://www.fudanpress.com
门市零售：86-21-65102580 团体订购：86-21-65104505
出版部电话：86-21-65642845
浙江新华数码印务有限公司

开本 890×1240 1/16 印张 16.25 字数 385 千
2023 年 3 月第 1 版
2023 年 3 月第 1 版第 1 次印刷

ISBN 978-7-309-16573-9/G·2440
定价：68.00 元
